교회사회사업의
전망과 과제

내일을여는지식 종교 14

교회사회사업의

전망과 과제

김성철 지음

KSi 한국학술정보㈜

여는글

　라인홀드 니버는, 교회는 사회복지의 어머니인데 교회가 어머니로서의 역할을 제대로 못했기 때문에 사회가 세속화되었다고 말했다. 교회는 세상의 빛과 소금으로서 세상의 등대 역할을 해야 한다고 보는데 오늘의 한국교회는 과연 어떠한가?

　교회가 사회적 책임을 감수해야 한다고 보는 것은 모든 크리스천의 공통적인 마음이라고 본다. 오늘의 난국을 정치적 힘으로도 해결할 수 없었고, 경제적 전략과 힘으로도 이룰 수 없었다.

　이제 한국교회는 Local church에서 Community church로의 전환이 시급하다고 본다. 사회의 아픔에 함께 아파하고, 함께 슬퍼하며 진정 예수님의 마음으로 묵묵히 십자가를 지고 가는 자세로 임해야 할 것이다.

　이제 이 사회의 마지막 희망과 소망이 있다면 사명감과 Vision을 가진 기독교인이 진정 조국애와 민족애를 가지고 자신의 개혁과 교회의 개혁 그리고 사회의 개혁에 헌신을 다하여 이 민족이 더불어 살고 인류의 참된 복지를 위해야 한다고 본다.

　그리고 기독교 사회복지의 정신으로 Original Meaning과 계속적인 Reforming을 통하여 세상 속에서 나눔과 섬김의 교회가 되도록 함께 노력하여 조국과 민족의 통일을 만드는 삶이 되기를 기원한다.

　이 땅에서 하나님의 영광을 위해 수고하시는 Diakonia사역자들과 함께 하나님께 영광을 돌리며 이 작은 책을 내어 놓는다.

인천에서 생명의 봄을 바라보며
평화 김성철

|목차|

1장 교회 사회사업 방법론

Ⅰ. 서 론

'선교'라는 말의 어원을 따져 보면, 그 용어가 시작되기 시작한 것은 중세기의 프란시스칸 수도원(Franciscan Order)에서부터라고 볼 수 있다. 그 수도원에 속한 수도사들을 '선교사'라고 부른 데서 라틴어의 '선교'(missio)라는 말이 유래하였다. 선교는 삼위일체 하나님(the trinitarian God)의 구원의 역사로서, 그의 선교는 세 가지 형식으로 표현된다.

첫째로, '하나님의 선교'(Missio Dei)는 그의 창조적 활동에서부터 시작된다.

둘째로, 하나님의 선교는 자기를 배신한 인간과 화해하기 위하여 예언자들을 보내시고 드디어는 외아들 예수 그리스도를 보내실 뿐만 아니라, 그리스도 안에서 스스로 오시는 사건이다.

셋째로, 하나님의 선교는 하나님과 그의 아들이 성령을 보내심으로써 생동적으로 계속된다.

선교적 성숙은 '하나님의 선교'로 신학 사상에 의해서 보다 구체적으로 설명될 수 있다. 이 사상의 대표적인 학자의 한 사람인 호켄다이크(HocK-endilk)는 다음과 같이 표현하였다.

"선교는 교회의 선교가 아니다. 왜냐하면 선교는 하나님에게 속한 것이기 때문이다. 하나님은 선교하시는 하나님이시다. 하나님의 선교는 전체 역사 속에서 되고 있다. 곧, 하나님께서는 교회 안팎에서 온 세상을 주관하시고 역사의 사건을 통해서 주관해 가신다."

17세기 초에 화람개혁파 신학자인 보에티우스(Voetius)는 그의 저서 「Politica Ecclesiastica」에서 선교의 목적을 다음과 같이 언급했다.

첫째는 이방인의 회심, 둘째는 교회 설립과 확장, 셋째는 하나님께 영광을 돌림으로 말한다.

선교에 대한 복음서의 입장은 구원에 대한 메시아적 기대로부터 주의 깊고 조심스럽게 파생되고 있다.

그리고 선교는 복음서의 가르침에서 매우 중요한 위치를 차지한다. 또한 선교 과업이 완성될 때 큰 구원이 완전히 이루어질 것이다.

1938년 예루살렘에서 모인 국제 선교회의에서 이미 '대전도(Larger Evangelism)의 개념'이라는 신용어로서 선교는 영혼만 구원하는 것이 아니라 육체의 문제에도 관심을 두어야 한다고 주장하는 이론이 등장하였다.

특별히 신정통주의가 강조하는 도성인신의 신학(道成人身 神學)은 새 선교 개념에 중대한 영향을 주었다.

새로운 선교의 의미는 개인구원보다 사회구원으로 방향을 돌리는 것이다.

하나님의 선교신학을 발전시키는 데 공헌을 한 호켄다이크(J.C Hockendyk)는 '선교 신학의 세속화'를 주장하였다.

그에 의하면 교회론 중심의 선교는 기독교의 근본 진리의 왜곡이며, '선교'란 선포(Kerygma), 교제(Koinonia) 및 봉사(Diakonia)이다. 그는 이 지상에서 메시아 왕국을 세우는 소위 평화(Shalom)의 선교를 부르짖는다. 호켄다이크가 말하는 선포, 교제, 봉사는 비록 성경적 용어이지만 그 의미는 성경적 개념과는 다르다. '선포'란 그 평화가 이미 도래하여 그리스도가 현존(現存)하고 있음을 선포하는 것이요, '교제'란 이미 사람들 가운데 나타나 있는 평화를 표현하는 것이요, '봉사'란 평화를 의미하는 겸손한 봉사의 언어로 번역한 것이다.

1960년대에 에큐메니칼 선교신학은 사회문제에 본격적인 관심을 가지고 인간화를 선교로 정의하였다. 1966년 제네바에서 모인 W. C. C. 총회는 '교회와 사회'라는 주제를 통해 '타자를 위한 교회', '세상을 위한 교회'를 역설하였는데, 이것은 본회퍼 신학을 반영하고 있는 것이다. 1968년 웁살라에서 모인 제4차 W. C. C. 총회는 선교의 목표를 '인간화'로 규정하였다.

> "우리는 인간화를 선교의 목표로 규정한다. 왜냐하면 우리는 우리 역사의 시대에서는 메시아적 목표의 의미를 다른 입장으로 전달하기 때문이다. 다른 시대에서는 하나님의 구속적 사역(使役)의 목표가 인간이 하나님께로 돌아서는 것으로 생각하였다. ……선교의 목적은 기독교화로서, 그리스도와 그의 교회를 통하여 사람을 하나님께 인도하는 것으로 생각하였다. 그러나 현재의 중요한 문제는 참인간의 문제이다. 따라서 신교 교회의 주요 관심은 선교의 목표기 그리스도 안에서 인간성을 지배하는 것이다."

선교 개념의 점진적인 변화란, 선교(mission)라는 말이 선교사나 선교 단체의 활동과 동일시되는 경우가 점점 더 없어지고 오히려 역사적 발전이나, 역사나 종말에 대한 질문이나 하나님의 행동에 그 관심을 점점 더 집중시키는 것을 의미한다. 즉 역사 속에서의 하나님의 선교(missio dei)에 그 관심을 점점 더 집중시키고 있다.

선교의 본래적 의미는 사회를 복음화하는 것이었고, 사회선교의 본질을 가졌으나 기독교 역사 속에서 언젠가부터 교회의 선교에서 사회가 소외되고 있는 선교 형태로 발전하게 되었다. 교회와 사회를 이원적(二元的)인 것으로 구분하고 거룩한 교회와 타락한 사회로 나누어 교회의 선교를 마치 죄악에 가득 찬 사회를 떠남으로써 구원을 받게 하는 행위로 생각하게 된 배경에는 기독교 신학이 오랫동안 지녀 온 이분법적인 사상을 지녔다고 볼 수 있다. 즉 이데아의 세계와 현실 세계를 구별한 플라톤 철학이 중심이 된 희랍철학의 이원론에 물이 든 중세의 기독교는 (사도 바울에게서도 물론 이러한 영향이 보이고 있지만) 영과 육을 분리하고 성(聖)과 속(俗)을 구별했으며, 내세와 현세를 별개의 것으로 보는 태도를 가졌으며, 육체적인 것, 세속적인 것, 현세적인 것을 경멸하며 혐오하는 사상 아래 일어났던 것이다.

그리고 교회는 세상에서의 선교 때문에 존재하므로 교회 생활도 이러한 선교 목적에 부합하도록 조직되어야 한다.

조지 웨버(Georse W. Webber)는 다음과 같이 말한다.

> "각 계층과 각 단계에서의 조직적인 질서는 단일 목적을 가지고 있다. 그것은 교회로 하여금 이 세상을 위한 선교의 과제를 가장 효과적으로 수행키 위해 온 힘을 잘 통전시키는 데 있다."

교회의 전통이 교회의 순례를 돕기 위해 존재함을 위해 필요하다고 본다. 그러나 전통이 순례를 방해할 경우에는 개조하거나 처분해야 한다.

마찬가지로 그 목적은 세상에서의 교회의 선교를 증진시키기 위한 것이며 복음에 대한 충성과 앞으로 전진하는 선교적인 효과에 의해서 판단되어야 한다고 본다. 많은 학자들이 구약성서를 선교의 책(Missionary Book)이라고 부르고 있다. 아브라함은 '선교사의 선구자'로 불린다.

그러나 조지 피터스(George W. Peters)는 구약성서에는 선교사가 없다고 말한다.

구약의 선교 개념은 원래 하나님의 속성에서 비롯한 것으로서, 창조주로서 사랑과 공의의 하나님이 피조물에 대하여 갖는 깊은 관심이 그 근거이며 또한 10계명에 나타난 것을 보아도 하나님과의 관계를 말하는 수직적 개념과, 인간 사이의 관계를 말하는 수평적 개념이 동시에 나타나 있어, 그것은 영적인 것과 사회적인 것을 모두 내포하고 있는 것이다.

예수의 선교의 목적에는 꼭 "가난한 자에게 기쁜 소식을 전한다."는 말이 있다. 예수는 요한의 제자들에게 자기의 정체(identity)를 말해 주면서 "맹인을 보게 하고 절뚝발이를 걷게 하고, 귀머거리가 들으며…… 가난한 이들에게 기쁜 소식을 선포하는 자"라고 했다(마11:5). 예수가 선교를 시작하던 때, 나사렛 회당에 들어가서도 이사야서 61장 1~2절을 읽으면서 "주의 성령이 내게 임하였으니 내게 기름을 부으사, 가난한 자들에게 기쁜 소식을 전하게 하며, 갇힌 자에게 해방을, 눌린 자들에게 자유함을, 눈먼 자들에게 눈 뜨임을 선포하려고 하신다."(눅4:18)고 그의 선교의 목적을 분명히 하셨다.

예수의 선교, 즉 '하나님 나라의 선포' 시대에는 가난한 자의 문제가 가장 우선적인 관심사였다. 심지어 "천국은 가난한 사람들의 것"이라고까지 하였다. 서신서에서도 최고의 관심사는 인간이 하나님과의 관계를 회복하여 그리스도 안에서 화목되는 것이되, 그 화목으로부터 인생 전체가 새로워지고 차원이 높아진다는 것이다. 선교의 개념에 대한 논쟁과 함께 폰시(F. Ponsi)는 크게 다섯 가지 다른 선교 개념이 형성되었다고 지적하면서 다음과 같이 정리한다.

첫째는, 전도가 선교라는 견해(Mission as Evangelization)이다.

선교는 마태복음 28:16~20과 마가복음 16:15~16에서 제시된 지상명령의 수행이라는 것이다. 복음이 없는 자들에게 복음을 전파하는 것 외에는 선교를 대치할 수 있는 아무것도 없다고 생각한다. 그러므로 선교사 파송, 전파, 제자화, 교회 개척과 토착화 및 현지 교회의 지도력 형성 등이 선교의 중요한 목표가 된다. 구제나 사회봉사는 전도를 위한 준비 사역이거나 구원받은 자들의 자연적인 현상이지 핵심적인 사역이 아니라고 주장한다.

둘째는, 선교를 해방으로(Mission as Liberation) 보는 입장이 있다. 죄로부터의 개인적 해방, 정치, 경제, 사회적 붕괴와 구조악의 변화와 해방이 중요한 선교적 과제가 된다. 몸과 영혼, 개인과 사회, 인간과 우주의 포괄적인 구원이 교회선교의 목표인 것이다. 소극적으로는 죄악으로부터의 해방이고 적극적으로는 새 인간, 새 세계의 창조가 된다.

셋째는, 교회들의 상호협력이 선교(Mission as Mutual Assistance of Local Churches)라는 주장이다. 선교운동 과정에서 오랫동안 계속된 서구교회의 일방적인 선교를 탈피하고 모든 교회가 가진 은사와 자원을 상호 교환하며 보완해 나가는 것이 선교의 가장 중요한 목표가 되었다고 생각하는 것이다.

넷째는, 선교는 교회화(Mission as church)라는 개념이다. 비기독교화의 추세를 우려하는 일각에서 선교를 교회 중심적으로 몰고 가는 것이다. 선교는 본질적으로 삼위일체 하나님의 공동체에서 가장 잘 나타난다고 생각한다. 그러므로 무엇보다도 교회의 개혁이나 활성화가 중요한 선교 과제로 취급된다.

다섯째는, 선교를 완성(Mission as Fullfillment)으로 생각하는 견해가 있다.

그리고 호켄다이크가 선교의 개념을 샬롬의 형성이라는 광대한 쪽으로 몰아가기를 노력한 반면 맥가브란은 전통적인 선교개념을 고수하기 위해 전력하였다. 새로운 선교 개념에서의 선교는, 궁극적으로 교회 밖의 모든 일이 다 선교의 대상이요, 관심이라는 광의의 개념이다. 복음주의는 교회의 중요한 사명이 예배, 교육, 봉사, 선교, 친교이기 때문에 선교는 교회의 사명 중의 하나이다. 따라서 "교회는 선교를 가졌다.(The church has missions)"라고 표현한다.

'하나님의 선교'의 입장에서 제기한 문제가 교회의 역사 참여를 일깨워 주고 있다는 점에서 의의를 갖는다고 본다. 이러한 점에서 복음주의 입장에서 교회와 사회의 관계를 재정립하며 사회복지적인 접근을 시도하여 교회가 사회에 대해 책임을 갖고 선교적 사명에 임하여야 한다고 본다.

교회의 본질적 사명은 복음의 선포(Kerygma), 사랑의 친교(Koinonia), 이웃에 대한 책임 있는 봉사(Diakonia)로 볼 수 있다.

한국교회의 놀라운 발전과 부흥은 20세기 선교사상 놀라운 기적으로 평가되고 있다. 그러나 한국교회는 지금까지 사회참여 내지 사회개발에 대해 분명한 태도를 지니고 있지 못했다는 것이다. 성서는 고아, 과부에 대해 많이 언급한 것을 볼 수 있는데 교회는 이웃을 향한 구체적인 사랑의 실천이 절실히 요구되는 오늘을 살고 있다. 사회에서는 한국교회가 귀족화되어 가는 현실을 매우 부정적으로 보고 있다. 여기에서 교회는 낮은 자들과 함께하는 '섬김'의 자세로 그 본질을 잃지 않아야 한다고 생각한다.

하나님의 선교적 입장에서 하나님의 선교는 포괄적이라고 볼 수 있는데 하나님의 구원의 활동은 하나님을 떠난 인간의 영혼을 죄의 사슬에서 풀어놓는 동시에 인간을 불의한 사회적, 경제적 및 정치적 세력에서 해방시키고, 물질적 빈곤과 정신적 고초에서 구출하는 것이라 생각한다.

또한 교회 갱신의 작업은 오늘날 한국교회 안에서 매우 필요하다. 새롭게 되어야 하고, 헐어 버려야 할 요소들이 많다. 거대화된 제도와 권위, 교권과 파벌, 안일과 무능, 지도자들의 타락과 귀족화 현상을 헐어 버려야 한다.

한국교회는 언제부터인지 이 사회의 특권층이 모인 곳이 되고 있고 특히 도시교회는 더욱 그러하다. 생에 시달림을 받고 있는 이들, 끼니를 굶는 이들, 무식한 이들, 사업에 실패하고 옷이 남루한 이들과 생에 실패한 이들은 교회에 나오기가 어렵게 되었다.

또한 전도 대상도 가난한 자들이 아니라 부유한 사람들에게 집중되고 있으며 교회 예산의 거의가 교회 그 자체를 유지 보존하는 데 쓰이고 있다고 볼 수 있다. 교회의 총 헌금액 중 10분의 1이 10년간 복지를 위해 쓰일 때 우리 조국에 사랑의 기적을 일으킬 수 있다고 보고 있다. 그러나 교회는 그 기능을 상실했고 교회는 새롭게 갱신해야 할 위기에 놓여 있다.

보수주의 교회에서 그들이 표방하는 개혁주의 신학이 사회에 대한 무관심과 구제봉사에 대한 몰이해 또는 망각을 가르치는 것이 결코 아닌데 교회가 자기 비대만을 추구하는 것을 볼 때 실로 유감스러운 일이라 아니할 수 없다.

이러한 한국교회의 현실을 직시하면서 교회는 농촌선교, 실업선교, 학원선교, 병원선교, 군인 복음화를 위한 선교 등 특수선교이든 동남아와 아프리카 등으로 나가는 외지 선교이든 선교활동에 참여하여 마태복음 28:19, 20에서처럼 교회는 선교에 순종해야 할 것이다. 이형기 교수는 "전통적인 선교이든 하나님의 선교(Missio Dei)이든 세계평화의 선교이든 복음과 성경말씀을 척도로 하여 창조적인 선교활동을 펼쳐야 할 것이다."라고 주장한다.

또한 선교 2세기를 맞이해서 교회가 나아갈 길을 재검토하며 나아가 교회가 가진 선교적 공동체를 통해서 지역사회 속에서 교회의 역할을 잘 감당하도록 해야 할 것이다.

라인홀드 니버(Reinhold Niebuhr)는 그의 저서 「사회사업에 대한 기독교의 공헌」(The Contribution of Religion to Social Work, 1945)에서 "교회는 사회복지를 낳고 키운 어머니"이지만 어머니로서의 책임을 포기하였기 때문에 세속화를 초래하였고 교회에서 떠난 사회복지는 유럽교회의 문제라고 말한 바 있다.

성전이 아무리 크고, 교인 수가 아무리 많다고 하더라도 지역사회와 유리된 자기중심적인 교회는 참된 의미의 교회라고 할 수 없다. 교회가 교회되기 위해서는 지역사회의 요청에 복종하는 마음으로 응답하는 자세를 취하도록 기도하고 실천해야 하는 것이다.

교회의 존재와 활동의 궁극적 목표가 있다면 그것은 새신자의 확보나 교회당의 건축이나 확장, 기독교 왕국의 건설도 아니다. 오히려 그것은 하나님 나라의 선포와 실현에 있는 것이다.

결국 하나님의 거룩한 뜻이 구체적인 사회 현실 속에서 사는 모든 사람들에게 물질적으로, 정신적으로, 사회적으로, 현재적으로, 미래적으로 구현되기를 희망하며 그 나라의 표식으로서의 역할을 감당하는 것이 교회의 참 모습이다.

본 연구의 관심은 교회의 봉사적 사명에 있다. 섬기는 공동체로서 교회상을 교회가 어떻게 회복하여 바른 교회상을 정립할 것인가가 본 연구의 과제이다.

호켄다이크(H. Hoekendijk)와 러셀(L. M. Russell)이 공동연구 시리즈로 편집한 『타자를 위한 교회』(Studies on the church for others) 시리즈 제1권인 「기독교 교육의 새 전망」(Christian Education in Mission)이란 책에서 다원화된 사회구조 속에서 증인 공동체로서 교회가 사회를 섬기기 위해서는 여러 가지의 구조형태로 변화되어야 한다고 하면서, 두 가지의 구조형태를 소개하고 있다. 그 하나는 대응적인 상설 봉사기관이며, 또 다른 하나는 기동부대로서의 구조형태(task force structures)이다. 선교하는 교회는 복음 선포와 사회사업이 함께 진행되어야 한다. 그렇지 않으면 복음은 왜곡된다. 실제로 그리스도를 만나지 않고서는 하나님 나라의 메시지를 들을 수 없으며 그의 왕국이 세상에 주는 의미를 깨닫지 않고서는 하나님 나라를 받아들일 수가 없다. 그리고 교회는 지역사회에서 빛과 소금의 역할을 담당하게 된다. 그러므로 교회는 지역사회의 요구가 무엇인가를 항시 찾고 그 요구에 응하려는 자세를 취하고 있어야 한다. 교회는 지역사회 안에 있는 그리스도의 몸이며, 이 몸을 통해 하나님의 선교가 이루어지게 해야 한다.

특수 선교로서의 교회 사회사업방법론에서 볼 때 특히 현대교회의 사명

중 'Diakonia'를 통한 교회상의 회복과 정립을 모색하고 방향성을 제시함이 매우 필요하다고 본다.

하이델베르크(Heidelberg) 대학 신학부의 실천신학 교수인 루돌프 보렌 (Rudolf Bohren) 교수는 사역학(Die lehre von der diakonie)을 실천신학의 한 분야로 취급한다. 그는 사역학이란 사랑에서 우러나거나 인간의 곤경에 직면해서 요청된 봉사를 그 연구 대상으로 한다고 정의하고 있으며 그리고 봉사는 개개인을 향한 도움의 손길을 뜻할 뿐만 아니라 사회 전반을 향한 섬김을 의미한다고 한다.

여기에서 분명해지는 것은 교회가 이웃을 섬기는 봉사활동을 한다고 할 때, 그것이 개개인의 사람에게 어떤 도움을 주는 일에 국한되지 않고 사회의 전 영역이 봉사해야 할 범위가 되어야 한다는 것이다. 필자는 교회를 제도로 상정하든지 또는 하나님의 백성으로 규정하든지 간에 교회의 현주소는 지역사회임을 잊지 말아야 한다고 본다. 교회는 세상에 속하지는 않으나 세상 안에 존재하면서 하나님의 구원의 역사에 동참하는 집단이라는 데 그 존재 이유가 있기 때문이다.

그리고 교회는 말씀에 입각하여 지역사회의 요청에 적절하게 변혁되어야 하는 동시에 교회의 변화는 반드시 지역사회의 변화를 가져와야 한다고 본다.

Ⅱ. 이론적 배경

1. 복음주의 선교신학의 입장(John Wesley 신학을 중심으로)

복음주의 교회는 복음을 듣지 못한 30억의 사람들에게 복음을 전하고, 교회를 설립하기 위하여 선교사를 파송하는 교회의 모든 활동을 선교로 간주한다. 현대 교회 성장학의 창시자인 맥가브란(Donald A. McGavran)도 이러한 선교관에 근거하여 교회 성장학을 발전시켰다. 그는 선교를 다음과 같이 정의한다.

'선교'란 예수 그리스도를 따르지 아니하는 사람들에게 전도하기 위하여 복음을 들고 문화의 경계를 넘는 것이며, 또한 사람들을 권하여 예수를 주와 구주로 영접하게 하여 그의 교회의 책임적인 회원이 되게 하여, 성령이 인도하시는 대로 전도와 사회 정의를 위한 일을 하며, 하나님의 뜻이 하늘에서 이룬 것같이 땅에서도 이루게 하는 것이다.

에큐메니칼운동과 선교협력에 있어서 획기적인 전기로 평가된 1910년의 에든버러 대회 때부터 불만 어린 시각으로 이 대회를 보는 눈이 있었다.

"19세기의 괄목할 만한 선교운동은 종언을 고하고 경건주의 개척자들의 영향 아래 전진했던 위대한 세기는 선교정치와 기관들의 출현으로 종말을 맞았다."는 존스톤(Arther Johnstone)의 말은 에든버러 대회가 선교사(宣敎師)의 주요한 한 시기를 끝맺고 새로운 시대를 여는 전기(轉機)가 되었다는 것을 뜻한다.

그러나 복음주의 내에서도 폭넓은 선교 개념을 말하는 자들이 있다. 선교를 타 문화권 전도에만 국한하지 않고 전도와 사회봉사를 선교로 간주한다.

영국의 스톳(John Stott)은 에큐메니칼 선교와 복음주의 선교의 양극화를 절충시키기 위하여 노력하였다. 1966년 베를린에서 열린 '세계전도대회'(The World Congress of Evangelism)는 현대 기독교 역사에 있어 가장 현저한 복음적 사건 중의 하나이며, 더욱 효과적인 복음 사역을 위해 현장 지도자들에게 감동과 교훈을 주어 영적 소생을 목적한 대회였다.

복음주의자들의 선교신학은 어떤 면에서 계속 수세에 몰려 있다고 볼 수 있다. 빌리 그래함은 개회사를 통해 "예수 그리스도의 복음을 선포하는 전도만이 우리의 세계를 변화시킬 수 있는 유일한 혁명 세력"이라고 말하면서, 하나님께서는 전 세계의 교회를 통해 부흥과 전도의 불길이 다시 불붙게 되기를 원한다고 하였다.

교회의 최고 과제 중 복음 선포로서 가장 중요한 관심사는 사회·정치의 재구성이 아니라 개인의 영적 변화라고 강조하여 적극적이고도 효과적인 전도를 위해서는 성경 연구, 성령 의지, 신앙의 교제, 산제사 등이 그 중요한 요소가 된다고 보았다.

스톳은 에큐메니칼 선교를 부정한다. 동시에 그는 복음 전도와 사회 활동을 포함하는 넓은 의미의 선교관을 주장한다.

> "만일 우리가 세계 속의 기독교적 봉사로서 복음 전도와 사회 활동을 포함하는 이 넓은 의미의 선교관을 수용한다면, 즉 우리 주님의 지상 선교를 모델로 하여 우리에게 주어진 이 선교관을 가진다면, 기독교인들은 하나님을 위한 복음 활동과 사회 활동으로서 보다 큰 영향, 우리의 수적 능력과 또 그리스도의 위임의 과격한 요구에 상응하는 커다란 영향력을 행사할 수 있을 것이다."

케인(Herbert Kane)도 선교를 영혼 구원과 사회봉사로 해석한다. 그는 "복음주의는 선교를 전도와 동일시하여 영혼 구원을 잘하지만 다른 활동에 참여하는 데는 느린 반면, 자유주의자들은 사회봉사에서는 잘하지만 영혼 구원에는 관심이 없다."고 양자의 문제점을 지적하였다. 그에 의하면 성경과 선교 역사에서 살펴볼 때, 선교는 전도뿐만이 아니라 교회 개척과 의료봉사, 교육사업, 농업사업 등 모든 봉사활동도 선교에 포함되어 있다. 여기서 전도는 '복음의 구속적 선포'라는 활동이며, 선교는 전도와 사회봉사가 다 포함되는 것이다. 독일 복음주의 신학자들이 작성한 프랑크푸르트 선언도 선교, 설교, 성례, 봉사를 통하여 복음을 전하는 것으로 정의하였다.

오늘날 대부분의 복음주의 신학자들은 선교를 전도와 사회봉사로 생각하는 경향이 있다.

1988년 세계 복음화 운동을 전개했고 D. L. Moody의 노력의 일환으로 1988년에는 뉴욕 대회를 치름으로 그 선교의 열정은 대단하였다.

이것의 결정체로 Edinburgh 대회가 1910년에 열릴 수 있었던 것이다. 그러나 에든버러 대회는 처음부터 성경의 무오설에 상처를 입었고 나아가 K. Barth의 '그리스도 안의 신학'이라는 변증법적 논리로 인해 구원관 역시 희미하게 되어 나갔다.

급기야 이들은 내세의 소망은 포기하게 되었고 남은 것은 이 세상에서

육신의 평안 곧 샬롬을 누리며 사는 것이 되고 말았다. 이에 반발한 것이 복음주의 선교 신학의 태동이며 이것이 가장 심도 있게 표현된 것이 로잔 언약이다.

1) 로잔 대회 형성과정

계몽사상에 대한 반발로 나타난 것이 근본주의이다. 그러나 그들은 전도의 포용성보다는 교리의 집착성으로 인해 복음전파에 있어서는 실패하고 있었다. 이때에 Billy Graham이 나타나서 '신앙과 행위'의 일치적인 생활을 할 것을 강력하게 주장하였다. 이 운동은 대단한 힘을 나타내고 있고 1966년 Berlin 대회와 1974년 Lausanne 대회를 태동시킨 것이다.

이 당시 복음주의자들의 신학적 성격은 성경의 권위가 분명했으며 하나님에 대한 고백도 인격적이었을 뿐만 아니라 교부들의 고백과 동일하였다. 그러므로 구원 문제도 우선적으로 영적인 문제를 다루게 되었다. 즉 구원을 위해서는 회개가 있어야 하며 중생의 경험을 가져야만 했다.

이러한 복음주의자들의 견해에 반해 W. C. C. 쪽과 R. Catholic에서는 사회구원 쪽으로 기울기 시작하였고 영의 문제보다 육의 문제에 집착하게 되었다. 이것이 결정적으로 나타난 것이 1961년 New Dehli 대회였던 것이다.

이 같은 일련의 결과에 놀란 복음주의 지도자들은 1966년 베를린에서 '세계복음전도대회'를 갖게 되었다. 이 집회의 주제는 '한 인류, 한 복음, 한 임무'였으며 Billy Graham의 후원과 「Christian Today」의 도움으로 성사되었다.

Billy Graham은 이 대회가 개최된 이유를 다음과 같이 말하였다.

첫째, 복음전도에 대한 정의를 구체화하기 위함이며, 둘째로, 복음전도에 대한 성서적 동기들을 분명하게 하기 위함이었다. 셋째로는, 복음전도의 메시지가 왜곡되어 인본주의와 비슷하게 되었기 때문이다. 즉 고린도전서 15장 1~4절에서 사도바울이 말한 대로 Kerygma의 선포의 필요성 때문이다. 넷째로, 복음전도의 유일한 적이 사탄이기 때문에 이들과 대적하기 위해서는 반드시 필요하다고 했다.

한편 John Stott에 의하면 이러한 신학이 전개되어야 할 곳은 바로 교회이며 교회는 서구의 선교에서 전 세계로 향한 선교로 나아가야 한다. 이를 위해서는 인종차별이 있을 수 없으며 모두 성경의 권위 아래 모여 잃어버린 영혼구원을 찾아내야 한다고 했다.

이 회의는 W. C. C.에 큰 충격을 주었다. 1967년 8월 Crete의 Heraklion에서 열린 W. C. C. 중앙위원회에서 복음전도의 역할을 재검토하기 시작하였다. 그 결과가 Uppsala 대회 때에 나타났다. 그들은 새로운 보편성(Catholicity)을 주창하게 되었다.

> "우리는 이 사람들의 세상을 하나님이 이미 만물을 새롭게 하시기 위하여 역사하고
> 계시는, 그리고 우리를 불러서 그와 함께 일하게 하시는 장소로 보게 되었다."

즉 교회를 '세상을 위한 교회'라는 차원에서 W. C. C. 나름대로 교회 갱신을 시도하였다.

이렇듯 Uppsala 대회가 복음주의의 Berlin 대회에 영향을 받아 재정비하게 되자 다시 복음주의자들은 교회의 사명을 재확인할 필요가 생겼다. 이를 위해 1986년에는 싱가포르 대회, 1969년에는 Minneapolis 대회와 Bogota 대회, 1971년에는 Amsterdam 대회를 각각 개최하였고 이들 모임을 통하여 집약된 힘을 1974년 Lausanne 대회에서 분출시킨 것이다.

2) 로잔 언약 신학

1974년 스위스의 로잔(Lausanne)에서 열린 대회는 '온 세상이 그의 음성을 듣게 하라'(Let the Earth Hear His Voice)를 주제로 하였는데 존 스토리가 초안한 소위 로잔 언약(Lausanne Covenant)을 통해 그 성격을 알 수 있다.

로잔 언약의 신학을 요약한다면 철저하게 사회복음주의가 되어 버린 W. C. C.에 대항하여 참으로 하나님의 복음이 증거되게 하는 데 있다.

로잔 대회의 신학은 대체로 세 가지로 분류할 수 있다.

첫째로, 선교신학에서 복음전도는 그 무엇보다도 우선한다. 뿐만 아니라 지상 명령이 어떤 세계관이나 문화적 위임, 사회적 관심과 행동 또는 두 왕국의 중요성을 훼손하는 것이 아니다.

둘째로, 역사적 복음주의의 신학 곧 구원론을 보다 잘 나타내 주었다. 그러나 이 면은 에큐메니칼의 복음전도신학적인 부분과 관계된 것도 있다.

셋째로, 성경의 무오에 관한 것으로 Edinburgh 대회에서 잃어버릴 뻔한 것을 분명하게 되찾은 것이다.

이로써 로잔 언약은 W. C. C.가 요구한 사회적 책임에 대해서도 언급을 하면서 W. C. C.가 놓쳐 버린 순수한 복음을 분명하게 잡을 수 있게 된 것이다.

제4항에서는 전도의 성격을 규정하고 있는데, 즉 "전도한다는 것은 예수 그리스도께서 우리 죄를 위해 죽으시고 성경대로 다시 사신 것과, 이제는 통치하시는 주님이 되셨으며, 누구든지 죄를 회개하고 그를 믿는 자에게는 성령으로 인하여 죄사함을 받는다는 복된 소식을 전파하는 것"이다. 그리스도인의 현존과 대화도 필수 불가한 것으로되 전도는 역사적이며 성경적인 그리스도를 구주와 주님으로 선포하는 것으로 보고 그 결과로 사람들이 그리스도께 순종하고 교회에 협력하며 세상에서 책임 있는 봉사를 하게 된다고 주장하였다.

'그리스도인의 사회적 책임' 문제를 다루면서 다음과 같이 합의하고 있다.

"우리는 인간 사회를 통해 오는 정의와 화해 및 모든 압제로부터 사람들을 해방시키고자 하는 하나님의 관심에 동감해야 한다. ……전도와 사회적 관심이 상호 배타적인 것으로 여겨 온 것에 대하여 깊이 통회한다. 인간과의 화해가 하나님과의 화해는 아니며, 사회 활동이 전도가 아니고 정치적 자유가 구원은 아니되 전도와 사회·정치 참여는 모두 그리스도인의 것이다. ……구원의 메시지는 모든 형태의 소와·압제·차별 대우 외에는 심판의 메시지이며 우리는 악과 부정이 존재하는 곳은 어디서나 그것을 두려워 않고 배척해야 한다. 우리가 전하는 구원은 우리의 개인 및 사회적 책임 속에서 우리를 변화시켜야 한다. 행위 없는 믿음은 죽은 것이다."

하나님은 조물주요 또한 심판주로서 신구약을 통해 우리로 하여금 의를 사랑하고 불의를 미워하며, 악을 행치 말고, 선을 행하며 정의를 찾고, 압제를 풀고 고아와 과부를 위해 구하라고 하였다. 복음주의 신학의 약점은 세상과 사회문제에 대해 도피적인 태도를 취해 왔다고 볼 수 있는데 로잔신학은 악은 개인에게만 해당되는 것이 아니라 사회에도 해당되는 것으로, 그리스도의 복음은 한 개인의 인격을 변화시킬 수 있으되 그것이 사회생활에서 행위로 나타나야 하는 산 믿음을 강하게 주장하고 있다. 복음전도와 사회적 책임 간의 관계에는 세 종류의 관계가 있다고 볼 수 있다.

첫째, 사회 활동은 복음 전도의 결과이다. 즉 복음 전도는 하나님이 사람을 새롭게 태어나도록 하시는 수단이며, 또 그들의 새로운 삶은 다른 사람들을 위해 봉사하는 가운데 나타난다.

둘째, 사회 활동은 복음 전도에 대한 다리가 될 수 있다. 사회 활동은 편견과 의심을 깨뜨리고, 닫힌 문들을 열 수 있으며 또 복음에 귀 기울이게 할 수가 있다.

셋째, 사회 활동은 복음 전도의 동반자로서 복음 전도와 동반한다. 그것들은 바지의 두 가랑이나 새의 두 날개와 같다. 이 동반 관계는 복음을 선포하였을 뿐만 아니라 또한 주린 자들을 먹이시고 병든 자들을 고치셨던 예수님의 공적 사역 가운데 분명하게 나타난다. 그의 사역 가운데, 케리그마(선포)와 디아코니아(봉사)는 병행되었다. 이것은 동일시되어야 한다고 말하는 것이 아니다. 왜냐하면 복음 전도는 사회적 책임이 아니며, 또 사회적 책임이 복음 전도는 아니기 때문이다. 하지만 각각은 상대방을 포함한다. 그리고 복음 전도와 사회적 책임은 상호 구별되면서도, 우리가 복음을 선포하고 복음에 복종하는 데 있어 본질적으로 관계된다.

이론 측면에서 볼 때 로잔 대회는 과거 어느 대회보다도 선교의 사회적·정치적인 측면을 의식하여, 영혼 구원만을 전도로 생각하던 전통적인 태도에서 발전하여 두 가지가 공히 필요한 요건임을 주장하고 있다.

3) John Wesley와 사회개혁

(1) John Wesley시대의 사회현상

가. 철학사상

웨슬리 당시에 성행하였던 철학사상은 이신론(Deism) 곧 자연신론이었다. 이신론이라면 일종의 자연종교의 체계로서 초월적인 신을 주장하되, 그 신은 창조주일 뿐 이 세상의 과정에는 관심을 가지고 관여하지 않으며, 우주나 세상은 그 자체의 운명에 일임되어 있다고 믿었다. 그러므로 다른 세계에서의 하나님의 계시나 기사, 이적 등의 초월적인 것은 믿지 않았다.

따라서 이들 이신론자들은 기독교를 자연주의화하는 데 주력하고, 기독교에서 초자연적인 요소를 제거하는 작업에 몰두했다. 그리하여 이들 17세기와 18세기의 종교가들은 첫째, 계시와 이성의 조화를 시도하기 시작했다. 둘째, 위로부터 임하는 하나님의 계시의 가능성과 전통적인 초자연주의에 대하여 질문을 제기했다. 셋째, 신앙을 이성에 예속시키는 일을 강조하였다.

이런 이신론 운동의 대표적 학자는 틴들(Matthew Tindal)이다. 틴들은 1730년에 「창조 시부터의 기독교」(Christian as old as Creation)란 책을 출판하였다. 여기서 틴들은 자연종교란 순수한 것으로 이는 어떤 종교가의 교리나 농간에 의하여 변경될 수 없는 것이라고 주장하였다.

나. 도덕적 상황

18세기 당시의 도덕적인 상태는 한마디로 부패 바로 그것이었다. 정치가나 학자들은 종교에 대하여 무관심 내지 냉소하는 태도를 취하였으며 일반대중은 빈곤하였으며, 무지하였고 잔인한 편이었다. 장터에는 야만적인 경기로 가득 차 있었고 국가는 세금 관계로 이것을 방임하고 있었다. 문화도 저속하였고 철학은 이성의 장난처럼 되어 버렸다. 상업도 타락하였고, 1770년까지 무려 30만 명의 흑인 노예를 미국으로 판매하였다. 이 사회에서는 음주의 향락도 심하였다.

거리의 집들 중에 사분의 일이 술집일 정도이며 거리에는 창녀가 우글거

렸다. 감옥은 만원이요, 폭행범들의 사형 집행이 잦았다. 그래서 존슨(Johnson) 박사는 이 상황을 보고, 이렇게 사형 집행으로 밧줄을 많이 쓰다가는 영국 해군의 밧줄이 동이 날 것이라고 말했다. 교회도 부패했었다. 교회의 성직이 뇌물에 의해서 좌우되는 경우가 많아 옥스퍼드의 감독인 세카(Thomas Secker)가 말한 대로 사람들이 기독교를 공개적으로 무시하게 되었다.

John W. Bready에 의하면 18세기 영국의 도덕과 종교는 어느 기독교국에서도 찾아볼 수 없을 만큼 부패되어 있었다고 한다. 그리고 도덕적 힘이 위험 수위에 달했고, 종교의 힘도 파괴되었으며, 백성의 건강은 상쇄되었고 국가는 요구호 대상자 빈민들로 가득 차 있었다.

M. Edward는 18세기의 영국은 세계의 저녁을 보는 것 같다고 말했다.

당시 정치가 얼마나 부패하였던지 J. W. Bready에 의하면 그 시대의 대표적 정치가로 알려진 수상 Robert Walpole은, 정부는 부패가 아니면 폭력으로 유지되어야 한다고 믿는 사람이다. 그는 거액을 왕과 여왕에게 뇌물로 바치기를 곧잘 하였을 뿐만 아니라, 그의 치세 동안에 대부분의 의원들이 그의 기밀비를 받았으며, 심지어 교회 감독들까지도 이러한 방법으로 그에게 매수되어 있었다. 그의 상태는 정신과 마음이 교활하고 거칠게 육욕적이고 술주정꾼이고 대식가이고 공개적으로 간통하는 자였다고 한다.

또한 이 시대에는 노예매매가 성행하여 영국은 1713년에 스페인과 프랑스로부터 노예매매에 대한 독립권을 탈취하여 스페인령 서인도 제도에만 30년간에 144,000명의 흑인들을 제공하기로 계약하였다. "노예매매는 영국의 산업과 상업무역의 주변에서 함께 자라는 사회악의 원인과 모태였다."고 Bready는 말했다.

Wesley는 자신이 살고 있는 이 같은 사회 상태에 대하여 신랄한 비판을 가하기를 "상인들은 다만 이윤 추구에만 급급해 정직이 결여되고 법정에서는 공명한 내란이 없으며 영국 농민들이나 에이레의 본토인들이나 그 밖의 지역의 사람들은 무지몽매하여, 그들의 도덕생활의 모습은 야생의 동물보다 조금 나을 정도"라고 했다.

Wesley가 영국의 특색은 불경건하다고 한 것처럼 불신앙과 불경건은 당시 그리스도인의 특색이었다. Wesley는 신앙부흥운동, 즉 구령 운동을 지향해 나가면서 그것을 중심으로 사회참여, 사회개혁, 사회사업운동에로 추진력을 확산시켜 나갔던 것이다. 이러한 John Wesley야말로 W. H. Fitchett가 말한 대로 "이 위대한 거사를 위해 부름을 받았고 훈련을 받았던 것이다."

(2) John Wesley의 사회개혁 운동

웨슬리의 신학운동은 당시 도덕적 타락과 부패로 편만해 있던 개인과 교회를 정화시키고자 일어난 운동이었다. 당시의 영국 교회는 도덕적으로나 정신적으로 무능했었다. 사회 고위층은 종교에 대하여 냉소적이었으며, 대중은 교회의 영향권 밖에 있었다. 또한 국가의 지도층은 부패했었다. 사회의 범죄는 성행했으며 백성들은 난폭했다. 감옥은 늘 만원이었다.

18세기에 일어난 John Wesley의 신앙부흥운동은 교회 내의 세속화와 정치화에 대한 반동이었다. Wesley의 신앙부흥운동의 특이한 점은 사람들에게 전투적이며 도덕적 용기를 북돋아 주어 사람들로 하여금 종교를 그들의 전 생활 경험에 적용시켜 생활화하게 하는 데 있었다.

그리고 그가 영국 교회에 대해 문제 삼은 것은 영국 교회의 가르침 때문이었다. Wesley의 이 커다란 목적의 수행을 위하여 Methodist가 생겨났으며, 이 목적을 달성하는 것이 주안점이었다. Wesley는 당시 퀘이커 교도들에 대해서도 예리한 비판을 가하여 그들이 원래 칭찬할 만한 교단이었으나 재물의 타락으로 타락되고 부패해진 사실에 대하여 말하기를 "그대들은 나의 이 말을 명심하라. 그대들은 빈궁하였고 멸시를 당하였고 고난을 당하는 사람들이었다. 그러나 만일 그대들의 재산이 증대된다면 그대들이 마귀의 함정에 빠지지 않도록 극히 조심하라."고 했다.

또한 칼빈주의자 Whitefild의 설교가 부유층 계급과 특권 계층의 환영을 받는 것은 Wesley가 말한 모든 사람은 하나님 앞에서 모두 평등하다는 민주주의적 도리보다 그들의 구미에 맞았기 때문이라고 전제하고 "천국문 앞에서 설 때 모든 사람은 영적 요구와 기회와 전망에 있어서 절대 평등의 자리에 있다는 것을 복음은 선포한다."고 했다.

Wesley의 생활과 그의 신학을 이해하기 위해서는 사회적인 차원을 이해하지 않고는 확실히 알 수 없다. 웨슬리에 있어서 사회참여는 그의 신앙과 관계가 있다. 그에게 있어서 사회참여는 그리스도를 통한 구원받은 자의 능력을 실제화시키는 과정으로서의 열매이다. 이것이 온전한 성화에의 회개라고 그는 말했다. 여기서 Wesley는 그것의 실천을 위해서 성화의 필요성을 강조하였고, 따라서 그는 사회개혁(Social Reform)에 있어서의 경건성을 중요하게 여겼다. 그는 다음과 같이 말한다.

> "첫째 경건의 전 업무, 둘째 자비의 전 업무는 배고픈 자를 먹이고 헐벗은 자를 입히고 나그네를 대접하고 수감자 또는 병든 자를 방문하는 것이다. 이것이 온전한 성화를 이루는 데 필요한 회개이다.(First, all works of piety…… secondly, all works of mercy…… feeding the hungry, clothing the naked, entertaining the stranger, visiting those that all in prison, or sick…… this is the repentance, which are necessary to full rantification.)"

라고 했다.

Wesley의 신앙부흥운동에 따르는 사회개혁사상이 일반 민중의 가슴속에서 물결칠 때 그 사회에서 부와 높은 지위와 세습적 특권에 연연한 자들은 웨슬리에 대해 좋지 않은 감정을 가졌다. 그들은 웨슬리가 바람직하지 않은 도리를 전하며 윗사람들에 대해 불손하며 이 사회의 모든 계층과 지위고하를 무시하는 평등사상을 고취시키고 있다고 비난했다. 역시 웨슬리는 그의 사역의 초기에 그가 어느 교회에 가서 설교를 하든지 그것이 처음이자 마지막이었으며, 교회들은 그에게 다시 설교의 기회를 주지 않았다. 웨슬리가 모든 사람은 다 죄인으로서 누구나 구주를 필요로 하며 누구나 아무 공로나 차별 없이 하나님의 은혜를 힘입지 않으면 안 된다고 외친 것이 그 사회의 특권계급의 귀에 거슬렸던 것이다. 그러나 한편 웨슬리의 설교는 '땅 위에 기어 다니는 일반천민'으로 불리는 민중들로 하여금 자기들을 하나님의 큰 구원의 대상으로 인식하게 하여 자신들에 대한 재평가를 하게 함으로써 사회의 특권층이 자신들에 대해 생각하는 것보다 훨씬 높이 생각하게 만들었다. 그리하여 그 사회의 고위층이 가진 계급의식으로 인하여 웨슬리로 하여금 도리어 일반 빈민층에 대해 더 큰 관심을 갖도록 하였다. 따라서 웨슬리는 그의 사역의 초기에 부흥운동의 장해는 그들 빈민층 민중에게 있다고 예견하였던 것이다. 사실 Wesley의 부흥운동은 시초부터 주로 가난한 사람들을 위해서, 가난한 사람들 사이에서 일어난 운동이었다. 그들은 당시에 소위 신사 숙녀들이 새로운 산업제도에서 기계부속품의 일부처럼 여겼던 사람들이었다.

Wesley는 그의 사역 초기에도 '기독교는 본질적으로 사회적 종교'라는 그의 신념이 확고하였으며, "기독교가 고립의 종교가 될 때 이것은 멸망할 것이다."라고 강조했다. 그래서 Wesley는 삶의 최고의 영적 발전의 장소는 사막이 아니라 도시이며, 혼자 사는 것이 아니라 사회 속에서 다른 이들과 더불어 사는 것이라고 했다.

Wesley가 이렇게 현실 세계에서의 활동에 종교적 의의와 평가를 부여한 점은 일찍이 교회사상에서 그 유례를 찾을 수 없다.

Wesley가 종교의 부패성을 발견한 것은 사회학적 연구에 의해서가 아니었다. 다만 그의 신자들을 지도하는 중에서 발견하였다. 역사가 Hecky는 Wesley가 일으킨 부흥운동은 영국뿐만 아니라 신세계에까지 파급되어 큰 세력으로 확장되었으며 이와 함께 신대륙에서는 국가의 창건이 있었다고 했다.

Wesley는 현재 사회에 가장 큰 문제인 노동의 결과의 불공평한 분배문제에 대하여, '금전선용의 방법'에서 만일 많이 저축한 사람이 할 수 있는 대로 남에게 많이 주면, 그들이 돈을 많이 모을수록 그들은 은혜 안에서 자라나 하늘에 더 많은 보화를 쌓을 수 있을 것이라고 함으로 그 해결책을 말했다. Wesley는 모든 잉여가치를 생활필수품의 공급 및 가장 엄격한 청교도적 원칙 아래에서 필요한 생활 편리품의 제공과, 사업 경영을 위한 부분을 제외하고는 나머지 전부를 자선사업에 쓰라고 했다.

Wesley는 재물의 축적은 영원한 죽음을 가져다준다는 원칙 아래 "나는 유대인처럼 십일조만을 바치라거나 바리새인처럼 5분의 1을 바치라거나 혹은 절반이나 4분의 1을 바치라는 것이 아니라, 남은 것 전부를 바치라는 것이다."라고 했다.

Wesley는 자선행동으로 풍성하게 소유한 자와 가지지 못한 자 사이에 다리를 놓아 연결하려고 했다. 이러한 방법으로 근대사회에서의 부의 공평한 분배를 시정하려고 했으나 그는 이러한 방법이 주는 자와 받는 자가 다 같이 도덕적으로 손해를 입는 것은 인식하지 못했다. 그러나 우리는 여기에서 Wesley가 부의 불공평한 분배문제에 어떻게 해결책을 두었나 하는 문제를 논하려 하는 것이 아니고 다만 그가 원하는 종교생활의 목적, 즉 '마음과 생활의 성결'을 얻는 것은 오직 금욕 생활인 것을 제시했다는 것을 나타내려는 데 있다. 또는 Wesley가 주장한 금욕 생활은 중세 수도원 생활에서 실시한 것과 같은 것을 말하는 것은 아니고, 이 세상의 모든 인간 생활에 참여하면서 금욕적 태도를 견지해 나가면서 성화의 생활을 지향해 가는 것을 의미한다. Wesley의 청교도적 정신은 그의 쾌락주의 배격과 옷이나 제반 생활양식에 있어서의 사치와 낭비를 규탄한 점, 또 불필요한 지출을 억제할 것을 주장한 점, 근면과 검소의 덕을 칭찬한 점 등에서 그는 기독교는 역시 인간생활에서 금욕적 정신을 나타내는 종교로 보았다.

Wesley는 사회에서 아직도 극도로 가난한 사람이 있다고 하여, 가난을 불행한 것으로 여겼다. Wesley는 Methodist 회원들이 점차 부유해짐에 따라 정신이 약화되어 부흥운동에 치명적 타격을 줄 것을 염려하여 말하기를 "어디서나 진정한 기독교가 전파될 때 이것은 근면과 검소를 준다. 그 결과 자연적으로 부를 생산하게 되는데 이 부는 필연적으로 기독교를 파멸로 이끄는 경향이 있다. 만일 기독교가 이 폐단을 막을 무슨 방도가 없다면 이것은 자체에 모순을 내포하고 있는 것이다. 그렇다면 기독교는 설 수 없는 것이며 어느 사회에서나 오래 지속할 수 없을 것이다."라고 했다. 여기서 Wesley는 그 해결 방법으로 모든 잉여가치를 자선 등 선한 사업에 원칙을 세우고, "힘껏 벌라, 힘껏 저축하자. 그리고 할 수 있는 대로 주라(잘 쓰라)."고 했다. Wesley는 재산에 관한 이 세 가지 원칙의 실현을 위하여 근면과 검양과 자선을 감리회의 준칙으로 제정하여 이것을 실행하도록 지시하고 권고했다.

Wesley는 음주의 해독을 말하면서 금주운동을 전개하였으며 심지어 차 마시는 것까지 반대하였다. 그는 의상 문제에 대해서는 유행을 좇는 의상에 찬성하지 않았고, 특히 사치한 의복을 입음으로써 금전을 낭비하는 것을 경계했다. Leckey에 의하면 Wesley는 교회행정에서뿐만 아니라 기업 운영에도 재능을 발휘하여 금품이나 의류 등을 거두어 가난한 사람들을 구제하는 대신 털실 뽑는 공장을 만들어 그들의 생계를 도운 일이라든지, 빈민은행을 만들어 사업자금을 융자해 준 일 등은 그의 기업적 재능과 독창력을 실증해 주고 있다.

Wesley는 노동의 신성성을 말하며 노동은 종교적 의무라고 썼다. 즉 "노동은 하나님을 섬기는 일이다. 게으름은 부도덕이며 죄악이다. 게으름과 은혜 앞에서 성장하는 일은 병행할 수 없다. 우리가 일으킨 부흥운동이 영속되려면 후속시대가 근면의 정신과 습성을 함양하고 길러야 한다. 자기의 직업에 충실하지 않은 신도를 우리는 엄히 책망한다. 게으른 신도가 우리 회원이 되는 것을 허락할 수 없다. 우리도 이런 사람을 도둑이나 살인자처럼 출회시킨다."라고 했다. Wesley는 노동이 하나님의 명령이라고 생각하여 종교는 게으름과 병립할 수 없고, 거룩하게 된 자는 자연히 이 세상 사업에도 비능률적이 아니라 능률적이어야 한다고 했다. 이러한 정당한 사업으로 이익을 얻는다는 것은 산 신앙의 존경이며, 은혜 아래에서 진리는 증거라고 그는 말했다. 그런데 웨슬리는 우리가 이 일을 위해 일하되 "다른 사람에게 손해를 끼치면서 해서는 안 된다."고 했다.

Wesley가 부흥운동을 일으킨 지 20년이 되던 해에 그는 Methodist 회원들이 전에 비해 훨씬 유해졌으며, 전에 없이 구제사업도 활발하게 할 수 있게 되었다고 했다.

J. W. Bready에 의하면 Wesley의 영적 메시지는 그 사회에서 발붙일 곳이 없다고 생각한 사람들에게 자존심을 고취시켰으며 결국 민주화의 결과를 가져오게 하였다. Fitchett에 의하면 대혁명이 일어났던 프랑스와는 달리 영국의 정치적 혁명으로부터 처할 수 있게 한 원인은 영국에서 Wesley와

Whitefield가 일으킨 영적 혁명이 이미 있었기 때문이라고 했다.

Wesley의 선교는 조직적이요 Holistic한 전도였다. 1739년부터 웨슬리는 당시의 지역을 세 구역으로 나누어서 이들 평신도들의 사역을 분담시켰다. 제1구역은 런던을 중심으로 사회사업을, 제2구역은 Kingswood를 중심으로 교육사업을, 제3구역은 Newcastle을 중심으로 고아사업을 하게 함으로 그의 전도는 사회관심을 동반하는 것이었다. 그리하여 웨슬리의 메소디스트는 Hynson이 말한 대로 '교회와 국가를 개혁'(reform the church and nation)하는 운동이 된 것이다. 그리고 그가 한 사회 활동은 민생사업으로 편물공장, 빈민학교, 의료원 등을 설치 운영했으며 일반 자선사업 곧 Humanitarian Reform에 관여할 뿐만 아니라 정치에도 관여했다.

Wesley는 노예매매에 종사하는 자들에게 호소하면서 채찍, 쇠사슬이나 강제성은 다 버리고 모든 사람을 인간답게 다루며, 그들에게 친절해야 한다고 강권했다.

Wesley의 사회사업의 원동력은 사랑이다. 이것은 예수에 대한 믿음과 함께 순전한 덕을 가지는 일이다. 이것은 하나님 사랑과 이웃 사랑으로 요약되는데 전자는 개인적이요 후자는 사회적인 것으로서 이 둘은 뿌리와 열매의 관계와 같다.

Wesley가 사회참여에 끼친 영향은 매우 크다고 볼 수 있다. 그는 완전한 사랑으로서의 그리스도인의 완전한 성격에서 사회참여(Social Involvement)의 양상을 나타내고 있다. 또한 그의 공헌은 신학자, 전도자, 교육자로서만 머물러 있을 수 없다. 그는 사회개혁이란 차원에서 사회사업가로서의 위치를 차지하고 있는 것이다. 물론 그의 사회사업은 그 자체에 목적이 있는 것이 아니었다. W. R. Cannon이 말한 대로 그의 관심은 구원이란 하나의 목적에만 집중되었던 것이다.

그의 사회사업은 직접적으로는 육신의 문제를 돌봄으로 가난과 굶주림과 퇴폐 상태에서 건져 왔으며, 간접적으로는 영혼구원에 막대한 공헌을 끼쳤다. Wynkoop는 말하기를 "인간의 육신적 문제의 제거를 돕기 위해 웨슬리의 결정은 영적인 것과 육체적인 것과의 관계를 갖는다는 개념에서 놀라운 공헌을 하였다."고 했다.

선교와 복지적 입장에서 볼 때 교회는 하나님께서 위임하신 세상에 섬김과 봉사의 책임을 감당해야 할 의무를 가지며 맡겨진 사명을 다해야 할 것이다. Hoekendijk는 말하기를 "메시아 곧 종을 본받는 전적인 봉사 그리고 그 봉사 속에서 십자가를 바라볼 수 있게 하는 사람들이 있는 그곳에 교회가 있다. 교회는 스스로 존재하지 못하고 그 자신을 구원하려고 애쓸 때에는 벌써 자신의 생명을 잃어버린 것이다."라고 했다.

Karl Marx가 유물사관으로 사회개혁을 획책했다면 Wesley는 복음으로 사회개혁 내지는 사회복지사업을 단행한 위대한 사회사업가였다.

2. 성서적 측면에서 본 복지이념

기독교에서는 약자와 강자, 가난한 자와 부한 자 모두가 하나님 앞에서 동등한 대우를 받는다. 그러나 인간적 측면에서의 관심은 그렇지 않다. 구약시대에는 고아와 과부에 대한 법적인 우선권이 많이 강조되어 있고, 신약시대에는 같은 피지배자 가운데서도 소외된 무리들과 팔레스타인 지역에 흩어져 사는 Diaspora들에 대한 유태교적 율법의 재해석을 통해 그들의 권익을 보장하고 그들의 생활을 보장토록 했다.

교회는 그 기초를 그리스도에게 두고 있다. 그러므로 교회는 그리스도의 사업을 전개하여 이 땅에 하나님의 나라(Kingdom of God)를 건립하기 위하여 다음과 같이 선포하고 있다.

> "주의 성령이 내게 임하셨으니 이는 가난한 자에게 복음을 전하시려고 내게 기름을 부으시고 나를 보내사 포로 된 자에게 자유를, 눈먼 자에게 다시 보게 함을 전파하며 눌린 자를 자유케 하고 주의 은혜의 해를 전파하게 하려 하심이라."

위의 그리스도사업에 대한 선포에서 보는 바와 같이 그리스도의 사업은 대체로 불행을 당한 자를 위한 것이라고 할 수 있다.

교회는 이웃을 잃어 가고 있다. 교회가 지역사회 속에서 교회 자체를 사랑하듯이 지역사회를 사랑해야 하며 교회의 이웃을 찾아야 한다고 생각한다. 예수의 삶과 가르침은 인간의 낮고 낮은 삶에서부터의 봉사의 삶이었으며 이러한 예수는 복지적 입장에서 보아도 가난한 자, 눌린 자, 소경, 귀머거리, 앉은뱅이, 나병환자, 슬픈 자, 소외된 자, 핍박받는 자, 빚진 자, 천대받는 자 등과 같은 이웃들과 함께 웃고 우시면서 그들을 위해 사셨다. 예수의 가르침은 섬김의 삶으로서의 교육이었다. 그래서 교회는 지역사회의 요구가 무엇인가를 항상 찾고 그 요구에 응하려는 자세가 필요하며 봉사를 통한 교육은 새로운 장이 요구된다. 이런 점에서 성서에 나타난 복지이념을 구약성서와 신약성서로 나누어 살펴본다.

1) 구약성서에 나타난 복지이념

구약의 사회복지의 정신은 '위로는 하나님을 경외하고 아래로는 이웃을 사랑하라'는 모세의 율법에 기초를 두고 있으며 사회복지의 대상은 '고아, 과부, 객'으로서 국가적인 차원에서 보호하였다. 그리고 사회복지의 규범으로 약자 보호의 규범, 담보물에 관한 규범, 품삯에 관한 규범, 추수에 대한 규범, 안식년의 규범, 구제를 위한 일조에 대한 규범, 희년 제도에 대한 규범, 도피성에 대한 규범이 있었고 이러한 규범 속에는 종교적인 인과응보사상을 보여 주고 있다.

레위기에 나타난 희년은 7년마다 한 번씩 오는 안식년이 일곱 번 거듭된 다음 해, 즉 50년째의 해로서 속죄일(유대력 7월 10일)에 제사장이 '쇼파르'(Shofar: 양뿔) 나팔을 불게 되는 것을 신호로 모든 사람들이 닷새 동안에 조상의 땅으로 돌아가 15일에 시작되는 초막절의 큰 축제로부터 시작된다. 이 해를 '자유의 해'(The year of Liberty), '나팔의 해'(The year of Trumpet)라고도 하는데 히브리어 '요벨'(yobel)은 앞뒤 문맥에 따라 '나팔'(Trurmpet) 또는 '기쁨'(Jubelee)이라고 번역된다. 이 해에는 땅을 쉬게 해야 하며 토지 소유권은 원래의 주인에게로 회복되었다. 계약법전에서는 '정착화 위기'를 극복하려는 첫 시도이다. 이 법전은 부익부 빈익빈의 현상을 강력하게 고발하고, 고리대금을 금지하여 담보에 관한 새 규정을 마련하고 경제적으로 약한 자들을 해방한다고 주장한다. 그리고 빈자의 생존권에 대하여 "네가 만일 너와 함께한 나의 백성 중 가난한 자에게 돈을 꾸려거든 너는 그에게 채주같이 하지 말며 변리를 받지 말 것이며"라고 규정한다. 또한 고리 대부를 단호히 금지한다. 이 금령은 가나안의 사유재산 제도에 대해 유목민으로서 저항을 느꼈기 때문이었다.

다음으로 "네가 만일 이웃의 옷을 전당 잡거든 해가 지기 전에 그에게 돌려보내라. 그 몸을 가릴 것이 이뿐이라. 이는 그 살의 옷인즉 그가 무엇을 입고 자겠느냐 그가 내게 부르짖으면 내가 들으리니 나는 자비한 자임이니라."

계약법전은 이민자를 괴롭히거나 학대하는 것을 금했다. 그리고 이민자 보호는 엑소더스를 현실화하는 것이다. 그리고 이것은 이스라엘의 독특한 법정신에서 연유한다. 즉 그것은 해방신학적인 기초(출애굽) 위에 세워진 법령이다. 그리고 계약의 법전은 쉽게 착취의 희생이 될 수 있는 과부와 고아들을 학대하지 말라고 대단히 엄격한 법령을 반포한다. 그리고 7년째의 소출은 극빈자('ebyn)의 차지이다. 극빈자는 왕정시대에 나타난 '거지들'을 지적한다.

계약법전은 Hammurabi법전과 다르게 어느 사회 계급의 노예화뿐 아니라, 도대체가 노예들로 구성된 프롤레타리아의 출현을 원칙적으로 거부한다.

출애굽기 21:7~11에 나오는 고대의 율법이 규정하는 바에 의하면, 이스라엘의 가장들 중에서 가난하거나 부채에 빠진 자는 자기의 딸을 팔 수가 있고 어느 주인이나 그의 아들에게 자기의 딸을 첩으로 줄 수가 있다. 여종은 남종과 같이 7년째의 해에 해방되는 것이 아니었다. 여종이 남자 주인의 마음에 들지 않는 경우에는 그가 그녀를 다시 다른 사람에게 팔 수도 있다. 물론 외국인에게는 팔 수가 없다. 주인이 또 다른 여인을 아내로 취하면 그래도 이전의 모든 아내에게 여전히 동일한 권리가 주어져 있다. 주인은 어느 처녀를 노예로 사서 자기 아들의 아내로 삼으면 그는 그녀를 자기의 딸과 같이 다루게 되어 있다.

어느 누가 자기의 노예에게 매질을 하여 죽었을 경우에 그는 이에 대하여 처벌을 받는다. 그러나 그 노예가 하루나 이틀을 연명하면 주인이 전혀 처벌을 받지 않는다. 왜냐하면 그 노예가 그의 돈이기 때문이다. 그 주인은 자기의 재산인 노예를 상실함으로써 이미 충분한 처벌을 받은 것으로 여겼던 것임에 틀림없다.

신체 보호에 대해서도 상해로 인하여 생명보다 귀한 자유를 노예에게 주며 과실치사를 방지하고 인체의 피해의 회복을 보장하려는 목적을 가진 법이다. 이것은 사회 개혁직 의지기 있음을 볼 수 있다.

즉 "노예도 인간이요 노예도 하나님의 형상으로 창조되었으므로 성역을 침범하는 자는 누구나 그것에 대한 책임이 있고 사형에 처해져야 한다."는 이른바 법 앞에서는 만민이 평등하다는 사회 개혁적 정신이 나타나고 있다는 점이다.

이스라엘 계약법전(출21:26~27)의 특징은 함무라비 법전(199조)과 타이트 법(8조)과는 다르게 노예도 평등한 인간으로 간주되고 노예가 신체적 상해를 받으면 그 보상으로 "자유민이 된다!"고 하였다.

재물 침해에 관한 법으로 출애굽기 22:1~17(21:37~22:16)은 피해를 받는 경우 그리고 약혼하지 않은 처녀가 꾐을 받아 범함을 당했을 경우에 그 적절한 배상을 받아야 한다는 것을 규정한 법이다. 계약법전의 특이한 점은 여자의 신분에 차이를 두지 않는다는 점이다. 특히 이 부분에서 계약법전이 신약의 경우와는 다르게, 혼전 성교를 비난하지 않는다는 점은 특이하다. 즉 구약은 약혼(결혼)한 여자를 범한 경우는 간음으로 간주하고 사형을 처하지만(신22:23), 약혼치 않은 처녀를 꾀어서 범한 경우는 정죄보다는 그 처녀의 생애에 대한 완전한 책임(full responsibility)을 요구하고 있다.

이상에서 볼 때 계약법전의 그 기본 목표는 가나안 농경지에 정착한 자들이 새롭게 수립할 법질서를 그들이 갖고 있는 평등주의사회 이념으로 수립하려는 데 있었다고 하겠다.

신명기 법전은 빈자에 대한 지대한 관심을 보여 신명기 15장의 면제년에 대한 규례와 이스라엘 공동체 내에 가난으로 인해 생활의 어려움을 당하는 백성이 없도록 계약 공동체를 신성하게 보존하려는 의도가 나타나 있다.

신명기에는 모세오경에 나타난 정신을 안식년 규정과 십일조 규정으로 심화시키고 있다.

레위기 역시 신명기와 동일하게 사회의 극빈자들은 생존을 위해서 부자의 추수에서 혜택을 누릴 권리가 있다고 말한다. 그리고 위기의 복지 정신은 "원수를 갚지 말며 동포를 원망하지 말며 이웃 사랑하기를 네 몸과 같이 하라. 나는 여호와니라."라는 말로 요약될 수 있으며 하나님이 주신 모든 약속과 재난은 함께 나누는 우애 공동체를 이상과 같은 규범에서 이해되어야 하며, 따라서 매우 강력한 사회적 의미를 내포하고 있는 것이다.

율법서에 나타난 이상과 같은 신앙을 근거한 국가적 책임으로서의 복지 개념은 예언자들에게 와서 더욱 심화되어 나타난다. 예언들은 원래 하나님의 말씀을 대언하는 메신저이지 사회복지가도 사회개혁자도 아니다. 그러나 그들의 하나님에 대한 신앙은 하나님의 뜻을 실행으로 곧장 이어졌고 따라서 예언자들은 소외받은 인간층에 관심을 두지 않을 수 없는 것이다.

8세기의 예언자 아모스는 사회적 부정의를 규탄하고 하나님의 정의 회복에 초점을 맞추었다. 즉 아모스는 '위선자'(암8:5), '권리의 남용', '뇌물', '인신매매'(2:6～17)에 '약자, 빈자의 학대'(4:1), '재판의 불공평'(5:7～10)에 규탄의 화살이 모아졌고, "오직 공평을 물같이, 정의를 하수같이 흘릴지로다."(암5:24) 이것이 그의 목표였다. 그에 있어서 하나님의 구하시는 것은 힘차게 흐르는 강물과 같은 정의로 가득 찬 백성들의 희열에 찬 소리였던 것이다. 이사야는 하나님을 가난한 자들을 돌보시는 하나님으로 묘사하여 시온과 에브라임을 벌하시는 이유를 말하실 때 그들의 죄가 가난한 자를 학대하고 착취하는 행위라고 선언한다.

예레미야 시대의 여호야김 왕은 사치스러운 생활로 백성들의 복지에는 무관심하였다. 여기서 예레미야는 이렇게 경고한다.

"너희가 공평과 공의를 행하여 탈취당한 자를 압박하는 자의 손에서 건지고 이방인
과 고아와 과부를 압제하거나 학대하지 말며……."

스가랴 역시 소외그룹에 대한 관심을 갖는다. 그리하여 고아와 과부와 가
난한 자를 억누르지 말고 동족끼리 해칠 마음은 품지 말라고 한다. 그의 말
은 "과부와 고아와 나그네, 궁핍한 자를 억제하지 말며 남을 해하려 하여
심중에 도모하지 말라."고 하였다.

소외계층의 관심은 성문집의 지혜문학과 시편에서도 계속된다. 지혜문학
은 빚을 갚지 못하여 노예로 팔려 간 이들과 굴욕당한 이민자들을 불쌍히
여기어 '빈익빈', '부익부'의 구조를 크게 분노하면서 그들에게 깊은 관심과
동정을 보여야 한다고 외친다.

예언자들의 외침이 이스라엘의 빈자들에게 '희망'을 안겨 주었다면 구약
의 현자들은 가난한 사람들에게 '기쁨'을 주었다고 말해야 한다. 이스라엘
의 빈자들은 특히 현자들의 반성과 시인들의 노래로 해서 가난 가운데서도
기쁨을 지닐 수가 있었다.

시편기자들은 인간의 품위를 격화시키는 상황 앞에서 무엇보다도 하나님
께 시선을 돌린다. 즉 하나님께 호소한 것은 예언자들이 제시한 종말론적인
미래상이다.

이와 같이 시인들은 메시아가 오시면 온 세상을 올바르게 다스리시고 만
백성을 공정하게 다스리시리라고 기대하였던 것이다.

율법과 예언서 그리고 현자와 시인들은 성서문학 안에서 '가난한 자들의
권리', '가난한 자들의 기쁨'을 볼 수 있으며 복지이념은 구약성서의 중심
사상 중의 하나이다.

그 복지의 차원은 회개와 함께 하나님에 대한 신앙과 연결되어 있기 때
문에 더욱 심화되었고 사회 전체의 책임으로 인식되었던 것이다. 그리고 오
늘을 살고 있는 크리스천들이 어두운 이 시대의 인간들에게, 특히 가난한
사람들에게 그들의 '권리'·'외침'·'기쁨'을 보장해 줄 때, 우리의 사회는
'율법과 예언서 그리고 성문서집'의 중심사상을 실천하는 밝은 사회가 될

수 있을 것이다.

2) 신약성서에 나타난 복지이념

고대 이스라엘의 사회복지 사상은 신약에 와서 예수 그리스도에 의해 계승 승화되어 구체적으로 나타났다. 그리스도의 가르침의 주제는 '이웃을 네 몸과 같이 사랑하라'는 것으로서 이 사랑은 무조건적이며 자기희생적이다.

성서에서는 우리가 도와주어야 할 대상을 명백히 해 주고 있다.

"가난하고 굶주리고 헐벗고 집 없고 목마른 사람들, 그리고 죄인들 등은 도움을 받을 예수의 형제이며, 위의 사람들 중에 가장 보잘것없는 사람 하나를 대접하는 것이 곧 예수를 대접하는 것"이라고 했다. 즉 낮고 천한 자를 원조하는 대상과 방법을 역설하였다.

또한 경천애인(敬天愛人)의 사상의 구절은 "선한 사마리아 사람"이다. 여기에서 예수님은 신자에 대한 이웃사랑과 자선사상을 교육시켰다.

우리는 이 예수 그리스도의 사랑의 행위를 통해 궁극적 복지의 개념을 본다. 구약의 복지개념이 예수 그리스도에 와서 완성된 것이다.

예수 그리스도는 극단적으로 "가난한 자들은 복이 있나니 하나님 나라가 너희들 것임이요"라고 선포한다. 이러한 태도는 그의 회당에서의 가르침에도 잘 나타난다.

예수 그리스도의 복음의 목적은 분명히 은혜의 해 곧 희년(禧年)의 선포에 있었던 것이다. 또한 예수 그리스도의 복음은 빈자를 위한 것이며 빈자는 예수의 사상과 인격의 전부였다.

예수 그리스도는 그의 복음의 선포와 때를 같이하여 직접 온 갈릴리를 두루 다니시면서 백성들 가운데서 병자와 허약한 사람들을 모두 고쳐 주셨다. 그 당시에 의원이나 의사가 있기는 했으나, 극소수이고 의학지식도 극히 한정되어 있었다. 그나마 빈곤한 자들은 좀처럼 진료받을 기회가 오지 않았다. 이러한 이들을 위해 예수 그리스도는 치료자로 나타났다. 예수는 환자를 보고 무관심하거나 도외시하거나 냉담하게 방관하지 않고 많은 장애자를 고쳐 주었음을 알 수 있다. 예수 그리스도의 장애자 치료행위는 장애자 문제해결의 근본적인 방향을 제시해 주고 있으며 치료행위 안에 함축된 내용 속에서 오늘날의 복지국가의 이념, 인간의 존엄과 가치, 사회정의, 사회보장과 사회복지의 기본정신을 찾을 수 있다.

예수 그리스도는 민중의 삶의 자리인 팔레스타인에 찾아왔고 갈릴리 무리에게 사회복지의 측면에서 민중해방과 인권회복의 공생애 활동을 시작하였다.

예수 그리스도의 구체적이고 확실한 인권선언은 마가복음 2장 27절까지의 내용으로 "안식일은 사람을 위해 있고, 사람의 아들은 안식일의 주인이다."고 선언하였다.

예수 그리스도가 관심을 가진 인권회복의 대상은 유대사회에서 업신여김을 받은 여자, 빈자, 창녀, 죄인, 사마리아인, 병자, 정신환자, 이방인 등이었다.

저절로 자라나는 씨의 비유(막4:26~29)는 예수의 비폭력 전략을 암시한다. 예수님의 사랑에 근원을 둔 비폭력적 저항을 통하여 그의 하시고자 하시는 일을 볼 수 있다.

바울은 예수 그리스도의 삶을 재현하려 했던 사람 중의 대표적인 인물이다. 바울의 사상 중 가장 뚜렷한 것은 세계주의 및 인도주의이다. 바울은 인간이란 하나의 몸에 많은 가지가 있어도 모든 가지가 그 기능을 같이하지 않는 것같이 우리도 그리스도 안에서 하나의 몸으로서 각 사람이 서로 가지가 되는 존재라고 보았으며 이 가지들은 하나의 몸에 연결 지어 있음으로 모두 평등한 존재라고 보았다. 그리고 바울은 빈자를 기억해 달라는 처음의 부탁을 비롯하여 그리스도인은 남의 고통과 기쁨을 곧, 자신의 고통과 기쁨으로 삼아 서로 일치해야 한다고 주장한다.

초대교회에서는 예배(Leiturgia)와 봉사(Diakonia)가 서로 밀접한 관계를 형성하고 있었다. 이것은 가난한 사람들과 과부들을 돕기 위한 구제사업에서 아름답게 표현되었다. 물론 구제의 대상은 기독교 신자였다. 특히 신앙 때문에 환난과 핍박을 당하는 성도들이나 병든 자를 위해서 많은 희생적 구제를 했다.

그뿐 아니라 사도들은 특별히 빈민들에 대한 구휼(救恤)에 관심을 갖고 빈민구제를 위해서 집사를 선출하기까지 했다.

교회의 직분 임명이 이렇게 복지와 연관되어 있다는 것은 매우 중요한 의미를 갖는다. 오늘날 교회의 직분이 교회 내부의 일을 처리하거나 직능을 나누어 가진 것에 국한되어 있는 것과 퍽 대조적이다. 교회 집사는 교회 내에서 복지사업을 담당하도록 책임을 맡고 있는 것이다. 실제로 당시 하나님의 복음을 전하고 있던 전도자들은 병자들을 고치고 귀신을 쫓아내며, 노예, 죄수, 이방인, 가난한 이들과 함께 자리를 같이하고, 희망을 나누는 일에도 관심을 집중시켰다.

구약의 복지개념은 신약에 와서 구체화되었다. 그런 구약과 신약을 꿰뚫고 있는 복지개념의 핵심은 언제나 신앙과 연결된 복지사업이었던 것이다. 하나님을 사랑하고 이웃을 사랑하라는 예수 그리스도의 말씀은 이것을 한마디로 집약시켜 놓은 것이다.

그리고 우리의 복지사업은 성서에 나타난 복지 이념과 같이 하나님의 위탁 사업이 곧 복지사업임을 잊지 말아야 한다.

III. 교회 사회사업의 현상분석

1. 교회와 사회사업

현대 교회가 지역사회를 통해 봉사의 기능을 제대로 수행(전개)함에 있어서 분명히 알아 두어야 할 것은 교회는 지역사회를 위한 존재이며 그 사회의 종합 시험장이며 중심이라는 것이다. 이는 교회가 지역사회의 정신적 구심체로서 지역사회를 위한 자원의 활용을 의미하며 지역주민의 건전한 욕구의 발현장이라는 의미이다.

교회는 자체적으로 재정적, 인적, 시설적, 제도적 자원을 동원할 수 있으며 교회가 감당할 수 있는 프로그램을 지역의 특성에 맞게 실시하여야 하며, 개교회 자체에는 적합한 전문 인력 자원이 없을지라도 교회의 연합된 힘은 큰 능력을 발휘할 수 있을 것이다.

우리나라에서는 70년대 이후 교회가 사회에 대해서 어떻게 사랑을 실천할 것인가에 대한 구체적인 연구가 시작되었다.

"사람이 선을 행할 줄 알고도 행치 아니하면 죄니라." 즉 하나님의 사랑을 실천하는 곳이 교회이며, 자신의 역할을 수행치 못하면 그것이 곧 죄를 짓는 것이다. 또한 종교는 형제애의 사상과 개인주의의 제한의 사상과 타인의 권리를 존중하는 사상을 깨닫게 해 준다.

교회가 지역사회 복지를 위한 복지관의 기능을 수행하는 것을 전제로 한다면 그 역할은 지역사회 주민들로 하여금 연대의식을 갖게 하고 지역사회 운동 및 공동의식을 향상시키는 것인데, 그 방법으로는 개별사회사업, 집단사회사업, 지역사회조직, 사회조사, 사회행동 등의 전문적인 방법과 기술을 이용하여 프로그램을 실시할 수 있다.

교회가 지닌 인적, 물적, 조직자원을 전체 국민의 복지향상을 위하여 활용할 수 있는 방안이 있다면 그것은 바로 전통적인 교회의 기능인 예배와 봉사를 조화시키는 훌륭한 기능이 될 것이다.

1) 인적 자원

하나님의 나라(Kingdom of God) 건설을 위해 헌신하겠다고 신앙으로 다짐하는 인력으로서 전문요원(의료, 교육, 법률, 청소년지도 등)과 일반 자원봉사요원(비전문 근로봉사 혹은 단순봉사)으로 나눌 수 있다. 양적인 숫자가 교회의 인적자원이 아니라 그 개인의 마음속에 이웃에 대하여 봉사하고자 하는 단호한 결단(Commitment)과 그 내부의 강력한 신앙에 근거한 동기를 갖고 있는 사람이어야 생명력 있는 선교 차원의 자원이 될 수 있는 것이다.

'하나님의 선교'(Missio Dei)라는 개념은 사회의 모든 영역에서 구체적으로 참된 평화(Shalom)를 이룩하기 위해 활동하시는 하나님의 사역으로서 세계의 평화, 통합, 조화, 정의의 실현을 의미한다. 그러므로 이러한 개념을 어떻게 파악하고 있는가를 알아보면 '다음의 여러 내용 중 기독교의 선교 형태는 어떠한 것이 되어야 한다고 생각하십니까?'라는 질문에 '평신도의 생활을 통한 선교'(35.4%)와 '영혼구원'(34.7%)에 집중되어 있다. '사회구원과 특수선교'가 16.1%로 아직 개인을 통해서 선교한다는 개념이 앞서고 있다. 위의 신앙형태는 타인을 위하고 사회에 대한 봉사를 주장하면서도 선교의 형태에 있어서는 '영혼 구원'의 형태를 취하고 있다.

사회 선교에 대한 관심은 교수(20.2%), 신학생(13.7%), 목회자(8.2%) 순으로 나타나고 있다. 여기에서 교회의 인적 자원 활용을 위한 방안은 동기의 개발과 능력의 훈련 및 프로그램 개발과 방법이 있다.

100만의 준비되어 있는 기독교인을 자원봉사자로서 사회봉사활동에 참여시킬 수 있는 가능성을 볼 때, 그 필요성은 아무리 강조해도 지나치지 않는 것이다. 뿐만 아니라, 건강한 혹은 신앙의 열정이 넘친다고 해서 사회문제 해결자로서 충분한 조건이 되는 것은 아니다. 무한한 열정에도 불구하고 지식이 없고, 훈련을 받지 못한 비전문가는 많은 문제를 일으킬 수 있으므로 전문적 차원에서의 교육과 훈련이 절실히 요청된다.

2) 물적 자원

지금까지 한국교회의 재정 문제에 대한 연구는 단편적인 측면에서 교계에 대한 각성을 촉구하는 형식으로 많이 나타났지만 체계적인 과학적 연구의 형태로 나타난 것은 극소수에 불과하다.

교회의 물적 자원은 신앙 공동체가 용서함 받은 은혜에 감사하고 회중들 상호 간에 또 회중과 하나님 사이에 화목을 누리고 여러 가지 환난 질고 속에서 하나님의 은총을 누릴 기원과 표정으로서 드려진 예물이다.

교회재정의 20%를 사회봉사에 사용해야 한다고 주장하고 있다.

물자자원은 재정적인 자원뿐만 아니라 지금까지 투자되며 활용되고 있는 기존 시설자원이 더 중요한 자원이다.

한국교회가 갖고 있는 많은 시설자원을 교회 자체만을 위하여 쓸 것이 아니라, 오늘날 교회가 잃어버린 지역사회를 되찾고, 나아가 사회개발 차원에서 시설들을 개방할 수 있기 위해서는 교회 지도자뿐만 아니라 사회복지 시설의 임직원, 기타 교회에서 운영하는 교육기관, 출판보도기관의 종사자를 대상으로 전문적 차원에서의 사회봉사를 위한 교육 훈련을 필요로 하고 있음을 알 수 있다.

교회가 사회봉사활동을 하고 있지 못한 이유를 재정·예산의 부족에 제일 우선순위를 두고 있으며, 그다음이 전문 인력의 결여에 응답하고 있다.

재정적 자원개발의 방법을 모색하여야 하는데 그 개발 방법은 다음과 같다.

① 교회정규예산에 사회봉사비의 일정비율을 반영
② 교회 내 여러 기관(선교회)을 통한 봉사활동 예산에서 반영
③ 비공식 소집단(성경연구반, 친목회)을 통한 회비 확보
④ 바자회 등 수익사업을 통한 모금
⑤ 특별사업을 위한 특별헌금 일시모금
⑥ 생일헌금 등 특정한 헌금을 복지활동에 사용함
⑦ 특별 헌금함 등을 활용한 모금 등의 방법을 사용하여 재정적인 자원을 확보할 수 있다.

시설자원에 대한 활용은 먼저 교회의 공(公) 개념이 도입되어야 한다.

비기독교인에 대한 개방의 문제는 여러 가지 어려운 점이 많이 있어도 교회와의 장벽을 해소시키는 가장 좋은 방법이다. 교회 건물과 시설의 활용 방안을 세우고 기독교 기관을 활용할 수 있는 방법을 제시해 주는 것이다.

사회적 봉사활동을 실시할 때 클라이언트(Client)의 욕구(Needs)를 고려해야 한다는 이유로서 Alfred I. kahn은 다음과 같이 말하고 있다.

첫째, 대부분의 욕구는 사회적 맥락에서 상이하고 그 욕구 충족의 형태나 수준도 문화에 따라 다르기 때문에 욕구 파악을 하여 그것을 토대로 해야 하며, 둘째, 욕구란 계속 변화하는 것이므로 시대에 따라 상이한 욕구를 파악하여 참고로 하여야 효과적인 사회봉사활동을 실시할 수 있다.

3) 조직자원

조직자원에서 볼 때 교회라는 건물은 한곳에 정착되어 있지만 교회의 성원은 모였다 흩어지게 된다. 한국사회에서 교회만큼 조직적으로나 기능적으로 성원을 조직해 놓은 사회기관은 없다. 특별히 지역별로 구성된 구역 조직은 곧 교회가 지역사회에 봉사하기 위해 흩어져 나간 강력한 기능적인 조직으로 볼 수 있다.

교회란 종교적 목적이라는 특정 관심사를 추구하기 위해서 자발적으로 모인 자원적 결사체라고 말할 수 있다.

한국교회는 사회의 어느 단체 혹은 기관보다 조직체계를 지니고 있음에도 불구하고 이러한 자원을 사회복지사업으로 활용하지 못하고 있다. 그리고 교회의 자체 유지에 중점을 두고 조직을 형성하여 이용하고 있는 실정이며, 또한 교회의 상회의 조직을 사회복지사업에 활용하지 않고 있으며, 개교회적인 특성으로 인하여 조직을 활용하지 못하는 문제점이 있다.

총회(교구)사회부, 개교회의 사회적 서비스 전담직원 간의 유기적 연결이 이루어져 개교회의 사회적 서비스 조직의 일원화와 효율화, 전담직원의 전문화 등을 통해 교회 사회사업이 이루어질 수 있다고 본다. 그리고 지역사회 프로그램을 개교회가 시도하지 말고 노회 단위 혹은 인근 지역 노회가 함께 참여하는 지역 단위, 즉 조직적인 단위로 실시, 운영하는 것이 바람직하다.

미국교회의 조직을 살펴보면 NCC(The National Council of Churches)는 개신교의 각 교파의 협의체인데, 이 조직 내에 사회복지국이 있고 이 국은 다시 지방단위로 교회협의체지부를 두고 복지사업을 행하고 있다. 그리고 복지국 산하에 사회사업 전문가로 구성된 기독교 사회복지종사협회가 있다. 우리나라 교회들은 이러한 식의 조직 구성을 하여 인적 및 물적 자원을 규합해서 복지사업을 전개하면 좋겠다고 생각된다.

2. 사례연구

1) 교단 중심의 교회 사회사업(구세군을 중심으로)

구세군은 1865년 William Booth 목사에 의하여 영국 동부 런던 빈민가에의 전도로부터 시작하여 복음 전도와 사회사업을 운영하는 교단으로 발전되었다. 처음에는 '동런던 기독교 전도회'(The East London Christian Mission)라 칭하였으나 사업이 전국적으로 확산됨에 따라, 그 명칭을 '기독교 전도회'(The Christian Mission)라 개칭하였다. 1878년 기독교 전도회 사업 보고서를 작성하던 중 "기독교 전도회는 의용군이다."(The Christian Mission is a Volunteer Army)라는 문장을 읽으시던 창립자가 'Volunteer' 대신에 'Salvation'이라 바꾸어 놓음으로써 기독교 전도회는 '구세군'(The Salvation Army)이라 개칭하게 되었다.

구세군의 사회복지 이념은 구세군 창시자 William Booth의 정신에서 찾아볼 수 있다. 그의 저서에 보면 그는 "구원은 어디까지나 전 인류를 위한 구원이다."라고 말했다.

한국에는 1908년 10월에서부터 영국인 선교사 허가두(Hoggard) 정령 일행이 서울에 와서 서대문구 평동 현 고려병원 뒤에 본부를 정하고 선교를 시작하였다.

1918년부터는 실업자, 부랑자, 걸식자 등 요보호자들을 위한 육아원과 빈민 구제소를 운영함으로써 사회봉사 사업을 시작하였다.

1919년에는 구세군 사관학교 구내에 남자육아원을 개설하여 지금까지 이곳에서 수천 명의 고아들을 돌보아 왔다. 그리고 1925년에는 영문을 유지하고 교육 및 자선 사업에 노력한다는 목적으로 재조선 구세군 유지 재단 법인을 구성하여 사회복지에 대한 법적 기반을 견고히 했다.

1920년에는 충남 홍성에 의료선교사업으로서의 구세군 약방이 개설되었다. 1934년 충북 영동에 구세군 종합병원이 개원되어 1972년까지 지속되면서 농촌지역의 의료사업에 공헌하였다.

1942년에는 전시체제(戰時體制)라는 이유로 당국의 허가가 철회됨으로써 1947년까지의 6년간 구세군의 활동은 중단되었다. 미군정 시대에는 자체 내의 체제개편에 치중하면서 자선남비재개, 영동병원재개, 미군정재판의 상담, 무료 급식 및 구호 사업을 실행하였다.

6 · 25 사변 시에는 피난민수용, 기독교 세계봉사회의 후원하에 무료급식과 의류 분배 등 주로 만국 본영과 미국 본영의 전시구호회의 도움을 받으며 활동해 왔다.

전후에는 본격적인 재건운동과 더불어 서울에 양로원을 설치하고 또 전국에 16개의 무료 급식소를 두어 월 20여만 명에게 봉사하였다.

1964년에 시작된 탁아소, 1978년의 네덜란드 정부와 부산시의 도움으로 부산의 윤락여성을 보호, 수용, 갱생하기 위해 건립한 부녀 복지관을 들 수 있다. 그리고 1983년 독일교회의 협력을 받아 부평에 직업훈련학교를 지어 운영하고 있다.

구세군은 매년 12월을 맞이하면 서울을 비롯하여 전국의 주요도시의 거리에서 '사랑의 종소리'를 울려 불우한 이웃을 돕는 '자선냄비'가 특색이다. 2007년에는 40억 정도의 모금실적을 이루어서 사회복지에 크게 공헌하였다.

한국교회의 대형화와 급속한 양적 성장에 따른 일부 발전적인 비판을 감안할 때, 구세군의 사회복지활동은 한국교회의 귀감이 될 수도 있을 것이다.

구세군의 사회복지활동의 특징으로 첫째, 견고한 종교적 기반 위에 서 있다는 점이다. 둘째, 오랜 전통과 범세계적인 조직을 갖고 있다. 셋째, 그 활동의 적극성과 개방성을 들 수 있다. 넷째, 무엇보다도 특징적인 것은 전 세계적으로 유기적인 사회복지적 활동을 전개하고 있지만 개별국가 또는 개별지역에 긴요한 사업을 전개하고 있다는 점이다.

이상과 같은 구세군 사회복지적 활동의 특성에도 불구하고 다음과 같은 몇 가지 고려해야 할 사항이 있음을 유의해야 할 것이다.

첫째, 활동의 획일성 문제이다.
둘째, 전문적인 연구계획이 아쉽다.
셋째, 단순한 자선사업으로 되어서는 안 될 것이다.
넷째, 지역사회의 복지사업기관들과 긴밀히 노력함으로써 좀더 큰 효과를 기대할 수 있을 것이다.
다섯째, 전도와 복지사업은 구별되어야 한다.

이상에서 교단 중심인 구세군의 사회복지서비스는 구세군 창시자 William Booth 의 정신을 이어받고 있으며 "네 이웃을 네 몸과 같이 사랑하라."는 성경말씀으로 착한 사마리아인의 행실을 몸소 실천하고 있다. 또한 구세군의 사회복지 특징을 든다면 현실적인 상황, 긴급한 상황이 발생하였을 때 구제를 하며 요구를 충족시켜 주는 치료적이고 근본적인 입장을 취한다.

2) 개교회 중심의 교회 사회사업

(1) 도림교회 지역사회 개발교육원

가. 성서적 근거
"인자가 온 것은 섬김을 받으려 함이 아니라 도리어 섬기려 하고 자기 목숨을 많은 사람의 대속물로 주려 함이니라."(마20:28)
교회가 세상 속에 있는 것은 세상을 섬기려 함이며 또한 작은 겨자씨가 큰 나라가 되고, 작은 누룩이 많은 가루를 부풀게 하는 것처럼 천국의 복음이 작은 교회로부터 시작하여 세상에 널리 전하게 하려 함이다.
한때 교회의 관심이 주로 개인의 영혼 구원에만 치중한 적도 있었으나 한 개인의 구원이 사회적 공동체와 무관할 수 없을 뿐만 아니라, 특히 산업사회 등을 겪으면서 인권이 유린당하고 계층 간의 갈등이 심화되고, 도덕과 윤리가 버림받게 되는 등 여러 가지 문제점이 나타나게 되었다. 여기에서 교회는 인권이 유린되고 있는 곳에 인권을 되찾고, 정의가 무시되고 있는 곳에 사회정의를 실천하는 데 앞장서야 함을 절감하게 되었다.

나. 지역교회로서의 도림교회

도림교회는 1926년 일제하에 창립되었다. 일제하의 고난, 해방의 기쁨, 전쟁의 아픔, 4·19, 5·16, 10·26 등 사회적, 정치적 격동기를 지역주민과 함께 겪으면서 도림동 지역사회가 사회적 변화 과정에서 비교적 고립되고 낙후된 지역으로서의 문제를 안고 있는 점에 관심을 기울이게 되었다.

특히 3대 담임 목사이면서 사회적 변천을 가장 많이 겪었던 유병관 목사는 전쟁 후의 혼란으로 인한 주민들의 문제에 구체적인 실천을 통해 접근하려 하였고 이에 따라 교육받지 못한 주민들의 자녀들을 대상으로 성경구락부를 설립하였다.

산업화의 물결에 따라 인근 구로공단을 비롯하여 영등포 이곳저곳에 농촌에서 이주해 온 근로 청소년들이 스스로가 상부상조하여 그리스도의 복음 안에서 공동체적인 삶을 살아가도록 1964년 산업전도부를 시작하였다. 이들을 주축으로 1967년에는 산업학원을 열어 원동기 기술 단기 교육을 실시하여 많은 근로자들이 자격증을 얻는 데 도움을 주었다.

또한 영세 근로자들과 그 가족을 위한 무료 진료소 개설, 취학 전 아동을 위한 유치원 등을 설립하여 주민들의 교육과 복지 향상에 기여하였다.

다. 총회 사회부의 시범교회 선정

이와 같이 본 교회는 사회적, 시대적 변화에 따른 주민들의 상황에 적절하게 대응하고 그들과 함께 삶을 나누기 위한 여러 사업들을 전개해 오던 중 점차 좀더 현실적이고 종합적이며 시대적인 선교를 수행하려는 자각이 일게 되었다.

때마침 1980년 12월 총회 사업부는 지교회가 해당 지역의 상황에 맞는 형태로 지역사회 개발 사업을 시도할 시범교회를 전국에 공모하기에 이르렀다. 이에 본 교회에서는 이 같은 총회 사회부의 요망이 본 교회와 일치함을 느끼고 이에 동참하기로 온 교인이 동의하여 1980년 12월 30일 총회의 시범사업교회 선발과정에 신청하여 1981년 1월 17일 시범교회로 선발되었다.

라. 목적 및 방침

ㄱ. 목적

본 지역사회 개발교육원은 하나님의 나라를 이 땅에 구현하기 위하여 지역사회 주민에 대한 교육봉사 및 복지사업을 실시하고, 이로서 주민생활을 향상시키고 복음을 더욱 전파하여 지역주민과 교회가 함께 살아가는 데 그 목적이 있다.

ㄴ. 방침

첫째, 복음을 전한다.(가장 궁극적임)

둘째, 주민에게 평생교육의 기회를 부여한다.(의식계발, 주체의식)

셋째, 주민들에 대한 정신적, 물질적 봉사

넷째, 교회와 지역사회의 바른 관계를 도모하여 교회는 지역사회를 위해, 지역사회는 지역사회 속에 있는 '우리 교회'라는 인식 심화

다섯째, 온 교회가 직·간접으로 봉사에 참여하는 분위기 조성

여섯째, 민주 복지국가 건설에 기여 등이다.

마. 조직 및 실무자

조직은 실행위원회와 운영위원회 그리고 실무자로 구성되었다. 원장은 당회장이 담당하며 본 기관의 전체를 관장하고 지도한다.

부원장은 당회원 중에 일인이 담당하며 원장을 보좌한다. 실행위원회는 운영위원의 상부조직으로 원장, 부원장, 각 운영위원장, 제직회 사회부장, 그리고 담당 교역자로 구성된다. 운영위원회는 각 사업별로 조직하며 운영위원장과 서기, 회계의 자체조직을 두어 관리하고 15~20명 내외로 구성하여 당회가 임명한다. 필요하면 지역사회유지도 참여시킨다. 운영위원회는 연 4~6회에 걸쳐 소집되며 개발원 사업을 계획하고 운영에 따른 보고와

평가를 하며, 회비를 결정하여 재정적인 후원도 한다. 실무자는 전임교역자로 담임목사를 보좌하여 전 사업을 맡아 운영의 책임을 지며 간사격인 실무책임자 4인이 각각 행정적인 업무나 기타 개발사업에 대한 준비와 지원에 협력하고 있다. 그 외 신용 협동조합과 어린이집은 각각 별도의 실무자가 근무하고 있으며 그 외에 수많은 자원봉사자들이 있다.

바. 지역사회개발교육원 사업방향
ㄱ. 지역현황
도림2동은 저소득층, 불량주택 밀집지역으로 경인, 경부선 철도, 지하철1호, 2호선이 지나가고 도림천과 대방천에 접하고 있어 생활환경 개선이 요구되는 지역이다.

도림2동은 면적이 0.44㎢(구의 1.5%), 인구는 4,196가구, 140명(구의 3.3%), 주택은 1,338동(보유율 25%)으로 영등포구 평균주택 보유율 52%에도 크게 못 미치고 세입자가 70.1%이다.

도림2동은 기계금속의 영세사업장(약 130개 업체)이 많은 준공업지구 재개발 지역으로 환경이 열악하고 이직률이 높다. 매월 250여 명의 젊은 20대 전후의 근로자들의 이동이 나타난다.(20대 인구는 동 전체 인구의 약 60%를 점하고 있다.)

ㄴ. 사회선교 현황
- 기층 주민사업: 어린이집, 한글학교, 경로식당, 공부방, 노인학교, 소암장학회
- 전체 주민사업: 시민교육, 신용협동조합, 사랑의 바자회, 지역주민신문, 도서관, 직장대항 족구대회, 경건절제 생활운동(유기농산물직거래, 알뜰시장, 환경보호, 사랑의 현장 찾기)

ㄷ. 성과
- 교회 내 사회선교인식 및 지역공동체 인식 확산
- 지역주민들의 교회에 대한 이미지 개선

- 지역사회 선교사업의 기초단계 정립
- 사회선교에 대한 신앙적, 신학적, 사회과학적 입장의 기초단계
- 여성자원 개발에 기여
- 교회와 지역사회가 지역공동체로서 하나 되는 계기 마련
- 교회와 지역주민들에게 건전한 사회의식 및 민주시민 역량 개발

ㄹ. 과제 및 전망
- 기존교회의 지역사회 선교 프로그램 적용가능성에 대한 모델 제시
- 실무활동에 역량 있는 청장년층의 중간지도력 훈련
- 자원봉사자 및 평신도 사회선교 훈련과정 개설
- 지역교회로서 한국적 상황에 적합한 사회선교 이론과 실천적 전형을 창출할 수 있으리라 기대함

사. 사업개괄

본 개발원의 사업을 크게 세 가지로 구별할 수 있다.

첫째는 교육사업이다.

교육사업은 계층별 교육을 내용으로 하여 아동교육, 청소년교육, 장년교육으로 나눈다.

① 아동교육 – 어린이집, 공부방
② 청소년교육 – 청소년 신앙문화 축제
③ 장년교육 – 시민교육, 주부대학, 한글학교, 노인학교

둘째는 복지사업이다.

복지사업은 사회지역 차원에서 지역주민을 위하여 교회가 할 수 있는 최선의 혜택을 함께 나누는 일이다. 여기에는 신용협동조합, 소암장학회, 의료선교, 결식자 무료급식, 도서관 운영, 지역신문, 경건절제운동(농산물직거래, 알뜰시장, 환경 보호 운동, 사랑의 현장 찾기 운동) 등이 있다.

셋째는 연구사업이다.

연구사업은 본 기관을 높은 수준의 단계로 발전시키기 위해서 연구, 개발, 조사하는 일을 말한다.

ㄱ. 정보수집

- 각 사업별 정보수집
- 지역정보수집: 지역설문조사, 지역동정파악, 지역간담회
- 교회 내 정보수집: 장년, 청년, 학생, 아동별 의식조사 및 자원 조사
- 타 기관 정보수집: 총회사회부, 노회, 선교기관, 사회복지기관 등의 정보수집

ㄴ. 실무자교육

- 실무자교육 및 훈련
- 운영위원 세미나
- 각 부문별 자원봉사자 훈련

ㄷ. 연구

- 각 프로그램 개발
- 개발원 새 정책 수립

아. 개발원 사업내용

ㄱ. 도림 어린이집

보호자가 근로 또는 질병으로 보호할 수 없는 영·유아들에게 하나님 사랑, 이웃 사랑의 기독교 정신을 바탕으로 하여 전인격적 발달을 할 수 있는 교육과 심신의 보호로 그리스도의 인격을 닮은 건전한 민주사회성원으로 육성한다. 또한 맞벌이 부모 유아의 보호 기능도 병행함으로써 유아의 복지향상을 꾀함은 물론 그것을 매체로 자모들의 의식계발에도 중점을 두어 더욱 건전한 지역사회를 형성하며 그리스도 복음을 전하는 데 그 목적이 있다.

① 운영현황

- 대상: 1세~취학 전 영·유아(우선순위 1순위: 생활보호 대상자 자녀, 저소득 맞벌이 부모자녀)
- 보육시간: 평일 - 오전 8시~오후 7시

(부모의 요청에 따라 5시간, 8시간, 11시간 보육)

토요일 - 오전 8시 ~ 오후 2시(자유출석)

② 실무직원: 11명(원장 1명, 교사 7명, 서무 1명, 취사 1명, 관리 1명)

③ 시설현황: 대지 - 건물 150.93평, 유원장 - 300평

건물 - 150.93평(교실3, 사무실, 식당, 화장실, 세면장3, 창고1, 기타)

④ 프로그램

<어린이 교육>

- 교육활동, 현장학습, 어린이날 축하잔치, 어린이 예배 주 1회, 교회 절기 행사(부활절, 추수감사절, 성탄절), 생일축하, 발표회, 건강진단, 예방접송

<부모교육>

- 부모교육(참여수업, 엄마교실, 통신교육), 보모참여(운영위원회 참여, 일일 보조교사), 상담(자녀교육, 개인, 집단)

<교사교육>

- 주 1회 교육협의, 월 1회 자체교육, 교사수련회, 강습회, 연구교육 참가

<지역사회 연계교육>

- 지역봉사자, 지역인사 1일 교사로 초빙, 우리지역 자원 이용한 현장 학습 활동

<기타> 연 4회 운영위원회 정기회의, 연 4회 어머니회 정기회의

ㄴ. 지역사회학교

이 지역은 청소년이 비교적 많으며, 특히 학령기이면서도 진학하지 못하고 공장 등에서 일하는 근로청소년이 많다. 이에 일찍이 성경구락부(1955년)가 출범되어 청소년을 위한 교육이 시대적 변천과 더불어 여러 형태로 변화해 오면서 82년 지방에서 올라온 국졸이나 중등퇴 학력 정도의 근로청소년들을 대상으로 한 중등과정의 교육을 실시하기에 이르렀다.

지역사회학교의 교육목표는 그리스도의 인격을 닮은 그리스도의 제자화와 현대 산업사회 속에서 나타나는 비인간화와 인간소외를 경험하는 근로

자들의 삶의 전반적인 문제를 교육적 측면에서 접근해 보고 공동체적 유대감 형성으로 소외감을 극복하고 자신감을 일깨우며 함께 삶을 나누는 기쁨을 갖도록 도모하고 있다.

과목은 생활교육 과정으로 국어, 국사, 사회, 성경, 한문, 교양, 자치회, 문화 등이다.

1986년도의 경우 학생현황은 입학 당시 약 30명이 모집되어 여름방학을 거치는 동안 직장 및 거주지 이동으로 15명 선으로 유지되다가 2학기를 시작하면서 추가 모집을 하여 6기 졸업생으로 19명이 배출되었다.

교사는 전임전도사를 포함해서 6명이다. 주로 대학을 졸업한 20대의 청년 교인이다.

수업은 월요일에서 금요일까지, 오후 8:00 ~ 10:00까지 진행하고 있다.

ㄷ. 주부교실 및 시민교육

사회의 최소단위인 가정이 건강하도록 하는 데 주부의 역할은 중대하다. 가정의 건강과 사회와 개인의 건강은 긴밀한 관계에 놓여 있다.

주민들에게 교육, 정신위생 및 사회와 국가에 대한 건전한 이해 및 관심, 그리고 함께 모여 친교하는 시간들을 가질 수 있도록 진행하고 있다.

한편 사업의 확장과 더불어 지역사회의 주된 역할을 담당하는 청장년층의 건전한 시민교육을 통한 의식계발이 지역사회 발전에 중요한 요건이 되고 있으므로 교회는 교회 내의 청장년층을 기본 대상으로 하여 지역에까지 홍보하여 공동체의식 함양과 건전한 시민의식을 고취시키기 위한 프로그램을 개최하게 되었다.

ㄹ. 노인학교

현대사회에서는 노인들의 소외가 사회문제로 야기되고 있다. 도림동 지역에도 노인계층은 건강, 문화, 경제적 약자로 남아 있는 편이다. 이러한 상황을 조금이나마 극복하기 위해 81년부터 노인들을 위한 프로그램을 설치하였다.

처음 3년간은 봄, 가을로 나누어 5~7주간 1회 2시간씩 하였다.

건강, 노인의식, 노래 및 무용, 신앙 등의 강의를 하고 점심을 대접하는 정도로 진행되다가 84년부터는 1년간을 1기로 잡아 일정한 계획하에 운영하고 있다.

강의는 주로 건강에 대한 것, 가족관계에서 오는 갈등에 관한 것(고부 문제), 사회의 변화에 적응하는 문제, 취미와 오락, 봉사생활 및 종교생활 등을 외부강사 및 내부강사를 통해 실시한다.

ㅁ. 신용협동조합

신용협동조합은 동일한 공동 유대에 속한, 서로 잘 알고 믿을 수 있는 사람들이 자발적으로 모여 그들이 처한 사회적, 경제적 어려움을 해결하고 또한 사회적, 경제적 지위를 향상시키고자 하는 목적을 가지고 있다.

조합원이 계속 출자하여 기본자본을 만들고 저축하여 자금을 조성, 돈이 필요할 때 공정한 이자로 대출받도록 하고 있으며 조합원의 출자의 욕과 저축심을 북돋고 생활을 향상시키기 위하여 계속적으로 교육을 실시하고 자발적으로 운영하는 비영리 법인이며 회원 간의 공동유대에 중요한 목적을 둔다.

본 신협은 교회라는 공동유대를 통한 신협으로 본 교회 교인들끼리 신앙을 바탕으로 마음과 물자를 합해서 함께 산다는 목적하에 1981년 2월, 15명이 발기총회를 갖고 3월 신협강습을 통해 5월에 46명의 회원이 모여 창립하였다.

▷ 신협운동의 지상목표: 복지사회 건설
 - 신협운동의 3대 과제 ① 잘 살기 위한 경제운동
　　　　　　　　　　　　② 사회를 밝힐 교육운동
　　　　　　　　　　　　③ 더불어 사는 윤리운동
 - 신협운동의 정신: 자조, 자립, 협동
 - 신협운동의 표어: 일인은 만인을 위하여, 만인은 일인을 위하여

ㅂ. 소암장학회

소암장학회는 본 교회 원로목사인 유병관 목사님이 은퇴하시면서 퇴직금 100만 원을 장학기금으로 기증함으로 시작되었고 그분의 호를 따서 '소암' 장학회라고 명명하게 되었다.

교회와 지역사회, 나아가 민족의 일꾼이 될 청년들에게 배움의 길을 더욱 넓힐 수 있도록 장학기금을 마련하게 된 것이다.

1976년 3월, 17만 원을 지급함으로써 시작된 장학 사업은 95년 제38기 장학금을 35명(지역대학생 3명 포함)에게 21,100,000원을 지급함으로써 총 604명의 학생에게 204,410,000원의 장학금이 지급되었다.

소암장학회의 회원은 평생회원(100만 원 이상), 특별회원(50만 원 이상), 보통회원(30만 원 이상)제로 실시되고 있다.

ㅅ. 경건절제운동

경건절제운동은 ① 신앙개선, ② 선교운동, ③ 복음의 윤리적 실천, ④ 점진적 사회 변혁을 그 목적으로 하며, ① 도덕성 회복, ② 자원절약, ③ 환경보호를 목표로 하여 다음과 같은 사항을 실천하려고 한다.

첫째, 바르게 살기 운동

둘째, 아껴 쓰기 운동

셋째, 3대 안 하기 운동(과소비 안 하기, 쓰레기 안 버리기, 외국 농산물 및 유해 음식 안 먹기)

① 알뜰시장알뜰시장이란, 사용하지 않지만 버리기는 아까운 중고 생활 용품을 모아 교환해서 사용하는 장터로서 환경보존은 물론 자원절약 의 성과까지 얻을 수 있는 애국운동이다.

② 유기농산물 직거래 시장
'세계에서 농약을 세 번째로 많이 뿌리는 나라, 매년 1천 명 이상의 농민이 농약 중독으로 사망' — 이것이 우리 농촌의 모습이다. 유기농 산물 직거래는 농약으로 인해 죽어 가는 땅과 물과 사람을 살려내는

생명운동이다. 도림교회는 농촌을 살리고, 오염된 도시인의 식탁을 회복시키기 위해 유기농산물(무농약)직거래를 실시하고 있다.

③ 환경보호

'국민 일인당 쓰레기 발생량 세계 1위, 쓰레기 왕국' — 재활용품 수거의 생활화로 이런 오명을 씻고, 환경보호에 나서야 할 때이다. 무분별하게 버리는 쓰레기로 우리는 연간 2조 원을 낭비하는 셈이며, 아름다운 금수강산은 병들어 가고 있다.

- 매주 재활용품 수거
- 재생용품 판매
- 무공해비누 제작 판매
- 재활용품 수거 및 재생용품 판매 수익금으로 사회복지사업 함

④ 사랑의 현장갖기

지금 지구촌 곳곳에는 가뭄과 기근, 홍수 전쟁으로 인해 고통받는 이웃이 늘어 가고 있다. 매일 4만 명의 어린이들이 굶주림으로 죽어 가고 있는가 하면 우리 주변에는 의지할 곳 없는 노인, 소년소녀가장, 모자세대 등이 많다. 도림교회에서는 도움이 필요한 곳에 나눔을 실천하기 위해 수시로 사랑의 저금통을 수거하며 배부하고 있다.

(2) 중앙성결교회 사회봉사위원회

가. 사업의 의의

'섬김의 사역을 실천'

- 복음 전파: 교회가 속한 지역사회에 복음의 전파, 예수 그리스도가 주관하시는 지역사회가 되도록 한다.
- 사랑의 실천: 하나님 사랑의 실천을 통한 교회와 지역사회 간의 바른 관계 도모, 교회가 지역사회에서 지역주민에게 꼭 필요한 존재가 되며 지역복지 센터가 된다.

- 가치관 형성: 올바른 가치관 형성을 위한 교회와 지역주민에 대한 평생 교육, 선교원을 통한 어린이 교육, 주부 대학을 통한 지역 여성들의 전인 교육 실시, 노인 대학을 통한 노인들의 삶의 가치관 및 노후 관리 프로그램 실시
- 소유분배: 지역사회에 인적 물적 자원을 통한 소유의 분배, 나눔과 섬김의 삶을 교육한다.

나. 사업의 목적

그리스도의 신앙으로 무장된 복음의 전사들을 사회봉사에 참여케 함으로써 '이웃을 내 몸과 같이 사랑하라'는 예수님의 가르침을 실천하고 교회의 사명 중 섬김의 사역(Diakonia)을 실천하여 교회의 사랑과 섬김의 의지가 지역사회와 더불어 사는 사랑의 공동체를 건설하여 교회로서의 역할을 정립하는 데 그 목적이 있다.

다. 사업의 내용

ㄱ. 상담 사업

- 목적: 교회 및 지역사회에 대한 각종 생활상의 문제를 상담하여 교회가 지역사회에 필요한 봉사의 역할을 하여 교회와 지역사회의 유대적인 관계를 돈독히 하며 그리스도의 사랑을 실천하여 빛과 소금의 역할을 한다.
- 실생활에 필요한 분야 상담: 신앙 상담(목사, 전도사, 새신자부원), 법률 상담(전문인), 세무, 회계 상담(전문인), 의학 상담(전문인), 심리 치료 상담, 개인 상담(가정문제, 진로 등), 집단 상담(공동체 프로그램), 면접 상담, 심리 검사(적성검사, 성격유형검사, 가치관 측정 등)
- 상담 교육: 목회자를 위한 상담 교육, 사모를 위한 상담 교육, 부모를 위한 상담 교육, 교사를 위한 상담 교육
- 실천사항: 주일날 상담실을 운영, 우선 실시할 수 있는 부분부터 순차적으로 실시하여 확대실시(의학, 회계, 세무, 법률 등), 봄·가을 정기적으로 공개 상담 세미나를 실시, 가정의 달을 맞이하여 가정 세미나

실시, 기독교인의 바람직한 가정관 정립, 목회자를 위한 특별, 가정사역 세미나 개최, 사모를 위한 가정 사역, 여성지도자 세미나

ㄴ. 사회 교육 사업
복음을 통한 올바른 가치관의 형성과 여가선용을 위한 사업

① 노인 대학
교회에 재적한 노인 성도들에게 사회 속에서 겪게 되는 소외와 고독감을 극복게 하며 고독감으로 인한 허탈감과 무력감에서 벗어나 새로운 창조적 삶을 영위케 하고 사회적 각 분야의 교양을 갖추게 하여 존경받는 노인이 되게 하며 그들이 가지고 있는 지식과 경험을 통해 남은 생애를 사회에 기여할 수 있는 봉사의 기회를 제공함에 있다.

– 실천방안
- 경로식당 운영: 주 1회 목요일(중식제공, 레크리에이션)
- 재가노인복지사업: 거택보호대상자 파악, 결연사업
- 노인학교 운영: 주 1회 목요일(치료 레크리에이션, 건강강좌, 소풍, 반활동, 합창, 건강체조, 성경, 한글반, 의료검진, 위생관리, 이·미용, 생일잔치)
- 노인건강 상담: 노인대학, 중식 수혜대상자 노인, 거택보호대상 노인을 대상으로 건강 상담
- 자원봉사자 조직: 경로식당 운영인력, 거택보호대상 방문인력, 노인가정 결연자 확보, 노인학교 자원봉사 자치회 결성
- 후원회 조직: 식비후원, 강의후원
– 연혁: 1991년 4월 3일 당회 의결에 의거 노인대학 설립
- 바람직한 노인 문화의 선도
- 사회적 약자에 대한 관심
- 건강 증진 서비스
- 재가 서비스

② 주부 대학

주부대학은 주부들의 교육의 장으로서 취미 및 의식계발, 인격함양 및 바람직한 여성상의 확립을 목표로 하고 있다. 봄, 가을 2학기로 운영되는 주부대학은 강의와 취미반 활동으로 진행하고자 하며, 주부들의 교양강좌나 건전한 여가 활용을 통하여 사회교육과 선교의 목적을 두고 있다.

- 올바른 가치관 형성을 지도
- 여가선용을 위한 취미교육
- 육아, 자녀 교육 지도
- 가족 관계 상담

- 실천방안
- 취미교실: 주 1회 실시(미술반, 전통문화교실, 크로마하프, 일어, 수지침, 패션 코디네이션, PET교육)
- 사회봉사 사업: 폐휴지, 우유팩 모으기, 불우이웃 돕기 바자회
- 수혜 대상자 확장 사업: 지역주부, 교육, 선교원 자모

③ 중앙 어린이 선교원

본 선교원은 성서를 바탕으로 한 유아교육 기관으로서 그리스도의 인격을 이루게 하며 지역과 사회 발전에 이바지하는 인재들을 양성시키고 또한 우리 선교원을 통하여 하나님 나라가 확장되도록 하는 데 그 목적을 두고 있다.

- 교육내용: 타 관인 유치원에서 하고 있는 전인교육과 건강생활, 언어생활, 탐구(과학) 생활, 표현(정서심리) 생활, 사회생활을 하고 있으며, 기독교 교육을 통합한 교육장이며, 특히 세계화에 발맞추어 조기 영어교육을 실시하며, 음악을 전공하신 원장님이 직접 피아노, 멜로디언 등악기 교육을 실시한다. 또한 지역사회의 환경과 맞벌이 가정을 위하여 종일반도 운영하며 어린이들의 등·하원 시 안전을 위하여 차량 운행도 하고 있다. 무엇보다 사명감과 투철한 희생정신으로 어린이를 사랑

하는 교사들이 언제나 어린이들과 함께하고 있다.

- 일일 교육시간: 반일반 9시 30분 등원~2시 30분 귀가

  종일반 9시 30분 등원~6시 30분 귀가
- 반 구성: 5세반 – 노랑반, 6세반 – 분홍반, 7세반 – 초록반

④ 공부방

공부방은 지역 청소년에게 학습의 장을 제공하며 상담(심리, 진학, 취업, 건강 상담 등)을 통해 그들을 정신적으로 지지해 주고 각종 교육활동을 통해 올바른 가치관을 가지게 하여 사회의 올바른 성원으로 성장케 하는 데 그 목적이 있다.

- 실천방안
- 공부방 운영: 학생관리, 지도교사 확보
- 상담사업: 학생 상담, 개인 상담(심리, 진학, 취업, 건강 상담), 집단 상담(감수성훈련), 학부모 상담
- 기타 교육사업: 중앙특강, 문화의 유익한 정보제공 및 강의, 음악감상실 운영, 수련회, 생일잔치, 공부방개방, 기념잔치
- 홍보사업: 지역신문, 동회, 교회, 각 구역을 통해 홍보

⑤ 청소년 문화센터

청소년 문화센터는 지역사회 청소년들이 사회의 좋은 풍토 속에서 살아갈 수 있도록 청소년들만의 문화공간을 제공하며 그들을 위한 다양한 프로그램을 제시하여 올바른 청소년 가치관을 고취시키며, 지역 내 신앙서클을 조직, 지원하여 지역사회 내의 청소년 선교에 이바지하는 데 그 목적이 있다.

- 실천방안
- 청소년서클 후원사업: 생일잔치, 집단 상담, 행사지원, 공부방 영라이프, 지역고교 신우회
- 특별프로그램: 등반대회, 성극, 성가 경연대회

- 프로그램 개발 사업: 음악감상실, 영화상영 등

ㄷ. 지역 후원 사업

지역 내 불우한 가정 및 지역민에게 후원 사업을 펼치고, 자선 및 지역 내의 친밀성, 유대감을 넓혀 나감으로써 하나님의 사랑을 섬김의 사역으로 실천하고 나타내는 데 그 목적이 있다.

- 무의탁 노인 돕기 및 소년소녀가장 돕기
- 자체운영비 및 수익금으로 선정된 대상자(무의탁 노인, 소년소녀가장) 에게 정기적인 후원을 한다.
- 대상선정 시 교인, 지역주민에게 개별적인 방문 및 상담을 실시한다.
- 성과: 대상자에 대한 지속적인 관심을 통한 사랑의 실천을 통한 선교 와 전도를 한다.
- 중앙열린 음악회
- 자선 바자회
- 올바른 소비문화의 정착
- 후원금 마련
- 여전도회 협력사업
- 노인, 소년소녀
- 어려운 학생 장학기금
- 상설 물물교환시장
- 후반기 사업으로 준비작업
- 검소한 생활 유도
- 여전도회와 협력사업
- 장학사업: 장학사업은 교회 및 지역사회의 경제적 사정으로 학업을 할 수 없는 불우 청소년들에게 장학금을 지급하여 교육적 욕구 및 문제를 해 결해 줌으로써 그들의 정신적 지지 기반을 도와주는 데 그 목적이 있다.

ㄹ. 구제 및 결연 사업

지역사회에 생활이 어려운 교인이나 소외된 이웃의 구제를 위한 사업으로 교회가 지역사회에서 나눔과 섬김의 장으로서 지역사회의 센터가 되도록 한다.

- 후원 / 후원자 연결 사업: 무의탁 노인 후원금 지급, 중식 배달, 청소
- 소년소녀가장: 상담, 생활비 지원
- 서비스: 신체보호 서비스(말벗, 병원동반, 청소), 재가복지 서비스

ㅁ. 편의 시설 제공 사업

- 결혼식장: 교회 주변 지역의 영세민들이 하나님 안에서 결혼을 할 수 있도록 무료로 결혼식장을 대여한다. 결혼에 필요한 각종 시설 및 기념품을 제공하여 그리스도의 사랑을 실천한다.
- 회의장, 반상회, 지역주민 교육장, 지역투표장
- 노인정: 지역 노인들을 위한 복지시설을 제공함으로써 중앙교회가 지역사회에 꼭 필요한 존재임을 지역주민에게 인식도록 한다.
- 도서실 / 독서실: 도서대출, 건전한 학습 환경 조성, 준비위원회 구성 '98년부터 실시한다.

ㅂ. 지역신문

지역신문을 발간하여 지역사회 내의 각종 소식과 정보를 지역주민에게 제공하여 계층 간, 세대 간, 지역 간, 연대 간, 중간 매개 역할을 통해서 지역사회 통합을 추구하며, 지역 복음화를 이루는 데 선교적 도구로 활용함에 그 목적이 있다.

- 실천방안
• 기자단 조직: 교회 내에 언론기관과 관련된 인적 자원 모집, 지역사회 내 지역 기자단 조직
• 홍보사업: 중앙교회 사회봉사 위원회 중점사업 계속게재, 지역기관(동회, 구청, 파출소, 사회복지시설) 및 주민에게 배포

라. 사회봉사 위원회의 사업의 성과

- 선교적인 측면: 지역사회에 나눔과 섬김의 사역으로 지역교회로서의 위상을 정립한다.
- 사회적인 측면: 지역주민에게 다양한 봉사를 통한 하나님의 나라 확장에 기여한다.
- 교육적인 측면: 이웃을 내 몸과 같이 사랑하라는 사랑의 실천과 교회의 사명인 섬김의 사역을 실천을 통한 봉사의 교육을 한다.
- 교단적인 측면: 교단 모체로서 섬김의 사역에 대한 모델 제시에 본 교단의 선구적인 역할

(3) 아현감리교회 사회관

"아현교회 사회봉사관은 받은 은혜를 이웃과 함께라는 존립 목적하에 지역사회 봉사에 적극성을 띠기 위해 1980년 봉헌되었다."

가. 성서적 근거

역사적으로 기독교는 일곱 가지 육체적 자선사업을 실천해 왔다.

① 배고픈 자에게 빵을 주어 먹이고,
② 목마른 자에게 물을 먹여서 갈증을 풀어 주며,
③ 헐벗은 자를 입히고,
④ 나그네들을 영접해 주었으며,
⑤ 병든 자와 죄수들을 방문하여 위로하여 주었고,
⑥ 포로들을 석방하고,
⑦ 죽은 자를 장사지내 주었던 것이다(마25:34~36).

예수님께서는 섬김과 겸손을 바탕으로 하는 헌신적 봉사를 강조하셨고, 사회적 등급이나 지위를 초월하여 모든 사람을 위대한 존재로 대접하도록 제자들에게 권고하셨다. 뿐만 아니라, 3년 공생애의 대부분을 갈릴리에서 굶주리고 애통하고 소외당하고 가난한 자, 병든 자, 억눌린 자, 불쌍한 자,

고난받는 자와 동고동락하며 섬김을 받으러 온 것이 아니라 섬기러 왔다는 말씀처럼 이웃의 봉사자로서 모범을 보여 주셨고(눅10:25~27), 특히, 선한 사마리아인의 비유를 통해 진정한 이웃의 모델을 제시해 주신 것이라 할 수 있다.

나. 아현교회 사회봉사활동의 연혁

애오개 언덕으로 불리는 북아현동 야트막한 언덕 위 여의도와 신촌이 갈라지는 곳에 107년 전 초대 감리교 선교사인 스크랜톤이 1888년 12월 첫째 주일, 성 밖에 거하는 가난한 조선 백성들을 치료하기 위해 애오개 시약소를 개설하고 첫 예배를 드린 것이 아현감리교회의 기원이다.

1889년 8월 맥길 선교사에 의해 애오개 진료소 운영, 1894년 5월 홀 빅사에 의해 아현여자보통학교 개교, 1915년 3월 브라운 선교사에 의하여 아현유치원이 개원되는 등 창립과 더불어 지역사회 활동을 꾸준히 해 온 교회이다.

1963년 일제 때에 폐교되었던 유치원을 복원 설립인가를 받았고, 1975년 10월 교육관 4층 빌딩(331평)을 봉헌, 1980년엔 사회관 4층(417평)을 봉헌함으로써 지역사회를 위한 봉사활동에 더욱 구체성을 띠기에 이른다. 지금도 아현교회는 선교부의 활동에 많은 부분이 지역사회 봉사활동의 형태를 취하고 있고 주로 지역사회 봉사기관으로는 크게 아현사회관(아동복지 프로그램, 노인복지 프로그램, 지역사회복지 프로그램, 장애인복지 프로그램, 청소년복지 프로그램, 노인복지 프로그램, 가정복지 프로그램)과 사회봉사부(지역사회협력부<소년소녀가장 지원, 영세가정지원, 개인수술지원, 심장병환자지원, 영세환자지원>, 복지시설협력부<청소년복지지원, 아동복지지원, 부녀복지지원, 행려자복지지원, 장애인복지지원, 출소자갱생원지원, 정신질환자지원, 음성나환자지원, 고아원지원>, 위로봉사부<미화원, 생보자지원, 구라회지원, 결핵환자지원>, 해외기관봉사기관지원, 특수봉사사업지원 등)로 나누어 프로그램이 진행되고 있고 이외도 범교회적으로 의료선교부, 아현신협, 아현 장학회 등이 있다.

다. 사회관의 분야별 프로그램

분 야	프로그램	내용비고
아동복지	상담서비스, 취미교실, 공부방, 도서관, 탁아소, 교육활동, 특수아동지도, 학비보조, 불우아동, 결연사업, 천사원	지역사회가 영세지역인 경우이므로 탁아소 시설과 공부방, 독서실 제공으로 연관프로그램을 많이 한다. 클럽활동을 통한 집단지도사업과 학습의욕 고취, 취미교실을 통한 협동심, 공동체의식, 기독교적 삶을 함양한다.
청소년	상담서비스, 야간학교운영, 독서실제공, 문화공간, 독서관, 운동시설, 직업지도 및 취업알선, 비행청소년 선도사업, 상담서비스, 주부대학	사회로부터 이탈되거나 낙오된 청소년의 사회복귀, 사전예방, 치료적 접근 또는 근로청소년의 이학으로 향학심고취 문화공간으로 청소년보호, 영세가정을 돕기 위해 탁아소 공부방 운영
가 정	직업지도, 취로알선, 가정설계, 생활교육, 취미활동, 부업지도, 상담서비스	취업, 진학지도 주부들을 위한 직업, 교양교육 실시 지역영세민 또는 일반 대상
지 역	지역실태 및 욕구조사 생활보호대상자 구호사업 주민교육, 교양, 취미, 레크리에이션대학, 봉사, 시설제공, 농수산물 직거래 사업문화공간, 정보교환	지역사회 교육실시, 자립촉진함양 자립활동을 통한 사회참여와 건전한 오락, 취미생활 제공 지역사회자원 활용, 조사, 진단 연구
노 인	상담서비스, 탁노소 노인대학, 경로행사 생활보호자 후원사업 양로원, 시설방문, 세탁실 운영	지역영세 노인으로 65세 이상인 자 상담, 결연, 후원금 지급을 통한 사회봉사 제공 시설방문지원, 장례시설 운영

라. 사회관사업 단기·중기·장기 계획

대상	사업내용	사회관자립잡기					프로그램활성화 및 아동복지관						제2사회관
	시행년	90	91	92	93	94	95	96	97	98	99	2000	2001
아동	유치원												
	탁아원												
	놀이터 개방												
	이동 탁아소												
	이동 공부방												
	양육강좌개설												
	입양 및 위탁모 경연												
	취미기능 교실												
	기 타												
청소년	장학사업												
	야간학교												
	도서실(관)												
	상담실 운영												
	문화공간 (음악실, 영화감상)												
	운동공간												
	직업훈련												
	선도사업 (결연, 보호관찰)												
	기타												
노인	노인대학												
	불우노인 식사제공												
	시설방문지원												
	탁노소												
	노인문제 상담												
	취업부업알선												
	상담실 운영												
	임종노인시중(간병인)												
	경로당												
	양로원												
	기 타												

대상	사업내용	시행년	사회관자립잡기				프로그램활성화 및 아동복지관							제2사회관
			90	91	92	93	94	95	96	97	98	99	2000	2001
장애인	점자, 수화교실													
	시설방문지원													
	도서 및 테이프 보급													
	수술비지원													
	보장구지원													
	장애인 상담													
	노력봉사													
	복지캠페인													
	사회적응교육													
	기 타													
지역	교육시설개방													
	신용협동조합													
	진료실운영													
	무의촌봉사													
	소년소녀가장지원													
	무료급식실시													
	법률 상담													
	농수산물직거래													
	지역신문발행													
	문화공간													
	인력은행(간병인 등)													
가정	신부교실													
	주부대학													
	교양강좌													
	상담서비스													
	가정문제 상담													
	혼인상담소설치													
	바자회													
	절제운동													
	한글학교													
	일일파출부, 간병인													
	기 타													

대상	사업내용	시행년	사회관자립잡기				프로그램활성화 및 아동복지관							제2사회관
			90	91	92	93	94	95	96	97	98	99	2000	2001
기	교도소													
	소년원													
	군선교													
	농어촌, 산업선교													
	공단, 산업선교													
타	자원봉사자훈련													
	인권옹호													
	선교센터 운영													
	재활선도													
	자선구호													
	부녀보호소지원													
	기 타													

마. 아현사회관 운영 및 사업개요

ㄱ. 사회관 운영 개요

－목적

　지역사회 주민 스스로 지역사회 내의 사회적, 경제적, 문화적, 종교적 문제를 발견케 하여 지역문제의 연대적, 책임성을 인식시킴과 동시에 민주적이고 합리적인 방법에 의한 문제해결 능력을 고취시켜 궁극적으로 지역사회의 발전 및 복지증진에 그 목적을 둔다.

－목표

● 사회복지 실시에 있어 다면적 복지 접근 방법을 실시한다.

● 최대한 지역의 인적, 물적 자원체계를 개발 및 조직화하여 이를 활용토록 한다.

● 사업의 결정 및 시행은 민주적이고 합리적인 의사결정방법에 의한 실천을 원칙으로 한다.

● 지역사회의 기타 공익단체의 목적을 존중하여 상호 협의에 의한 실천을 원칙으로 한다.

- 사업추진의 우선순위는 본관의 목적사업을 우선으로 하고 지역사회의 최대 공통의 관심사부터 장단기 사업을 결정하여 시행토록 한다.
- 향후 본 관의 사업방향은 지역주민의 여가 및 문화적 욕구를 충족시켜 한국형 복지를 지향한다.

ㄴ. 복지관 설립취지 및 연혁
- 설립취지: 본관의 설립취지는 '받은 은혜를 이웃과 함께'라는 설립이념에 따라 1980년 10월 연건평(417평)을 봉헌한 이래 1990년에는, 아현어린이집, 아현야간학교, 주부대학, 경로대학(샬롬의 집, 의료선교회), 직업학교를 개원한 이후 1994년에는 노인주간보호(탁노소)와 발달장애아동을 위한 천사원을 개원하였고 그 외에도 다수의 지역사회 봉사프로그램을 진행하고 있다.

바. 아현사회관 주요사업
ㄱ. 아현 어린이집
- 목적: 여성의 사회참여 증가 및 가족 구조의 핵가족화에 따라 급증하고 있는 보육 수요에 대응하며 아동에 대한 적절한 환경과 전문적인 보육 서비스를 제공하는 보육 사업을 시행함으로써 아동의 건전한 보육과 보호자의 경제적, 사회적 활동의 지원을 통하여 하나님의 뜻이 온 누리에 전파될 수 있도록 하기 위함이다.
- 시설운영
- 입소 순위: 탁아시설의 설치 운영 규정 14조 1항에 따라 생활 보호 대상자의 자녀, 의료부조 대상자의 자녀, 통반장 추천으로 생활이 어려운 자녀, 기타 일반 주민의 자녀 순으로 결정
- 보육 유형: 종일제 - 오전 8:30 ~ 오후 7:00(토요일 오전 8:30 ~ 오후 2:00)
- 프로그램 운영과 주요행사
- 연 월간 계획에 맞춰서 매주 주간 계획안이 작성되며 3, 4세는 주로 기본적 생활습관, 언어사회, 음률, 대소 근육 활동 등 놀이교육을 중심으로 5, 7세는 좀더 구체화된 생활 습관과 언어, 음률, 작업, 수조

작, 블록, 소꿉놀이의 흥미 영역별 활동, 이야기 나누기, 다양한 대,
소그룹 활동 등 유치원의 프로그램과 동일하게 실시하고 있다.

ㄴ. 아현 천사원(발달장애아동 교육프로그램)

- 설립이념: 발달 장애아의 조기교육 및 통합교육을 위한 준비와 장애아
  로 하여금 복음의 능력을 힘입어 자립하게 함에 있다.
- 교육철학: 사랑과 자유를 바탕으로 전인교육을 실시하여 하나님께 영
  광을 돌릴 수 있는 행복한 어린이로 자라도록 한다.
- 원훈: 믿음, 소망, 사랑
- 교육목표: 모든 사람은(장애를 갖거나 그렇지 않거나) 하나님의 형상을
  따라 지음받았다는 성경적 인간관에 기초를 두고 교육을 실시한다. 즉
  '인간존엄성'의 자각 위에서 장애아 삶의 질을 향상시키고, 삶의 기회
  를 확대해 주는 데 근본이념을 두고, 아동의 잔존능력을 최대한으로
  발휘하도록 그 가능성을 계발시켜 주는 것에 있다.
- 운영방침
- 특수 교육에 있어 지금껏 소외되었던 대상을 중심으로 교육 서비스
  제공을 우선으로 한다.
- 팀 접근법(Teamwork Approach)에 의한 진단 및 평가, 그리고 교육을
  지향한다.(특수교육, 사회복지사, 유아교사 등)
- 치료에 보다 더 확실하게 접근하기 위하여 먼저 현행 수준의 정확한
  진단, 평가 기능을 강화한다.
- 교육 서비스의 질적 향상을 위해 타 기관 연수, 자체 연구발표 등을
  통해 끊임없이 연구하는 자세를 갖는다.
- 장애의 홍보, 예방 및 지역사회의 의식 변화를 위해 후원자(인적, 물
  적) 동원 및 교육에 힘쓴다.
- 장애의 이해 및 수용, 특수 교육적 지도를 위해 부모교육을 강화한다.

- 교육과정 및 사업내용
- 진단 및 평가: 상담 및 각종 심리검사를 통하여 심리적, 사회적, 교육적 측면에서의 장애의 원인, 유형, 정도 그리고 잠재능력을 평가하여 교육방향을 설정한다.
- 교육계획 수립: 아동의 현행 수준을 기초로 개별적인 교육의 장, 단기 목표 및 단계별 교육 방법을 수립한다.
- 개별 및 집단지도 실시: 교육 프로그램의 성격에 따라 개별 및 집단 지도를 통해 교육 극대화를 지향한다.
- 각종 견학, 소풍 및 캠프 실시
- 부모 교육 실시
- 후원자 개발, 동원 및 교육
- 홍보사업: 사회의 잘못된 장애에 대한 편견이나 오해를 불식시키고, 장애인을 수용하며 장애는 한 개인의 문제가 아닌 사회공동의 책임임을 이해하도록 하며, 주위의 장애아를 조기발견, 교육 서비스가 제공되도록 하며 본원의 소식 등을 알리기 위해 각종 매스컴을 활용·홍보한다. 현재 정기적으로 (월 1회) 회지를 발행하고 있다.

ㄷ. 아현 샬롬 경로대학 설립취지 및 프로그램
- 설립취지: 아현 교회 경로대학은 산업화와 핵가족화로 고령에 이르면 느끼게 되는 노인들의 고독과 소외감을 신앙과 여러 가지 프로그램을 통해 발전하는 사회와 변천하는 문화생활에 적응하여 새 세대의 젊은 이들을 이해하고 또 평생교육을 이념으로 삼아 각 분야의 교육을 받음으로써 스스로 교양을 높이고 존경받는 노인상을 정립하고 새로운 벗을 많이 사귀는 등 삶에 의욕과 소망을 가지고 보람된 여생을 보내시게 하기 위한 경로대학을 설립하게 된 것이다.
- 교육내용
- 말씀을 통한 신앙심 고취와 전문 분야의 강의를 듣는다.
- 명승고적지 및 기관산업체 등의 탐방을 통해 사회상을 익힌다.

- 어려운 이웃을 도와줌으로써 삶의 보람을 느끼게 하고 장학회를 조직, 자유로이 참여케 하여 자부심을 갖게 한다.
- 건강 상담 및 관리 지도하며 노후 정서 면에서 믿음을 통해 안정을 가지고 여생을 살도록 권장한다.
- 풍부한 식견을 살려 후세들에게 잠언을 남길 수 있도록 토론회 등을 갖는다.
- 교재를 통해 지적향상을 도모하며 독서를 하게 한다.
- 고유 미풍양속과 예절교육을 후손들에게 교육 실천하도록 장려한다.
- 연 1회 가족과 함께 대운동회를 개최하여 화목을 도모하여 학교와의 유대를 강화한다.

ㄹ. 아현 주간보호 센터(탁노소 프로그램(DAY CARE))

- DAY CARE의 정의와 발상: 주간보호(DAY CARE)라는 것은 통상 낮 시간대에 프로그램을 병행하는 보호이며 주 1회 이상 행할 수 있는 것이 필요하다. 노인보호에서는 비교적 새로운 발상으로 영국의 경우 제2차세계대전 후 처음으로 정신과 영역에서 실시되었다. 고령자 대상으로는 1958년 옥스퍼드에서 처음으로 day hospital이 개설된 이래, 국민보건 서비스에 의한 노년과의 설치와 함께 급속하게 확대되었다. 그 배경으로는 1960년 이후 유럽에서의 노인보호 사고방식의 대전환으로 시설 중심의 서비스에서 재가 중심의 서비스로 변화된 것이었다.
- 주간보호의 목표와 역할: 주간보호는 노인보호의 목표이다. 지역사회 안에서 고령자가 될 수 있는 한, 자립해서 지낼 수 있도록 구조하기 위한 강력한 수단이며, 그 목표는 고령자가 재가에서 심신기능의 회복과 유지를 도모하며 자립에의 활력과 지기를 되찾고, 유지하는 것이다. 주간보호의 대상자로는 뇌졸증후와 관절증 등으로 신체장애가 있는 사람 외에 독신자로 집에 틀어박혀 있는 사람, 치매노인, 주간 시중자의 부재 등 사회적으로 장애가 있는 사람들이다.

<주간보호 프로그램>

요일구분	오전(10~12시)	12~13시	오후(13~17시)	비고
평일	물리치료	점 심	종교시간 비디오 상영 수지침, 안마 공작(접기) 레크리에이션	미용서비스 이용서비스 작업치료
일	의료서비스(오후 1시부터, 신경정신과, 신경외과, 한방 등)			

- 주간보호 센터: 맞벌이 부부들을 위해 주간보호 센터(탁노소)를 60세 이상의 거동이 불편한 노인들을 대상으로 낮 시간 동안 보호함.
* 보호내용: 물리치료, 일상동작훈련 등 심신기능회복, 급식, 취미, 오락, 이, 미용, 여가오락 등 생활서비스
* 보호 기간: 오전 10시~오후 5시까지
* 이용료: 월 50,000원(생활 보호대상자는 무료) 1일 3천 원, 특별회원, 월 20,000원(1일 2천 원)
- 노인 주간 보호 사업
* 의료서비스: 한방치료, 신경외과, 신경정신과(치매), 종합의료서비스
* 기능회복훈련: 물리치료, 작업치료, 체조
* 취미활동: (비디오 시청, 종이접기, 이야기성서, 게임, 야유회)

ㄹ. 야간학교
ㅁ. 컴퓨터 교실
ㅂ. 주부대학
ㅅ. 종합 문화 공간
ㅇ. 수화 점자교실
ㅈ. 어린이 교실
ㅊ. 아현문고(도서실)
ㅋ. 우리농산물 직거래 사업

IV. 교회 사회사업의 방법론 연구

1. 교회 사회사업 방법론의 방향

교회의 사회사업은 교회의 중요한 기능 중의 하나로서 복지를 위한 원동력이 되어 온 봉사(Diakonia)라는 말속에 집약적으로 담겨 있다. 방희덕 교수는 "'Diakonia'는 생명과 복지에 본질적인 것이며, 지역사회에 뿌리를 내리고 있으면서도 범세계적인 초월성을 지닌다. 또한 예방적 특성을 강조하며 구조적이면서도 정지석인 차원에 관심을 갖고 있고, 인도주의에 바탕을 두고 있다. 또한 봉사는 하나님으로부터 받은 동기에 의해 인간 상호 간에 주고받는 관계를 맺는 것이며, 인간을 해방시키는 것"이라 했다.

사회복지를 실천하는 동기로서는 첫째, 상부상조 이념의 발현이다. 둘째, 종교적 계율에 바탕을 둔다. 셋째, 정치적인 동기로서 사회질서의 유지와 사회 통합을 이루는 수단으로서 사회복지를 시행하는 것이다. 넷째, 경제적인 고려에서 사회복지를 실천하는 것인데 예컨대 사회복지의 실시가 생산성의 향상에 도움이 되고, 또 사회적 비용을 절감시킬 수 있는 경우이다. 마지막으로 사회복지의 실천이 특정 이념의 구현과정에서 연유하기도 한다.

라인홀드 니버(Reinhold Niebuhr)는 그의 저서 *The contribution of religion to social work*에서 "교회는 사회복지를 낳고 키운 어머니"라고 하였다. 그러나 어머니로서의 책임을 포기하였기 때문에 세속화를 초래하였다고 말하고 교회에서 떠난 사회복지는 현대 유럽 교회의 문제라고 말한 바 있다. 오늘날 한국교회는 이 말이 의미하는 것을 깊이 생각해야 할 것이다.

사회복지에 대한 교회의 태도는 세 가지로 분류할 수 있는데 그 첫 번째가 복음과 문화, 교회와 사회를 이원적(二元的)으로 파악하여 교회는 전도에만 전력해야 한다는 태도, 두 번째로는 교회가 성장하고 확립된 후에 개입해도 좋다는 태도, 그리고 세 번째가 전도를 사회복지사업과 직결하여 전도의 수단으로 하는 태도이다. 초기 한국교회는 일반적으로 세 번째 태도를 가졌으나 지나친 복음주의의 영향하에서 첫 번째 태도를 견지하게 되었고 지나친 교세확장과 자본주의의 영향하에서 두 번째 태도를 도시교회에서 많이 갖게 되었다.

한편, 개신교인들의 사회복지 행동유형은 신학적으로 개인구원이냐 사회구원이냐의 입장에 따라서 다양하게 나타나게 되는데 대략 다음과 같은 다섯 가지로 나누어 볼 수 있다.

① 지역사회복지에 전혀 참여하지 않고 종교에만 전념하는 극단적인 보수교단이나 교인

② 개인상대의 봉사에는 참여하는 보수교단이나 교인(예장 합동, 침례교, 성결교 등)

③ 소집단상대의 봉사에 참여하는 정통적인 온건주의 신학을 지닌 교인이나 교단(예장 통합, 감리교, 루터교 등)

④ 지역사회 및 기관시설봉사에 참여하는 진보적 신앙을 지닌 교인이나 교단(한국기독교장로회 등)

⑤ 사회체제의 개혁과 쇄신을 주장하는 급진적이고 자유주의 신학을 지닌 개인이나 기독교 단체(도시산업선교회, 기독교인권위원회)

이와 같이 교회 내에서의 사회봉사에 대한 태도는 교단의 선교이념에 따라 다양하다고 할 수 있을 것이다.

교회가 본질적인 의미로 사회복지에 접근하는 형태는 교회의 사회참여(Social Participation of Church) 형태이다. 이것은 교회가 하나님에 대하여 의무를 가지고 있음과 동시에 이웃에 대한 의무도 가지고 있음을 뜻한다.

이웃은, 엄격히 규정하자면 전 세계를 대상으로 하고 있지만, 보다 적극적이고 실제적으로 표현하자면 교회가 위치하고 있는 일정지역의 주민을 의미한다고 볼 수 있다. 즉 교회는 이웃의 발전과 욕구 충족을 위한 지역사회복지사업을 행하여야 할 사명을 지닌다고 할 수 있는 것이다. 또한 교회의 사회참여는 지역사회의 상황을 이해하고, 그곳에서 유발되는 욕구를 발

견함으로써 교회의 본질적인 요소인 교제를 나눔으로 하여 교회의 사명을 완수하고자 하는 데 있다. 교회의 사회참여는 이러한 입장에서 보면 목표를 사회적 해체상황(Social disorganizational situation)의 치료와 예방에 두고 있는 현대적 의미를 지니고 있다고 볼 수 있다. 이러한 현상은 인간성 해체(Personality Disorganization), 가정해체, 사회해체를 가져오게 되고 급기야 사회문제를 야기하게 된다.

교회 사회사업에 있어서 중요한 것은 이웃과의 관계 형성이라 볼 때 'Church in the Community'는 깊이 연구해야 할 과제이다. 교회는 지역사회 속의 교회가 되어야 한다. 그렇게 되면 그 지역사회는 교회의 이웃이 되며 교회는 그 지역사회를 이웃으로 사랑하게 된다. 이웃과 관련해서 교회를 생각한다면 현대사회에서의 교회의 새로운 의미와 사명을 발견할 수 있으리라 생각된다.

1) 지역사회복지 – 교회

"네 이웃을 네 몸과 같이 사랑하라."는 계명은 물론 개인에게도 적용이 되는 계명이지만, 그리스도인들의 공동체인 교회에도 공통적으로 적용이 될 수 있을 것이다. 이 계명은 교회라는 공동체에도 역시 이웃이 있을 수 있고 또 이웃이 있다면 교회는 그 이웃을 사랑해야 할 것을 가르친다. 구체적으로 말한다면 지역교회가 교회 주변의 지역사회를 이웃으로 생각하고 그 지역사회를 위해 그리스도의 사랑을 나타내야 한다. 이를 위해서 몇 가지 제언을 한다면 첫째로, 교회는 먼저 이웃을 인식해야 한다. 교회가 어디에 있든지 어디로 옮겨가든지 그 주위에 사는 사람들이나 주변의 지역사회를 이웃으로 생각해야 한다. 둘째로, 일단 이웃으로 인식했으면 그 이웃에게 우선 폐가 되지 않도록 해야 한다. 셋째로, 폐를 끼치지 않는 소극적인 자세로부터 좀더 적극적으로 이웃의 필요를 채워 주도록 해야 한다. 끝으로 이웃에 대한 사랑을 구체적으로 나타내되 교회 자신을 사랑함과 같이해야 한다.

교회가 지역사회 속에서 해야 할 일을 살펴볼 때 Marry G. Ross는 지역사회복지를 여섯 가지로 구분하여 정의하고 있다. 첫째, 충족되지 않는 욕구나 달성하고자 하는 목표를 찾아내고, 둘째, 이들 욕구나 목표의 순위를 정하며, 셋째, 욕구나 목표를 달성하고자 하는 자신감과 의지를 발전시키고, 넷째, 욕구와 목표를 성취하는 데 필요한 자원을 찾아내고, 다섯째, 욕구와 목표를 달성하기 위한 실천을 하며, 여섯째, 이를 통해 지역 내에 협동적인 태도와 실천력을 증대, 발전시키는 과정을 의미한다.

교회와 지역사회복지의 관계를 논함에 있어서 유사한 점을 볼 수 있다.

첫째, 지역복지의 목적이 일정지역 주민의 공통적 욕구를 해결하는 데 있고, 교회의 사명 역시 인간이 당면하고 있는 고통의 문제를 해결하는 데 있으므로 양자는 동일한 목적을 추구한다고 볼 수 있다.

둘째, 모든 지역복지활동은 주민의 자발적이고 적극적인 참여로 이루어지며, 교회도 사명 실현을 위해 구성원 전체가 노력해야 할 의무가 있으므로 양자는 성취과정상에서 공통점을 지닌다.

셋째, 교회는 복음과 조직체를 통하여 인적·물적 자원을 동원하고 협동을 촉진함으로써 지역복지활동의 중추적인 역할을 담당할 수 있다.

넷째, 지역복지활동 전개에 있어서 가장 중요한 과제인 주민의 욕구 파악 문제를 자주 모여 나눔을 가질 수 있는 교회의 이점을 이용하여 쉽게 해결할 수 있다.

다섯째, 교회를 이루고 있는 구성원이 다양하므로 지역복지 활동에 필요한 각종 정보를 얻는 데 있어 정보 입수가 용이하며 능률을 높일 수 있다.

여섯째, 지역복지활동과 교회는 지역의 특성을 고려한다는 점에서 동질성을 지닌다.

일곱째, 교회는 각계각층으로 구성되어 있으므로 지역복지 활동에 중요한 지도자를 양성할 수 있는 좋은 여건을 갖추고 있다.

강혜영은 "한국교회의 사회봉사사업 개발에 관한 기초연구"에서 교회지역복지 활동의 실행 원칙을 다음과 같이 한다.

첫째, 교회는 영적인 욕구만이 아닌 인간의 모든 육체적, 경제적, 사회

심리적 욕구를 가능한 한 만족하도록 도와야 한다.

둘째, 교회는 지역사회 조사를 기반으로 한 모든 사람들이 절실히 느끼고 있는 욕구를 해결해야 한다.

셋째, 교회는 단순한 교세 확장의 도구가 아닌 대상자를 위한 순수한 봉사를 행해야 한다.

넷째, 교회는 전문적이고 계획적인 사회사업을 해야 한다.

다섯째, 교회는 지역사회의 질서와 욕구를 만족시키는 공공기관 또는 민간단체, 사회복지기관 등과 협력해야 한다.

여섯째, 교회는 인간의 모든 존엄성을 상실케 하는 모든 제도와 권력을 인식시켜 미래 사회의 문제를 예방하는 기능을 해야 한다.

2) 교회 사회사업 – 조직화

교회는 조직적인 면에서 매우 우수한 체제를 가지고 목회자를 중심으로 조직되어, 신자를 가르치고 관리하는 기관으로서 의결 운영 위원회, 구역회, 기관, 서클 및 각 위원회로 구성되어 있다. 이러한 조직을 사회사업과 연결시킬 때 매우 유익한 사역을 할 수 있으리라 본다.

행정적인 측면을 볼 때 조직의 구성은 복지 활동의 기초적인 부분이다. 행정조직을 위한 대책은 다음과 같다.

첫째, 관리제도의 일원화로서 각 교단에서 감독관을 파송하여 사회복지에 대한 지원계획을 수립케 하고 지속적인 자원으로 유대관계를 강화하며, 이의 발전을 위한 연구와 산하단체 감독을 실시하는 것이다.

둘째, 협의체의 조직으로서 모든 교회의 사회복지활동을 통합적으로 추진 조정할 수 있는 교회 차원의 협의체를 구성하고 교단, 대학, 사회사업기관, 지역단체와 긴밀한 협력관계를 유지함으로써 상호 협력 조정하는 것이다.

셋째, 사회복지활동 정보센터를 통하여 교회자원과 봉사활동을 위한 지표를 제시한다.

재정적인 측면을 볼 때 이 부분은 가장 먼저 해결되어야 할 과제로 보아야 한다. 교회 스스로 재정적으로 자립하여 사업을 운영할 수 있다면 이상적인 방법일 것이다. 그러나 한국교회의 낮은 자립도로 미루어 볼 때, 교회가 사회를 위한 재정은 외부의 지원으로 실시될 수밖에 없는 현실이다.

이 일을 위해서 재정지원기관으로서 재정의 모금, 분배, 지도 감독의 기능을 수행하는 중앙기관으로는 각 교단의 총회(노회)가 이를 담당하여야 할 것이다. 이를 위하여 교단본부의 사회부, 사회사업(복지)부 또는 특수선교부의 조직을 개편, 보완하여 그 기능을 활성화하여야 한다. 그리고 재정지원 방법으로 교단 사회사업부에서는 각 교회에서 신청한 사업계획을 심사하여 자체기준에 의하여 지원규모, 기간 등을 결정하여 지원한다. 또한 재정지원뿐만 아니라 기술적인 도움까지도 지원할 수 있어야 한다. 재정모금 방법으로 교회 사회사업을 위하여 외국의 재정지원을 받는 경우도 있을 수 있겠으나, 장기적인 안목에서 볼 때 국내 각 교단적 차원에서 재정모금 방법을 생각해 보아야 할 것이다. 교회에서는 자선·구호사업에서 벗어나 좀더 적극적이고 전문적인 방법으로 복지 활동에 힘써야 하며 다음과 같은 방법으로 재정적 지원을 해야 한다.

① 예산 편성 시 사회복지 항목을 의무적으로 책정하도록 제도화한다.
② 매주 헌금 총액의 1 / 10을 사회복지비로 적립한다. 이는 구약성서에 나타난 빈자를 위한 십일조의 관습에서 기인한 것이다.
③ 사회복지에 뜻이 있는 교인을 중심으로 후원회를 구성한다.
④ 교회에서 시행되는 헌금의 항목처럼 사회복지 헌금의 항목을 만들어야 한다.

인적 자원의 측면에서 볼 때 한국자원봉사능력개발연구회에서 조사한 '한국교회 사회봉사사업조사 연구' 보고서에 의하면 사회봉사를 전담하는 직원의 존재 여부를 묻는 질문에 대한 응답의 경우 응답자의 7%만이 전담 직원이 있다고 대답하여 사회봉사를 전담하는 직원이 있는 경우가 매우 적은 것으로 나타났다.

직원유무	응답자 수(명)	백분율(%)
있다	85	7.0
없다	1122	93.0
계	1207	100.0

전담직원이 적다는 것은 사회봉사를 위해 동원할 수 있는 인적 자원이 매우 적다는 것을 말해 줄 뿐만 아니라 교회의 사회봉사활동이 활발하지 못하다는 점을 말해 주고 있다. 또한 이는 사회봉사사업의 결여와 이에 따른 질적 수준의 저하를 가져올 것으로 보인다.

교회 사회사업 프로그램은 대부분 전문적이고 지속적인 프로그램보다는 일시적이고 구호적인 성격의 사회봉사 프로그램들을 실시하고 있으며 순수한 사회봉사보다는 전도의 효과와 수익성을 고려한 프로그램들을 실시하고 있다.

아동을 위한 프로그램 실천 여부에 대해서는 표에서 보듯이 교회 사회봉사 프로그램의 대부분은 보호시설 방문 및 지원 같은 단순 구제사업의 수준에 머무르는 경우가 많다.

아동을 위한 프로그램 실천 여부

프로그램 종류	응답자 수(%)
아동보호시설 운영(고아원, 영아원)	150(12.2)
탁아사업	101(8.3)
아동보호시설 방문 및 지원	429(35.1)
유아원, 유치원 운영	353(28.9)
어린이 선교원	363(29.7)
아동양육을 위한 강좌 개설	141(11.5)
놀이터	217(17.8)
입양 및 위탁부모 결연사업	60(4.9)
기타	55(4.5)

청소년을 위한 사회봉사 프로그램에서는 장학사업 54.4%, 상담 37.1%,

선도 19.7%, 독서실운영 17.5%, 취업알선 11.5%, 불우청소년캠프 5.5%, 야학운영 4.9%로 나타났다.

청소년을 위한 프로그램 실천 여부

프로그램 종류	응답자 수 (%)
장학사업	667(54.4)
야학운영	60(4.9)
독서실 운영	215(17.5)
불우청소년 캠프	67(5.5)
취업알선	141(11.5)
직업훈련	21(1.7)
청소년 상담	455(37.1)
청소년선도(결연사업, 보호관찰)	242(19.7)
기타	36(2.9)

노인을 위한 프로그램 실천 여부에서는 양로원 방문 및 지원이 51.9%, 불우노인을 위한 식사제공이 29.4%, 빨래, 청소 등 노력봉사가 18.8%, 노인문제 상담 15.2%의 순으로 나타났다.

노인을 위한 프로그램 실천 여부

프로그램 종류	응답자 수(%)
시설운영사업(양로원)	29(2.4)
경로당 운영	27(2.2)
노인대학	115(9.5)
양로원 방문 및 지원	627(51.9)
노인취업 및 부업알선	52(4.3)
노인문제 상담	184(15.2)
불우노인을 위한 식사제공	355(29.4)
임종노인 호스피스	123(10.8)
노력봉사	227(18.8)
기타	34(2.8)

장애자를 위한 사회봉사 프로그램에서는 시설방문 및 지원 47.0%, 노력봉사 13.4%, 장애자 13.1%, 수술비 지원 12.0%, 장애자복지 캠페인 7.4%,

취업알선 및 훈련 5.1%, 점자도서지원 3.4%이다.

장애자를 위한 프로그램 실천 여부

프로그램 종류	응답자 수(%)
수용보호시설 운영	27(2.3)
시설 방문 및 지원	558(47.1)
취업알선 및 훈련	61(5.1)
장애자 가정 상담	156(13.1)
사회재활(적응) 교육	37(3.1)
보장구 지원	49(4.1)
수술비 지원	143(12.0)
장애자복지 캠페인	88(7.4)
노력봉사	159(13.4)
점자도서 지원	40(3.4)
기타	16(1.3)

　장애자를 위한 프로그램은 비교적 단순하고 선교의 효과를 높일 수 있는 프로그램을 위주로 하고 있으며 보다 도움을 받아야 할 욕구를 많이 느끼고 있는 집단에 대한 전문적인 봉사사업이 이루어지지 않고 있다는 점을 말하는 것으로 볼 수 있다.

　지역사회 주민을 위한 사회봉사 프로그램에는 미혼모 수용·보호 등의 모자복지 분야, 가정문제 상담 등의 가족복지 분야, 진료활동 등의 의료복지 분야와 기타 긴급재해구조 신용협동조합 등의 기타 분야가 있다.

지역사회 주민을 위한 프로그램 실천 여부

프로그램 종류	응답자 수(%)
교회 시설개방	510(41.5)
노동 상담	103(8.4)
농산물 공동수매	87(7.1)
신용협동조합	49(4.0)
법률 상담	47(3.8)
소년소녀가장 지원	389(31.7)
가정문제 상담실 운영	121(9.9)
수재민, 이재민 구호	863(70.3)
미혼모수용·보호시설 운영	22(1.8)
진료활동	119(9.7)
무의촌 봉사	133(10.8)
동네소득 및 방역	33(2.7)
동네청소	269(21.9)
등하교길 교통정리	97(7.9)
무료식사제공	145(11.8)
기타	58(4.7)

프로그램을 볼 때 청소년과 아동을 대상으로 한 사업들이 대표적인 사업으로 실시되고 있다. 반면에 장애자나 지역사회를 위한 전문적, 포괄적 프로그램들은 소극적인 것으로 나타나고 있어 앞으로 교회가 실시해야 할 프로그램의 종류로 지적되고 있다. 내용 면에서도 시설방문이나 지원사업, 장학사업, 이재민과 수재민 구호 등 일시적이고 단순구호적인 사업들과 어린이 선교원, 유아원 등 선교 효과와 수익성을 동시에 확보할 수 있는 유료 프로그램의 비중이 높은 반면 지속성과 예산지원이 필요한 전문적 프로그램이나 노동 상담과 같은 진보적 프로그램은 별로 실시되지 않는 것으로 나타났다.

교회 사회사업의 개발을 위한 방법을 살펴보면 다음과 같다.

첫째, 교회지도자들을 대상으로 한 대학 내 의식계발교육 및 훈련 프로그램을 실시하는 것이다.

둘째, 지역사회 교회와의 협력관계를 기초로 지역사회 연합 활동을 계획할 수 있다.

셋째, 사회사업 전공자를 유급전도사의 자격과 같이 채용함으로써 봉사활동의 전문성을 높이는 방법이다.

넷째, 교인들에게 사회복지(사업)에 관한 교육의 기회를 주어 교회 내 전문 직업을 충분히 이용한 프로그램을 실시한다.

다섯째, 교회자원을 동원하고 모든 교회의 사회봉사활동을 통합적으로 촉진, 조정할 수 있는 교단 차원의 협의회를 구성하는 것이다.

2. 선교 2세기의 한국 개신교의 과제

선교는 세계 안에서 수행되는 하나님의 구속의 역사이며 정확한 목적을 지니고 있다. 더 나아가 선교의 궁극적 목적은 하나님께 영광 돌리는 일이다. 특수선교적 입장에서 볼 때 오늘의 선교는 변동하는 사회에 대한 교회의 선교적 방향 설정에 있어서 극단적 보수주의(radical conservatism)와 급진적 자유주의(radical liberalism)를 어떻게 조화 있게 실천하느냐에 달려 있다.

교회는 '세계 안에서'(in the world), 그리고 '세계를 위한'(for the world) 존재이다. 교회는 어두운 세계를 밝히는 등불이고, 부패의 요인을 방지하는 소금이다. 그러므로 교회는 하나님의 세계를 세계 되게 하기 위하여 봉사해야 하는 것이다. 이것은 윌리엄스(C. Williams)가 지적하는 바와 같이, 교회가 하나님의 선교의 종으로서 그리스도의 현존에 참여하는 것이다.

새 술은 새 부대에 넣듯이 복음도 항상 새로운 문화적 형식을 요구한다.

그리스도의 복음이, 변동하는 상황 속에서 새로운 형식의 옷을 입지 못한다면, 복음은 진부하게 보이게 되고 세계에서 소외되는 것이다.

교회는 과거 어느 시대의 문화적 형식에 고정됨으로써 복음 자체를 과거의 유산으로 묶어 놓는 우를 범하지 말고, 자유의 복음을 미래지향적 차원에서 변화하는 사회적 요청(social demand)에 따라 재해석하고 이를 구현해야 할 것이다.

오늘날 사회의 특징은 다양적이고 복합적인 데 있다. 다양한 가치관과 기능 복합적인 인간관계로 얽혀 있다. 그러므로 하나님의 선교에 참여하는 교회는 교회의 목회 형태 및 프로그램의 다양화뿐만 아니라 선교의 다양화를 지향할 수밖에 없다. 즉 새 거주지역 선교, 특수 선교, 여가 선교(한국에서는 아직 개발되지 않은 것) 등이 그것이다. 그러나 한 걸음 나아가서 정책 참여의 관점에서 보는 선교가 있다. 이것은 도시정책, 사회정책, 문화정책 및 경제정책 등 제 분야의 정책 수립 과정 속에 교회의 인간화적 관심 (humanizing concern)을 심는 일이다. 이것은 정치에 대한 교회의 간섭이 아니라, 정치가 국가를 위한 수단이라고 볼 때 교회의 참여는 국가 발전에 기여하는 것이고 하나님의 뜻을 실현하는 것이 된다. 교회 사회사업은 이 같은 입장에서 사회변화의 다양성에 따라서 프로그램을 새롭게 개발해야 한다.

선교적 입장에서 본 과제 중 하나는 평신도를 훈련시켜 그들이 선교자적 자질을 개발하여 그들이 일상적인 전문적 세계에 들어가 그들의 삶과 기능을 통하여 선교하도록 도우면 그것으로 족한 것이다.

그러므로 평신도와 교역자는 하나님의 선교의 동역자(Co-Worker)가 되어 이 세상의 사회적 변화에 대응해야 할 것이다. 문제는 이 사회의 현실을 바로 인식하고 현장화(Contextualization)하여 교회가 복음을 전파할 때 현장의 조건들과 조화하여 복음을 전파해야 한다.

피터 와그너(C. Peter Wagner)는 "교회는 의미 있게 보이는 사회봉사활동에 참여하라. 교회가 빈자와 착취당하는 자에 대해 관심을 표한다는 사실을 알아야 한다."고 말한다. 그리고 Peter Wagner는 교회의 가장 우선적인 것은 하나님의 말씀이라고 본다.

셸우드 월트(Sherwood Wirt)는 그의 저서 「복음주의 사회적 양심」(The Social Conscience of the Evangelical)에서 교회의 우선적 사명을 논하고 교회가 이 문제에 대해 혼동하는 위험성을 경고하였다.

그는 그의 저서의 결론에서 다음과 같이 말한다.

"교회가 전도 대신 사회 행위를 잘못할 때 교회는 자신의 피 세포를 생산하지 못하고 백혈병으로 죽게 된다. 전도보다 사회행위가 중요하게 될 때 교회는 숨 쉬는 것을 잊어버리고 심장마비로 죽는 것이나 다름없다.”

인류 역사상 굶주린 사람의 수는 현대에 와서 가장 많아졌고 지금 10억 인구가 영양부족이고, 4억 5천만은 심한 영양결핍 상태이며 그중에 60퍼센트가 아시아의 농민이라고 한다.

매년 영양부족과 질병으로 인해 목숨을 잃게 되는 어린이의 수는 발전된 나라에서 50만 명(병사), 발전도상에 있는 나라에서 5천만 명이라고 한다. 성서는 “주님의 성령이 나에게 내리셨다. 주께서 나에게 기쁨을 부으시어 가난한 이들에게 복음을 전하게 하셨다.”고 말한다. 가난한 사람들의 공동체가 곧 교회는 아니다. 또한 가난한 사람들이 하나님의 은총을 입고 예수님의 자비를 입었다고 해서 교회가 되는 것은 아니다. 그러나 ‘그리스도가 계신 곳에 교회가 있다’(Ubi Christus Ibl Ecclesia)는 이 분명한 명제는 변함이 없다. 오늘날의 교회는 그리스도의 선포를 자신 안에 수용할 뿐 아니라 더 나아가서 불의하고 사랑이 메마른 자리에서 고통당하는 가난한 이웃을 위하여 일하는 교회가 됨으로써 그리스도의 가난을 나타내고 그리스도를 나타내야 한다.

복음 전도와 사회적 책임 간의 관계 속에서 세 가지의 관계가 있다.

첫째, 사회 활동은 복음 전도의 결과이다. 둘째, 사회 활동은 복음 전도에 대한 다리가 될 수 있다. 셋째, 사회 활동은 복음 전도의 결과와 목표로서 복음 전도를 뒤따르고, 또 복음 전도의 다리로서 복음 전도를 앞설 뿐만 아니라, 또한 복음 전도의 동반자로서 복음 전도와 동반한다. 이 동반 관계는 복음을 선포하셨을 뿐만 아니라 또한 주린 자들을 먹이시고 병든 자들을 고치셨던 예수님의 공적 사역 가운데 분명하게 나타난다. 그의 사역 가운데, Kerygma(선포)와 Diakonia(봉사)는 병행되었다.

하나님 나라의 수직성만 강조할 때 그것은 한 개인 영혼의 구원이라는 소위 ‘개인복음’(Personal Gospel)이 되고 반면에 수평성만 강조하면 소위 ‘사회관심’(Social Concern)으로 표현된다. 우리는 개인구원과 사회구원을 분리시키지 말고 완수해야 한다. 우리의 입장은 1974년 7월 스위스 로잔에서 열린 '세계 복음과 국제 대회'(The International Congress on World Evangelization)에서 발표된 '로잔 언약'(The Lausanne Covenant)에 근거를 두고 있다.

"사람과의 화해가 곧 하나님과의 화해는 아니며, 또 사회참여가 곧 전도일 수 없으며, 정치적 해방이 곧 구원은 아닐지라도, 전도와 사회 - 정치 참여는 우리 그리스도인의 의무의 두 부분임을 인정한다." 이 두 부분은 모두 하나님과 인간에 대한 교리와, 이웃을 위한 사랑, 그리고 예수 그리스도에 대한 우리의 순종의 필수적 표현들이기 때문이다.

이어서 로잔 언약은 "우리가 주장하는 구원은 우리로 하여금 개인적 책임과 사회적 책임을 총체적으로 수행하도록 우리를 변화시켜야 한다."고 말한다.

이제 한국교회는 세계를 향한 선교와 함께 지역사회 안의 교회, 지역사회와 함께 하는 교회, 지역사회를 변혁시키는 교회로서 성숙해져야 한다. 그러할 때 한국교회는 교회 자체와 함께 사회 전체가 정신적으로 성숙하며 선교의 새로운 장을 마련하리라 본다. 우리는 궁극적 목적인 선교를 오늘의 현실을 직시하며 하나님의 종으로서 겸허한 자세로 하나님의 선교에 참여할 때 한국교회는 협력하여 하나님의 기뻐하시는 일을 이루리라 믿는다.

V. 결론

지금까지 특수 선교로서의 교회 사회사업 방법론을 이론적 근거로서 복음주의 선교신학의 입장을 John Wesley 신학을 중심으로 살펴보았다. 그리고 성서적 측면에서 본 복지이념을 구약성서와 신약성서를 중심으로 고찰하여 복지이념이 성서에 그 뿌리를 두고 있음을 살펴보았다. 교회 사회사업의 현상분석으로는 교회와 지역사회의 장을 통해 인적 자원, 물적 자원, 조직자원으로 구분하여 연구했으며 사례연구는 교단 중심의 교회 사회사업을 구세군 중심으로, 개교회 중심의 교회 사회사업은 도림장로교회, 중앙성결교회, 아현감리교회를 중심으로 살펴보았다.

교회 사회사업의 방법론 연구에 있어서는 교회 사회사업 방법론의 방향을 지역사회복지와 교회의 관계성에서 살펴보고, 교회 사회사업과 조직화를 살펴보았다. 그리고 선교 2세기의 한국 개신교의 과제를 교회 사회사업적 측면에서 고찰하였다.

특수 선교적 측면에서 볼 때 한국교회는 양적으로 성장을 추구하는 잘못된 교회 형태에 교회 사회사업이 매우 중요한 위치를 차지한다고 본다. 바람직한 교회 사회사업의 미래를 조명해 볼 때 교회는 하나님의 부르심을 받아 모이고 예배를 드리고 친교하는 것과 함께 지역사회 안에서 지역사회와 함께 사회사업의 방법론을 동원하여 본래의 교회 사명인 'Diakonia'를 이루어야 할 것이다.

로잔 언약(The Lausanne Covenant) 제5장 '그리스도인의 사회적 책임'(Christian social responsibility)에서 "우리가 주장하는 구원은 우리의 개인적 그리고 사회적 책임을 총체적으로 수행하도록 우리를 변화시키는 것이어야 한다. 행함이 없는 믿음은 죽은 것이다."라고 고백했듯이 한국교회는 사회적 책임을 가지고 기존의 교회 사회사업의 활동을 재정립하고 보다 전문적인 방법으로 새롭게 시작해야 할 것이다.

한국교회에서 특수 선교로서의 교회 사회사업 방법론의 방향을 제시해 보면 다음과 같다.

첫째, 사회사업(사회복지)의 기본이념은 교회의 선교신학과 동일한 맥락을 같이하고 있으며, 성서의 중심사상에 근거하고 있기에 교회는 사회사업을 통하여 선교적 성숙을 이룩하고 아울러 진정한 의미의 교회 성장을 이룩할 수 있다는 점이다. 따라서 교회는 교회의 본질을 표출하는 선교를 '사회사업(사회복지)'이라는 표출수단을 통하여 적극적으로 전개해 나갈 수 있다.

둘째, 한국교회에 잠재되어 있는 자원을 최대한 활용할 수 있어야 한다. (인적·물적·조직자원이 있다.)

셋째, 한국교회에 사회사업(사회복지)을 전공한 전문인을 고용할 것을 의무화한다.(사회복지 목사 제도, 교회사회복지사 연구 요망)

넷째, 교회 사회사업 활동에 평신도의 참여가 적극적으로 추진되어야 한다.(사회복지 전문인력을 양성, 활용)

다섯째, 각 교단은 초교파적인 차원에서 동일한 지역 안에서 연합하며 지역사회복지에 관심을 기울여야 할 것이다.

여섯째, 교회는 교회가 속해 있는 지역사회의 특성을 살린 목회를 지향해야 한다.(소외된 그룹에 일차적 관심을 둔다.)

일곱째, 교회는 신자 불신자와 관계없이 지역사회를 위해 시설을 제공하고 그 지역에 맞는 프로그램을 실시한다.(예: 유치원, 미취학 아동을 위한 교육, 야간학교, 청소년 그룹 활동, 성인교육 등)

여덟째, 교회 사회사업을 선교의 본질로 인식하는 신앙적 결단이 필요하다. 현대사회를 위협하는 제반 사회적 문제들의 해결에 교회가 공헌하기 위해서는 이를 교회의 본질적 사명으로 이해하는 적극적인 노력이 필수적이라 할 것이다.

아홉째, 교회의 주변을 체계적이고 과학적인 사회조사를 통하여 이웃들의 요구를 발견하고 이에 대응해 나아갈 때, 교회가 가진 인적, 물적, 조직자원들을 효율적으로 활용할 수 있을 것이며, 거시적인 문제에 대응할 수 있다.

열째, 교회 사회사업은 단순한 교세 확장의 도구가 아닌 대상자를 위한 순수한 봉사를 행해야 한다.

열한째, 교회 사회사업은 예방적(preventive) 측면을 강조해야 하며 인간의 존엄성을 중시하며 미래 사회의 문제를 예방하는 데 역점을 두어야 한다.

하비콕스(Harvey Cox)는 교회의 사회적 책임과 봉사적 기능으로 Diakonia를 역설하고 있다. 교회는 사회를 섬김의 장으로 보고 인간의 복지(welfare)와 사회에 대한 책임(responsibility)을 가지고 선교에 임할 때 새로운 지평이 모색될 것이다.

2장 지역사회조직을 통한 교회 사회사업의 전망과 과제

I. 서 론

　교회 사회사업이란 보는 관점에 따라서 기독교와 사회복지의 접목이라고도 하고 때로는 기독교와 사회복지의 통합이라고도 한다. 그러나 이러한 관점이나 접근 방법은 교회 사회사업을 논할 때 기독교와 사회복지를 이질적인 것으로 보고 양 영역 간의 화해와 회합의 결과로 보는 견해가 주종을 이루고 있다. 그러나 기독교와 사회복지란 역사적으로나 가치적으로나 이념적으로나 상호 이질적인 것이 아니라 동일한 영역에서 동질의 것을 추구하며 발전해 왔다. 교회 사회사업이란 하나님을 믿는 성도들이 하나님 말씀에 순종하여 나눔과 섬김으로 하나님의 사랑을 세상에 전파하고 세상 가운데 실천해 나아가는 기독교인들의 체계적 노력이다. 사회복지 사회사업(social work)으로 말한다면 기독교사회복지는 하나님의 사업(God's Work), 하늘의 사업(heaven's work), 거룩한 사업(holy work)으로 말할 수 있다. 동시에 기독교 사회복지는 인간을 영생으로 인도하고 하나님의 형상을 회복하려는 일련의 구원사업(salvation work)이다. 베푸는 사랑을 실천한 기독교사회복지는 하나님의 사업으로서 나눔의 사랑, 섬김의 사랑을 실천한다고 할 수 있다.

교회 사회사업이란 기독교의 근본정신인 이웃사랑과 봉사와 헌신을 통해서 세상 가운데 열악한 처지에서 살아가는 사람들의 물질적·신체적·정신적 고통을 양적·질적으로 완화하게 하고 생활상의 곤란을 개선하므로 그들의 삶의 질을 높이고 성서적 정의를 실천하며 상실한 하나님의 형상을 회복하는 기독교인들의 제도적이고 체계적인 노력이자 가치체계를 말한다.

교회가 교회 사회사업을 실천하는 데 대해 서로 다른 주장을 하고 있다. 그러나 분명한 것은 교회는 구제기관이 아니다. 그러나 구제는 교회가 수행해야 할 근본적 의무 가운데 하나다. 교회는 봉사기관이 아니다. 그러나 봉사는 교회가 수행해야 할 사명 가운데 하나다. 교회는 사회복지기관이 아니다. 그러나 사회복지는 교회가 수행해야 할 근본적인 덕목 가운데 하나다(김성철 외, 2002).

교회 사회사업이란 나눔과 섬김의 사랑실천을 바탕으로 사회복지를 교회현장에서 전문적으로 실천하는 활동이다. 즉 교회 사회사업이란 사회사업실천방법을 활용하여 기독교사회복지의 근본적인 생명존중과 이웃사랑에 입각하여 개인과 집단 또는 지역사회가 그들이 사회적 기능을 잘 실천하도록 능력을 향상하게 하거나 회복하게 하는 것을 도와주고 이러한 목적에 맞는 사회적 환경을 창조하는 전문적인 실천 활동을 말한다.

지역사회조직을 통한 교회 사회사업은 크게 세 가지 유형으로 구분할 수 있다. 첫째 모형은 교회가 독립적으로 사회복지재단을 설립하여 시설을 갖추고 지역사회 내에서 사회봉사활동을 전개하는 모형이다. 둘째 모형은 교회 자체에 여러 형태의 자원들(시설, 인적 자원, 제정, 조직 등)을 이용하여 사회봉사를 실천하는 모형이다. 셋째 모형은 교회가 직접 사회봉사시설이나 프로그램을 갖추지 않고 교인들이 지역사회 내에서 자원봉사활동으로 사회선교적 책임과 사회요원으로서 사명을 다하도록 동기화하고 훈련하고 봉사할 기회를 창출하여 제시해 주는 모형이다. 이 세 가지 교회 사회사업 모형들은 지역사회 내의 실정과 교회의 사정에 따라서 선택적이거나 종합적으로 활용할 수 있다. 세 가지 유형 이외에 교회는 지역사회자원을 활용하는 다양한 연계사업을 통해 교회 사회사업을 실시할 수 있다. 오늘날 사회사업을 수행하는 데에는 보통정신(mind)·물질·시간·시설·조직·사람·지식과 같은 일곱 가지 요소들이 필요하다고 한다. 한국교회 중 일부는 이와 같은 7대 요소를 대체로 잘 갖추고 있지만 상당수의 교회들은 이러한 요소들이 부족한 상태에서 운영하고 있다. 그러나 자원이 풍부해야만 교회가 사회사업을 실시할 수 있는 것은 아니다. 비록 자원이 부족하더라도 교회 사회사업에 대한 실천 의지만 확고하다면 교회가 지역사회조직을 통해 연계하여 사업을 실천할 수 있는 것이다.

본 연구에서는 교회가 성도들만의 교회가 아니라 지역사회 안에서 함께 공유하는 교회로서 나아가고, 개교회의 여건 부족으로 교회사회봉사를 실천하기 어려웠던 부분들을 나눔과 섬김의 예수그리스도의 사랑실천(교회사회봉사)을 바탕으로 지역사회조직과 연계하는 교회로 나아갈 방향을 제시하고자 한다. 또한 우리나라 교회 사회사업의 실태와 과제를 살펴봄으로써 현실적인 교회 사회사업이 나가야 할 방향에 대해서도 고찰해 보고자 한다.

Ⅱ. 지역사회조직과 교회 사회사업

1. 지역사회조직의 이해

지역사회조직은 지역사회의 욕구나 목적을 발견하고, 이 욕구나 목적의 우선순위를 정하여 목표 달성을 위한 확신과 의지를 발달시키며, 이의 성취를 위하여 내적·외적 자원을 발견하여 작용을 가하고, 지역사회에 있어서 협동적·공동적인 태도와 실천을 확대·증진시키는 과정을 의미한다. 즉 중간 집단 사업 과정을 말한다.

지역사회조직의 주요 목적은 가장 중요한 사회적 욕구와 그 욕구의 우선순위를 결정하고 주민들의 욕구를 해결하기 위하여 세심한 계획을 수립하고, 이러한 목표를 달성하기 위하여 지역사회의 자원을 효과적으로 조정·동원하고, 사회복지 서비스의 수혜자와 지역사회복지의 목적과 발달을 추구하고 주민의 적극적인 참여를 권장하는 것이며, 건전한 계획과 서비스를 발전, 수정, 종결시켜 사회사업의 기준을 향상시키고 민간기관을 효과적으로 증가시키며, 조직, 집단 그리고 사회복지 프로그램과 서비스에 관련된 개인 간의 상호 관계성을 향상·촉진시키는 것으로 복지문제와 욕구에 대한 보다 나은 이해와 사회사업의 목적, 프로그램 및 방법을 개발시키는 것이다. 이의 추진을 위해서는 지역사회조직에 여러 계층의 개인과 집단의 참여가 필요하다. 즉 특별히 훈련된 지역사회 조직가와 개별사회사업가, 전문가, 공무원, 소비자 및 일반 시민 등이다. 사회복지란 인간의 행복(복지)을 추구하는 모든 사회적 노력을 칭한다.

한편 사회복지에 대한 기독교의 관점은 하나님의 형상대로 지음 받은 인간은 누구나 동등하고 소중한 하나님의 자녀이며 어떠한 처지나 조건 속에서도 무시되거나 소외되어서는 안 되는 존중받아야 할 존재라고 보는 데 있다. 또한 인간 존엄성에 기초한 참다운 인간의 삶을 저해하는 모든 요소들을 제거하고 예방하며 모든 비인간화의 사회적 모순과 환경의 개선까지도 관심을 기울여 복된 사회, 즉 하나님의 나라를 이 땅에도 건설하자는 데 그 목적이 있다고 할 수 있다.

그런 의미에서 교회 사회사업이란 기독교의 복음에서 "네 이웃을 네 몸과 같이 사랑하라."는 예수 그리스도의 지상명령을 반영한 사상이라 할 수 있다. 또한 사회복지, 사회보장, 사회사업 등의 근본 사상이나 개념, 프로그램과 활동 등도 주로 서구 사회의 기독교 논리에 그 뿌리를 두고 있다. 어떤 의미에서 볼 때 "네 이웃을 네 몸과 같이 사랑하라"는 말씀은 하나님의 계명 중 가장 큰 계명을 세속화 사회에서 세속 방법으로 나타낸 것이라 할 수 있다(김성철, 2000).

2. 지역사회와 지역교회와의 관계성

교회는 사회 안에 존재하며, 또한 사회를 위하여 존재한다. 교회가 사회 안에 존재한다는 것이 현상적인 교회의 상황을 말하는 것이라면, 교회가 사회를 위하여 존재한다는 것은 실천의 윤리적 당위성을 뜻하는 것이다. 교회는 사회와 동떨어진, 사회와 무관한 제도가 아니라 사회 안에 있으면서 부단히 사회와 관계를 맺으며 영향을 주고받는 하나의 사회제도이다. 한편 윤리적으로 보면 교회는 사회에 대하여 빛과 소금의 역할을 감당해야 할 책임이 있다. 즉 교회는 마땅히 수행해야 할 사회적 기능이 있다는 것이다(이원규, 1994).

그러나 지역사회에서의 지역교회는 관계적 차원에서 문제를 갖고 있다는 것이다. 지역교회는 지역사회와는 완전히 분리해 놓고, 지역사회가 갖고 있는 주민들의 문제를 생각하지 않고 주민을 단순히 전도의 대상으로 생각하는 경우이다. 그러나 지금의 교회는 지역사회와 분리된 존재가 아닌 더불어 살아가는 공동체적인 역동적인 관계를 의식하기 시작하였다.

3. 지역사회와 사회복지실천

종래의 사회복지는 선별적 복지로서 한정된 대상자만을 서비스하였다. 즉 경제적인 빈곤에 기초한 무의무탁 주민들을 위한 시설서비스를 중심으로 전개하였다고 할 수 있다. 지역사회 주민으로서가 아니라 가족과 사회가 돌볼 수 없으므로 단순하게 잘 보살펴어 준다면 그 사명이 다 된 것으로 인식되어 왔다고 하여도 과언은 아니다. 그러나 현대 사회복지는 그 대상자들을 지역주민의 일원으로 생각하는, 지역사회의 연계된 개체로 생각하고 서비스를 제공하게 되었다. 따라서 현대적인 사회적인 상황 속에서 지역사회에 존재된 주민들은 그들의 문제 및 욕구(need)가 복잡·다양하게 나타남으로써 통합적이고 전문적으로 그 문제를 해결하게 되었다. 그러므로 다양하고, 복잡하게 나타나고 있는 지역사회 개체로서의 주민들의 문제를 해결하기 위하여서는 연계, 통합, 네트워크 등의 필요성이 등장되고 있다고 할 수 있다. 따라서 새로운 문제에 대한 새로운 접근을 위하여서는 두 가지 측면을 제시할 수 있다. 즉 효율성의 측면과 욕구(need) 충족의 측면이라고 할 수 있다(전광현 외, 2007).

우선 효율성의 측면에서 보면, ① 서비스가 다양한 주체나 섹터에 의하여 전개되고 있기에 우선 복잡하다는 것이며, ② 의료·보건·복지의 행정이 각각 다르게 나타나고 종적인 관계에 있기 때문에 효율성과 주민에 대한 서비스가 잘 진행되지 않는다. ③ 서비스를 제공하는 기관들이 법령이나 조례, 명령에 필요 이상으로 구속되어 있기 때문에 민주성과 유연성이 부족하다. ④ 복지 재정들이 긴축 상태에 있기 때문에 효과적·효율적인 행정을 요구하고 있기 때문이라는 것이다. 한편 욕구(need)의 충족의 측면에서 보면, ① 인간 서비스의 전문직들이 자기의 전문성 범위에서만 활동을 하지 생활·인간이라는 종합적인 관점에서의 서비스 제공이 잘 되지 않고 있고, ② 욕구(need)의 충족을 위하여 사회자원의 활용이 잘 되게 할 필요가 있으며, ③ 운영 주체의 입장에서 이용자 욕구(need)의 충족을 위한 중복되고 있는 서비스의 내용을 조정하여야 할 필요가 있는 것으로 나타나고 있다. 즉 지금의 복지 욕구(need)를 충족하는 서비스들이 중복화되어 있고, 지나치게 전문 분화되어 있으며, 행정의 사회복지 전개가 지나치게 관료화되어 있으며, 이러한 가운데 서비스의 동공화 현상들이 나타나고 있으므로 이러한 장애를 극복하여 과연 사회복지 서비스가 지역사회 주민의 인간적인 생활, 삶이라는 관점에서 서비스의 효율, 효과적인 접근을 생각할 필요가 있게 되었다고 할 수 있다.

4. 지역교회와 사회복지실천

종래의 한국교회는 지역사회와는 괴리되고 분리된 활동을 전개하였지만 사회복지 실천적인 의미에서의 한국교회는 자선사업이나 구제사업의 수준의 봉사를 실천해 왔다고 해도 과언이 아니다. 따라서 현대적 의미의 사회복지실천이 지역주민들의 문제와 더불어 해결하여야 하는 과제를 안고 있듯이 한국교회의 사회복지실천도 지역주민들의 문제와 더불어 해결하여야 할 것이다. 즉 통합성과 전문성을 갖춘 가운데 서비스의 효율성과 효과성을 추구하여야 할 것이다. 그럼에도 불구하고 한국교회는 사회복지실천에 몇 가지 과제를 갖고 있다(전광현 외, 2007). 우선 한국교회의 일반론적인 문제점으로, 교회 지도자들의 기독교사회복지실천에 대한 부진의 이유를 대다수가 재정적인 문제를 거론하고 있으며, 그다음이 공간상의 문제, 방법, 기술상의 문제를 언급하며, 아울러 교인들과 재직들의 낮은 호응에 대하여 지적하고 있다. 따라서 이러한 생각들은 교회사회복지실천에 대한 바르고 정확한 이해가 부족하기 때문이라고 생각된다. 한편 한국교회의 사회복지실천에서의 구조적 문제로서는 ① 한국교회는 전통적으로 개인복음, 개인구원을 강조하여 왔다. 개인의 구원은 각자 개인이 예수를 믿고, 천당 가는 것이라는 신앙이 지배적이었고, 축복은 개인에게 내리는 선물이라는 신앙이 강한 것이다. 이러한 신앙의 자세는 반사회적, 탈역사적 세계관을 만들어서 사회구원에 대한 관심과 책임을 외면하게 만든 것이다. ② 한국교회에서는 믿음의 차원에서 강조한 것은 수직적인 사랑만을 강조하여 왔지, 수평적 사랑을 덜 강조하여 왔다. 한국교회는 너무도 고상한 '하늘 신앙'에만 집착하여 왔지, '이웃 신앙'을 그다지 중요하게 여기지 않았다. 따라서 교인들에게는 기도, 교회 출석, 성경 읽기, 헌금 등을 강조하고, 이를 잘 해야 신앙이 있는 것으로 생각하는 풍조가 교회에 존재하고 있다는 것이다. 따라서 오늘날 크리스천들의 믿음은 실천이 없는 믿음, 사랑의 실천이 없는 믿음을 소유한 형태가 되어 교회의 적극적인 기독교사회복지실천을 가로막는 요인이 되었다. ③ 한국교회는 그동안 선교를 주로 복음화로만 생각을 하여 왔지, 인간화로는 생각을 못 하였던 경향이 있었다. 선교를 복음화로 보기 때문에 전도의 성과는 매우 컸지만 선교의 인간화 차원이 간과되었기에 인간 생활의 복지, 인권, 봉사의 차원이 소홀히 취급되었던 것이다. 이로 인하여 교회가 기독교사회복지실천에 적극 참여하지 못하는 요인이 된 것이다. ④ 한국교회는 개교회주의 교회로 발전되었기 때문이다. 한국교회는 인적. 물적 자원을 개교회, 즉 자기 교회의 발전과 성장에만 투자, 투입하는 경향이 있다. 교회의 힘은 큰 교회, 대형 교회에 있다는 생각들이 많아서 교회의 모든 힘을 이 부분에 투입, 투자하는 경향이 많았다. 따라서 기독교사회복지활동과 같은 다른 사람들을 위하고, 본인들의 교회와는 직접 상관이 없는 일들은 교회가 어느 정도 성장하면, 또 어느 정도의 재력의 여유가 생기면 그때에 하여도 늦지 않는다는 인식을 갖게 되어 결국 기독교사회복지실천은 뒷전으로 물러나게 되는 결과를 초래하였다고 할 수 있다.

Ⅲ. 지역사회조직을 통한 교회 사회사업

사회복지 학자들은 우리나라의 사회복지관 사업이 주는 복지, 받는 복지로 등식화, 구조화되어 매우 원시적이고 전근대적인 방식으로 운영되고 있으며 지역사회조직이나 복지기관시설 활용을 중심으로 하는 비전문적 사업으로 통하고 있다고 지적하고 있다(김만두, 1995). 사회복지시설이나 기관들이 이와 같은 현재의 문제를 극복하고 중앙정부의 시책을 무조건 따르던 과거의 운영방식을 벗어나서 복지서비스 대상자인 주민들이 스스로의 문제를 해결하도록 원조하는 지역 중심의 서비스방식을 받아들인다면 그 방법은 당연히 지역사회조직(community organization: CO)이 되어야 할 것이다. 이 방법론의 대표적인 학자로서 Ross에 의하면 지역사회조직이란 지역사회가 ① 욕구와 목표를 찾아내고, ② 그 우선순위를 정하며, ③ 이것을 달성하고자 하는 의지를 발전시키고, ④ 여기에 필요한 자원을 찾아내며, ⑤ 실천하며 이렇게 함으로써 ⑥ 지역사회 내에 협력적이고 협동적인 태도와 실천력을 증가·발전시키는 과정이라고 설명했다.

Drucker는 지역사회조직을 통한 지역사회의 재건과 사회부문에서의 시민

참여와 자원봉사활동이 무엇보다 중요하다는 사실을 강조하고 있다(김영호, 1997). 이것은 복지시설과 기관들이 지역사회의 아동, 청소년, 장애인, 노인, 범죄, 환경문제, 더 나아가 산업경제에 이르는 제반 영역의 모든 문제에 대하여 주민들이 자발적으로 이슈를 제기하고, 목표를 설정하며, 실천의 주체가 되도록 돕는 것을 의미한다. 그리고 이러한 방법을 사용한다는 것은 사회복지 방법론에 있어서 전문화된 방법론으로의 일대 전환을 의미하는 것이다.

지역사회조직과 기관의 직원들이 지역사회조직가로서 지역사회를 돕는 조력자가 된다면 교회자원봉사자들은 이 지역사회조직 활동의 중심에 선 주인공이 될 것이다. 교회자원봉사자들은 일반적으로 교회와 지역사회를 위한 활동에 대하여 높은 동기와 실천력을 갖고 있으며, 하나님의 사랑으로 협력적이고 긍정적인 참여정신을 갖고 있다.

지역사회조직 활동에서 지역교회들의 역할은 매우 중요하게 다루어져야 할 것이다. Gilbert와 Specht는 종교가 사회통합(social integration)의 일차적 기능을 갖고 있다고 하였고 Warren은 사회통합이라는 용어 대신에 사회참여(social participation)라는 용어를 사용하면서 이러한 기능을 수행하는 대표적인 제도로서 종교제도를 들었다(최일섭, 1987). 교회자원봉사자들은 지역사회에 사회적 가치와 규범을 제시하며 사람들로 하여금 이러한 규범을 준수하며 바람직한 행동을 하도록 영향을 주는 기능을 갖고 있다는 것이다. 뿐만 아니라 지역교회는 지역사회의 리더십과 인적 자원, 그리고 더 나아가 조직적 자원을 제공할 수 있는 저장고라고 말할 수 있을 것이다.

1. 서비스연결망의 구축과 교회자원봉사

지역사회조직을 통한 교회자원봉사활동이 활발하게 운영되기 위해서는 지역사회 내의 다양한 서비스의 연결체계가 구축되어 있어야 한다. 하나의 복지시설이나 기관이 종합적인 서비스를 제공할 수가 없기 때문이다. 종래에는 정부기관뿐 아니라 민간기관들도 일방적으로 또 자의적으로 운영해 온 것이 사실이며 매우 폐쇄적인 성격을 갖고 있었다. 여기에서 시설의 사회화가 절실하게 요구된다(이종복, 1995). 지역사회 복지시설과 기관들은 지역사회와의 상호작용을 통하여 자신들을 지역의 다양한 생활기능의 일부로 정착되게 하고 시설보호를 향상시킴과 아울러 지역주민의 복지를 높여 시설과 지역의 관계를 증진시켜야 하는 과제를 안고 있다.

이러한 과제를 성취하기 위하여 지역사회의 복지시설과 기관들은 지역사회 내에 존재하는 인보관, 자선조직, 민간단체, 동창회, 향우회나 종친회, 농민조직, 취미단체, 이익단체, 종교단체 등 다양한 공식적·비공식적 자원체계에 대한 ① 포괄적인 네트워크를 형성하고 ② 지역사회 내의 들과 도움이 필요한 사람들을 연결하며 ③ 각 자원체계의 서비스를 조정, ④ 통합하여 중복이나 누락과 같은 비효율성을 막고(김만두, 1995), ⑤ 이들 자원체계에 대하여 전문적 관계를 맺음으로써 그들의 운영과 활동에 도움을 주는 지도적 역할을 감당해야 한다.

교회자원봉사 프로그램 관리체계가 이와 같은 네트워크를 통하여 운영된다면 그 프로그램은 가장 이상적인 프로그램이 될 것이다. 가능한 한 많은 자원체계들이 욕구조사에 참여할 때 지역사회에 꼭 필요한 교회자원봉사 프로그램의 목적이 설정될 수 있으며, 기획에 영향을 주게 될 것이다. 이들 자원체계의 관심은 홍보와 모집에 큰 영향을 주어 적극적인 호응을 일으키게 되고 연결망 내에서 다양한 전문 분야를 따라 자원봉사자들을 훈련하고 배치·감독한다면 종합적이고 질 높은 서비스 체계가 구성될 것이다. 뿐만 아니라 지역사회의 다양한 견해가 평가에 반영된다면 프로그램은 보다 발전된 방향으로 개선될 것이 분명하다.

이와 같은 연결망 속에 지역교회들이 교회자원봉사활동을 적극 참여하도록 유도하고 격려하는 것도 역시 지역복지시설과 기관들의 중요한 과제라고 보인다. 교회는 전체 사회의 한 부분으로서 나름대로의 기능과 목적을 가진 유기적 조직이다. 그러므로 지역사회를 떠난 교회는 존재할 수가 없다. 기독교적인 세계관과 비기독교적인 세계관은 현격한 차이가 있지만 복지적 관점에서 봉사와 섬김은 공유된 가치관이기 때문에 바로 이것을 통하여 지역사회조직과 교류하며 영향을 주고받아야 할 것이다.

2. 지역공동체 형성과 교회자원봉사

현재 한국사회가 지향하는 방향은 이웃 간의 관계 상실, 님비(NIMBY: not in my back yard)현상으로 나타나는 지역이기주의(김영호, 1997), 청소년 유해환경 등 많은 부정적인 요소를 보여 주고 있다. 이것은 사회해체의 한 단면이라고 볼 수 있다. 지역사회의 복지시설과 기관들은 이와 같은 공동체적 특징을 변화시켜 나가야 하는 과제를 갖고 있다. 지역사회 복지시설과 기관들의 궁극적인 과제는 삶의 질을 높이는 지역공동체를 형성하는 데에 있는 것이다. 그것은 다양한 민간단체의 활동을 통하여 이웃의 아픔에 동참하여 돕고 쾌적하고 안전한 지역사회를 만들어 가며, 공동체의 규범을 준수하는 성숙한 시민의식의 형성하는 것이다. 하버드 대학의 푸트남(Robert Putnam) 교수는 이탈리아의 중·북부와 남부를 비교 연구한 결과 공동체의식이 경제발전에 긍정적 상호관계를 갖는다는 사실을 발견했다고 한다(이성록, 1996). 더불어 살아가는 시민의식을 가진 성숙한 사회는 경제적으로 성장하게 되었다는 것이다.

교회자원봉사는 바로 이 과제를 성취하는 촉진제의 역할을 하게 될 것이다. 교회로부터 시작된 미국이나 영국에서의 자원봉사는 일종의 지역사회의 발전과 변화를 가져오기 위한 계획적이고 조직적인 사회행동이었다고 볼 수 있으며 이런 자원봉사활동이 사회변화와 사회개발의 핵심적 부분이었다고 한다(조휘일, 1997). 그런 의미에서 교회자원봉사활동은 하나님의 사랑을 바탕으로 나눔과 섬김을 실천하지만 결국에는 공동체를 변화시켜서 봉사자자신의 유익과 주님의 사명을 감당하는 일이기도 하다.

성경은 신앙의 공동체들에게 지역공동체의 안전과 평안을 위하여 노력하도록 가르치고 있다(예레미야 27:7, 디모데전서 2:2, 베드로전서 2:13~15). 지역사회의 복지시설과 기관들은 자원봉사 프로그램을 매개체로 하여 성숙한 시민사회를 건설하는 장에 지역 내의 교회들이 교회자원봉사활동을 통하여 지역사회조직에 참여하도록 기회를 제공하고 연결망을 통하여 관계를 깊이 맺어야 할 것이다.

1) 지역교회로서 기능 그리고 지역사회와 협력방안

교회는 독특한 목적과 가치관을 갖고 지역사회와 만난다. 그러나 지역사회는 서로 공통된 관심과 욕구를 통하여 각 부분을 통합하고 연계함으로써 지역사회를 위한 견고한 자원체계가 구성되게 할 수 있을 것이다. 그러므로 지역사회조직의 복지기관들이 자원봉사 프로그램을 통하여 교회와 연계하기 위해서는 먼저 교회의 정체성과 특징을 파악하고 지역사회 내에서 교회의 기능을 이해하는 것이 전제되어야 할 것이다.

(1) 교회의 정체성 파악

각 지역의 교회들, 그리고 같은 지역에 있다 해도 개교회들은 각각 문화적으로 다른 특징을 갖고 있다. Garland는 한 교회의 정체성을 구성하는 가장 중요한 요소들을 다음과 같이 제시하였다.

첫째, 어떤 교회의 역사는 그 교회의 과거뿐 아니라 미래를 향한 목표까지도 포함되어야 하며 회중의 크기와 지도력의 변화, 또 현재에 이르기까지의 어떤 전환의 계기가 되었던 사건과 상황들 등을 포함한다.

둘째, 교회의 전통은 크리스천의 사상과 행위의 근거가 되는 것으로서, 교회의 전통과 교단적 전통, 회원의 자격조건, 신학적 주장 등 교회의 역사를 통하여 내려오면서 고수된 신념들이 여기에 포함된다.

셋째, 세계관은 전통으로부터 출발한 것으로서 교회가 섬기는 하나님은 누구이며, 삶의 의미와 목적은 무엇인지, 교회가 어떻게 지역사회 안에서 타인들과 관계를 맺어야 하는지, 왜 사회적 위기와 문제가 발생하는지 등에 대한 견해들을 말한다. 로젠(Roozen) 등은 교회들의 성격을 그들이 가진 세계관에 따라 네 가지로 구분했는데 다음과 같다.

① 활동가(activist): 세상을 하나님의 구속적인 활동의 현장으로 보고 교회는 그 사역을 위한 활동가로 봄

② 시민(civic): 세상을 하나의 거대한 사회적 구조로 보고 교회는 이 구조 안의 한 공적기관으로서 역할 함

③ 성소(sanctuary): 교회를 세속으로부터 도피하는 피정의 장소로 여김

④ 전도자(evangelistic): 교회는 전도를 위하여 공적 생활에 참여하도록 격려함

넷째, 교회는 중요한 의미가 담긴 상징들을 사용함으로써 정체감을 수호한다. 십자가나 성례전, 스테인드글라스의 그림 또는 깃발 등, 추상적이고 초월적인 상징들 외에 예·결산상의 특징이나 선교보고, 출석 현황 같은 것들은 교회의 강조하는 바와 역량들을 나타내는 상징이기도 하다. 더 나아가서 포스터나 특별헌금, 프로그램과 조직구성 등도 역시 교회의 정체를 드러내는 일종의 상징이 될 수 있다.

다섯째, 교회가 준행하는 침례, 성찬, 세족식 등의 예식들은 교회들이 중요하게 여기는 신념과 의미들에 대하여 공동의 참여와 헌신의 기회를 제공한다. 이것은 교단이나 신앙적 전통에 따라 다르게 형성되기 때문에 그 특징들은 교회의 정체성을 구분하는 중요한 요소가 된다.

여섯째, 교회의 통계적 현황은 그 교회의 정체를 찾아내는 중요한 단서가 된다. 구성원의 성, 연령, 출신, 결혼관계 등의 일반적 통계뿐 아니라 직업구성이나 생활수준, 학력 등을 통해 교회의 성격을 알 수도 있다. 또 교회가 위치한 지역의 통계적 성격도 교회의 정체를 형성하는 데에 큰 영향을 미쳐서 빈민굴에 세워진 교회와 부자촌 지역에 세워진 교회, 상업지역에 세워진 교회와 농촌지역에 세워진 교회는 그 성격이 달라질 수밖에 없다.

일곱째, 교회 정체성을 분석하는 또 하나의 중요한 정보는 교회가 사업을 계획하고 평가하며 결정하는 과정과 절차이다. 회중의 역할, 지도력의 권위양식, 또 갈등과 다양성을 관리하는 양식, 문제해결과정 등의 절차는 그 교회의 성격을 형성하는 중요한 요소가 된다. 또 지역교회는 보다 큰 교단의 정책으로부터 영향을 받기 때문에 개교회가 소속된 교단의 정책과 정신적

노선을 파악하는 것도 중요하다.

여덟 번째, 교회의 정체성을 파악하기 위해서는 교회의 프로그램들을 조사할 필요가 있다. 프로그램은 교회의 조직적인 구조, 기획, 활동들을 포함하고 있으며 회원들의 현재와 과거의 신념과 기준을 표현하고 있다. 뿐만 아니라 재정적 자료와 노력을 제공하는 교인에게 보람을 가져다주고 교인들이 무엇을 하는지를 알려 주는 활동계획이다.

이상과 같이 교회의 정체성과 특징은 다양한 요소들을 통하여 유지·보존·발전되고 있으며 지역사회조직의 복지시설이나 기관들은 이런 요소들을 잘 파악함으로써 이해와 협력의 체계를 구성할 수 있을 것이다.

(2) 지역사회와 조직 내에서 교회의 기능

각자의 교회들은 사람들의 집합으로서, 법률적이고 경제적·시설적인 하나의 주체로서, 지역사회의 환경 가운데서 특정한 기능을 갖고 있다. Carroll, Dudley, 그리고 McKinney는 교회가 보다 큰 지역사회 안에서 작용하는 여섯 가지의 기능을 제시하였는데 다음과 같다.

첫째, 교회는 지역사회 주민들로 하여금 고립과 격리를 벗어나 상호 지지적 관계를 맺도록 돕는다.

둘째, 교회는 지역사회의 결합과 연속성을 증진하는 프로그램들을 제공한다.

셋째, 교회는 지역사회의 신입자들과 어린이, 노인, 장애인 등의 소외된 사람들이 사회화되도록 하는 기회를 갖게 한다.

넷째, 교회는 재정적, 물질적 지원과 함께 정서적 신체적 보호를 제공함으로써 사람들로 하여금 필요한 것들을 공급받아 유지하고 지탱하도록 돕는다.

다섯째, 교회는 결혼, 장례, 출생, 성년 등, 사람들의 생활 속에서 의미 있는 변화들을 기념하는 의식을 제공하기도 한다.

여섯째, 교회는 지역사회의 가치관을 강화시키기도 하는 한편 비복지적인 제도와 관습에 도전하여 변화를 추구하기도 한다.

건전한 교회는 이상과 같은 기능을 원활히 수행함으로써 지역사회를 강화시키고 그 회원들의 삶에 영향을 미치며 살기 좋은 공동체를 이루는 데 한몫을 담당하게 된다. 그러나 비정상적이거나 이단적 교회들은 스스로를 고립시켜 지역사회를 오히려 해체시키고 대결하는 체계로 나아가게 한다.

(3) 지역사회조직과 교회의 협력을 위한 제안

지역교회는 외부와 결코 타협할 수 없는 절대적인 부분과 변화·적응이 가능한 가변적이고 상대적인 부분을 동시에 소유하고 있는 살아 있는 유기체다. 교회는 가정과 같이 시간에 따라 발전하고 조직적인 절차를 따라 인간의 욕구에 대응하며 그 자원을 내부와 외부, 양쪽으로부터 받아들인다. 더 나아가 교회는 하나의 조직이라는 차원을 넘어서 느끼고 생각하며, 결정하고 행동하는 하나의 인격체와 같다고 볼 수 있다. 따라서 지역사회조직과 교회와의 협력을 연계, 도모하려고 할 때에는 조심스러우면서도 심세한 배려가 필요하다고 본다.

첫째, 먼저 해야 할 과제는 개교회가 갖고 있는 절대적인 부분과 상대적인 부분이 무엇인지를 잘 파악하는 것이 중요하다. 앞에서 제시한 교회의 정체성을 구성하는 요소들과 지역사회 안에서 교회가 갖는 기능들은 지역복지시설의 복지전문직원들로 하여금 지역 내의 교회들을 조사(assessment)하는 데에 도움이 될 수 있을 것이다. 특히 내부적 역학관계는 외부적 또는 공식적인 상황보다 훨씬 중요하기 때문에 어떤 도움을 주고받는 데 있어서 반드시 파악되어야 할 내용이라고 본다.

둘째, 복지시설이나 기관의 직원들은 복지전문가로서 그리고 기관을 대표하는 사람으로서 교회에 복지활동에 대한 전문적 자문을 제공하는 일이 필요하다. 기관이 제공하는 서비스에 대한 정보를 포함해서 지역사회 내에 요구되는 복지적 욕구들, 사회문제들을 교회로 하여금 알게 하는 일이 필요한 것이다. 또 이런 지역공동체적 문제를 어떻게 해결할 수 있는지에 대한 기술적인 정보도 함께 나누는 일이 필요하다고 본다.

셋째, 목회자의 태도는 교회의 모든 사업에 가장 중요한 영향을 일으킨다. 목회자가 자원봉사프로그램에 직접적으로 참여하지 못한다 해도 강단에서의 설교나 광고를 통해, 교회 내의 크고 작은 회의를 통해, 또 각 위원회나 평신도 지도자들에 대한 영향력을 통해 복지 분야와의 협력을 도모할 수 있다. 그러므로 목회자의 적극적인 지지를 얻을 수 있도록 노력할 필요가 있다. 따라서 목회자의 참여를 유도할 수 있는 여러 가지 방법을 고안해야 할 것이다.

넷째, 협력적인 관계는 두 주체가 함께 공유하고 있는 관심과 가치관에 대한 확인으로부터 출발하게 될 것이다. 지역사회에 어떤 복지문제와 관련된 현안이 발생할 경우 그 문제를 교회에도 알려 그 해결을 위하여 함께 논의하고 참여할 수 있는 기회를 갖도록 돕는다는 것은 매우 중요할 것이다.

다섯째, 앞에서 언급한 것처럼 자원봉사 프로그램은 지역사회의 복지기관의 시설과 교회들이 함께 연합할 수 있는 통로가 될 수 있기 때문에 지역사회조직의 시설들이 자원봉사프로그램을 개방하고 교회들과 공동으로 운영하거나 자매결연 등을 맺어 그들의 참여를 적극 활성화시키는 것이 바람직할 것이다.

Ⅳ. 지역사회조직과 연대하는 교회

교회는 근본적으로 여러 구조를 갖고 있는 자발적인 조직이다. 교회성도들은 교회조직뿐만 아니라 다른 수준의 조직과도 관계해야 한다. 교회는 그 지역 사회를 구성하고 있고 그 지역사회의 정치·사회·경제적인 문제와 직접적인 관련을 가진 개인들로 이루어진 것이며, 이 사람들을 위하여 세워진 기관이다. 그러므로 교회는 그 지역사회의 문제와 직접적으로 연결되어 있는 것이다. 교회는 지역사회 안에 있으며 지역사회의 한 부분인 것이다. 교회의 실존의 근거는 지역사회이다. 그러므로 교회와 지역사회를 분리해서 생각한다는 것은 불가능한 일이다. 또한 교회는 지역사회 안에서 일어나는 사회문제를 진지하게 다루고 그것을 해결하려는 적극적인 움직임과 프로그램을 가져야 할 것이고, 교회와 지역사회와 끊임없는 대화를 통하여 지역사회조직이 가지고 있는 시설과 자원들을 교회와 연계하여 함께 공유하는 사회를 만들어 가야 한다. 교회는 지역사회 안 에 있는 그리스도의 몸으로서, 이 몸을 통하여 하나님 나라가 이루어지게 되는 것이다.

1. 지역사회를 위한 교회 사회사업

지역사회는 여러 가지로 정의하지만 일정 지역 내에 거주하는 일단의 사람들이 다양한 이해관계를 맺고 있으며 서로간의 상호작용을 하고 상호간의 안전과 행복을 위해 상부상조하는 공동체를 의미한다. 지역사회란 사람들이 생활하는 지역적 공동체이자 인간적 공동제이고 사회석 공동제이자 문화적 공동체다. 지역사회란 한 지역을 재구성하는 사람들과 기관들의 지리적 집합체이자 공동의 관심과 역할을 할 수 있는 집단이기도 하다.

지역사회는 지역사회 주민들의 구체적 삶의 현장이자 생활의 터전이기도 하지만 교회로는 하나님의 사람들이 살아가는 터전이고 신앙공동체를 형성하는 기반이며 구체적인 일터고 이웃과 친교의 장이며 기독교적 가르침과 사랑을 전하고 실천해야 할 장이기도 하다.

지역사회를 위한 교회 사회사업이란 교회가 동원가능한 인적·물적·자원을 활용하여 하나님의 가르침과 사랑을 체계적이고 조직적으로 실천함으로써 지역사회의 구성원이 모두 인간으로서 존엄성을 유지하도록 하고 하나님의 정의를 실현하는 아름다운 지역공동체를 형성하려는 기독교 단체의 실천적 노력을 말한다(김성철 외, 2002).

2. 지역사회 민간자원의 봉사욕구 부응

지역사회 민간자원들, 예를 들면 의료기관·요식업계·사설학원들의 경우 지역사회를 위해 봉사할 수 있는 인적 물적 자원과 시설을 갖추고 봉사의 기회를 찾고 있으나 기회가 없기 때문에 지역사회를 위해 봉사하지 못하는 경우가 있다. 교회는 이들 민간자원의 봉사욕구를 지역사회의 지극히 작은 자들의 결핍과 연계함으로 지역사회복지를 증진하는 데 기여함과 동시에 이들의 사회봉사욕구에 부응할 수 있다(김성철 외, 2002).

3. 사회복지업무분담

최근 동사무소가 주민자치센터로 기능을 전환하면서 인력이 줄어 사회복지사들의 업무량은 오히려 증가하였다. 온갖 행정업무와 수급자에게 급여지원, 소득확인, 금융자산조회, 자활프로그램 관리, 수급자 추가책정과 의료보장관련업무, 그리고 노인과 장애인, 아동복지 등 처리해야 할 업무가 많다. 업무량의 과중으로 저소득층에 대한 조사나 자료수집, 상담 등에 소홀해질 수밖에 없기 때문에 이들을 지역사회의 공공 복지자원이나 민간 복지자원과 효과적으로 연계할 수 있다(김성철 외, 2002).

일선에서 복지업무를 담당하는 사회복지사들과 사회복지전담 공무원들의 업무 가운데 직접 자산조사나 상태조사와 같은 법적인 판정이나 전문적인 서비스제공과 관련이 없는 실태조사 업무나 상호관리 업무 등의 업무를 교회가 분담함으로써 사회복지 전담 공무원이나 사회복지사들의 상담을 통해서 지역사회의 복지자원들과 지극히 작은 자들의 욕구를 보다 충실히 연계하는 데 기여할 수 있다.

4. 지역사회 자원연계

1) 연합사업

개별교회가 단독으로 지역사회를 위해 복지사업을 하기가 어려운 경우 여러 개의 기관들이 연합하여 공동으로 복지사업을 수행하는 것이다. 개별

기관들이 단독으로 복지사업을 수행하기에는 재정적으로 부족하고 또 복지사업을 수행할 필요 인력도 제대로 갖추지 못하는 경우가 많기 때문에 지역사회의 몇몇 교회들이 공동으로 재정을 부담하고 필요한 인력도 상호 지원하여 지역사회를 위한 복지사업을 수행하는 것이다. 개인주의가 팽배하고 교회 간 경쟁의식이 강한 오늘날 교회 간의 연합사업은 다각적인 노력을 수반해야만 그 효과를 돌릴 수 있다. 교회 간 연합사업을 통하여 교회와 지역사회의 일반복지기관이나 자치단체와 지역사회복지 시설이나 기관들과 유기적인 서비스망(service network)을 구성하여 운영한다면 지역사회를 위한 교회 사회사업을 더 효과적으로 수행할 수 있다. 교회의 연합사업을 원활하게 하기 위해서는 조직하고 기획하는 조정자의 역할을 수행할 협의회 조직이 필요하다(김성철 외, 2002).

2) 개별적 연계

지역사회의 문제를 해결하기 위하여 교회가 지역사회조직과 연계하여 교회봉사를 실시할 때 지역사회의 인적 자원, 물적 자원, 기관자원과 단독 또는 복합적으로 연계를 행할 수 있다. 이러한 지역사회조직과 연계는 지역사회에서 소외된 지극히 작은 자들(예: 독거노인, 소년소녀가장 등)을 나눔과 섬김으로써 교회사회봉사의 본래 목적을 효과적으로 달성할 수 있다(김성철 외, 2002).

3) 물질적 빈곤에서 벗어나기 위한 지역사회 자원연계

Client들을 물질적 빈곤에서 벗어나게 하기 위한 지역사회 연계방안으로 공동모금과 연계, 지역사회사업체와 연계, 잉여식품, 나눔 은행과 연계, 지역사회복지관과 연계, 지역독지가 개인과 연계 등을 들 수 있다.

첫째, 교회는 사회복지 공동모금회와 연계하여 Client들을 위한 사업을 할 수 있다. 둘째, 교회는 잉여식품, 나눔은행(food bank)을 직접 운영하거나 연계하여 교회사업을 실시시할 수 있다. 셋째, 교회는 지역사회 요식업체 식품가공업체 지역사회 복지관 독지가 기타 사업체와 접촉하여 잉여물품들을 Client들에게 직접 제공하도록 연계하거나 교회가 직접 수거하여 전달해 줌으로써 빈민들의 물질적 결핍을 완화해 줄 수 있다. 넷째, 교회는 지역사회의 개인과 후원 결연을 연계하여 이들의 물질적 결핍을 다소나마 완화할 수 있다(김성철 외, 2002).

V. 우리나라 교회 사회사업의 현황 및 실태

1. 사회복지 서비스의 주체로서의 교회와 교회 사회사업

1) 한국교회의 사회복지 의식과 신학적 기반

(1) 복음전파(전도)와 전파된 복음의 실천(봉사)

모든 기독교인의 행동은 기독교적 이념에 뿌리를 두고 있는데, 그 기독교적 이념의 기반은 성경이라 할 수 있다. 그러므로 사회봉사가 성경(복음)의 핵심으로 간주되는가, 아니면 주변적 신앙생활의 요소로 간주되고 있는가의 문제는 교회 사회사업을 이해하는 데 필수적인 요건이 된다. 한국교회는 전통적으로 전도와 봉사를 교회의 본질적 사명으로 이해해 왔지만 이 중 전도를 가장 중요한 사명으로 인식했다. 그 결과, 교회성장은 양적인 팽창을 가져왔지만 사회봉사에 대해서는 1990년대 초까지 매우 소극적인 태도를 취해 왔다(박종삼 외, 2007).

(2) 통전적 선교와 교회 사회사업

통전적 선교(Wholistic Mission)는 전도와 사회적 책임의 실천이라는 두 요소를 불가분리적으로 포함한다. 이 둘은 하나가 다른 쪽에 종속되거나 의

존해 있지 않고 각각 독립적이며 동역적인 관계를 유지한다. 마치 바지의 두 가랑이나 가위의 양날, 수레의 두 바퀴처럼 서로 상호작용함으로 온전한 기능을 발휘할 수 있다고 본다. 이 개념은 M=E+N+S(S.S+S.A)+F라는 공식으로 설명할 수 있다. E는 전도(evangelism)로서 교회 밖의 사람을 구원, N은 양육(murture)으로서 교회 안에 있는 교인들에 대한 설교, 심방, 교육, 상담 등의 사역, S는 봉사(service)를 뜻하며 여기에는 사회봉사(social service; SS)와 사회행동(social action; SA)으로 나누어지며, F는 친교(fellowship)로서 개개인 및 교회, 교파, 국가 간의 교회들의 친교와 나눔 및 협력 등을 의미한다(박종삼 외, 2007).

(3) 하나님의 선교와 교회의 선교

한국교회가 지역사회의 복지문제를 해결할 수 있도록 교회 사회사업가가 교회에 접근할 수 있는 이론적 패러다임으로는 현재 한국교회가 진지하게 논의하고 있는 '하나님의 선교'(Missio Dei)와 '교회의 선교'(Missio Eklesia)라는 신학적 근거에서 찾을 수 있다.

지금까지 우리나라의 교회는 교회 중심의 선교(Missio Eklesia)가 주류를 이루고 있다. 이와 같은 현상은 교회로 하여금 그의 시각을 내부로 향하게 하였기 때문에 사회적 기능이나 복음의 사회적 책임에 대한 문제가 신학적으로 제기되었다(박종삼 외, 2007). 한국교회가 봉사보다는 전도에 힘쓰게 된 배경에는 '교회의 선교'를 강조한 결과라고 볼 수 있다. 교회로 하여금 지역주민의 복지에 봉사할 수 있도록 동기를 부여하는 방법으로 '하나님의 선교' 신학을 도입할 수 있다. 이 신학은 하나님의 직접 인간의 구원에 관여하고 있으며, 이 사명을 위해 예수님께서 이 땅에 보내심(being sent)을 받았고, 예수님은 교회(인간)를 이 세상에 보내셨다는 신학론이다. 그러므로 교회와 교인은 하나님이 일하시고 있는 지역사회의 주민에게 다가가야 한다는 주장이다(박종삼 외 2007).

2) 한국 교회 사회사업의 구조적 조건

교회 사회사업은 교회라는 특수한 조직하에서 사회복지활동을 전개하게 된다. 교회 사회사업가는 교회의 조직적 특성을 알아야 하는데 종교적인 조직은 일반사회복지 조직의 형태와는 너무 달라서 전문사회사업가도 종교적인 배경을 모르면 해석할 수 없을 정도이다. 교회조직의 특성은 교회 사회사업의 현저한 영향을 미친다.

(1) 한국교회의 구조적 규모와 교회 사회사업

최근에 우리나라의 기독교인 수는 신·구교를 합하여 전체 국민의 20% 정도, 교회 수는 5만여 개 정도로 추정하고 있다. 대부분이 개신교회인 우리나라의 경우, 사회복지 책임분담에 대한 사회적 요청을 받고 있으나 개교회주의를 고수하고 있는 개신교회는 사회복지의 공적 통로로서의 기능을 수행할 만한 법적·제도적 책임을 질 수 없는 실정이다.

한국교회의 수는 5만여 개에 달하나 실제로는 소형교회의 비율이 높아서 지역사회 내에서 사회복지활동을 위축시키고 있는 요인이 된다. 한국교회의 규모를 1995년 인구센서스 통계를 근거로 계산해 본다면, 1교회당 약 151명 신도가 소속되어 있는 것으로 본다. 한국교회의 신도 수별 분포를 예장 통합 측의 통계를 중심으로 본다면, 등록된 성인 신도 수가 50명 이하인 교회가 47.0%, 51-100명이 19.0%, 101-300명이 19.5%, 301-500명이 5.5%, 501-1,000명이 4.5%, 1,001명 이상이 3.5%로 나타나고 있다. 사실 성인 신도의 수가 50명 이하이면 교회의 경제적 자립이 어려워 사회복지사업을 기획하고 운영하는 데 한계성이 많다. 현재 우리나라의 많은 교회들이 개교회 차원에서 사회봉사 프로그램을 운영하면서 재정적·인적 자원의 부족 때문에 어려움을 겪고 있다(박종삼 외, 2007).

(2) 한국교회의 사회복지 실천모형

우리나라 교회에서 다양한 형태로 실시되고 있는 사회봉사(사회복지) 프로그램을 종합적으로 연구한 박종삼(2007)은 세 가지 범주의 교회사회봉사

실천모형을 Model A, Model B 그리고 Model C로 명명하였다. Model A는 교회가 사회복지 재단을 설립하고 체계적, 전문적 사회복지 서비스를 제공하는 모델이다. Model B는 교회 건물을 중심으로 교회 자원을 동원하여 자원봉사 서비스를 지역주민에게 제공해 주는 모델이다. 반면 Model C는 교회 자체로는 직접 사회복지 서비스를 제공하지 않고, 다만 교인들을 자원봉사요원으로 훈련시켜 지역사회 내 여러 복지시설이나 기관 또는 요보호가정에 파송하여 사회봉사를 제공하는 모델이다. 이런 Model A, B, C는 교회의 크기, 위치, 교회 복지자원의 가용성 그리고 교회의 신학적 노선(보수, 중도, 급진)에 따라서 여러 가지 모양의 배합이나 변형이 나타남을 알 수 있다.

2. 사회복지 서비스 객체로서의 지역주민과 교회 사회사업

현재 한국교회의 사회봉사의 대상은 교인, 지역주민, 한국사회 내 특수요보호대상자, 그리고 개발도상국 선교 현지의 주민들이 그 주류를 이루고 있다. 교회 사회사업가가 사회사업 서비스를 제공하는 대상자는 현재 아동, 노인, 청소년이 주류를 이루고 있으며, 이 외에 여성, 장애인, 지역사회, 교정시설, 병원시설 등을 중심으로 교회 사회사업이 실시되고 있다.

1) 한국교회의 사회봉사활동 종류

한국교회의 사회복지사업 참여에 관한 조사연구는 여러 기독교계 연구기관과 교단적 차원에서 이루어지고 있는데, 아직도 범교단적으로 의미 있는 조사는 이루어지지 못하고 있는 실정이다. 한국교회가 하고 있는 사회봉사 프로그램의 동향을 파악하기 위하여 대한 예수교 장로회에서 1993년에 2,008개 교회를 대상으로 조사한 내용을 보면, 첫째, 한국교회 사회봉사의 대상은 아동, 청소년, 노인 순으로 나타나고 있다. 둘째, 한국교회는 공부방,

장학사업, 주부교실, 노인대학, 경로잔치 등 비교적 경비가 적게 들고 시행하기에 수월한 프로그램을 많이 실시하는 것으로 나타나고 있다.

기독교대한감리회 7개 연회에 소속된 4,483개 교회를 상대로 1997년 기독교대한감리회 사회평신도국 연구팀에 의하여 조사한 '사회복지 분야별 교회운영 프로그램'이 의하면, 전체 프로그램에 대한 복지 분야별 프로그램의 비율은 지역사회복지 분야(24.2%), 노인복지(18.5%), 아동복지(17.4%), 청소년복지(17.0%), 그리고 장애인복지 분야(15.6%)로 나타났다(박종삼 외, 2007).

2) 교회사회봉사 대상과 교회 사회사업

교회 사회사업가는 교회로 하여금 지역주민의 복지욕구에 대한 영적 이해와 함께 전문사회복지적 이해를 할 수 있는 교육을 시킬 필요가 있다. 적어도 두 가지 차원에서 교회의 사회봉사와 관련된 정책 결정자들을 훈련시킬 수 있는데, 첫째, 지역주민의 생명과 관련된 복지욕구를 이해하는 준거들의 제시이다. 예를 들어서 모든 주민의 복지욕구의 종류는 ① 의·식·주, ② 보건·의료, ③ 교육·훈련, ④ 직업·수입유지, ⑤ 오락·휴식, ⑥ 보호, ⑦ 표현의 자유 등으로 ①부터 ④까지는 복지의 필수조건으로 교회의 사회봉사 대상자들이 어떤 복지욕구가 부족한지 이해하도록 도와야 한다. 둘째, 교회 서비스의 성격은 보조적(supportive), 보충적(supplementary), 대리적(substitute) 서비스로 이미 지역사회 내에 구축되어 있는 복지체계(가족, 공공, 민간)와 함께 문제를 해결하도록 노력해야 할 것이다(박종삼 외, 2007).

3. 우리나라 교회 사회사업의 실태

우리나라 교회 사회사업의 실태는 2006년 한국기독교총연합회와 한국기독교 교회협의회에 가입되어 있는 교단 중 13개 교단을 대상으로 조사한 자료이며 그중 주요 내용들을 요약하여 설명하고자 한다(이만식 외, 2007).

1) 교회 사회봉사(사회복지)활동

〈표 2-1〉 우리나라 전체 교회의 사회복지(사회봉사)의 활발 정도

구분	매우 활발하다	활발하다	저조하다	매우 저조하다	합계
빈도	5	181	413	70	669
백분율(%)	0.7	27.1	61.7	10.5	100.0

우리나라 전체 교회가 지역사회를 위한 사회봉사(사회복지)의 활동 정도를 질문한 결과, 활발하게 사회복지활동을 하고 있다는 응답이 27.8%로 나타난 반면, 저조한 경우라고 응답한 사람은 72.2%로 나타났다. 목회자들이 자신들이 목회하고 있는 교회의 사회봉사활동 여부와 관계없이 우리나라 전체 교회의 사회봉사활동이 소극적으로 수행되고 있다고 생각함을 알 수 있다.

〈표 2-2〉 사회문제 해결을 위한 교회의 사회봉사(사회복지)활동에 대한 견해

구분	전적으로 동의 한다	동의하는 편이다	반대하는 편이다	전적으로 반대 한다	합계
빈도	278	376	16	2	672
백분율	41.4	56.0	2.4	.3	100.0

사회문제 해결을 위해 교회가 사회봉사(사회복지)활동에 적극 나설 필요가 있는가에 대해서는 '전적으로 동의한다'라는 응답이 278명(41.4%), '동의하는 편이다'라는 응답이 376명(56.0%)이었다. 이는 사회문제 해결을 위해 교회가 사회봉사(사회복지)활동에 참여해야 하는 것에 대해서는 거의 이견이 없음을 의미한다.

〈표 2-3〉 사회복지 전문가 채용에 대한 견해

구분	매우 필요하다고 생각한다	다소 필요하다고 생각한다	별로 필요치 않다고 생각한다	전혀 필요 없다고 생각한다	합계
빈도	256	347	73	2	678
백분율(%)	37.8	51.2	10.8	0.3	100.0

사회복지전문가를 채용할 필요가 있는가에 대해서는 '매우 필요하다고 생각한다'라는 응답이 256명(37.8%), '다소 필요하다고 생각하는 편이다'라는 응답이 347명(51.2%)으로 약 90.0%의 응답자들이 사회복지 전문가 채용에 절대적인 지지를 표명했음을 알 수 있다.

2) 교단 사회봉사(사회복지)활동

〈표 2-4〉 교단의 사회봉사(사회복지)활동에 대한 지도나 교육훈련 정도

구분	매우 적극적이다	적극적인 편이다	소극적인 편이다	매우 소극적이다	합계
빈도	35	290	298	53	676
백분율(%)	5.2	42.9	44.1	7.8	100.0

교단은 개교회의 사회봉사(사회복지)활동을 지원하기 위한 지도나 교육훈련을 얼마나 적극적으로 행하고 있는가를 질문한 결과, 적극적인 편이라는 응답이 48.1%인 반면, 소극적인 편이라는 응답도 51.9%로 양쪽의 의견이 비슷함을 알 수 있다.

〈표 2-5〉 교단의 선교방향표 16

구분	전도 사업에 치중	전도 사업에 치중하는 편	반반이다	사회봉사에 치중하는 편	사회봉사에 치중	합계
빈도	83	244	260	55	11	653
백분율(%)	12.7	37.4	39.8	8.4	1.7	100.0

교단의 발전방향을 전도사업에 치중하는 경우와 사회봉사(사회복지)활동에 치중하는 경우로 나누어 선교방향의 비중을 질문한 결과, 전도사업에 치중하는 편이라는 응답은 327명(50.1%)으로 나타났고, 전도사업과 사회봉사가 반반인 경우도 260명(39.8%)으로 조사되었다. 반면, 교단의 발전(선교)방향이 사회봉사(사회복지)활동에 치중한다는 응답은 66명(10.1%)으로 매우 낮게 나타났다.

3) 교회 성도의 태도

〈표 2-6〉 자원봉사 참여에 대한 성도의 태도

구분	매우 적극적	다소 적극적	다소 소극적	매우 소극적	합계
빈도	61	376	201	38	676
백분율(%)	9.0	55.6	29.7	5.6	100.0

교회 주변의 어려운 이웃들을 위해 자원봉사자로 직접 참여하는 일에 있어서 성도들의 태도에 관한 목회자들의 인식을 조사한 결과, '매우 적극적일 것이다'는 응답이 61(9.0%), '다소 적극적일 것이다'라는 응답이 376명(55.6%)으로 나타났다.

〈표 2-7〉 사회봉사(사회복지)활동에 교회 성도들의 호응도

구분	별로 관심을 보이지 않았다	관심과 호의를 보이는 정도이다	특별헌금/자원봉사로 참여한다	나의 일처럼 발 벗고 나선다	합계
빈도	43	277	318	34	676
백분율(%)	6.4	41.2	47.3	5.1	100.0

교회에서 시행하고 있는(또는 시행했던) 사회봉사(사회복지)활동에 대한 교회 성도들의 호응도를 질문한 결과, '필요할 때 특별헌금을 하거나 자원봉사자로 참여한다'는 응답이 318명(47.3%)으로 가장 많았고, 그다음으로 '관심과 호의를 보이는 정도'라는 응답이 277명(41.2%)으로 나타났다. <표 2-7>에서 보는 것처럼 '별로 관심을 보이지 않았다'나 '나의 일처럼 발 벗고 나선다'의 응답은 비슷한 정도로 나타나고 있다.

4) 2005년도 재정 결산

〈표 2-8〉 교회 결산액의 항목별 차이

구분	건물건축 및 시설확장	전도 및 선교	예배 및 설교	구제 및 사회봉사	교역자 생활비	교육 및 문화사업	교회 유지비
빈도	511	591	551	590	592	555	600
평균 (%)	13.7	13.4	7.9	10.6	29.4	10.8	20.5
표준편차	13.9	9.1	6.6	9.5	16.4	6.3	14.9

2005년도 결산액의 평균을 보면, 교역자 생활비가 29.4(SD:16.4)로 가장 높았으며 다음이 평균 20.5%에 해당하는 교회유지비였다. 또한 가장 낮은 부분은 예배 및 설교였으며 그다음이 교육 및 문화사업이었음을 보여 주고 있다. 교회의 핵심 프로그램이라고 할 수 있는 전도 및 선교는 13.4%로 결산액 중 4번째에 해당되었다. 현재 우리 사회에서 교회의 공신력이 왜 떨어지고 있는지를 보여 주는 대목이라고 할 수 있다. 교회 예산의 약 50%가 교역자 생활비와 교회 유지비로 지출되는 것은 분명 문제가 있다고 본다. 교육 및 문화사업에 약 10.8%밖에 지출하지 않는 상태에서 신세대 젊은이들을 교회로 불러들이는 일을 효과적으로 수행하기는 어렵다.

〈표 2-9〉 헌금의 우선적 사용항목(복수응답)

항목	빈도	백분율(%)
건물건축시설 확충	92	7.1
전도 및 선교	421	33.7
예배 및 설교	83	6.7
구제 및 사회봉사	223	17.8
교역자 생활비	215	17.2
교육 및 문화사업	110	8.8
교회유지비	108	8.7
합계	1,252	100

교회의 헌금이 우선적으로 사용되어야 한다고 생각하는 항목에 대하여

세 가지를 응답한 결과를 복수응답 처리하였다. <표 2-8>을 보면, 전도 및 선교에 사용되어야 한다고 응답한 경우가 421명으로 전체의 33.7%로 가장 많았다. 다음으로 구제 및 사회봉사에 사용되어야 한다는 응답자가 223명으로 17.8%, 교역자 생활비가 215명으로 17.2%로 조사되었다. 이를 통하여 전도 및 선교는 실제 결산액에서는 13.4%를 사용했지만 목회자들은 33.7%를 전도 및 선교에 사용되어야 한다고 생각하고 있으며, 구제 및 사회봉사 부문에 사용해야 한다고 밝혔다. 이 두 부문에 관해서는 실제로 사용한 금액보다는 더 많은 헌금이 사용되어야 한다는 것을 목회자들의 견해를 통해서도 알 수 있다. 반면에 교역자 생활비나 교회유지비는 2005년도에 실제로 사용한 총결산액보다 훨씬 적은 비중의 헌금만이 우선적 명목으로 사용뇌어야 한다고 복회자들도 밝히고 있음은 시사하는 바가 매우 크다.

〈표 2-10〉 2005년 구제 및 사회봉사비

항목	빈도	백분율(%)
100만 원 미만	75	14.3
100만 원 - 500만 원 미만	164	31.4
500만 원 - 천만 원 미만	70	13.4
천만 원 - 5천만 원 미만	153	29.3
5천만 원 이상	61	11.7
합계	523	100.0

교회가 2005년을 기준으로 구제 및 사회봉사비(사회복지) 활동의 명목으로 지출한 예산의 총액의 평균은 3천7백4만 원이고, 최소액은 0원, 최대액은 25억으로 조사되었다. 예산액의 범위별로 나눠 보면, 100만 원에서 500만 원 미만으로 복지예산을 지출한 교회가 31.4%로 가장 많았고, 천만 원에서 5천만 원 미만으로 예산을 집행한 교회가 29.3%였다. 그러나 사회봉사비로 100만 원 미만의 예산을 집행한 교회도 14.3%로 조사되었다.

<표 2-11> 2005년도 구제 및 사회봉사활동에 지출된 재정비율

범위	빈도	백분율(%)
0% – 5.0% 미만	171	33.3
5.0% – 10% 미만	196	38.1
10.0% – 15.0% 미만	69	13.4
15.0% – 20.0% 미만	32	6.2
20.0% 이상	46	8.0
합계	514	100.0

2005년도 결산액과 구제 및 사회봉사에 사용된 비율을 조사한 결과 여전히 반수 이상의 교회(71.4%)가 전체 결산액 중에서 구제 및 사회봉사에 사용한 비율이 10.0% 미만이었다. 10.0% 이상에서 15.0% 미만을 사용하는 교회는 13.4%이었으며, 15.0% 이상에서 20.0% 미만까지 사용하는 교회는 불과 6.2%에 불과했다. 반면에 20.0% 이상을 사용하는 교회도 8.0%에 달했음을 알 수 있다. 보건사회연구원에서 1999년의 조사에서는 전체 예산 중에서 사회봉사활동에 사용한 비율이 10.0% 미만인 교회가 78.6%이었고 21.0% 이상이 6.9%이었다. 과거보다는 전체 예산 중에서 사회복지활동에 사용하는 재정비율이 증가하고 있는 추세인 점은 분명하지만 아직도 절대비율에 있어서는 저조한 상황이라고 생각한다. 총결산 대비 구제 및 사회봉사활동에 사용된 재정비율이 교단별 차이는 통계적으로 의미가 없다.

<표 2-12> 사회봉사 유급직원 유무

구분	빈도	백분율(%)
있다	95	14.1
없다	581	85.9
합계	676	100.0

교회에 사회봉사(사회복지)를 전담하고 있는 유급직원이 있는 비율은 14.1%로 여전히 낮았다. 이는 교회의 사회봉사(사회복지)의 분야가 아직은 유급직원을 두는 전문적인 형태로 실행되지 않고 있음을 나타낸다.

구분	빈도	백분율(%)
매우 활발함	36	5.5
다소 활발함	171	26.0
다소 저조함	294	44.7
매우 저조함	156	23.8
합계	657	100.0

교회의 사회봉사(사회복지)활동의 정도는 '매우 활발하다'와 '다소 활발하다'라고 응답한 경우가 31.5%, 저조한 편이라는 응답이 68.5%로 대체로 사회봉사활동의 정도는 활발하지 않은 것으로 인식하고 있었다.

Ⅵ. 우리나라 교회 사회사업의 주요 쟁점 및 과제

1. 교회 안에서 제기하는 쟁점

첫째, 우리나라의 많은 교회가 사회봉사활동을 하고 있지만 그래도 대부분의 교인들은 사회봉사를 복음 내지 선교의 핵심으로 보지 않고 있다. 사회봉사는 전도보다 중요하지 않으며, 단순히 신앙의 표현으로 자선적, 구제적 차원에서 부차적으로 행하는 부수적인 신앙생활의 요인으로 보고 있다. 이것은 우리나라의 민간복지계 복지책임을 증가시키려는 복지실정 현실에서 교회의 수동적이고 제한적인 복지참여를 의미하는 것이다.

둘째, 교회사회봉사가 교회의 주된 임무인 전도에 도움이 되느냐 되지 않느냐에 대한 쟁점이 제기되고 있다. 전도와 함께 봉사 자체를 복음의 핵심으로 보는 교인들은 봉사 자체가 곧 복음의 실천으로 전도가 된다는 입장이다. 그러나 전도만을 중요하게 여기는 교인들은 봉사를 전도의 수단으로 삼고, 봉사가 전도에 별로 도움이 안 된다는 쟁점을 제기하고 있다.

2. 사회복지(사회사업)의 입장에서 제기하는 쟁점

첫째, 사회복지계는 교회가 공공 및 민간 사회복지계와 함께 지역주민 복지문제를 해결해 주려고 할 때, 교회가 실시하는 사회복지 서비스의 분야와 전문성에서 책임을 질 수 있는가라는 질문을 던지고 있다. 특히 중앙정부나 지방정부로부터 공공복지자금을 위탁받아 교회 사회사업을 집행할 때 행정적 절차와 투명성 차원에서 교회는 책임을 질 수 있는가라는 쟁점이 제기되고 있다.

둘째, 교회가 공공복지 자금을 위탁받아 복지활동을 전개하면서 적지 않은 경우 복지목적을 수행하는 것보다 자기들의 종교를 전파하려는 목적으로 사회복지를 전도의 수단으로 쓰는 부당한 경우가 많다는 점을 지적하고 있다.

셋째, 교회의 사회복지활동이 공공복지영역(예: 지역사회복지관을 지방정부로부터 위탁받고 있는 경우 등)에서 증가되는 경우 사회복지계는 '영역침범'을 당하고 있다는 위기감을 갖기도 한다. 전문사회복지사의 취업기회가 그만큼 축소된다는 문제를 제기하는 것이다.

3. 전문사회복지계와 교회 사회사업계와의 동반자 관계수립

우리나라에서 정부가 할 수 있는 복지는 제한적이기 때문에 반드시 민간의 복지 참여가 필요하다. 따라서 21세기에 들어선 현실에서 정부와 민간은 각각 복지에 대해서 책임분담을 해야 한다. 민간복지의 중요한 주체들은 기업, 종교계, 시민단체 등이다. 이 가운데 교회는 매우 중요한 복지 기능적 의미를 갖고 있다. 전문사회복지계는 복지의 실현이라는 차원에서 복지 활동의 주체를 전문적 사회복지계에 제한할 것이 아니라, 준전문적복지기능을 발휘하며 비정규적, 비공식적 복지활동을 전개하는 교회사회봉사도 복지체계의 한 요소로 수행해야 할 것이다. 이는 곧 사회안전망 개념을 정부의 공식적 사회보장제도로만 제한할 것이 아니라 교회와 같은 비공식적 복지기능 수행기관도 사회안전망 체계에 통합시켜야 함을 나타내는 것이다. 이렇게 될 경우, 교회는 교회가 수행할 수 있는 독특한 사회복지기능을 정립하기 위해 '교회 사회사업'의 개념을 정착시켜야 할 것이다. 여기에서 전문사회복지계와 교회 사회사업은 적대적 관계가 아니라 동반자적 관계(partnership)를 모색해야 하고, 이 과정에서 교회 사회사업가의 역할은 매우 중요하다고 본다.

Ⅶ. 결론

1. 교회가 지역사회교회로서 가야 할 방향

교회는 지역사회에 속하여 있으면서 지역사회에 대한 책임을 가지고 있다는 것이다. 또한 하나님은 교회만이 아니라 이 세상도 여전히 사랑하고 있기 때문이다. 또한 "너희는 세상의 소금이라", "너희는 세상의 빛이라"고 주님께서 명령하심과 동시에 우리는 이를 아름답게 보전하는 책임이 그리스도인에게 있음으로 알 수 있다. 그렇기에 세상은 교회가 대치해야 할 적대적인 관계가 아니다. 교회는 이 세계에 하나님의 나라가 이룩되도록 하는 전위대 역할을 해야 하는 것이다(김성철, 2000). 교회는 지역사회조직과 끊임없이 상호영향, 상호 교환적인 작용을 통해서 존재한다는 하나의 생명체인 것이다. 이와 같은 관점에서 볼 때 교회는 지역사회의 개인, 가족, 집단, 조직체, 기관들의 건강한 삶을 확보하고 유지하게 하며 향상시키게 하기 위해 다양한 기능을 수행해야 한다.

교회가 지역사회교회로서 가야 할 방향은 다음과 같다.

첫째, 교회는 지역사회조직과 연결을 강화해야 한다. 교인들이 지역사회 각종 공사 기반의 이사회, 자문기구, 위원회와 관련을 맺어 지역사회의 욕구와 문제를 수렴하고 교회의 지원방안을 강구한다. 둘째, 교회는 지역사회를 대변해야 한다. 지역주민의 각종 행사에 교회 대표를 파견하며 그 문제에 교회가 관심을 표명하되 특히 가난하고 소외된 자들의 자활을 돕고 필요한 경우 그들의 의견을 대변할 수 있는 지역사회 센터로서의 역할을 수행한다. 셋째, 교회는 지역사회를 향해 문을 열어 놓아야 한다. 지역사회의 다양한 집단들이 교회 자원 특히 교회 건물의 일부를 사용할 수 있도록 교회 문을 개방한다. 공간 여유가 있으며 사회복지 및 공익기반에 교회 일부를 무료로 대여할 수도 있고 필요시에 학문, 문화, 예술 행사에 교회를 빌려 주고 물적 및 인적 자원을 후원해야 한다. 넷째, 교회는 지역사회와 지역주민들의 욕구 및 문제가 있는 곳에 해결책을 제시해야 한다. 그리하여 실천적 삶을 통해 그리스도의 사랑을 증거토록 해야 하며, 지역사회의 상담센터가 되어 지역사회복지관이 되어야 한다. 우리는 교회 내뿐 아니라 교회 밖의 모든 사람들의 필요를 채워 주며 공동체의 관계를 정상화시키는 것이 교회의 사명이 되어야 한다(김성철, 2003).

2. 제언 및 고찰

교회는 교회가 속해 있는 지역에서 지역의 기관들과 네트워크를 만들어 지역성 있는 목회를 해야 하며 소외된 그룹에 일차적 관심을 두어야 한다. 교회는 지역사회 주변을 체계적이고 과학적인 사회 조사를 통하여 이웃들의 요구를 발견하고 이에 대응해 나아갈 때, 교회가 가진 인적, 물적, 조직 자원들을 효율적으로 활용할 수 있을 것이다(김성철, 2002). 그리고 급변하는 시대와 사회 속에서 선교 21세기를 향하고 있는 한국기독교의 시대적 사명과 역할을 지역사회에서 연계하여 진행하고 있는 사회복지기관이나 단체들과 함께 교회의 기능을 조직화하고 나눔과 섬김을 통해 교회의 사회적 책임을 완수해 나아갈 때 지역사회조직을 통한 교회자원봉사활동이 지역사회의 교회로 나아가는 통로가 될 것이다.

이제 한국교회는 교회의 사명을 지역사회조직을 통한 교회자원봉사활동이 나눔과 섬김으로 보는 시각의 전환과 함께 시대적인 요청에 부응하는 새로운 사회복지선교로서 교회의 모습으로 바뀌어야 할 것이다.

지역사회조직을 통한 교회자원봉사의 사회적 참여와 교회 사회사업실천 발전을 위하여 몇 가지 의견을 제시하면 다음과 같다. 첫째, 교회는 시대적 현황에 따른 교회봉사 의식을 새롭게 하고 지역사회와 유리되지 않는 복지에 맞는 방법을 모색하여야 한다고 본다. 둘째, 교회는 교회 내 인적 자원(기능별·직능별 자원봉사)과 물적 자원(재정·시설)을 자세히 조사하여 지역사회조직과 교회를 위한 복지사업에 적극 참여할 수 있도록 교회의 조직과 구조를 재정비하여야 한다. 셋째, 교회는 지역사회를 하나님이 맡겨 주신 지역공동체라 생각하고 과학적 조사와 방법으로 지역사회의 필요와 지역 상황을 파악한 후 지역사회조직과 연합하여 교회자원봉사활동을 우선적으로 실시하여야 한다. 넷째, 교회는 교회 재정의 10% 이상을 사회복지비로 사용하고 구역 또는 속회조직 단위로 지원대상자를 결연(재가복지사업, 소년소녀가장 등)시켜 이들의 필요를 도울 수 있는 책임 봉사제를 실시해야 한다. 다섯째, 각 교단은 초교파적인 차원에서 동일한 지역 안에서 지역사회조직과 교회와 연합하는 지역복지에 관심을 기울여야 할 것이다. 여섯째, 교회는 교회가 속해 있는 지역에서 지역의 복지시설과 단체들과 네트워크를 만들어 지역성 있는 목회를 해야 한다. 일곱째, 교회의 주변을 체계적이고 과학적인 사회 조사를 통하여 이웃들의 요구를 발견하고 이에 대응해 나아갈 때, 교회가 가진 인적, 물적, 조직 자원들을 효율적으로 활용할 수 있을 것이며, 거시적인 문제에 대응할 수 있다.

교회는 사랑과 복음의 실천으로 준비된 모임이기에 일반사회복지의 사람과 사람 사이에 수요와 공급의 차원 이상의 감정적, 정서적, 영적 교감이 더욱더 중요하다고 본다. 교회의 사회복지 참여는 예수 그리스도의 계명으로부터 기인한다. 이 계명은 '하나님을 사랑하고 이웃을 사랑하라'는 기독교 계명의 핵심적 기초를 이룬다. 기독교 신앙은 하나님을 사랑하는 것으로부터 출발되며 인간을 내 몸같이 사랑하는 진실한 사랑 안에서 율법을 완성하게 된다(롬3: 10). 그러므로 이러한 참된 사랑은 인간의 전인적 구원(영적, 육체적, 사회적)을 목표로 하며, 이의 실현이 기독교 사회복지사업 참여의 가장 중요한 이념이라 할 수 있다(김성철, 2001).

지역사회복지가 지역주민의 생존(생명과 생활)을 위해 지역사회조직(공적, 사적인 기관)이 협동하고 조직화하여 생활환경과 복지환경을 재건하는 사회적 시책 및 방법의 체계라 볼 때 교회는 지역사회의 민간복지 차원 조직의 하나로서 교회의 가장 가까운 이웃인 지역사회 주민의 전체적인 행복, 즉 영혼, 육체, 사회적인 행복에 관심을 가져야 하며 교회의 잠재된 자원(인적, 재정, 시설, 조직자원)을 지역사회 복지화 사업에 적극 활용하여야 할 책임과 의무가 있다.

가장 중요한 것은 목회자의 의식변화이며 지역사회조직과 교회가 연계하여 성도들의 교회봉사를 실시하여야 하며, 지역사회의 욕구 충족을 위해서는 국가, 지역사회조직, 가족, 교회 모두가 함께 보완적으로 노력해야 할 것이다. 지역사회조직을 통한 교회사회봉사는, 한국기독교의 시대적 사명과 역할을 개교회가 지역사회조직과 연대하여 하나님께서 주신 나눔과 섬김을 실천함으로써 교회가 사회적 책임을 완수해 나아갈 수 있으며, 한국교회의 자원이 지역사회복지를 위해 역할을 감당할 수 있다고 본다.

3장 교회 사회사업의 협의:
church social work

　　교회 기관에 의해 고용된 사회사업가들은 종종 회중들과 협의한다. 한 공동체의 목회 기관에서 스태프로 일하는 사회사업가는 교육과 방과 후 프로그램 또는 스트레스 요인들을 발설하는 자립그룹 같은 공동체 안에서 새로운 목회를 시작하기 원하는 교회들과 협의한다. 그녀는 또한 에큐메니칼 공동체 목회를 지지하고 발전시키기 원하는 다른 공동체 안에 속한 교회들과도 함께 일한다. 지역 어린이 보호시설에 의해 고용된 또 다른 사회사업가는 그의 기관이 봉사하는 주(state)의 교회들과 협의한다. 그는 어린이들과 청소년들을 집 밖으로 인도할 수 있는 결과를 초래할 수 있는 가정 문제를 방어하기 위해 디자인된 가정 봉사를 발전시키도록 돕는다.

　　무종파 기관 안에 있는 사회사업가들은 요구되는 프로그램을 시작하기 위한 교회들과도 또한 협의한다. ‘한교회 - 한아이’(The One Church - One Child Program) 프로그램은 주 어린이 복지기관에 있던 한 사회사업가에 의해서 시작되었다. 그녀는 입양을 기다리는 아프리카계 미국인 어린이들의 증가하는 숫자에 경각되게 되었다. 그녀는 아프리카계 미국인 사제와 연락했고 다른 아프리카계 미국인 교회들의 목회자들과도 연락했다. 그들은 협력하여 아이들을 입양하는 가족들을 지지하고 용기를 북돋우는 프로그램을 발전시켰다. 극적으로 그 프로그램은 입양을 기다리는 어린이들의 숫자를 줄이는 중요한 결과들을 가져오게 되었다(Lakin & Hargett, 1986). 교회 사회사업 안에서 협의는 정신건강 상담과 함께 일반적으로 많이 다루어진다. 최우선적으로, 사회사업과 다른 정신 건강 전문가들은 생산과 생산성, 이익과 손실을 다루는 사업 경영 상담과는 대조적으로 인격을 다룬다는 것이다. 예를 들어 은행은 투자와 배당금의 '바닥선'에 대해서 관심을 가져야만 하지만 정신 건강이나 교회의 사회봉사 프로그램들은 필요를 요구하는 사람의 양에 대한 주어진 돌봄의 질에 대하여 관심을 가져야만 된다. 사회봉사 프로그램의 효과는 숨겨진 사람의 숫자와 그 서비스의 질에 의해서 측정된다. 교회 봉사 프로그램의 목적과 목표는 사전 계획되고 보충된 서비스와 그들에 의해 도달된 사람의 숫자에 의해 진술될 것이다. 오래전부터 정신 건강과 인간 봉사 전문직들이 있었고, 교회는 인간존재의 필요를 대변하는 데서 역할을 해 왔다. 교회의 목회는 내적 인간과 믿음 공동체의 외적 영적 안녕을 위한 관심의 표현을 가져왔다. 영적 안녕을 위한 이 요구는 육체적, 관계적(사회적), 감성적, 정신적 그리고 종교적 삶의 범주에 대한 관심을 포함해 왔다. 따라서 영적인 건강을 이러한 다른 범주들로부터 분리시키는 것은 거의 불가능하다. 만일 사람이 영적 안녕의 높은 수준을 소유하지 못하고 있다면 그 사람은 완성적으로 존재할 수 없는 것이다.

협의는 교회에 새로운 것이 아니다. 창세기의 시작과 함께, 어려움을 겪고 있는 사람(consultee)에 의해 이용된 그 상황 밖의 사람으로부터 충고를 얻은 많은 증거들이 있었음을 우리는 볼 수 있다. 출애굽기 18장은 조직적 상담을 기록한다. 모세의 장인 이드로(consultant)는 부족의 조직화를 하는 데 있어 그 일의 효율성과 효과를 증진시키기 위해 모세(consultee)와 협의한다. 예언자들은 이스라엘과 유다 리더들의 협의 상대였다. 그 나라가 예언자들의 자문에 주의했을 때 그들은 번영했지만, 반대로 그들을 경시했을 때 그들은 고통받았다. 예를 들어, 이사야에게 듣기를 거절한 왕 아하스의 결과는 앗시리아의 손에 의한 국가의 패배로 이어졌다(이사야 7장). 후에 왕 히스기야가 그 예언자의 충고를 주의했을 때, 그는 앗시리아를 물리쳤던 것이다(사36 - 39). 신약성서의 많은 부분, 특히 바울서신은 초대교회들에 대한 상담기록이다. 증거적으로, 그 교회들은 많은 주제들에 관해 그 사도로부터 조언을 구했다. 이것들은 교리(딤후), 목회(갈라디아서 6), 가정문제(고전6, 7), 인간관계(고전14, 롬12 - 14, 몬, 갈3 - 4), 경제(고후9) 그리고 정치적(롬13) 문제들을 포함한다. 바울은 그의 고린도 교인들에게 대한 첫 번째 편지의 7장에서 그들의 질문을 알리면서 시작한다. 분명히 그들은 다양한 성적인 문제와 결혼의 문제, 그리고 가정 문제들을 간주함에 대해 바울에게 편지를 썼었다(고전7:1 - 40). 교회 사회사업 컨설턴트는 전문가이다. 그 컨설턴트는 교회 현장으로부터 개인, 가족, 그룹, 조직 또는 공동체에 이르기까지 서비스의 전달에 있어 지식과 기술의 적용에 대한 숙련된 기술을 가진다. 그 의뢰자(consultee)는 사람의 특별화된 필요들을 다루는 공동체 안에 있는 교회, 기관, 조직에서 일하는 개인이나 개인들의 모임이다.

교회 프로그램 발전은 사업 경영과 조직 발전의 발판으로부터 기인된 상담과 문헌에 의지한다. 교회 성장과 교회 행정에 관한 대부분의 출판은 사업 경영 원리를 채용한다. 이것들은 더 큰 생산성과 효율성을 위해 개인 신상 등록과 훈련, 감독과 관리, 그리고 시간 관리 등과 같은 조직적 주제들에 중점을 둔다. 이것은 주일학교 반들의 숫자와 크기, 선생님과 다른 지도부 지원과 훈련을 위한 계획, 전도와 전도활동 지원, 건물과 다른 공간 배치, 그리고 예산 증가와 관리 등에 적용된다.

그러나 정신 건강 상담의 그 특별한 기여는 교회 사회사업을 위해 더 많이 적용할 수 있다는 것이다. 상담의 이런 타입엔 적어도 여섯 가지 일반적 특정이 있다(Parsons & Meyers, 1984). 첫째, 그것은 돕고 문제를 푸는 과정이라는 것이다. 예를 들면, 만일 한 교회가 최하의 임금 또는 그러한 일자리에서 일하고 있는 부모의 자녀들을 위한 데이케어(Day Care)를 필요로 하는 공동체의 요구를 동일시한다면, 그 협의의 초점은 낮은 가격, 질 좋은 데이케어의 필요, 교회와 아이 돌봄의 필요 안에 있는 가족들 모두에 대한 자원의 평가, 그리고 교회의 후원으로 데이케어 서비스의 공급을 위한 목표들, 목적들 그리고 작전들의 발전에 맞추어져야 할 것이다.

둘째, 이 협의는 다른 사람들의 안녕을 위한 책임성을 가진 의뢰자와 함께 일어난다. 교회는 보통 스트레스를 경험하고 있는 사람들에 대해 책임감을 가진다. 그들의 자녀들을 위한 양질의 데이케어를 필요로 하는 부모들이 행복의 위험에 처해 있는 사람의 그룹을 목사와 교회 회중의 스태프에게 말할 수도 있다.

셋째, 협의는 자발적인 관계성이다. 그 컨설턴트는 교회에 강제적으로 부과되지 않는다. 보통 그 스태프는 컨설턴트를 찾고 그 협의의 일치는 성숙한 동의에 의해서 이루어진다.

넷째, 컨설턴트와 의뢰자는 문제를 푸는 과정에서 의견을 교환한다. 그 협의 과정은 컨설턴트와 협의자 둘 다의 전문가들에 의뢰하는 것을 포함한다. 목사와 스태프는 보통 컨설턴트보다 더욱더 공동체와 친밀함을 가지고 그 회중의 기능하는 것에 관하여 전문가들이다. 컨설턴트는 서비스 전달과 프로그램 발전에서 전문가이다. 적당한 데이케어 프로그램을 발전시키기 위해 전문기술과 능력의 서로서로의 영역에 대한 성숙한 존경이 있어야만 한다.

다섯째, 협의의 목적은 현재의 문제해결에 있다. 교회 스태프는 데이케어의 필요를 알고 있지만, 그들은 아마도 계획하는 것과 서비스를 보충하는 것들에 대해서는 충분한 전문지식을 가지지 못하고 있을 것이다. 따라서 그 컨설턴트는 요구되는 전 기술과 필요에 역점을 두어 다루는 현실 사이의 모순 때문에 만들어진 문제를 해결하기 위하여 스태프와 함께 일한다.

여섯째, 그 의뢰자는 미래 문제가 더욱 기술적으로 조정될 수 있기 위하여 그 관계로부터 이득을 본다. 그 스태프가 이 상담으로부터 얻을 수 있는 분명한 배움은 데이케어 서비스의 계획과 전달에서 사용된 방법론이 다른 각도의 인간 필요에서 만나지는 프로그램을 발전시키는 데 적용될 수 있다는 것이다. 그 스태프는 그 지역에서 그들보다 더 나이 든 부모에 의지하는 돌봄을 제공하고 있는 가정들이 있음을 또한 발견할 수도 있다. 그들은 아이를 돌보는 성인들을 위한 프로그램의 발전에 아이들을 위한 데이케어 프로그램을 발전시킴에 사용된 것 같은 과정을 적용할 수 있다.

협의는 하루의 연수회의 형태로 이루어질 수 있을 것이다. 그것은 1회의

만남을 포함하는 것일 수도 있다. 그것을 몇 주, 몇 달(또는 몇 년)의 기간
으로 연장할 수도 있고 또는 그것을 한정적으로 늘릴 수도 있을 것이다
(Gallessich 1982; Caplan, 1970; Friedrich, 1990; Kadushin, 1977, Parsons &
Meyers, 1984; Vacher, 1976).

I. 교회 사회사업 협의를 위한 필요

　많은 교회들은 필요 안에 있는 사람들에게 서비스를 전달하고 발전 안에
있는 회중들을 인도할 목회사들을 고용한다. 일부의 목회사들은 선분석으로
사회사업, 목회 상담 또는 다른 정신 건강 훈련들에 교육된다. 일부 신학교
들은 교회 사회사업가들을 위한 특별한 교육 프로그램들을 가진다. 다른 신
학교들은 그들의 교육과정 안에 사회사업 훈련을 가지거나 이 현장에서 특
별한 훈련을 제공하기 위해 근접한 사회사업 대학원과 협력적 관계를 맺는
다. 그러나 이러한 신학교들이 대다수를 대표하지는 않는다. 훈련을 이용할
수 있는 곳에서조차 단지 소수의 신학생들만이 그것의 유익을 가지기 때문
이다.

　이것은 컨설턴트들을 위하여, 특별히 사회를 위한 목회를 하고 있는 교회
들 또는 필요한 리더십을 제공할 수 없는 성직자들을 위해, 그러한 목회를
발전시키기 원하는 사람들을 위한 필요를 제안한다. 심지어 그 교회의 리더
자 교육이 필요할 때조차 그 교회는 프로그램의 발전이나 진보 안에 도울
수 있는 외부의 컨설턴트의 서비스나 그 교회에 의해 전달될 수 있는 양질
의 서비스를 요구할 수도 있다.

　교회 사회사업 컨설턴트는 환경의 다양성 안에서 목회자나 교회 회중들
과 함께 일할 수 있다. 예를 들어 도심 목회의 발전 안에서 전문기술을 가
진 외부 컨설턴트는 도시와 변두리 환경 모두에 그 지역을 변화시키는 것
에 교회 서비스의 초점을 놓을 수 있다.

몇몇 도시의 도심 지역에서 고급 주택화가 발생할 때, 도심 거주자들은 더 오래된 변두리 공동체들로 이주한다. 이러한 변두리 지역들은 도심과 유사하게 더 적은 자기 소유의 집들과 직면한다. 이러한 현상과 함께 범죄, 마약, 알코올 남용, 십대 갱들, 매춘, 부의 저하, 그리고 공동체 등에 일반적 손실 등이 따른다. 공동체 중재에 훈련된 교회 사회사업가는 그 공동체 안의 공식적 그리고 비공식적 체제들과 함께 망상조직의 과정을 간주함에 숙련된 충고를 제공할 수 있다. 위험에 있는 특별한 주민들에게 목회구조활동의 프로그램을 발전시키는 것 또한 이 전문기술의 한 부분이다. 세상이 빠른 교통수단의 사용증가와 고도로 세련된 통신기술을 통해 더 가깝게 될 때, 대부분의 회중들은 그들이 다 문화적 공동체들에 위치해 있음을 발견한다. 전통적 목회들은 이러한 새로운 시민들 / 이주자들 / 난민들의 필요를 만날 수도 있다. 문화 교류 서비스 전달에 전문 지식과 훈련을 가진 교회 사회사업 컨설턴트는 이러한 회중들에게 매우 값진 존재일 수 있을 것이다.

예를 들면, 그 컨설턴트는 그 회중과 함께 있는 공동체 안의 새로운 거주자들과의 차이와 일반적 이해를 위해 회중의 선교위원회와 목회들을 도울 수 있을 것이다. 그 컨설턴트는 그때 그 공동체의 회원으로서 새로운 거주자들을 함께 포용하고 그들의 독특성을 알리는 문화적으로 예민한 서비스 프로그램을 발전시키기 위해 그 위원회를 이끌 수도 있다.

Ⅱ. 교회 사회사업 협의를 위한 모형

비록 사회사업 협의를 다루는 몇몇의 출판물들이 1936년까지 거슬러 가 있다 해도, 정신건강의 일반적 현장은 가장 중요한 모형들을 제공해 왔다. 그의 고전작품 『정신건강 상담의 이론과 실제』에서, 제럴드 카프란(Gerald Caplan)은 교회 사회사업 협의를 위해 여기서 제안된 모델의 기초를 이룰 네 가지 협의 형태들을 제안했다.

그들은 (1) 클라이언트 중심의 케이스 상담
         (2) 상담의뢰자 중심의 케이스 상담
         (3) 프로그램이 중심된 관리의 상담
         (4) 상담의뢰자 중심의 관리의 상담이다.

한 교회 사회사업가가, 아버지가 중독되고 다른 가족원들도 그것에 함께 의지하는 한 알코올 중독 가족과 일하고 있다. 그들은 술에 대해 함께 의지함에서 일어서기 위하여 그리고 그 중독을 조정하고 상담으로 도움을 받기 위해서 그 교회 사회사업가에게 온다. 그러나 그 교회 사회사업가는 알코올 중독으로 시달리는 가족들을 조정하는 것에 경험이 없다.

그 사람은 그녀가 곤경에 빠져 있다고 느끼고, 상담의뢰자 기관에 대한 관심을 가시고, 가족 치료에 경험을 가신 사람으로서 알코올과 마약지료 전문가인 사회사업가로부터 협의를 구한다. 그 컨설턴트는 그 클라이언트 조직과 함께 만나고 중재의 계획을 간주하는 권고사항들을 만든다. 그것이 클라이언트 중심의 케이스 상담이다. 그 중점 사항은 클라이언트의 필요와 그것을 효과적으로 다룰 수 있는 가능성 있는 중재의 계획에 있다(Kadushin, 1977).

이러한 협의의 형식은 전문적 관리의 과정에 기본이 된다. 그러나 거기에는 컨설턴트가 치료를 계속하기 위해 요구될 수 있는 환경들이 있다. 만일 위의 예에서 그 교회 사회사업가가 알코올 중독 아버지와 함께 가족 중재를 중간에서 조정하는 데 원활하지 못했다면, 그 컨설턴트는 그 중재를 관리하고 그 케이스를 담당하는 것에 요구될 수도 있다. 그 가족은 또한 그 중재 후에 상담을 위하여 그 교회 사회사업가를 만나기를 계속할 수도 있고 또는 그 컨설턴트가 진행하고 있는 이 케이스에 대해 그가 책임성을 가지기를 요청할 수도 있고 조정 후 그들을 의뢰자로부터 그 컨설턴트에게 보내는 일이 발생할 수도 있는 것이다.

III. 의뢰자 중심의 케이스 상담

위에서 언급한 상황에서, 만일 그 상담 의뢰자가 그에 의해 사용된 방법들과 기술들을 평가하기 위해 컨설턴트를 요구한다면, 그 협의의 초점은 상담의뢰자 중심이 될 것이다. 강조는 그 의뢰자에게가 아니고 특별한 의뢰자나 의뢰자 모임과 함께 행해져 온 그 상담의뢰자의 기술에 있다(Kadushin, 1977; Mannino, et, al, 1975).

이 협의의 형태 또한 전문적 관리 안에 사용된다. NASW(National Association of Social Workers) 같은 전문적 조직들은 보통 ACSW(Academy of Certified Social Workers) 안에 회원 자격을 갖기 위해 사회사업가의 실습에 대한 전문적 관리를 요구한다. AAFMT(The American Association for Marrage and Family Therapy; 결혼과 가족 치료를 위한 미국 연합회)도 임상 회원 자격을 위한 유사한 과정을 요구한다. 이 관리의 한 부분에 공식적 학력이 포함될 수도 있지만 그러나 중요한 것은 그 직업을 수행하는 동안 얻어져야만 하는 것이다.

상담, 결혼과 가족치료 또는 일반적으로 사회사업의 다른 형태들을 조절하는 법을 가진 주(states)들은 안정된 전문적 관리자 밑에서 적어도 2,000시간의 실습을 요구한다. 전문적 조직들의 회원자격을 위한 기준들과도 유사하게 주 자격증/졸업장 규정들은 보통 이러한 대부분 시간들이 심리학박사나 사회사업 석사학위같이 인정되는 최종의 학위를 받은 후에 얻어지는 것을 규정한다.

관리의 이런 형태는 종종 그 조직 밖의 컨설턴트로부터 받아진다. 그 컨설턴트는 케이스, 역사 탐독, 비디오테이프 관찰, 행위 안에 치료자 관찰, 그리고 그 작업자와 함께 그 모든 케이스들에 대해 토론하는 것들이 요구된다.

교회 사회사업에서, 의뢰자 중심 케이스 상담은 교회 현장의 복잡한 주제들을 다루는 데 있어 그 의뢰자에게 특별한 도움이 될 수 있다. 예를 들면,

그 컨설턴트는 대립적 가치와 윤리적 입장 또는 기밀성 주제 또는 그 의뢰자가 그 교회 위원회에서 교회 회원들을 섬기는 데 있어서의 전문적 실재와 연관된 문제들을 진행하는 것을 도울 수도 있다.

Ⅳ. 프로그램 중심의 관리의 상담

교회에 의해 요구된 대부분의 협의들은 프로그램을 만드는 데 있어 특별한 문제들에 관한 것이다. 전문가들은 그 교회의 목표 대상, 그 교회 모임의 지지자들, 그리고 이용할 수 있는 자원들(인적 경제적)을 연구한다. 예를 들어, 한 교회가 기숙사와 학생들, 교수 그리고 다른 스태프의 가족을 위한 아파트, 그리고 교실 건물들을 가진 한 주의 종합대학교에 의해 둘러싸여 있는 마을에 위치해 있다. 그 교회의 리더부는 이 사람들의 독특한 필요를 섬기고 그 공동체에 도달하는 것이 준비되지 않음을 느낀다. 교회 사회사업 컨설턴트는 그 대학교 공동체의 영적, 육체적, 감성적 그리고 관계적 필요를 그 교회가 평가하는 것을 돕기 위해, 그리고 이러한 필요를 대처하기 위해 만들어진 사회봉사 프로그램들을 위한 장단기 계획을 발전시키기 위하여 계약될 수 있다(Hasenfeld & English, 1974; Neugeboren, 1985; Tripod, et, al, 1978; Peters, 1987).

조직적 발전과 프로그램 평가 안의 기술들은 협의의 이러한 형태에서 컨설턴트에 의해 사용된다(Tripod, et, al, 1978; Litterer, 1973; Grinnell, 1981; Attkisson, et, al., 1978; Austin, et., 1982). 위의 예에서, 그 교회 사회사업 컨설턴트는 교회 건물과 재산의 이용, 계획 그리고 윤리적, 규범적 범위(옷의 양식들, 사회적 행동들 등)를 다룸에 그것의 목적 진술, 목표, 역사, 자아상, 조직의 형태 그리고 행정, 예배형태, 정책들을 시험함에 있어 그 교회에 용기를 북돋울 수 있을 것이다.

목적진술(Mission statement)은 여전히 이용되는가? 그 목적은 새로운 사람들의 필요를 포함하는가? 그 교회의 행정 구조와 이 새로운 사람들의 독특한 요구를 수용할 수 있는 충분한 유연성을 가진 행정적 정책들이 그것들을 이루어 갈 것인가? 예배 형식에 있어 얼마나 많은 변화까지 교회 회중은 참을 수 있는가? 음악과 예배의 다른 형식들이 수용될 수 있는가? 그 회중은 예배와 종교 교육을 위한 스케줄의 다양성을 환영할 수 있는가? 이 새로운 사람들을 섬기기 위해 만일 필요하다면, 수정해야 하나? 그것을 회중이 거절할 건물이나 땅의 '만질 수 없는' 지역이 있는가? 시간 계획은 낮과 밤의 다양한 시간에 건물과 소유물을 사용하는 것을 조정할 수 있는가? 만일 공동체 지역주민들이 예배시간에 느슨한 옷, 청바지, 반바지 또는 땀냄새 나는 옷 등을 입고 온다면, 그런 옷의 양식들은 환영받을 것인가? 아니면 그들이 타인의 눈치를 보게 될 것인가? 그들이 구체적으로 조정될 수 있게 하기 위해 실제적으로 구체적 규칙 안에 목적과 목표들이 적힐 것인가? 교회는 기꺼이 그러한 목회를 위하여 재정적 그리고 인적 자원을 필요에 맞게 배치할 것인가? 프로그램과 활동 안에서 변화와 추가를 위해 현실적으로 어떤 수단이 중요할 것인가?

V. 의뢰자 중심의 관리의 상담

프로그램들이 문제들을 유발시킬 때 혹은 그들의 목적에 부합하지 못할 때 회중들의 삶에는 틈이 생길 수도 있다. 컨설턴트는 그 스태프가 관리의 다양한 양상을 연구하는 것을 도울 수 있다(Attkisson, et, al., 1978; Aussin, et. al., 1982). 그 컨설턴트는 인구 통계라든지 조직적 목표 같은 이유들에 반드시 주의를 집중시킬 필요는 없다. 대신에 그 컨설턴트는 인도 스타일, 자원 취득과 함께 할당, 구제활동 방법, 공적 관계, 시간 계획, 모임의 활동력, 관계 기술, 스태프 충돌 해결과 관리 같은 주제의 연구 쪽으로 주의를 돌려야 한다(Mannino, et. al., 1975; Kadushin, 1977; Kelley, 1981; Gintberg

& Reilley, 1966; Beisser, 1972). 대학 공동체에 의해 둘러싸여 있는 그 교회의 예에서 그 목회자들이 예배와 종교적 교육 그리고 그 교회에 의해 제공되는 목회 사역에 의한 유익을 가지고 있는 단지 소수의 학생, 교수 그리고 직원들과 관련이 있다고 상상해 보자. 그 교회 사회사업 컨설턴트는 그 공동체가 응답하고 있지 않는 이유를 발견하는 것을 도울 수 있을 것이다. 설교 스타일, 음악 또는 성경 공부의 가르치는 스타일들이 이들의 공동체 그룹들의 필요들에 부합하지 않기 때문일 수도 있다. 목회 프로그램들 안에서 일하는 지원자들이 문제가 되는 태도들을 가지고 있을 수도 있다. 예배의 시간 계획이 편리하지 않을 수도 있다. 그 대학 공동체가 그 예배에 대해 인지하지 못하고 있을 수도 있으며 동시에 그 예배들이 파악된 필요에 부합되지 않을 수도 있다. 컨설턴트는 그 의뢰자가 비효율의 원인을 발견하고 필요한 변화들을 만드는 것을 도울 수도 있다.

대부분 교회 회중들은 내부 컨설턴트들을 이용하는 경향이 있다. 내부 컨설턴트는 그 회중 안에서 함께 일하고, 상황을 연구하고 그 회중의 프로그래밍 또는 봉사 전달 과정 안에서 변화에 대해 추천할 수 있는 식견이 있는 사람들이다. 내부의 사람 또는 '조직 내' 컨설턴트는 그 교회, 기관 또는 행정, 그 상황의 이해, 배경, 자원들 그리고 상세한 지식 처리와 교회, 기관, 행정과 함께 경험의 지속성 등에 대해 더 많이 아는 장점을 가진다 (Gallessich, 1982).

정의에 의하면, 지역 행정의 스태프로서 교회 사회사업가들은 그들 지역 안에 있는 조직적인 회중들에 컨설턴트로서 봉사한다. 그들의 일은 교회 사회봉사 계획과 전달의 다양한 양상들에 대해 상담을 위한 목회자들이나 회중들로부터의 요구에 응답하는 것이다.

반면에 조직 내 컨설턴트를 사용하는 데에는 몇 가지 불이익이 있다.

첫 번째, 교회, 기관 또는 행정부가 그 컨설턴트의 수입을 제공하고 있을 수 있으므로 컨설턴트들은 더욱더 위축되고 주의를 기울이는 일에 빠질 수도 있다. 두 번째, 다루기 힘든 문제들은 그 컨설턴트와 의뢰자 모두에게 위협이 되는 것 때문에 피하여질 수도 있다. 세 번째, 컨설턴트들은 '그들 자신의 땅에서 예언자'가 되는 것을 시도하고 있기 때문에 그 협의를 정당화시키는 것에 어려움을 찾을 수도 있다. 네 번째, 비록 그들이 내부 컨설턴트의 상담을 받아들인다 할지라도 다른 스태프들은 외부자들의 더 폭넓은 전문기술에 공로를 돌리려는 경향이 있다. 다섯 번째, 계급적 상태는 상급자가 낮은 지위의 사람이 가지고 있는 전문지식이나 기술을 평가절하하려는 것 때문에 민감한 주제가 된다. 예를 들면, 목사는 교회와 관련된 또는 신학적 문제들에 있어서는 교회 사회사업 컨설턴트의 그것보다 더 우월하다고 느낄 수 있고, 따라서 그 협의를 통해 얻어진 새로운 정보의 가치를 떨어뜨릴 수 있다. 여섯 번째, 객관성은 그 컨설턴트와 의뢰자에게 어려움이 될 수도 있다. 일곱 번째, 컨설턴트와 의뢰자들은 역할 충돌을 포함할 수 있는 이원적 관계성을 가질 수 있다(Gallesich, 1982). 예를 들면, 그 의뢰자는 고용자로서 그 컨설턴트를 관리하는 인사 위원회의 책임자일 수도 있다는 것이다. 그 의뢰자 조직에 대해 재정적으로, 사회적으로, 정치적으로 독립적인 컨설턴트가 전통들을 도전하면서 어떤 사람도 전에 제기하는 것을 고려치 않았던 질문들에 '분명한' 답을 요구하거나, 직원 또는 회중의 한 회원에게 위협이 될 수도 있는 정책 변화 같은 위험들을 쉽게 저지를 수도 있다는 것이다.

컨설턴트가 협력의 결핍에 원인이 되면서, 그 스태프 안에 적의를 야기할 수 있는 중요한 변화들을 제안했을 때와 같은 부정적 상태가 발생해야 한다면, 그들의 일시적 관계는 교회 또는 컨설턴트 어느 쪽이든 파괴하는 것을 허락한다. 결국, 거의 부득이하게 그 의뢰자는 책임의 자유를 이용할 수 있는 그들보다도 고용된 컨설턴트의 공헌을 가치 있게 여기게 되는 것이다 (Gallesich, 1982).

회중 밖으로부터의 전문기술을 필요로 하는 상황들이 있다. 교회 사회사업 컨설턴트들은 교회 회중이 가족의 삶의 무대 이전, 이혼 적응, 물질남용 그리고 스스로 또는 가정 내의 다른 중독들, 가정폭력, 성적 남용, 투옥, 병, 강간, 가족원의 자살, 여러 가지 정신적 병의 형태들과 연합된 문제 등과 같은 다양한 개인적 가족적 위기들을 경험하고 있는 사람들에 대해 이들을 위한 목회 프로그램들을 착수할 때 그것이 매우 귀중한 것임을 증명할 수도 있다. 그 교회 사회사업 컨설턴트는 그 교회 리더에게 훈련 교재에 대해 언질 할 수도 있고 평신도 인도자들을 훈련하는 것을 도울 수도 있으며, 지지 그룹 리더들을 훈련하고 이러한 사람들과 가족들에게 다가가고 목회에 대한 다른 전략들을 발전시키기 위해 교회들을 도울 수도 있다.

Ⅵ. 교회 사회사업 상담 과정 안에서의 단계들

Lippitt(1978)는 여섯 단계의 상담 과정을 수장했다. 접촉과 입문, 계약 공식화와 돕는 관계 설립, 문제 확인과 진단적 분석, 목표 설정과 계획, 실재 진행과 순환적 피드백, 그리고 계약 완성(지속, 지지 그리고 종료) 이러한 단계들은 돕는 과정(helping process)에서 유전적이다.

그 목사와 회중의 리더들은 교회의 지역 연합을 위한 '크리스천 사회 목회의 감독'(the Director of Christian Social Ministries)에 상담을 의뢰했다. 그 회중의 정기적 목회 프로그램의 비효율성, 즉 근접한 이웃의 가족들과 청년들의 삶 안에 중요한 변화들을 만들고자 했던 노력이 별 성과를 드러내지 못했기 때문이었다. 반대로 가정 폭력은 증가하고 있었고 물질 남용은 이 지역에 있는 젊은 성인과 청년들의 많은 부분 가운데 평범한 것이 됨이 드러났다. 이들 중 많은 사람들이 한때 교회 데이케어와 데이 스쿨 교육 목회 그리고 주일학교 프로그램의 한 일원이었다. 그들은 가족 중재 프로그램의 발전에 박차를 가하기 위해 외부 컨설턴트를 고용하기로 결심했다.

Ⅶ. 초기 접촉 만들기

그 컨설턴트가 내담자 중심의 케이스 상담과 의뢰자 중심의 케이스 상담에서 직접서비스의 전문가이든지 또는 프로그램 중심의 관리 상담 또는 의뢰자 중심의 관리 상담에서처럼 관리와 계획 전문가이든지 간에, 협의 관계로의 입문은 중대한 것이다. 비록 그들이 전문적 컨설턴트로서 자기 자신을 공식적으로 동일시하지 않는다 할지라도, 많은 사람들은 도움을 그들에게 요청했던 친구들이나 다른 사람들의 요구에 의해 협의 역할로 들어오게 된다. 종종 그들은 개인적 케이스 또는 기획, 프로그래밍 또는 관리와 같은 문제들과 함께 협력자를 돕는 것에 의해 조직 내 컨설턴트로 시작한다. 또 다른 이들은 훈련과 경험을 받은 후에 직업으로서 정신건강 상담의 분야에 입문한다(Beisser, 1972; Caplan, 1980; Kadushin, 1977; Kelley, 1981; Mannino, et. al., 1975; Parsons & Meyers, 1984; Vacher, 1976).

전형적으로, 그 잠재적 의뢰자는 처음 움직임을 컨설턴트를 고용하는 것으로 출발한다.

필요를 인지하고 있는 그 의뢰자는 초기 접촉을 하고 그 상황을 토의하기 위해 약속을 한다. 그 컨설턴트는 의뢰자의 상황의 변화를 위해 필요를 분명히 하고 확인한다. 그다음 작업은 변화를 위해 의뢰자 또는 그 의뢰자 회중의 준비를 결정하는 것이다(Beisset, 1972). 이러한 답사 기간 동안, 선견지명이 있는 컨설턴트와 의뢰자는 그들이 생산적인 협의를 위한 가능성 있는 사람들을 가지고 있는지 아닌지를 결정한다.

내부도시 교회 목사는 그의 교단의 가정 선교협회와 접촉했다. 그는 여섯 달에서 열 달 동안 그 교회의 컨설턴트로서 봉사하기로 동의한 한 교회 사회사업 컨설턴트와 함께 교섭 안에 놓였다.

Ⅷ. 전문적 관계 공식화와 계약 발전

비록 그 컨설턴트가 친구이며 협력자라 할지라도 그 관계는 효율성을 위하여 공식화되는 것이 필요하다. 그것은 그 협의의 변수를 한정하는 서로의 동의가 명문화되어야만 한다는 것이다. 그 컨설턴트와 의뢰자 둘 다 이 관계성 때문에 목표로 하는 것이 무엇인지에 대한 분명한 생각을 가져야만 한다. 다음과 같은 질문들이 대답되어야만 한다. 누가 무엇을, 언제, 어떻게 그리고 누구의 주도 밑에서 이루어질 것인가? 어떤 자료, 재정적 자원들, 장치, 공간 그리고 인원들이 그 컨설턴트의 주도 아래 있게 될 것이고 또는 포함될 것인가? 누구에게 그 컨설턴트는 보고할 것인가?

계약은 포함된 그 당사자들 사이의 비공식적이며 구두적 동의일 수도 있다. 그러나 이제까지 축척된 경험은 문자화된 계약 안에서 위의 질문들에 특별한 대답들을 놓는 것이 더욱 바람직하다는 것을 가르쳐 왔다. 그 컨설턴트가 문자화된 동의를 기초할 수도 있고 또는 그 의뢰자가 그것을 할 수도 있지만, 양자는 그것이 유효되기 전에 미리 동의 안에 있어야만 한다 (Beisser, 1972; Caplan, 1970; Gallessich, 1982; Kadushin, 1977; Parsons & Meyers, 1984).

초기 계약은 발전되었다. 그 회중은 일시의 사무실 공간, 사무실 필요품들, 상비군, 서기 비서, 전화라인(후에 그 컨설턴트의 일의 밖에서 발전된 프로그램을 위한 전화번호가 될 수도 있는), 우편비용, 서류정리 캐비닛 그리고 타자기 등을 제공했을 것이다. 그 컨설턴트는 모든 회원 기록을 접근할 수 있고 모든 스태프 직능에 참여하면서 일시 고용된 지원으로서 봉사했을 것이다. 그 지역 행정과 더불어 그 회중은 여행경비를 포함하여 그 협의를 위해 재정적 자원을 제공했을 것이다. 그 컨설턴트는 그 회중과 공동체의 필요를 연구했었을 것이고 그 회중과 행정부에게 정기적 보고서를 만들었을 것이다. 자문위원회는 목사와 교회 스태프의 회원에 의해 지정되었을 수도 있고 그 행정부는 직권상 회원들로서 위원회 모임에 참석할 수도 있었을 것이다. 그 위원회의 모든 회원들은 수집된 정보에서 그 컨설턴트를 도왔을 것이고 그 회중의 다양한 양상들에 관해 피드백을 제공하고 발전되는 목회의 형태에 대해 도움을 주었을 것이다. 그 행정부의 도움과 함께 그 회중은 그 협의로부터의 어떤 제안들을 채용하고 보충할지 말지를 결정할 책임을 가졌을 것이다.

교회 스태프와 지정된 위원회와의 만남 후에 컨설턴트는 그 계약의 각 요소를 상세화했고 임시 계약서를 기초했다. 그것은 회중, 스태프 그리고 행정부가 할 수도 있는 것들을 말한다. 또한 그 컨설턴트의 역할이 그 협의의 모든 요소들에 대해 가능한 많은 것들을 상세화했다. 이것은 찬성을 위해 그 회중에게 제출되었고 그것을 다듬었던 자문위원회에 제출되었다.

Ⅸ. 문제 확인과 분석

알링턴(Arlington)에 있는 텍사스 대학의 사회사업 교수 Peter Gaupp는 자신이 하기를 원하는 것과 자신의 지지자들이 누구인지를 아는 것이 중요한 것처럼, 누가 반대자들이며 그들 반대의 기본이 무엇인지 아는 것 또한 매우 중요하다고 진술한다. Lippitt(1978, p.17.)는 이 과정을 '힘 – 분야 진단'(force – field diagnosis)라고 언급한다. 각 클라이언트 조직 안에 있는 일터에서 힘과 반대세력들은 정의화되는 것이다. 협의 안에서 정해지는 것이 필요하다. 예를 들어 이 경우에서는 가정목회의 발전에 저항하였던 어떤 회중 리더들이 있었는지 아닌지 아는 것은 매우 중요하다. 만일 그랬다면, 그들의 반론들의 원천은 무엇이었겠는가? 그 목회의 발전을 지지하기 위하여 그들을 납득시키는 것은 가능하였는가?

문제 확인은 그 클라이언트 조직에 대한 적당한 정보를 모음에 의해 시작해야만 한다. 이것은 (1) 삶의 각 영역에서 기능함의 수준(영적, 육체적,

정신적, 정서적, 관계적 그리고 경제적), (2) 역기능의 가능한 원인들(인격적 제한성, 환경적 결핍, 규칙, 규례, 실제들 또는 위기나 재해) 부가적으로, 그 컨설턴트는 그 클라이언트 조직이 이미 그 문제를 해결하기 위해 하고 있었던 일들에 대해 그 중재가 어떻게 잘 진행되고 있고, 왜 수행되고 있는 일들이 요구되는 결과로서 생산되지 않는지에 대하여 의뢰자와 함께 일해야만 한다(Attkisson, et. al., 1978; Austin, et. al., 1982; Bloom & Fischer, 1982; Fine & Wiley, 1971; Grinnel, 1981; Litter, 1973; Neugeboren, 1985; Tripod, et. al., 1978).

그 컨설턴트의 첫 번째 작업은 가까이 존재하는 이웃의 다양한 사회문제들에 대한 정보를 수집하는 것이었다. 그는 그 목사에 의해 원래 제시되었던 보는 관심들에 대해 특별한 자료들을 주었던 그 공동체의 필요에 대한 연구가 최근에 있었던 것을 발견했다. 그는 부가적이고 더욱 새로운 자료와 이러한 문제들에 대한 태도들을 알기 위해 공동체 사회 서비스 기관들과 접촉했다. 새로운 서비스 전달조직의 발달이 일부의 서비스 제공자들에 대해 위협하는 것으로서 인식될 수 있으므로 그는 교회에 의해 제안된 가족 목회 프로그램이 가질 수 있는 지지와 반대의 수준을 결정하기 원했다. 그는 거기에 대한 일반적 지지는 있지만 심리학자들이 과잉 상태이므로 그 공동체에 다른 상담자들과 다른 프로그램을 부가하는 것은 정신건강 자원(가격과 보험 지불)들을 위한 부가적 경쟁으로서 인식될 수 있다는 것을 발견했다.

그는 알코올 중독과 다른 물질 남용이 그 국가 평균을 넘어서는 주요 문제임을 발견했고 이혼과 다른 형태의 가정 역기능은 국가 평균과 비슷하거나 상회함을 또한 발견했다. 가정폭력사건은 같은 규모의 공동체들에 대해 국가 평균보다 놀랄 만하게 더 높게 나타났다. 비록 그 공동체가 다 문화주의였고 이들의 문제들이 한 민족의 그룹 안에 집중되어 나타나지는 않았지만 그 공동체를 통틀어 넓게 분포된 것이다.

그 회중에 대한 연구는 그 멤버십과 관련된 가족원들 간의 가족 역기능에 대한 관심을 드러냈다. 그들은 또한 그 공동체에서 역기능적 가정에 대한 관심을 표현했다. 중년과 장년은 젊은 성인들이 남편 - 부인 관계와 아이양육 기술에 대해 관심을 가지는 데 반해 부부간 불화와 이혼에 더욱 관심이 있었다. 홀부모의 아이 양육에 대해서도 높은 관심이 있었다. 그 컨설턴트는 그 공동체 안에 사람들이 영적인 문제에 대해 지극히 관심이 없음을 또한 발견했다. 이것은 정신건강 서비스 제공자들 사이에서도 엄연한 사실이었다. 한 종교의 예배에 참석하는 비율이 국가 평균에 분명히 밑돌았고 정신병 사건은 국가 평균에 근접해 있었다. 문자 해독 수준은 평균보다 약간 높았고 비록 생활비가 국가 평균의 것보다는 분명히 위였지만 수입 수준은 평균을 약간 밑돌았다. 적당하고 알맞은 주택 공급은 알아내기가 어려웠다. 이혼율은 국가 평균보다 약간 높은 수치를 기록하고 있었다. 그 교회는 이미 공동체의 필요 중 몇을 다루고 있었고 거기에 대한 프로그램을 제공하고 있었다. 긴급식량과 의복 문제는 매우 잘 기능하고 있었다. 지역 연합은 문자 해독과 직업훈련 프로그램을 교회 안에서 운영했다. 이혼에 대한 적응과 지지 그룹들은 지역 조직의 인도 아래 교회 안에서 만났다. 그 교회의 데이케어와 취학 전 프로그램은 우수한 공동체 봉사로서 평판을 얻고 있었다.

Ⅹ. 중재 전략 계획하기

인구 통계와 다른 정보를 모으고 연구한 후, 그 컨설턴트와 의뢰자는 함께 그 중재의 목적을 고안하거나 새로운 목적과 목표들을 공식화한다. 이러한 목적과 목표들은 "적합한 가정 서비스를 제공하기 위하여 본원은 교회 사회사업가와 그 동역자들의 봉급을 담당키 위해 충분한 양의 자금조달을 요구할 것이며 이것은 곧 직원회를 유지키 위해 클라이언트의 요금에 의지하는 짐의 무게를 경감하는 효과를 거두게 될 것이다."와 같이 행위 동사들과 특별한 결과를 사용하면서, 동시에 행위의 전문용어로서 진술되어야만 한다. 목적과 목표들은 정당해야만 한다. 그것은 그들의 성취(또는 그 성취의 결핍)가 분명해야 한다는 것이다. 예를 들어, 자금조달이 정리되고, 그양이 그 사회사업가와 동역자들의 봉급을 감당하기에 충분한 양일 때, 그목표는 도달될 것이고 알맞은 것이다. 클라이언트에게 요구된 요금은 그 프로그램을 운영하는 데 결정적인 것이 안 될 것이며, 따라서 그 클라이언트가 제공할 수 있는 수준이 측정될 수 있다. 목표와 목적들은 그것들을 성취하는 것에 익숙해져 있을 특별한 행동 전략의 발전을 이끈다. 이러한 전략들은 (1) 무엇에 의해 수행되어야 하는지, (2) 언제 그것이 수행되어야 하는지, (3) 누구에 의해 수행되어야 하는지, (4) 어떻게 수행되어야 하는지, (5)그 행동이 어디서 발생할 것인지, (6) 무슨 자원(경제적 인적)이 사용될 것인지, (7) 어떤 교수와 과정들이 누구의 직접 관리하에서 따라와질 것인지를 나타낸다.

목적 진술은 기초로 만들어졌다. 목적과 목표들은 문자화되었다. 특별한사람에 의해 특별한 시간에 발생될 계획의 윤곽을 그린 차트와 함께 행동전략은 발전되었다. 이것은 획득, 할당 그리고 그 프로그램이 발전할 때 특별한 자원들을 사용하는 것을 포함했다. 일 묘사는 특별한 기능, 책임성 그리고 각각 위치에 대한 관리의 관계들을 상술하는 것으로 쓰였다. 이 보고서는 공식적 찬성을 위해 그 회중에 제출되었다. 위원회와 스태프들과 함께일하고 있는 그 컨설턴트는 회중의 자원을 이용하면서, 나타내질 수 있는관심의 특별한 분야들을 확인했다. 이들은 프로그래밍의 세 단계를 포함했다. (1) 부유하게 하기(enrichment). 그것은 회중과 공동체 안에 건강한 가정조직들을 존재케 하는 것을 강하게 하기 위한 프로그램을 의미한다. (2) 예:그것은 가능성 있는 가정 역기능을 예견하는 것이며 가정 의사소통과 문제해결, 가정 재정 등에 대한 단기 훈련, 그리고 부부 수양회, 장년 수양회,청소년 수양회, 가정 수양회 같은 활동들을 의미한다. (3) 치료, 그것은 역기능적인 개인, 가정, 그룹 등을 위한 이용 가능한 상담 서비스를 만드는것이다.

XI. 활동과 피드백 제공

협의는 계획과 활동 전략의 전개와 함께 끝이 난 것이 아니다. 이것들은 그 과정에서 미리 예견된 지점에서 평가되어야 하고 이해되어야 한다. 협의는 그 계획들을 이행하는 것에 책임이 없다. 그러나 계획이 이행될 때 그 컨설턴트는 그것들을 모니터하고 중재 또는 프로그램의 효과와 효율성에 대해 의뢰자에게 피드백을 제공한다. 수정을 위한 추천들이 그 컨설턴트에 의해 만들어진다. 이것들은 개정하는 활동 계획과 부가적인 자원 동원을 위한 제안을 포함한다. 그 의뢰자는 그때 그들의 이행에 대해 책임을 가진다. 컨설턴트는 이를 위해 남아 있고 그 중재의 발전을 위해 모니터하기를 계속한다.

가정 목회 프로그램은 관리자가 되는 그 교회의 회원이었던 한 사회사업가에게 도움을 얻었다. 임상 심리학자였던 또 다른 회원은 상담의 시간제 관리자가 되었다. 그 프로그램은 자녀 양육 교실, 젊은 성인 부부 수양회, 성인 자녀와 그들의 노부모들 사이의 관계를 위한 교실, 회중과 가정을 부유케 하는 교실, 독신 성인 지원교실, 그리고 홀부모 자녀양육교실 등을 제공한다. 성인-아이 역기능 가정 지원 그룹은 그 상담 프로그램 안에서 몇몇의 클라이언트에게 관심을 가진 결과로서 시작했다. 각각 행사 후에, 컨설턴트는 그 프로그램을 분석했고 장래 프로그램을 위한 추천을 만들었다. 그 컨설턴트는 그 위원회와 만나기를 계속했다. 그는 또한 가정목회 프로그램 스태프를 훈련하고 관리하는 것을 계속했다. 부가적 사회사업가들, 목회 상담가들, 그리고 심리학자들이 상담 서비스를 제공하고 교육적 프로그램을 인도하기 위해 협력되었다. 이들 중 일부는 그 회중의 회원들이었고, 일부는 그 공동체에 있는 다른 교회들의 회원들이었다. 진찰 후 다시 전문가에게 보내지는 관계(Referal relationship)는 다른 사회 서비스와 함께 그 공동체에 있는 정신 건강 제공자들과 함께 발전되었다. 그 프로그램 초기 단계의 클라이언트 인구에 대한 분석에서 30%가 그 회중들로부터 나왔다는 것이 드러났다. 40%는 다른 교회 회중에 의해 위탁된 크리스천이었다. 그리고 30%는 스스로 위탁되거나 다른 기관이나 교회의 직원들에 의해 위탁된 비기독교인이었다.

XII. 종료와 평가

협의의 종료에서 취해지는 첫 번째 일은 계속적 지원 계획의 전개이다. 그것은 만일 미래에 그 컨설턴트에 대해 지속적 필요가 요구된다면 어떻게 그 컨설턴트의 부가적 이용을 만들 것인가? 하는 문제이다. 만일 그 컨설턴트가 더 이상 그 교회에서 이용될 수 없다면, 이것은 분명하게 언급되어야만 한다. 그러나 만일 그 컨설턴트가 사전 기본 위에서 유용하게 이용될 수 있다면, 가능하다면 문서 안에 어떤 약속 등을 위해 그 조건이 만들어져야 한다.

클라이언트 중심 케이스 상담은 일반적으로 그 필요가 요구될 때 부가적 상담을 위해 그 가능성을 남긴 채 단기간 후에 종료될 것이다. 다른 케이스 상담들은 그 상담이 중심이 되었던 그것을 대신할 수도 있다. 상담의 이런 형태를 위한 계약은 컨설턴트와 의뢰자 양자에 의해 동의되고 명확하게 진술되어야만 한다.

관리와 프로그램 중심 상담은 다른 형태의 종료를 의미한다. 조직 내부자는 그 컨설턴트가 행했던 일, 프로그램이나 조직화의 과정을 평가하고 모니터하는 일 등을 수행하기 위해 훈련되어야만 한다. 일반적으로 그 협의는 가이드라인의 미리 예견된 계획에 따라서 점차적으로 종료될 것이다. 그 의뢰자는 미리 계획된 대로 점차적으로 예산을 줄이고 또 때때로 다른 외부 도움자들을 포함하는 것을 고려한다. 그 컨설턴트는 협의의 과정과 결과를 보도하는 마지막 보고서를 산출한다. 의뢰자는 축하 행사를 계획할 수도 있고 거기서 그 컨설턴트는 마지막 보고서를 발표한다. 컨설턴트와 의뢰자가 함께, 아마도 연간 재검토회기와 함께, 지속 계획을 발전시킨다.

아홉 달 후에 그 협의는 종결되었다. 지역, 지역 내 컨설턴트들은 그 계획을 계속하기 위해 함께 일하기 시작했다. 그 컨설턴트는 마지막 보고서를 그 회중에게 만들어 보고했고 그 센터를 위해 가동 매뉴얼을 발전시켰다.

XIII. 결론

대부분의 교회는 그들의 스태프 위에 교회 사회사업가들을 고용하기 위한 자원을 가지지 않는다. 그러나 그들은 이러한 문제들의 결과로 고통받거나 그 문제들에 의해 위협받고 있는 가정에 방문하는 경험과 압도적 사회 문제들을 경험하는 일 등 공동체의 심장 안에 그들 스스로가 놓여 있음을 발견한다. 종종 이 가족들은 그 교회 회중의 회원들이다. 많은 교회들은 돕기를 원한다. 그들은 존립을 위해 그들의 실제 이성의 중심에 있는 고통받는 개인들과 가정을 위해 목회를 한다. 협의를 통해 교회 사회사업가들은 그들이 돕기 위해 할 수 있는 것의 통찰을 획득할 수 있도록 도울 수 있고, 돈과 설비, 소명과 자원자들을 헤아릴 수 있도록 도울 수 있으며, 그리고 예수의 이름 안에 효과적인 방법들 안에서 그들이 돌보기 위해 필요로 하는 기술과 지식들을 얻을 수 있도록 도울 수 있다.

4장 사회복지적 입장에서 본 한국교회의
나아갈 방향

Ⅰ. 들어가는 말

현대의 한국교회는 바람직하지 못한 모습을 보여 주고 있다. 흔히들 한국교회를 가리켜 외형적인 성장을 추구한다고 한다. 어느 때부턴가 한국교회는 성전건축을 목표로 움직이게 되었다. 마치 성전건축이 제대로 안 된 교회는 부흥되지 못한 교회이며 능력 없는 목사로 인해 은혜받지 못한 교회로 인식되고 있다. 그러나 현대의 한국교회는 외형적인 성장에도 불구하고 점점 교인이 감소하고 있다. 이것은 부흥되는 모습이 아니며 은혜받는 모습이라고 할 수 없는 것이다. 교인들의 대다수는 성전건축으로 인한 헌금에 부담을 느끼고 또한 시험에 들어 외면하고 멀어져 가고 있는 실정이다. 그렇다면 현대 교회가 무엇을 잊고 있는 것일까? 그것은 바로 예수님의 삶을 제대로 실천하지 못한 것이라고 말할 수 있다. 예수님은 우리를 위해 가장 낮은 자의 모습으로 이 세상에 오셨다. 또한 예수님의 삶은 가장 낮은 자를 찾아다니셨고 소외되고 불쌍한 자를 찾아 함께하셨다. 간음한 여인, 실로암의 소경, 세족식, 우리의 죄를 위해 죽으심, 이 모든 것을 볼 때 예수님은

Diakonia의 삶을 추구하셨다. 특히 (세족식을 통해) 예수님은 수건을 두르시고 제자들을 위해 세족식을 하셨다. 이스라엘에서 세족식은 가장 낮은 종이 하는 일인데 예수님은 그 가장 낮은 모습을 직접 제자들에게 실천하신 것이다. 따라서 예수님이 수건을 두르고 세족식을 한 것처럼 교회가 수건을 두르고 섬기는 모습이 되어야 하며 교회를 섬기는 자들도 낮아져야 할 것이다. 그러므로 현대 교회는 진정한 예수님의 삶을 실천하지 못하고 있었던 것이다. 즉 예수님의 사회복지적인 삶을 교회가 실천해야 할 것이다. 이것이 현대 교회가 나아가야 할 방향인 것이다.

그렇다면 현대 교회가 나아가야 할 방향은 어떻게 정의되며 어떻게 진행되어야 할지를 알아보고자 한다. 먼저, 성서로 본 사회복지적 입장과 기독교로 본 사회복지적 입장과 한국교회의 사회복지적 입장을 통해 이론적인 개념을 파악할 필요가 있다고 본다.

II. 몸말

1. 성서로 본 사회복지적 입장

구약성서를 통해서는 모세(Moses)의 율법과 예언자의 기록에 의하여 알수 있는데 모세의 율법이라고 하는 것은 모세가 시내산(Sinai)에 올라가 여호와 신으로부터 계시를 받은 경전으로서 당시에는 종교와 율법은 하나였으며, 그것을 지키는 것이 신성한 의무로서 규정되어 있었다.

모세의 율법은 대개 두 가지 부분으로 분류할 수 있다. 첫째, 인간이 신에 대한 의무이며, 둘째, 인간과 인간과의 관계, 즉 이웃이나 동포에 대한 의무를 규정하고 있다. 신에 대한 의무의 관습으로서, 예를 들면 자비를 베풀어 인간을 구제하는 것과 같이 우리 인간은 신을 사랑하는 것을 실증하지 않으면 안 된다는 사상이다. 이웃에 대한 의무로서 사회사업에 관한 것으로는 다음과 같은 것을 들 수 있다. "이방 나그네를 학대하지 마라. 너희도 애굽에서 나그네로 있었으니라. 과부나 고아를 해롭게 하지 마라. 만일 조금이라도 그들을 해롭게 하면 내가 반드시 그 부르짖는 소리를 듣고 진노하여 너희를 칼로 죽여 너희 아내도 과부가 되게 하며, 너희 자녀도 고아가 되게 하리라."(출애굽기 22:21~24) "나의 백성 너희 중에 가난한 자에게 금전을 꾸어주거든 빚진 자로 대우하지 말며 변리를 받지 말고 이웃의 옷을 전당잡거든 일몰 전에 돌려보내라. 살을 가리는 옷이 이것뿐이니 무엇으로 그 몸을 덥고 자리오. 나는 자비한 자라 저희들이 부르짖으면 내가 들으리라."(출애굽기 22:25~27) "6년 동안은 너희 전답에 파종하여 그 산물을 거두고 제7년에는 묵혀두어 가난한 백성으로 경작하여 먹게 하고 그 남은 것은 들짐승으로 먹게 하라. 포도원과 감람원도 그러할지니라. 6일 동안은 네 일을 하고 제7일에는 안식하여 네 소와 나귀도 쉬게 하고 노복과 이방 나그네도 휴식하게 하라."(출애굽기 23:10~12)

신약을 통해서 보면 "너희 안에 이 마음을 품으라 곧 그리스도 예수의 마음이니 그는 근본 하나님의 본체시나 하나님과 동등됨을 취할 것으로 여기지 아니하시고 오히려 자기를 비어 종의 형체를 가져 사람들과 같이 되었고 사람의 모양으로 나타나셨으매 자기를 낮추시고 죽기까지 복종하셨으니 곧 십자가에 죽으심이라."(빌립보서 2:5~8) 바울의 섬김의 신학은 예수의 십자가 사건과 그것을 전제로 하고 있는 그의 십자가 신학에서부터 시작된다. 그리스도인들의 섬김의 출발점은 사랑(아가페)이요, 그 목표점은 세상 화해와 평화(에이레네)에 있다. 바울을 사로잡았던 예수의 영에 사로잡힌 교회는 과거나 지금이나 묵묵히 세상 속에서 화해와 섬김을 실천하는 '디아코니아형 교회'이다.

"네 마음을 다하고 네 목숨을 다하며 힘을 다하며 뜻을 다하여 주 너의 하나님을 사랑하고 또한 네 이웃을 네 몸과 같이 사랑하라."(누가복음 10:27) 율법사의 "누가 나의 이웃이냐"고 다시 하는 질문에 예수는 강도를 맞아 신음하는 객을 도와준 사마리아사람의 예를 들어 이웃의 개념을 예시했으며 도와주는 사례를 들어 확실히 해 주었다. 즉 "어떤 사람이 예루살렘에서 여리고로 내려가다가 강도를 만났다. 강도들은 그 사람이 가진 것을 모조리 빼앗고 마구 두들겨서 반쯤 죽여 놓고 갔다. 마침 한 제사장이 바로 그 길로 내려가다가 그 사람을 보고는 피해서 지나가 버렸다. 또 레위사람 도 거기까지 왔다가 그 사람을 보고 피해서 지나가 버렸다. 그런데 길을 가던 어떤 사마리아사람은 그의 옆을 지나다가 그를 보고는 가엾은 마음이 들어 가까이 가서 상처에 기름과 포도주를 붓고 싸매어 주고는 자기 나귀에 태워 여관으로 데리고 가서 간호해 주었다. 다음 날 자기 주머니에서 돈두 데나리온을 꺼내어 여관 주인에게 주면서, '저 사람을 잘 돌보아주시오. 비용이 더 들면 오는 길에 갚아 드리겠소.' 하며 부탁하며 떠났다."(누가복음 10:30~35) 비록 고전적인 이야기지만 불우이웃, 소외층을 대상으로 원조하는 사회사업기반을 보여 준다. 예수의 행함을 집약한다면 그는 훌륭한 Social Worker였다고 본다. 문둥병과 소경, 과부나 고아 등 사회문제의 대상자를 보호해 준 신에 의해서 세상에 보내진 구원의 역사의 실무자로서 하나님에 대한 사랑의 표현으로서 사회사업가의 생활을 하였던 것이다.

위의 내용에서 볼 수 있었듯이 구약성서나 신약성서에서의 사회복지적 입장은 바로 "네 이웃을 네 몸과 같이 사랑하라."는 것이다. 가난한 자, 병든 자, 소경, 과부, 고아 등의 소외된 자, 즉 이웃을 사랑하고 섬기는 사회복지적 행함을 추구하였다. 특히, 예수님께서는 이웃을 선한 사마리아인의 예를 들어, 진정한 이웃은 지식을 가진 자도 아니며, 명예가 있는 자도 아니라고 말한다. 오직 따뜻한 사랑을 가지고 있으며 그 사랑을 행하는 자가바로 진정한 이웃이라고 말씀하셨다. 또한 예수님은 말씀으로만 보이신 것이 아니라, 직접 낮은 자의 모습으로 오셔서 소외되고 불쌍한 자들을 사랑하시고 섬기시는 진정한 사회사업가의 모습을 행하셨으며, 우리의 죄를 위해 십자가의 사랑을 실천하셨다. 따라서 성서로 본 사회복지적 입장은 현대교회의 나아가야 할 방향을 제시하고 있다.

2. 기독교로 본 사회복지적 입장

기독교의 기본적인 교리와 기원, 초대교회, 교회의 본질, 사회사업, 한국사회복지의 영향을 통해서 사회사업적인 입장이 어떠한가를 파악하고자 한다.

기독교의 교리에 의하면 "두 벌의 옷을 가진 자는 나누어주어라. 식물을 가진 자도 또한 그렇게 하라. 모든 구하는 자에게 나누어주라. 사랑을 가지고 서로 섬기라. 자기의 몸과 같이 네 이웃을 사랑하라. 그리고 주는 자는 복이 있도다." 물질적 부귀는 정신적 부귀에 비하여 가치가 적으며 이 세상의 물질을 주는 것은 정신적으로보다 더 큰 것을 받는 것이라고 하였다.

예수 그리스도는 신(하나님)에 대한 사랑의 표현으로서 사회사업가의 생활을 하였던 것이다. 실로 구제는 인간의 신앙적 고백의 테스트이기도 한 것이다. 고로 그는 대로변의 맹인으로부터 굶주린 군중에 이르기까지 갈릴리의 더러운 나병 환자로부터 예루살렘의 학살자에 이르기까지 질병, 빈곤, 범죄에 대하여 항상 자비함을 베푸셨던 것이다. 그리고 제자들에게 자비함을 베풀 것을 가르치셨던 것이다.

기독교사회복지사업의 기원은 "회당에서 가르치시고 하늘나라의 복음을 선포하시며 병자와 근심 걱정하는 사람들을 모두 고쳐주신"(마태복음 4:23) 예수 그리스도의 첫 번 전도운동에서 찾을 수 있다. 그러므로 기독교는 처음부터 복음을 전파(Preaching)하는 동시에 치유(Healing), 즉 사회복지사업과 교육(Teaching)을 중심으로 하고 있는 전도운동이 초대교회에 그 전통이 이어졌다. 무릇 종교는 양면을 가지고 있다. 즉 생명의 본질과 생명의 표현이라 하겠다. 복음을 기독교의 본질이라고 한다면 사회복지사업은 그 본질의 표현이다. 그러므로 생명의 본질을 확신하는 데서 사회복지사업이 확장 발전되어 왔고 생명의 표현인 사회복지사업을 실천함으로써 생명의 본질을 더욱 탐지할 수 있음을 배워 왔다.

역사적으로 초대교회는 예수를 따른 그의 제자들과 신도들로 이루어졌으며 그들의 사명도 예수를 따라 복음을 전파하며 가르치고 어려움을 당한 자, 즉 과부, 고아, 의지할 곳이 없는 자, 병자들을 사랑으로 돕고 고치고 섬기는 사회복지사업의 실천이었다. 이 고귀한 교회의 전통이 중세교회에 이어졌고 현대 교회에까지 이어진 것이다. 그러므로 교회와 사회복지사업은 표리일체의 관계를 지켜 왔으며 교회는 사회복지사업의 어머니이기도 하다.

교회의 본질은 첫째, 에크레시아(Ekklesia)란 말인데 희랍말로 부름을 받는다는 뜻이며 부름을 받은 자들의 모임, 즉 교회이며 자진해서 모인 것이 아니라 죄 가운데서 빼냄을 받아 하나님의 부름을 받은 사람들의 모임을 교회라고 한다. 둘째로, 코이노니아(Koinonia)라는 말인데 이 뜻은 어떤 물건을 공동으로 나누어 가진다는 데서 신도들의 교제, 신자끼리의 영적 교제, 즉 그리스도와는 영원한 현재로 언제나 우리와는 산 인격적 교제를 가질 수 있다는 뜻이며 이 사랑의 연결을 표현하는 의식으로 성찬식이 있다. 즉 코이노니아는 공산, 공유, 공생, 상부상조의 공동체이다. 셋째로, 디아코니아(Diakonia)란 말이다. 이 말은 섬긴다, 섬기는 일, 즉 봉사란 뜻이다. 이 상 세 개의 단어에서 본 교회의 본질을 요약한다면 "사람을 섬기기 위하여 부름을 받은 사랑의 공동체"라고 말할 수 있을 것 같다. 교회에 나가는 신도는 이와 같은 확신을 가진 공동체의 성원이다. 그러므로 신도들의 지상 과업은 인간만사, 즉 인종, 언어, 종교를 막론하고 사랑으로 섬기는 일이며 섬겨 온 과업 중 가장 오래고 지금까지 지속되고 있는 과업이 사회복지사업이다.

교회를 생각할 때 Ekklesia, Koinonia 그리고 Diakonia 삼자는 동시적 개념이지 시차적 개념은 아니며 따라서 교회와 사회복지 봉사사업은 서로 분리적 존재가 아니라 합일적 존재이다.

사회복지의 발전을 살펴보면 1) 자선사업, 2) 구빈사업, 3) 사회사업, 4) 사회복지제도로 구분될 수 있을 것이다.

오늘날 사회사업을 이해하는 사람은 사회사업의 동기가 그 역사적 발전 과정에서 초기의 자선활동에서부터 비롯하여 여러 가지 형태의 구빈사업활동을 거쳐서 발전해 왔음을 잘 기억하고 있다. 현대사회사업은 각 분야별로 그 전문성을 찾아 사회과학 분야의 이론과 기술을 도입 응용해 가며 하나의 응용 사회과학으로서의 위치를 굳히고 인간봉사(Human Service)의 광범위한 영역에 활동하고 있다. 예컨대, 이들 사회사업 분야들은 생활보호사업, 아동 및 청소년복지사업, 가정복지, 노인복지, 심신장애자복지, 병원사회사업, 학교사회사업, 업무사회복지사업, 재해구호사업 등의 분야로 구별되고 있으며 이들 제 분야는 각기 그 전문가 양성은 물론 문제해결을 위해 인적 자원, 물적 자원, 사회사업기관 등의 가동사회복지자원을 활용하여 인간과 사회의 문제를 해결하여 자조할 수 있도록 도와주는 노력을 하고 있다.

사회사업은 사회변동에 따르는 사회문제를 당대의 해당 지역사회에서 적절한 사회사업방법을 활용하여 대처해 나가는 것이다. 기독교는 창조설에서 하나님의 형상대로 피조된 인간임을 주장하며 모든 인간은 누구나 하나님 앞에 평등하다는 것이 기독교의 정신이다. 따라서 인간은 하나님의 형상을 닮았으며 이 형상은 동등하게 귀한 것이어서 세상 사회의 어느 조건에 의해서도 무시되어서는 안 된다는 것이다. 그러기 때문에 굶주리고 헐벗은 불쌍한 고아들과 과부를 도와 가진 것을 나누어 주며 약하고 소외된 자들의 불균형의 상태를 원조하여 이웃을 내 몸같이 서로 돕는 평화의 사회, 즉 복지사회를 이룩하라고 함이 기독교 사상의 주류이며 이 같은 성경의 가르침이 오늘날의 사회를 향해 외치고 있는 것이다. 초기의 자선행위나 구제사업 활동에서부터 출발해 현대사회사업에까지 변화발전을 이룩하게 되기까지는 기독교가 끼친 바 그 영향과 개입의 공로가 지대함을 알 수 있다. 사회사업의 역사는 엄밀한 의미에서 기독교에서부터 시작되었다고 할 수 있으며 특히 오늘날 한국의 사회사업 분야는 그 대다수가 기독교단체나 기독교인에 의하여 운영되고 있는 실정이다.

기독교가 한국사회복지사업에 기여한 공적은 19세기 말경부터 선교의 역사와 함께 시작되어 복음의 선교활동이 학교, 병원, 청소년운동, 고아원, 양로원 등 다양한 복지사업을 시행한 데서부터 뚜렷이 그 흔적을 찾아볼 수 있다. 특히 6·25동란이 있었던 1950년 이후에 급속한 성장과 발전을 보인 외국 원조지원의 활동과 사회복지시설 운영의 중심적 역할은 대부분이 기독교기관이나 기독교인에 의해서 이루어졌다 해도 과언은 아니다. 뿐만 아니라 사회사업 대학교육의 발전사에서도 국립대를 제외하고는 거의가 기독교정신과 기독교인에 의한 영향이 지대함을 알 수 있다.

기독교를 통해서 본 사회복지적 입장은 하나님의 형상대로 피조된 모든 인간은 하나님 앞에 평등하다는 기독교 정신 아래서 약하고 소외된 이웃을 돌보는 복지사회를 추구하고 있다. 즉 인종, 언어, 종교를 막론하고 사랑으로 섬기는 것이 사회복지사업이다. 또한 교회와 사회복지사업은 표리일체의 관계를 지켜 왔으며 교회는 사회복지사업의 어머니이기도 하다. 이렇게 기독교는 그 근본적 교리로부터 오늘날에 이르기까지 사회복지적 입장을 지양하고 있으며 예수님의 가르침을 실천하기 위해 노력하고 있다. 특히, 기독교는 우리나라 사회복지 발전에 많은 기여를 하였다.

3. 한국교회의 사회복지적 입장

Reinhald Niebhr는 그의 저서 The contribution of Religion to Social Work, 즉 「사회사업에 대한 기독교의 공헌」에서 "교회는 사회복지를 낳고 키운 어머니"라고 하고 그러나 어머니로서의 책임을 포기하였기 때문에 세속화를 초래하였다고 말하고 교회에서 떠난 사회복지는 현재 유럽교회의 문제라고 말한 바 있다.

The Federal Council of Evangelical Missions in Korea, 즉 한국복음선교연합협의회는 월간지인 Korea Mission Field를 간행하고 있었는데 이미 본 바와 같이 그중에 '교회와 사회봉사' 또는 '사회봉사'라는 제목하에 각 선교부의 사회봉사사업의 발전에 대한 보고를 하고 있다. 한국에 있어서의 현대적 사회사업은 천주교와 개신교의 선교사들의 선구적, 개척적 노력에 의해서 도입되었다는 사실은 K. M. F지 및 기타 자료를 통해 알 수 있으며 그 사업종류도 영아진료 및 급유소, 고아원, 소년직업학교, 야간학교, YMCA, YWCA, 양로원, 나환자수용소, 미감아학교, 결핵요양원, 맹아학교, 사회복지관, 크리스마스 씰 판매, 여행자 원조, 금주회, 매춘부수용 및 방지운동, 인보관, 정신병환자 수용소, 빈민, 재민구제사업 그리고 Dorcas Society(가난한 집 어린이들이 설맞이 할 때에 새 옷을 기워서 선물로 주는 모임) 등이며 현재의 사업 종류를 거의 망라하고 있는 것이다. 그러므로 초대 선교사들은 사회복지사업을 과감히 선교 프로그램의 하나로 내포하고 있었음을 알 수 있다.

　사회복지에 대한 교회의 태도는 세 가지로 분류할 수 있는데 그 하나가 복음과 문화, 교회와 사회를 이원적으로 파악하여 교회는 전도에만 전력해야 한다는 태도, 둘째로는 교회가 성장하고 확립된 후에 개입해도 좋다는 태도, 그리고 세 번째가 전도를 사회복지사업과 직결하여 전도의 수단으로 하는 태도이다. 현재(1982년) 우리나라에는 69개의 개신교 교단이 있는데 교단마다 위에서 말한 3개의 태도 중 어느 하나의 태도를 고수하고 있다고 생각되나 그러나 신도 수 760만 명이며 교회 수가 23,346개를 자랑하는 개신교회가 사회복지활동에 어느 정도 도전하고 있는가를 생각해 볼 때에 그 교세에 비해서 너무도 미미하다는 평을 듣고 있는 것은 대부분의 교단이 전기 3개 태도 중 첫 번째 태도를 고수하는 데 그 원인이 있지 않나 추정된다. 또 하나의 큰 원인은 전술한 바와 같이 초대 선교사들이나 선교부가 개척한 한국의 사회복지사업은 대부분이 그것이 속한 교단이나 교회가 계승하지 않고 개신자가 그 계승자가 되었다는 사실이며 이것은 6·25동란 후 수백의 고아원을 비롯한 사회복지시설들이 설치, 운영되었는데 그 운영자의 대부분이 교단 또는 교회가 아니라 개신자가 압도적이었다는 사실에서도 알 수 있다. 그러나 교단적으로 또 교회적으로 얼마만큼 그들의 사업을 지원하고 있는가에 대해서 그 대답은 부정적이다. 그러므로 시초부터 교회에서 떠나 있던 사회복지사업을 어떻게 교회와 연결시키느냐가 현재 한국교회의 중대한 문제라고 생각된다.

　"구제는 '전도의 수단'이 아니다."라는 말처럼 한국교회는 구제를 더 이상 전도의 수단으로 보아서는 안 될 것이다. 한국교회는 외형적인 성장을 추구한 나머지 교인들 수의 증가를 위해서 구제를 하였다. 한국교회의 구제는 이웃 사랑을 위한 진정한 의미가 희석된 것이다. 외형적인 성장 속에서 한국교회는 내부는 텅 비는 안타까운 현실이 나타난 것이다. 이제 한국교회는 허와 실로 가득한 모습이 된 것이다. 교인들에게 외면당하고 사회로부터 외면당하고 이웃으로부터 외면당하는 현실이 되었다. 그 이유는 바로 이웃이 누구인지 모르고 구제의 진정한 의미가 무엇인지 모른 채 행함이 없는 한국교회가 되었기 때문이다.

서구석 목사의 말씀처럼 "한국교회는 자기 교인만 돌보는 이웃의 제한된 울타리를 벗어나 예수님께 받은 사랑을 사회에 환원하려는 사회봉사의 자세가 필요하다."는 것을 인식하고 깨달아야 한다. 지금까지 한국교회는 성전건축이라는 목표 아래 앞만 보고 달려왔다. 좌우로 시선을 돌리면 교회건축에 문제라도 생기는 듯이 한쪽에 치우친 비균형적인 행진을 했던 것이다.

이웃이 누구인지 물었던 율법사처럼 이제 한국교회는 이웃이 누구냐고 물어야 할 상황이 된 것이다. 높고 높은 담을 쌓고 있는 성전은 더 이상 열려 있는 모습이 아니며 그 성전에서 봉사하는 높은 분은 너무 높이 있어서 다가갈 수가 없는 상황이다. 이제는 그 높은 성전 안의 교인만을 이웃으로 생각하는 것을 버리고 담을 하나, 둘 내려서 주변을 둘러보고 정말로 예수님이 말씀하신 이웃을 찾아야 할 것이다. 또 이웃을 찾아 함께 나누며 섬기는 한국교회가 되어야 한다.

조영준 목사는 봉사를 목회의 주요 부분이라고 전제하고 기독교 복지사업의 신학적 근거를 "주로 병든 자, 가난한 자, 소외되고 천대받는 자들에게 특별한 관심을 가지고 영적, 육적 치유사역을 감당하신 예수님의 공생애에서 찾았다."는 말씀처럼 예수님의 공생애를 다시 기억하고 실천해야 할 것이다. 목회의 주요 부분이 봉사인 것처럼 교회나 교인들이 추구해야 되는 삶도 봉사인 것이다.

요한 공동체는 세족식을 통해서 예수 그리스도의 디아코니아형 사랑을 재확인하고자 했을 뿐 아니라 이 섬김의 사랑을 자신들의 공동체 안에서 실천하고자 한 것이다. 스승이요 주님 되신 예수 그리스도께서 스스로 종의 모습을 취하여 제자들의 발을 씻기신 메시아적 비유 행위는 예수의 가장 강력한 요구를 내포하고 있다. 그것은 "너희도 이와 같이 서로의 발을 씻기는 섬김과 사랑을 실천하라.”는 것이다(요한복음 13:14). 또한 예수님의 세족 행위는 예수의 가장 강렬한 사랑의 언어이자 동시에 사랑의 몸짓이다. 예수의 이 사랑의 몸짓은 또한 예수의 지칠 줄 모르는 사랑과 섬김의 촉구이기도 하다. “내가 너희에게 행한 것같이 너희도 행하게 하려 하여 본을 보였노라.”(요한복음 13:15)

오늘날 한국교회는 어느 때보다도 이 주님의 음성에 귀를 기울여야 할 시점에 서 있다. 한국교회가 디아코니아형(섬김형) 교회로 거듭날 때만이 이 땅의 교회는 명실 공히 ‘섬김의 종’으로 오신 예수 그리스도의 몸 된 교회라 자칭할 수 있을 것이다.

또한 교회가 봉사를 할 때에 당장 곤경에 처한 이들을 위로하고 돌보는 일에 파묻히고 온 정신을 사회복시활동을 강조하면서 사회 개혁이나 발전에 무관심한 것은 합당하지 못하고 문제성 있는 행동이라고 볼 수 있는 동시에, 좋은 미래를 건설하고 좋은 사회를 건설하는 일에만 몰두하여 당장 극심한 고통에 신음하는 이들을 돌보는 사회복지활동을 도외시하며 가난한 이들을 방치하는 것도 도저히 인간의 도리가 아니라고 볼 수 있다. 따라서 가난한 사람들을 위해서는 사회복지활동과 아울러 사회개혁 활동이 모두 필요한 것이라는 종합적 안목을 갖는 것이 중요하다.

한국교회의 사회복지적 입장은 초대교회일 때에는 선교사들의 선구적, 개척적 노력에 의해서 현재의 사업 종류를 거의 다 포함한 진취적인 사회복지사업을 하였다. 그러나 6·25동란 후 초대 선교사들이나 선교부가 개척한 한국의 사회복지시설은 그것이 속한 교단이나 교회가 계승하지 않고 개신자가 그 계승자가 되어 운영되었다. 그래서 교단적으로 또 교회적으로 사회복지사업을 지원하는 부분이 매우 미흡하다. 또한 사회복지에 대한 교회의 태도를 변화시켜야 한다. 첫째로, 복음과 문화, 교회와 사회를 이원적으로 파악하여 교회는 전도에만 전력해야 한다는 태도를 더 이상 복음과 문화, 교회와 사회를 이원적으로 파악하지 말아야 하며, 전도에만 전력하는 불균형적인 진행이 아닌 사회사업에 참여함으로써 균형적인 진행을 해야 할 것이다. 둘째로는 교회가 성장하고 확립된 후에 개입해도 좋다는 태도는 더 이상 외적인 성장을 먼저 추구하는 것이 아닌 이웃 사랑을 우선적으로 실천하는 내적인 성장을 추구해야 한다. 그리고 세 번째로 전도를 사회복지사업과 직결하여 전도의 수단으로 하는 태도를 더 이상 사회복지사업이 전도의 수단이 아닌 예수님의 섬기는 삶을 실천하는 사회복지사업으로 변화시켜야 한다.

따라서 한국교회의 사회복지적 입장은 침체되어 있고 왜곡되어 있으나 진실한 예수님의 삶을 따라 섬기는 Diakonia의 모습을 추구해야 할 것이다.

4. 한국교회의 나아갈 방향

21세기를 바라보는 가운데 한국교회의 현재 모습은 변화를 추구하고 있다. 외형적인 성장만을 추구하던 한국교회는 서서히 주변을 돌아보고 있는 것이다. 그 이유는 눈에 보이는 성장이 교인들로부터 외면을 당하고 있으며 교인 수를 감소시키고 있기 때문이다. 다시금 초기 교회의 모습을 그리워하고 그때의 신앙과 믿음을 염원하는 모습을 보이고 있다. 그렇다면 한국교회가 다시 예전에 어려웠던 시기였을 때 더 큰 성장을 보였던 그 신앙과 믿음을 회복시키기 위해서 무엇을 해야만 하는 것일까? 그것은 더 이상 세상과 교회, 교인과 이웃을 이원론적으로 보지 않는 것이다. 또한 예수님의 가르침과 예수님의 공생애를 돌아보고 예수님의 삶을 따르는 한국교회가 되어야 한다. 예수님의 삶은 전도하는 가운데 몸소 자기를 낮추시고 더 낮고 소외된 자들을 향해 사랑을 전하시며 치유하시고 함께 하시는 모습이었다. 즉 사회사업가의 모습을 실천하셨던 것이다. 따라서 한국교회는 예수님의 사회사업가의 모습을 따라 이웃에게 사랑을 전하고 행하는 모습으로 변화되어야 한다.

21세기 상황에 비추어 보면 바람직한 미래의 교회 형태는 작은 교회이다. 작은 교회(여기에서 말하는 작은 교회는 일차적으로 교인 수의 많고 적음을 말하는 것이 아니다. 교회가 선교를 성실히 수행할 수 있는 구조냐 아니냐의 문제로서 작은 교회인 것이다.)는 21세기의 가치관에 어울리는 교회 형태로서 시대를 판별하여 선교 봉사함으로 교회 성장과 발전을 가져올 수 있다. 작은 교회가 21세기의 교회 모습인 이유는 1) 정보화 시대에 어울리는 기동성 있고 탄력성 있게 운영되는 교회, 2) 유기체적으로 공동체성을 강조하는 교회, 즉 정보화 기계 문명 속에서 개별 고립적인 사람들을 가족 분위기로 이끌 수 있는 교회, 3) 개교회 중심이 아닌 에큐메니칼적 연대가 용이한 구조, 4) 상하 조직이 아닌 수평적으로 민주적 체계를 지닌 교회, 5) 평신도 중심의 교회 구조를 갖추어 평신도 활동이 가능하다. 목회자는 쉽게 이들을 훈련, 양육, 교육시켜 평신도가 선교의 주체가 되도록 함으로 이들이 교회의 사회적 역할의 실질적 담당자가 된다. 평신도들의 직장들이 흩어져 있기 때문에 이들 평신도 선교사들이 기동성 있게, 탄력적으로 사회에 대응할 수 있다. 6) 교회 분립을 통해 작은 교회의 교회 성장은 필연적이다. 적당한 크기의 작은 교회가 되면, 또다시 몇몇 평신도를 중심으로 분리시킬 수 있기 때문이다.

미래 사회에 일어날 종교의 부활에 대한 지금까지의 논의의 결론을 내리면, 21세기의 정보화 시대에는 작은 교회가 효과적으로 사회문제에 대응하여 하나님의 뜻을 이룰 수 있는 교회 구조이다. 그리고 이러한 작은 교회가 미래 사회에서도 계속 성장할 수 있는 구조이므로, 이것이 하나님의 성령이 임하는 교회로 성장하는 참된 교회라고 할 수 있을 것이다.

따라서 미래 사회가 추구하는 바람직한 한국교회는 작은 교회로서 사회의 열악한 많은 문제를 해결하고 도와주며 함께하는 행함이 있는 교회를 말한다. 이웃을 돌아보며 빠르게 변화하는 사회에서 함께하는 교회를 바라는 것이다. 시대가 변화하고 정보화됨에 따라 배우지 못하고 가난한 사람들은 발전된 사회의 서비스를 받기보다는 그 서비스를 이용하기에는 여러 가지로 까다로운 더 높은 사회의 벽으로 어려움을 겪게 된다. 그러므로 급변하는 정보화 시대에 오히려 소외되고 버려진 사람들이 더 많이 생기게 되는 것이다. 사회의 서비스를 받지 못하는 소외되고 버려진 사람을 돌아보고 사랑을 나누며 도움을 주는 역할을 해야 하는 것이 바로 미래의 한국교회가 나아가야 할 방향이다. 즉 사회사업을 추진하는 한국교회가 되어야 하는 것이다.

레슬리 뉴비긴에 의하면, "선교는 무거운 짐을 짊어지는 것이 아니라, 하나님의 위대한 선물(은총)이 넘쳐흐르는 행위이다." 결국, 교회의 사회적 역할, 선교 혹은 봉사는 교회가 하나님의 은총을 제대로 전달받고 경험할 때 제대로 수행된다. 이러한 사회적 실천으로서의 선교는 작은 교회에서 효과적으로 수행될 수 있다.

교회의 사명과 복음화에 연관되어 자주 거론되는 문건은 교황 바오로 6세의 「현대의 복음선교」(1975) 19항이다. 이것은 복음화 개념에 대한 과거의 오해를 고쳐 줄 목적으로 복음화의 뜻을 매우 친절하고 상세하게 정의해 준다. "교회로서 복음선교를 한다는 것은 단순히 더욱 넓은 지역에서 또는 더 많은 사람들에게 선교하는 것만이 아니고 하느님의 말씀과 구원 계획에 상반되는 인간의 판단 기준, 가치관, 관심의 초점, 사상의 동향, 사상의 원천, 생활양식 등에 복음의 힘으로 영향을 미쳐 그것들을 역전시키고 바로잡는 데 있다고 하겠다."

또한 자선사업은 본질적으로 생생하게 사랑을 표현하는 활동이다. 교회는 언제나 이 사랑의 표지로 식별되며 다른 사람들의 자선사업을 기뻐하는 동시에 자선사업은 교회의 의무요 양보할 수 없는 권리라고 주장한다.

율법에서도 가장 큰 계명은 마음을 다하여 하나님을 사랑하고 이웃을 제 몸같이 사랑하라는 것이었다. 그리스도께서는 "나의 이 작은 형제들 중의 한 사람에게 베풀 때마다 곧 내게 베푼 것이니라."(마태복음 25:40) 하시었다. 그리고 "너희가 서로 사랑하면 이로써 사람들은 너희가 내 제자임을 알리라."(요한복음 13:35) 하시었다.

의식주를 비롯하여 의약, 직업, 교육 등 참으로 인간다운 생활을 위하여 필요한 것을 빼앗긴 사람들, 가난과 병고에 신음하는 사람들, 추방당하고 옥고를 겪는 사람들이 있는 곳마다 교회의 사랑은 그들을 찾아내어 따뜻하게 위로해 주고 적절하게 도움을 주어야 한다. 그것을 마다하는 교회는 참된 교회가 아니다.

따라서 한국교회는 교회의 본질적 사명인 복음의 선포(Kerygma), 사랑의 친교(Koinonia), 이웃에 책임 있는 봉사(Diakonia)를 통해 진정한 참된 교회의 방향으로 나아가야 한다. 더 이상 교회의 선교와 이웃에 대한 교회의 사회봉사가 분리되어서는 안 된다. 이제 한국교회는 예수님의 사랑을 실천하는 교회로 변화되어야 하며 특히, 교회의 사회봉사를 통해 이웃과 함께하는 교회가 되어야 한다. 교회의 이웃은 교인들만이 아니고 지역사회의 주민이 되어야 하며 가난한 자, 신체적 장애가 있는 자, 고아, 병든 자 등의 소외된 자를 포함해야 하며 우리나라의 전 국민이 한국교회의 이웃이 되어야 한다. 한국교회는 이웃에게 사회봉사를 함에 있어 선교를 대상으로 하는 것이 아닌 진정한 교회의 의무인 사랑을 실천하는 것을 목표로 해야 할 것이다. 이것이 바로 한국교회가 나아가야 할 방향인 것이다. 그러므로 한국교회는 먼저 낮아지고 높은 벽을 허물어 선한 사마리아인처럼 이웃에게 사랑을 행함으로 예수님의 가르침을 따르는 것이야말로 한국교회의 나아가야 할 방향인 것이다.

　그러므로 사회복지적 입장에서 한국교회가 나아가야 할 방향은 첫째로, 미래 사회에서 사회봉사로 참여하는 함께하는 교회로서 바람직한 방향으로 나아가야 한다. 둘째로, 한국교회는 이웃에 대한 공동체적인 의식을 가지며 책임감 있는 교회가 되어야 한다. 셋째로, 한국교회는 Diakonia의 사명을 감당하는 예수님의 참된 제자가 되어야 할 것이다. 넷째로, 한국교회는 하나님께는 영광을 돌리고 이웃과 사회에는 사랑을 전하고 실천하는 행함이 있는 믿음의 교회로 나아가야 한다. 다섯째로, 정보화 시대와 더불어 세계가 한 나라를 이루는 시대에 걸맞은 범세계적인 교회가 되어야 한다.

　따라서 한국교회는 이웃을 우리나라에만 국한하는 것이 아니라 전 세계의 많은 사람들이 한국교회의 이웃인 것을 인지하고 범세계적인 사랑을 실천하며 사회사업을 행하는 방향으로 나아가야 할 것이다.

5. 결론

21세기가 요구하는 디아코니아형 교회는 첫째, 성령의 강한 역사에 영혼과 마음의 문을 활짝 연 프뉴마형 교회이다. 프뉴마형 교회는 교회의 성장과 성숙이 오직 성령의 역사를 통해서만 가능하다는 것을 고백하는 교회이다.

둘째로, 디아코니아형 교회는 유앙겔리온(복음) 중심적 교회이어야 한다. 교회는 복음의 토대 위에 바로 섰을 때만이 이 민족과 세상을 하나님이 원하시는 방향으로 선도해 갈 수 있을 것이다.

셋째로 디아코니아형 교회는 찬양과 기도로 무장된 섬김의 공동체의 모습으로 나타나야 한다. 그리스도인의 섬김은 이미 받은 하나님의 사랑과 은혜에 감격한 무리들의 찬양과 기쁨 속에서 우러나오는 '찬양형 디아코니아'이다.

이 땅의 모든 교회들은 섬김(Diakonia)으로 부름받았다. 이 땅의 가난한 자와 부자, 병든 자와 건강한 자, 고통을 준 자와 고통을 받은 자들이 그리스도의 사랑과 섬김 안에서 화해를 이루고 하나님 나라의 샬롬을 이루어가는 일이 바로 오늘 우리 모든 그리스도인들과 한국교회에 맡겨진 '화해를 위한 섬김의 사명'이다.

사회와 세상 속에서 섬김을 거부하는 교회는 스스로의 존립 의미를 부정하는 교회이다. 교회가 세상을 향해서 문을 활짝 열고 섬김의 자세로 나아갈 때 세상은 교회의 메시지에 귀를 기울이고, 교회를 '세상을 위한 교회'로 맞이하게 될 것이다.

한국교회는 지금껏 외형적인 성장을 중요히 여겼기에 진정한 하나님의 뜻을 깨닫지 못하고 있었다. "네 이웃을 네 몸과 같이 사랑하라."는 말씀처럼 이웃 사랑하기를 게을리 하였던 것이다. 우리나라의 발전을 뒤돌아보면 기독교의 영향이 많았다. 특히 한국교회는 일제시대, 6·25동란을 거쳐 초토화된 우리나라를 재건시킨 주요한 역할을 하였다. 그런 한국교회가 지금의 시대에서는 비판의 대상이 되고 있다. 한국의 각 교회는 어느 때부턴가 성전건축을 목표로 앞만 보고 달려왔다.

즉 한국교회는 우리나라의 현실을 왜곡하고 주변의 이웃을 돌아보지 않고 개교회의 외형적인 성장을 추구했던 것이다. 이웃의 존재를 인식하지 못하고 마치 개교회의 교인들만이 이웃인 양 교회 밖의 사람들을 돌아보지 않은 것이다. 이 형태가 교회 내에 어느새 자리잡게 되었고 교인들조차도 자연스레 받아들여서 사회를 따뜻한 사랑으로 바라보지 못했다. 사회의 많은 문제의 발생이 교회와는 아무런 상관이 없는 듯이 멀리서 바라보고 오히려 비난하는 교회의 모습이 되고 말았다. 한국교회는 한국사회의 문제와 현상에 책임을 져야 하는 대상임을 깨달아야 한다. 한국교회가 사회를 방관하고 사회질서를 바로잡지 못했기 때문에 오늘날 어지러운 세상이 된 것이다. 이런 어지러운 세상을 예수님께서는 사랑으로 대하셨고 질서를 바로잡기 위해 가장 낮은 모습으로 행하셨다.

따라서 한국교회는 예수님의 사랑을 실천하는 사회사업가의 모습으로 행하여야 한다. 사회의 질서를 회복하는 역할을 해야 하며 "윗물이 맑아야 아랫물이 맑다."라는 말처럼 교회가 먼저 변화되고 이웃을 섬겨야 한다. 또한 하나님의 사명이며 교회의 의무인 사회사업을 주님이 주신 은혜에 감사하며 소외되고 가난한 자들에게 행하여야 한다. 교회의 사회사업이 보이기 위한 허례허식이 아닌 진정한 이웃사랑의 실천으로 되어야 한다.

또한 한국교회는 이제 Diakonia의 삶을 추구하여야 한다. 특히 세족식을 통해 예수님이 수건을 두르고 제자들을 위해 세족식을 한 것처럼 이웃을 위해 교회가 수건을 두르고 섬기는 모습이 되어야 하며 교회를 섬기는 자들도 낮아져야 할 것이다. 기독교 정신이 하나님의 형상대로 피조된 모든 인간은 하나님 앞에 평등하다는 것처럼 인종, 언어, 종교를 막론하고 세계의 모든 사람을 사랑하고 섬기는 한국교회가 되어야 한다.

그러므로 한국교회는 교회의 본질적 사명인 복음의 선포(Kerygma), 사랑의 친교(Koinonia), 이웃에 책임 있는 봉사(Diakonia)를 통해 진정한 참된 교회의 방향으로 나아가야 한다. 한국교회는 성서의 사회복지적 입장에서 이웃을 섬기고 사랑하는 것을 확인하고 실천해야 한다. 또한 기독교가 우리나라에 기여한 많은 영향을 다시 재확인하여 기독교정신에 맞는, 하나님 앞에 누구나 평등하다는 것을 전제로 사회복지사업을 진행해야 할 것이다. 한국 교회의 처한 현실을 바로 인식하여 올바른 사회질서를 회복하고 21세기에 맞는 미래교회로 사회복지를 실천해야 할 것이다.

결론적으로 말하면 사회복지와 교회는 표리일체의 관계이므로 사회복지를 실천하는 한국교회가 되어야 한다. 그것이 바로 예수님의 가르침을 따르는 것이며 섬기는 모습을 통해 사회에 사랑을 전하는 것이다. 즉 한국교회는 열린 교회가 되어 하나님의 사랑을 전하고 밝고 평화로운 사회를 구성하는 함께 나누고 섬기는 교회가 되어야 한다. 또한 이웃이 이제는 범세계적인 세계인임을 깨닫고 세계 속의 많은 사람을 섬기는 범세계적인 한국교회가 되어야 한다.

Ⅲ. 나오는 말

앞에서 보았듯이 사회복지적 입장에서 한국교회가 나아가야 할 방향은 첫째로, 미래 사회에서 사회봉사로 참여하는 함께하는 교회로서 바람직한 방향으로 나아가야 한다. 둘째로, 한국교회는 이웃에 대한 공동체적인 의식을 가지며 책임감 있는 교회가 되어야 한다. 셋째로, 한국교회는 Diakonia의 사명을 감당하는 예수님의 참된 제자가 되어야 할 것이다. 넷째로, 한국교회는 하나님께는 영광을 돌리고 이웃과 사회에는 사랑을 전하고 실천하는 행함이 있는 믿음의 교회로 나아가야 한다. 다섯째로, 정보화 시대와 더불어 세계가 한 나라를 이루는 시대에 걸맞은 범세계적인 교회가 되어야 한다.

이제 한국교회는 더 이상 방황하는 모습이 아닌 21세기의 뚜렷한 비전을 갖고 하나님의 선하심에 감사하며 사랑의 대상인 이웃을 섬기는 사회복지적인 방향으로 전진해야 할 것이다. 특히, 경제적으로 어려운 난국을 이겨내는 데 한국교회가 앞장서야 할 것이다.

5장 나눔과 섬김의 교회

1. 온누리 교회

◈ 들어가는 말 ◈

현대의 교회는 지역사회의 발전과 더불어 성장해 가고 있으며 사회교육 활동에 필요한 모든 조건, 즉 공간, 재정, 인원 등을 갖추고 있다고 볼 수 있다. 봉사(Diakonia)를 교회의 기본 사명들 가운데 하나로 삼고 있는 교회들은 그 문을 더욱 넓게 개방해야 할 것이며 또한 선교와 봉사의 측면에서 사회교육 활동에 적극 참여해야 할 것이다.

본인은 이에 현재 위의 조건들을 충족시키고자 애쓰는 가장 적합한 모델 교회의 하나로 온누리 교회의 긍휼사역을 소개하고자 한다.

1) 기관명: 온누리 교회

1. 위치: 서울특별시 용산구 서빙고동 241 - 96
   전화: 793 - 9686

2. 교회 연혁:

1984. 10. 7: 한남동 소재 한국기독교 선교원에서 하용조 목사를 중심으로 열두 가정이 모여 제자훈련을 시작하다.

1985. 1. 27: 건축 위원회를 구성하고 교회신축 계획을 수립하다.

1985. 10. 6: 80여 명의 성도들과 함께 대한예수교장로회 온누리 교회를 창립하다.

1986. 2. 20: 용산구 서빙고동 신동아 아파트단지 앞 241 – 96호의 부지에서 기공예배를 드리다.

1987. 7. 19: 1년 5개월간의 공사 끝에 신축된 성전에서 입당예배를 드리다.

1990. 3. 20: 현 교회 옆 427평을 세계선교 교육센터 부지로 매입하다.

1994. 12. 18: 세계선교 교육센터 기공예배를 드리고 2년여간의 공사에 착공하다.

3. 교회의 기본 성격

첫째, 성경 중심의 교회입니다.

성경은 구원과 생활의 기준으로 오류가 없는 하나님의 말씀으로 받으며, 모든 성도는 성경을 배우든지 가르치든지 합니다.

둘째, 복음 중심의 교회입니다.

하나님을 경외하고 복음적인 교리 위에 경건한 성도의 삶을 추구합니다.

셋째, 선교 중심의 교회입니다.

복음을 땅 끝까지 전하는 선교는 교회의 최대 관심이며, 존재 목적입니다.

넷째, 긍휼을 베푸는 교회입니다.

긍휼을 베풂으로써 세상의 고난에 동참하고 하나님의 나라를 이룩하려 합니다.

다섯째, 예수 그리스도의 문화를 심는 교회입니다.

그리스도 중심의 역사와 문화를 이룩하기 위해 음악, 미술, 연극, 문화 등에서 예수님이 왕이심을 확인하려 합니다.

2) 긍휼 사역

1. 정의: 하나님 나라를 이 땅 위에 이루고자 하는 사역에 부름을 받아 교회의 사회선교 및 봉사활동을 담당하며, 제반 사회문제를 성경적 관점에서 연구하고 기독교 문화를 사회에 확신시킴으로써 사회 복음화 및 문화 변혁을 이루어 가는 모든 사회 선교 활동을 말한다.

다시 말해서 긍휼사역이란 우리 주변의 어려운 이웃을 그리스도의 이름으로 돌아보고, 그들의 필요를 채워주는 사역이다. 온누리 교회는 주로 서울과 위성 도시에 사역지를 두고 있다.

2. 긍휼사역의 기본 목표

① 특별히 긍휼사역이 목표는 한 교회가 수행할 수 있는 긍휼사역의 모델을 이루는 것이다. 모델을 통해 다른 교회들에 의해서도 바람직한 긍휼사역들이 각 지역에서 이루어지기를 기대한다.

② 소외와 장애의 문제는 한 지역에서 종합적으로 발생하기에 지역의 다양한 소외의 대상을 위한 긍휼사역 모델을 개척하는 것을 중요하게 여긴다. 대상자 중심의 사역보다는 지역 중심의 사역으로 한 지역에 다양한 프로그램을 통해 그리스도의 복음과 사랑의 영향력을 나타내는 사역을 개척한다.

③ 교회의 각 사람이 사역을 수행하기보다는 긍휼사역 위원회와 긴밀한 협력으로서 동일한 비전을 품고 사역을 감당한다.

④ 하나님께서 교회에 주신 전문성, 은사, 비전, 영적 지도력이 발휘될 수 없는 사역에 단순히 재정만 지원하는 것은 지양한다. 많은 현장을 소규모로 지원하는 것보다는 재정과 인력(은사, 전문성)이 함께 투자될 수 있는 사역을 지원한다. 또 성도들이 몸으로 참여할 수 있는 지역을 지원하고 선교와 사역의 비전이 있는 사역을 지원한다.

⑤ 긍휼 사역은 조직이나 해당 위원회 혹은 소수의 성도들이 교회를 대표하여 수행하는 사역이 아니라 모든 성도들이 참여하는 사역이 되도록 한다. 따라서 매월 마지막 주일의 구제 봉사 주일에 적극적으로 참여하며 소속 공동체의 사역에 적극적으로 참여한다.

⑥ 사회정의보다 긍휼을 베푸는 사역을 우선으로 한다.

⑦ 정보통신 시대의 특성상 우리의 이웃은 점점 확대되고 있다. 따라서 특별히 고통받고 있는 나라, 민족, 종족을 위한 관심과 사역을 준비한다.

3. 긍휼 사역의 소개

(1) 본부 위원회

① **위치**: 본 교회 1층
② **목적**: 긍휼 사역 분야 전반의 효율적인 운영을 위하여 각 위원회 간의 중복된 역할을 조정하게 하고 각 사역을 효과적으로 지원, 관리하는 기능을 한다.
③ **사역내용**
　가. 기획 및 연구: 긍휼 사역 전반에 관한 연구 및 중장기 계획 수립
　나. 훈련 사역: 긍휼 사역 세미나 등을 통하여 긍휼 사역에 헌신하는 성도들을 훈련하는 사역 (용평 헌신자 훈련학교에서 4개월 동안 훈련을 받고 담당자들과 상담 후에 사역을 하게 된다. 훈련의 한 과정으로 형제, 자매 공동체 생활을 하고, 2개월마다 1박 2일씩 수련회를 갖는다. 또 1년에 여름, 겨울에 4박 5일 동안 수련회를 갖는다.)
　다. 보고, 홍보: 긍휼 사역 소식을 당회와 교회에 보고하고 성도들에게 관심을 갖도록 동기 부여하기 위한 홍보
　라. 감독 관리: 다양하게 분산되어 있고 자율화된 현장들과 사역들을 감독 종합 관리하고 많은 관련 문서들을 수집 정리한다.
　마. 지원 기능: 각 현장과 사역의 필요들에 대해 적절한 시기와 방법을 통해 지원
　바. 대표 기능: 온누리 교회를 대표하여 외부 단체들과 협력하는 창구로서의 기능
　사. 재정 집행의 기능: 교회의 긍휼 사역 예산을 지출 계획에 따라 집

행한다.

아. 구제 사역: 성미, 구제의류, 구제헌금을 수집하여 극빈자 등을 도와주는 사역

자. 긴급 재난 대책부: 긴급 재난 사태 시에 구조와 봉사에 참여하며, 한국재난구조 협의회의 한 지체로서 연합하고 있다.

(2) 하나로

① **위치**: 경기도 군포시 금정동 725 – 42(Tel: 0343 – 55 – 7300)

② **역사**: 1991. 3. 3.

③ **목적**: 경기도 군포 지역에 있는 소외된 영혼들에게 복음을 전하고 예수님의 사랑으로 섬기려는 사역이다.

④ **사역자 관리**: 사역자들은 공동체 생활을 통하여 쉼과 영성 관리를 할 수 있게 한다.

⑤ **사역내용**

가. 어린이집: 소년, 소녀 가장 또는 극빈 가정을 후원자와 연결시키는 사역

나. 공부방: 열악한 환경 속에 방치되어 있는 학생들에게 공부할 수 있는 공간을 제공하여 학습을 지도하며 그리스도의 복음을 전하는 사역

다. 검정고시반: 진학의 꿈을 꾸고 있는 주부와 청소년들을 위해 선교와 교육을 목표로 검정고시 과정을 이수하도록 돕는 사역

라. 벧엘의 집: 소년원 출소 청소년들을 돌보고 제자 양육하며 비행청소년 선도, 교정기관 선교활동을 하는 사역

마. 상담사역: 가정문제, 법률문제, 신앙문제 등을 상담을 통하여 돕는 사역

바. 가정 사역: 소년소녀가장과 극빈 가정 및 복지가 필요한 가정을 돌보는 사역

사. 예배 및 성경공부: 하나로에 나오는 분들을 위한 예배 및 성경공부

⑥ 운영: 교회재정 1억 5천만 원과 후원금으로 운영되고 있다.

(3) 열린 이웃

① 위치: 서울시 관악구 신림7동 산 99 – 2호 (Tel: 839 – 4270)
② 역사: 1988. 10
③ 목적: 서울의 대표적인 도시 빈민 지역인 신림 7동에서 결식아동, 결
      손가정을 돕는, 섬김과 나눔의 삶을 통해 예수 그리스도의 복
      음을 전하는 데 있다.
④ 사역자 관리: 9명의 사역자와 45명의 자원봉사자로 사역을 진행하고
      있다.
⑤ 사역 내용
   가. 사랑의 집: 협력 사역(사랑의 교회), 노인급식 사역, 성경공부, 가
      정 사역
   나. 난향회 상담실: 난향초등학교의 학생들을 대상으로 한 큐티 상담
      사역, 초교파적 모임, 캠프
   다. 열린 이웃 공부방: 초등학생, 중·고등부 학생들을 대상으로 두
      개의 공부방을 통해 가정에서 학습이 불가능한 학생들의 학습을
      돕는 사역
⑥ 운영: 교회 재정 1억 400만 원과 후원금으로 운영되고 있다.

(4) 번동 코이노니아

① 위치: 서울시 강북구 번2동 230번지 주공5단지 501동 2층 (Tel: 985
      – 3609)
② 역사: 1995. 3. 2.
③ 목적: 영세민과 장애인을 위한 영구임대 아파트 지역인 번 2동의 소외
      된 계층을 종합적으로 도움으로써 하나님의 나라를 확장하는 데
      있다.

④ 사역자 관리: 하나로와 동일하며 5명의 사역자와 자원봉사 5명으로 사역을 진행하고 있다.

⑤ 사역 내용

　가. 작업장: 봉제기술을 가진 장애인들을 중심으로 보호작업장을 마련하여 재활을 돕는 사역

　나. 기술 훈련: 컴퓨터 교실을 통해 지역주민과 지체장애인의 재활을 돕는 사역

　다. 코이노니아 교실: 장애아동 및 장애 성인을 위하여 성경말씀 교육, QT, 기초 학습지도와 사회적응 훈련 등을 실시하는 사역

　라. 노인사역: 노인을 대상으로 무료급식 사역 및 가정방문, 미용봉사를 하는 사역

⑥ 운영: 교회재정 8,400만 원과 후원금으로 운영되고 있다.

(5) 예수 향기회

① 위치: 효창공원, 번동 코이노니아

② 역사: 1994. 10.

③ 목적: 효창동 지역에 있는 무의탁 노인들을 대상으로 무료 식사 봉사, 의료 사역, 이·미용 봉사를 통해 그리스도의 사랑을 전하고자 하는 데 있다.

④ 사역자: 자원봉사자를 통하여 사역한다.

⑤ 사역 내용

　가. 급식사역: 화, 목, 토 점심 식사를 무료로 제공

　나. 말씀사역: 매일 식사 전에 말씀 전파 및 기도(목회자, 장로)

(6) 농어촌 선교위원회

① 목적: 농어촌의 어려운 교회와 교역자들을 위로, 격려하고, 삶을 나누기 위한 사역이다.

② 사역 내용

　　가. 농산물 직거래 사역: 충북 음성 나눔선교 공동체 및 한울공동체와 협력하여 농산물을 직거래하는 사역

　　나. 선교비 후원: 미자립 농어촌 교회에 일정액의 선교비를 지원하는 사역

　　다. 목회자를 위한 사역: 목회자료 발송, 목회자의 영성 훈련 세미나 개최

　　라. 농어촌 학생 수련회: 농어촌의 학생에게 선교 비전을 심기 위한 수련회 개최

　　마. 농어촌 교역자 초청수련회: 후원교회의 목회자 부부를 초청하여 쉼과 재충전의 기회를 제공하는 사역

(7) 장애인 선교위원회

① **목적**: 그동안 소외되어 있던 장애우들을 격려하고 복음 안에서 새로운 가치관을 형성, 하나님의 형상을 회복하는 삶을 살 수 있도록 하며, 교회 내의 누리사랑회를 통해 각 현장의 장애우들에게 복음을 전하며, 자활의 비전을 제시하고자 하는 사역이다.

② **사역 내용**

　　가. 누리사랑 모임

　　나. 방문전도: 재가장애인, 장애우 공동체 및 작업장 방문 전도

　　다. 사랑부와의 협력 사역

　　라. 장애우들의 재활 프로그램 개발 및 보급

(8) 새사람 위원회

① **목적**: 교도소에서 생활하는 영혼을 정기적으로 찾아가 돌아보며, 그들에게 복음을 전하고 재활의 의지를 주는 데 있다.

② **사역내용**

가. 안양, 의정부, 영등포, 장흥 교도소: 수형자들을 대상으로 예배 및 1:1 성경공부

나. 중창단: 교도소 방문 예배 시 찬양으로 섬김

다. 포천수탁교육원: 소년범들을 대상으로 상담 및 1:1 성경공부

라. 교정선교 기관 후원

(9) 청소년 공부방 위원회

① 위치: 서빙고동 청소년공부방: 서울시 용산구 서빙고동 199-3 (Tel: 792-1064)

남영동 청소년 공부방: 서울시 용산구 갈월동 23-1 (Tel: 318-1085)

② 목적: 서빙고동과 남영동의 청소년 공부방을 통하여 지역청소년의 학습공간을 제공하며, 청소년을 위해 기도하며 그리스도의 사랑을 지역사회에 전하고자 하는 목적

③ 사역내용

가. 서빙고동 청소년공부방: 학습공간 제공, 지역주민을 위한 세미나 개최 등

나. 남영동 청소년공부방: 학습공간 제공, 지역주민을 위한 세미나 개최 등

2. 정동제일교회

1) 기관명: 정동제일교회(기독교대한감리회) 사회교육원

1. 소재지(연락처): (http://www.chungdong.org/)

주소: 서울특별시 중구 정동 34

전화: 02-753-0001

이메일: dykim@kist.re.kr

2) 사업내용(대상)

구분	프로그램명	시간	내용
아동 복지 사업	시설이동방문 영화지원사업	3월~6월 9월~11월 총 30회 금요일 오후	문화·정서적으로 열악한 환경에 있는 시설 아동들을 찾아가 아동들에게 맞는 영화를 선정. 상영해 줌으로서 그들에게 건전한 정서 함양과 가치관을 가질 수 있도록 돕는다.
	불우아동 여름캠프	7월 중 2박 3일	여름방학을 이용하여 소년소녀가장, 결손빈곤가정아동, 시설아동들을 캠프에 초청하여 자연과 만남의 기회를 제공해 주고, 프로그램을 통하여 교사와 친구들을 사귀면서 긍정적인 대인관계를 경험하고 건전한 가치관을 갖도록 돕는다.
	농촌 탁아소 지원 장난감모으기	7월~8월	도시와 농촌 교회의 협력 방안의 일환으로 농어촌의 어려운 탁아소를 위하여 장난감, 도서, 악기류 등을 교내적으로 수집, 전달한다.
청소년 복지	청소년 영상교실	3월~6월 9월~12월 토요일 오후 1:00	청소년들을 위한 문화공간이 부족한 이때 교회의 시설지원을 활용하여 청소년들에게 영화감상의 기회와 휴식터를 마련해 줌으로서 청소년 선도와 교육의 일익을 담당한다.
	청소년음악제	12월 중	청소년들의 건전한 정서 함양을 위한 문화 행사로 겨울방학과 성탄에 즈음하여 음악회를 개최한다.
상담 사업	상담학교	3월~5월 9월~11월 연 24회 화요일 오후 7:00~9:00	그리스도의 사랑으로 이웃의 남모르는 고민과 문제들을 돕고자 하는 이들을 선발, 상담 훈련을 통하여 타인의 고통과 어려움을 함께 나누는 그리스도의 치유사역에 동참함을 목적으로 한다.
선교 사업	재한외국인 근로자 위로회	봄, 가을 연 2회	외국인 근로자들의 문제가 우리 사회의 새로운 문제로 대두되고 있는 이때 우리나라에 들어와 외로움과 남다른 고충을 겪는 외국인 근로자들을 초청, 위로하며 그들에게 따뜻한 사랑과 관심을 기울임으로써 선교의 기틀을 마련하고 기독교 정신을 구현한다.
지역 사회 복지 사업	한글교실	3월~7월 9월~12월 목요일 오전 10:00~12:00	우리 사회에서 아직도 한글을 해독하지 못하여 사회생활에 심각한 장애를 겪으며 답답함과 부끄러움 속에서 지내고 있는 사람들이 있다. 이에 지역사회복지사업의 일환으로 소외된 비문해자들을 위한 한글교실을 개설하고 있다.
장애 인복 지사 업	장애인위로회	10월 중	신체적인 장애뿐만 아니라 경제적으로도 어려운 형편에 처한 소외되고 어려운 이들을 위하여 교회는 이러한 이들과 본 교회자원봉사자들이 한자리에 모여 함께 교제하고 대화할 수 있는 자리를 마련하고 피차에 더불어 사는 사회공동체의 일원임을 실감하고 이들로 하여금 소속감을 가지도록 돕는다.
	장애아동 가족교실	연 1회	장애아를 자녀로 둔 부모나 그 가족은 남다른 고통 속에서 살고 있다. 특히 한국사회에서는 주위의 따가운 시선과 편견 때문에 이를 드러내기를 거리고 장애아로 인하여 가족 전체가 어려움을 당하기도 한다. 이에 교회는 장애아를 자녀로 둔 가족의 심적 고통을 함께 나누고 필요한 교육을 통하여 새로운 지식과 용기를 얻고 모임을 통하여 함께 위로받을 수 있는 기회를 마련하였다.
노인 복지 사업	경로대학	3월~7월 9월~10월 화요일 오전 10:00~2:30	노인이 주인 되고 노인이 공경받는 사회는 건강하고 아름다운 사회이다. 급변하는 현대사회 속에서 노인들이 갖게 되는 문제를 신앙적 지도와 다양한 프로그램을 통해 풀어 가는 모임이다. 매주 화요일 정기 모임은 예배로 시작하여 매주 각 분야의 전문가를 모셔서 특강을 듣고 점심식사를 한 후 서예, 장기, 바둑, 성가, 봉사, 시조창 등의 취미반 활동으로 일과를 마치게 된다.
	극빈노인 결연사업	연중	교회인근 지역에 거주하는 극빈한 무의탁 노인을 선정하여 여선교회 자원봉사자들이 월 12회 정기적으로 방문하고 교육관이 지급하는 생계보조비를 전달함으로써 용기를 주며 대화를 통해 그들의 근황을 알고 봉사를 통하여 그리스도의 사랑을 함께 나눈다.

3. 덕수교회

1) 기관명: 덕수교회 '지역공동체 생활교육원'

1. 소재지(연락처): 서울 성북구 성북동 243 - 1 (http://so.pck.org)

2. 기관목적: 덕수교회는 사회봉사에 대한 관심과 더불어 지역사회와의 화합을 위해 기도하며 관심을 가지던 중 교회 내 사회봉사 위원회 안에서 지역공동체 생활 교육원을 설립하기로 결정하였다. 덕수교회에서는 교회의 사회봉사를 예배, 말씀선포, 친교, 교육과 함께 본질적 사명으로 규정하고, 섬기는 종의 모습으로 신앙을 성장시키고 실천하게 한다.

2) 사업내용(대상)

(1) 사회부

① 목적: 교회 안팎의 사랑의 현장을 개발하여 소외되고 가난한 이웃을 섬기기 위한 각 부서별 후원사업을 실시한다. 교회 내의 자원을 개발하고, 봉사자들에게 자원봉사 교육과 과학적 방법으로 지역사회를 섬길 수 있도록 하여 도움을 받는 분들이 그리스도의 사랑을 느끼도록 하는 데 그 목적이 있다.

② 주요사업
- 전교우 사랑의 현장 갖기 운동: 전교우 사랑의 현장 갖기 운동, 남녀선교회 및 교육부서 결연사업, 집안 꾸미기
- 실직가정 및 어려운 교우 서로 돕기
- 독거노인 도시락 배달
- 사랑의 헌혈
- 어린이 교실 운영/성북 초등학교 결실 아동 돕기

- 알뜰시장 바자회 개최
- 경로잔치
- 작은 자 저금통 모으기 운동
- 연말위로행사

(2) 환경부

① **목적**: 환경오염이 인간의 삶과 생태계를 황폐화시키며 하나님의 창조 질서를 파괴시키므로 지역사회 환경오염을 감시하고 그 원인을 연구, 규명하여 대책을 모색할 뿐만 아니라 교우와 지역주민들을 동참시켜 환경운동 및 경건 절제 운동을 실천해 나가는 것을 목적으로 한다.

② **주요사업**
- 월 1회 환경부 정기 행사: 성북골, 샛강, 산, 유유지 환경 살리기 대회
- 전 교우 대상 캠페인 활동: 음식물 쓰레기 남기지 않기, 경건절제 생명운동
- 교육환경을 위한 교육부서와의 연계활동: 환경오염의 실태와 실천
- 환경부원들을 중심으로 한 통신 강좌

(3) 지역공동체 생활 교육원

① **목적**: 덕수교회 지역공동체 생활 교육원은 그리스도의 사랑과 섬김의 도를 통하여 교회와 지역사회의 남녀, 노소, 빈부, 도농 간의 화합과 일치를 성취하여 하나님 나라를 구현하고 지역주민(이웃)에게 공동체 생활 교육과 복지사업을 실시하는 데 그 목적이 있다.

② **주요사업**
- 청소년 문화센터의 활성화를 통한 청소년 선교

- 예장 신협 물품판매를 위한 강북매장 설립과 운영
- 상담실 운영
- 목회간호사를 통한 지역보건 서비스(의무실)
- 어린이 교실의 확대운영(18반 개설)
- 재가복지 서비스 확대(각 부서 자원봉사)
- 행정조직체계
- 지역신문 정기 발간(4회)
- 홍보사업: 사업계획서, 지역신문, CA – TV
- 실습생지도 전문화: 계획안에 따른 지도감독(상·하반기 각 5명)

4. 다일교회

1) 기관명: 다일교회 사랑과 나눔의 다일 공동체

1. 소재지(연락처): 서울 동대문구 전농1동 495 – 15

2. 현황
① 개원: 1989년 9월 10일
② 운영의 주체: 사회복지법인 다일재단
③ 다일 교회와 다일 공동체와의 관계

다일 교회는 다일 공동체의 정신에 공감하는 사람들이 모여서 예배를 드리는 교회이다. 다일 교인들은 다일 공동체 가족들을 지원하고 다일 공동체는 다일 교회의 영성의 젖줄을 제공한다고 한다. 다일 교회 교인 중 일 년 이상 된 분들은 다일 공동체 가족으로 지원생활을 시작할 수 있다고 한다.
④ 설립 목적 및 동기

다일 공동체 다양성 안에서 일치를 추구하는 공동체의 줄임말로 다양한 사람들이 모여 교파와 교회와 이념을 초월한 공동생활과 봉사생활을 목표로 두고 있다. 다시 말하면 예수 사랑 안에서 힘겨루기도 패가르기도 키재

기도 없는 모두가 어우러져 하나 됨을 이루어 가자는 것으로 일치 안에서 다양성이요, 다양성 안에서 일치를 추구하는 정신이요, 영성이라는 뜻이다. 청량리라는 장소를 정해서 들어오지는 않았고 역전에 쓰러져 있는 행려자 한 분과 최일도 목사님과의 만남이 인연이 되어서 시작하게 된 것이고, 최 목사님과 뜻을 같이한 젊은이들이 그들의 힘겨운 삶과 고난의 현장을 외면할 수 없어 시작되었다. 이 공동체의 주된 관심사는 일이 우선이 아니라 사람이 우선인 생각을 가지고 도시 빈민을 섬기고 있다.

⑤ 다일 교회 네 가지 주요한 설립철학

믿음으로 모여서 중보기도, 소망 중에 배워서 제자훈련, 사랑으로 번져서 빈민선교, 순종으로 섬기며 예수찬미, 이것이 다일 교회 정신이다.

⑥ 교회재정사용에 대한 특별한 원칙

다일 교회 예산의 51% 이상을 구제와 선교와 교육에 사용한다고 한다. 그리고 나머지로 교회를 운영한다. 그러나 중요한 것은 교회 예산 얼마를 어떻게 사용하느냐보다는 교회의 관심이 얼마나 양육과 선교와 구제에 있느냐 하는 것이고, 전 교인들이 어디에 초점을 맞추어 살아가느냐에 달려 있다고 보고 있다. 또한 교회재정 사용이 교인들 개인의 삶에 반영되어야 한다고 한다.

2) 사업 및 프로그램 현황

(1) 밥상공동체

매일 200여 명에서 300여 명의 행려자, 무의탁 노인, 독거노인, 알코올 중독자들이 대부분이며 하루에 한 번씩 매일 차려지는 다일 밥상공동체로서 직접 오시지 못하는 분들에게 직접 도시락을 가져다 드리기도 한다. (매주 월-토 정오부터 2시까지)

(2) 무료병원: 천사병원

천사병원을 세운 동기는 병들어 죽어 가는 형제들을 등에 업고 병원에

갈 때마다 되돌아오는 경험을 수없이 반복하게 되자 '우리의 눈물과 땀으로 무료병원을 세우자.'는 생각으로 세우게 되었고 소외된 사람들을 위한 무료병원을 세우자는 소박한 마음에서 시작되었다. 이 천사병원은 내과, 한방, 치과 세 개의 진료과로 나누어지고 통원 입원 및 요양에 필요한 환자도 치료받게 된다.

천사운동은 1996년 3월, 2년 6개월 만에 1,004명의 후원회원들이 모아졌고 97년 5월, 1년여 만에 2,004명의 후원회원과 2차 천사로 전농동에 197평의 병원 터전이 마련되었다. 98년 8월, 1년 3개월 만에 다시 3,004회원이 모여져 병원건축과 운영을 위해서 앞으로도 계속 8,004운동까지 펼쳐질 것이다.

(3) 생명이음줄 운동(SEBETOWA)

이 운동은 굶주리는 북한의 형제와 탈북동포에게 우리의 작은 사랑을 나누자는 운동이다. 10달러를 가지고 중국 현지에서 생명 바구니를 제작하여 바구니 안에 쌀, 콩, 옥수수, 밀가루, 설탕, 우유가루, 비누와 소량의 의약품으로 직, 간접으로 굶주린 이북형제, 자매들에게 전달한다.

이 운동의 명칭을 '세베도와'(SEBETOWA)라 부른 것은 대한민국 서울(SEOUL)의 다일 교회, 중국 베이징에(BEIJING)의 한민족교회, 일본 동경(TOKYO)의 중앙교회, 그리고 미국 와싱턴(WASHINGTON)한인교회, 이 네 곳이 주최가 되어 일하게 되었기에 각 교회의 영문 앞 자를 따서 세베도와라 한 것이다. 또 이 단어에는 '세베로 돕는다'라는 의미도 포함되어 있다.

10달러면 북한의 5인 가족이 2개월을 생활할 수 있다고 한다. 이곳에서 보낸 10달러 가지고서 중국 현지에서 생명바구니를 제작한다. 생명바구니 안에 쌀, 콩, 옥수수, 밀가루, 설탕, 우유가루, 비누와 소량의 의약품을 넣어서 굶주린 이북형제와 자매들에게 전달하는 것이다. 또 이러한 생명바구니 사업 외에도 중국 훈춘에 다일 어린이집을 개원하여 오고 갈 데 없는 조선족 아이 및 탈북 아이들을 중심으로 생활공동체를 꾸려 가고 있다.

(4) 영성생활 수련원

최 목사님의 주 사역으로 나눔보다는 공동체 안에서의 영성에 가장 초점을 두고 있다. 가평군 설악면의 묵안리. 매달 한 차례 방학 중에 2회 영성생활 수련회를 갖는다. 이곳에서는 4박 5일의 일정으로 한 주간 동안 모든 근심, 슬픔, 불안을 내려놓고. '나는 누구인가?', '참행복의 길이 무엇인가?'를 찾아가는 영적 우주여행이다. 준비된 영성 안내가들이 감성훈련, 내적 치유훈련, 은총의 문을 여는 다양한 기도 수련 등 교회사전통속에 계속 면면히 이어져 내려온 영성 훈련을 인도한다.

(5) 생산공동체

공동체 형제, 자매들의 손으로 직접 제작하여 주문 판매하는 상품을 생산하는 것으로 상품에는 다일 로고가 새겨진 통가죽 십자가 목걸이, 원목으로 만든 기도의자가 있다.

(6) 그 외의 사역

중국을 중심으로 북한과 러시아 등 북방선교와 생명이음줄 운동을 통한 북한구제사업 등이 있다. 또 장안 사회복지관 이동목욕차를 이용하여 이동 목욕(매주 토요일, 오전 9시 30분~2시 30분)을 하고 있고 도시빈민 권리보장을 위한 연대 모임, 윤락 여성들을 위한 연대활동, 자원봉사은행을 통한 밥퍼 나눔 운동 등이 있다.

5. 사랑의 교회

1) 기관명: 사랑의 교회

1. 소재지(연락처): 서울 서초구 서초4동 1310 – 10

　　TEL: 3479 – 7733(6)　　　　FAX: 3482 – 5867

　　하이텔: SARANG 97　　　　E – mail: welfare@sarang.or.kr

2. 현황

① 연혁 (사랑의 복지관)

1996년 12월 16일 사회복지법인 사랑의 재단 사회복지재단 인가

1997년 1월 1일 초대관장 김정은 취임

1997년 4월 26일 사랑의 복지관 개관

1997년 11월 1일 제2대 관장 김해용 취임

1998년 3월 1일 부가 재가복지봉사센터 운영 시작

1998년 3월 7일 그룹홈(장애인공동생활가정)운영 시작

② 기관 목적

사랑의 복지관은 사회복지법인 사랑의 교회 사회복지재단에서 설립한 복지관으로 사랑의 교회 목회철학에 따라 치료하는 교회로서의 사명을 감당하기 위하여 설립되었으며 장애인들의 영혼 구원과 더불어 전문적 서비스를 통한 장애인 복지 증진을 목적으로 하고 있다.

③ 시설구조

- 1층: 현관 및 강당
- 2층: 사무실, 식당, 언어치료실, 조기교육, 상담실, 놀이터
- 3층: 소강당, 치과, 보호작업장, 조리교실, 생활훈련실2. 사업 및 프로그램 현황

(1) 사랑의 복지관에서 운영하는 프로그램

① 장애유아, 아동을 위한 프로그램

- 조기특수교육: 유치원 교육과정에 따른 단원 중심의 그룹 활동을 통해 각 아동의 발달 상태에 맞는 언어, 운동, 놀이, 사회성, 기본 생활습관 및 신변처리기술교육

  <유아반: 월, 화, 목, 금 am 9:30~12시, 만 3세~5세의 발달장애아동>

  <아동반: 월, 화, 목 pm 1:30~4:30, 만 5세~7세의 발달장애아동>

- 개별교육: 그룹 수업이 어려운 중증 발달장애아동의 기초학습 교육

<만 3세~7세의 발달장애아동(주 2~3회, 1회 50분)>

- 또래교실: 지역사회 내에서 또래와의 다양한 경험을 통한 사회성 교육
  <초등학교 4~6학년의 발달장애아동(주 2회, 수요일 오후 3시~6시, 금요일 4시~6시)>

- 언어치료: 언어진단 및 평가를 통하여 언어장애의 유형과 언어수준에 따른 적절한 치료 및 교육
  <만 3세~만 9세의 언어발달지체, 조음장애, 말더듬, 정신지체 및 기타 장애로 인한 언어장애 아동(주 2~3회, 1회 50분)>

- 토요산행: 자연 속에서 심신단련, 정서순화, 초등학교 재학 발달장애아동
  (매주 토요일 오후 1:30~4:30)

- 방과 후 교실: 부모의 양육 스트레스 경감과 휴식제공, 그룹 활동을 통한 기본 생활 습관 및 사회생활지도
  <초등학교 재학 발달장애아동 정기 및 비정기 이용 (월~금 오후 1:30~5:30)>

- 사랑의 계절학교: 방학 중에 여가활동 프로그램
  만 5세 이상의 발달장애 유아, 아동 및 청소년 2회(1월, 8월)

② 장애청소년을 위한 프로그램
- 아름교실: 미술, 음악, 연극 등 정서 치료와 발달을 위한 활동
  <초등학교 5학년~중학교 3학년의 발달장애 청소년(매주 월요일 오후 4시~6시)>

- 우리교실: 지역사회 중심의 그룹 활동을 통한 사회성 교육
  <중학교 1~3학년의 정신지체청소년(매주 수요일 오후 3시~6시)>

- 푸른 교실: 대인관계기술, 의사소통기술, 문제해결기술 등 사회기술훈련
  <고등학교 1~3학년의 정신지체청소년(매주 목요일 오후 3:30~5:30)>

③ 장애 성인을 위한 프로그램
- 사랑의 일터: 일을 통한 삶의 의미를 추구하는 보호작업장
  <근로능력이 있는 만 18~30세의 정신지체인(월~금요일 오전 9시~오후 4시)>
- 사랑의 그룹홈: 지역사회 통합과 독립적 생활능력 향상을 위한 장애인 공동 생활가정
  <만 18~30세의 정신지체인>
- 알뜰살림교실: 여성 장애인의 여가활용 및 정서적 안정, 소득증대 지원
  <만 18세 이상의 여성 정신지체인 (매주 수, 금요일 오전 11시~12시)>
- 토요수영: 지역사회 내 시설을 이용한 여가 활동방법 학습 및 건강 증진
  <만 18세 이상의 정신지체인(매주 토요일 오전 11시~오후 2시)>

④ 장애인 가족 지원 프로그램
- 사랑 울타리: 장애형제에 대한 이해와 정서적 안정을 돕는 사회화 활동
  <정신지체아를 형제로 둔 4~6학년의 초등학생(매주 화요일 오후 3시~5시)>
- 장애아동 형제, 자매 캠프: 가족 구성원으로서 이해와 연대를 증대시키는 활동
  <발달장애아동 및 청소년과 형제, 자매(연 1회, 7월)>
- 부모교육: 장애 자녀의 이해, 양육, 재활에 관한 전문가 강의 및 프로그램별 부모교육
- 어머니 사랑방: 여가선용과 교제를 통해 생활에 활력을 주는 복지관 이용자 어머니 취미교실 <요리, 제과, 제빵, 선물포장, 헤어악세사리, 종이접기 등(주 1회 120분)>

⑤ 사회교육, 홍보 및 연구, 자료발간
- 각종 홍보, 안내지 발간
- 장애 이해 및 예방을 위한 도서 발간

- 장애아동을 위한 멀티미디어 학습자료 발간
- 우리이웃 취미교실: 지역주민들의 장애인 시설 이용을 통한 장애인 이해 증진
  꽃장식 선물포장, 테이블 장식법, 인테리어 연출법 등(매주 목요일 오전 10시~12시)
- 장애인 사랑 행사: 중증장애인 바깥나들이, 저소득 정신지체인 가족 초청

⑥ 재가복지봉사센터
- 지역복지사업
  재활 상담(장애인 상담, 가족 상담), 저소득 장애인 결연 후원, 무료진료, 가정방문 순회진료, 가사보조, 외출보조, 이·미용, 반찬지원, 교육, 가정지원서비스, 장애인 실태 및 욕구조사, 실직장애인 가정지원.
- 장애인 치과: 치과 상담, 스케일링, 보철은 제외한 치료
  <서울시 거주 장애인 (매월 1~4째 주 일요일 오후 1시~4시)>

(2) 사랑의 교회에서 운영하는 사회복지 프로그램

① 일반 봉사사역: 이웃사랑선교회
- 작은사랑 선교회: 소년소녀가장 후원 사역으로 1992년에 시작. 각 구청이나 동사무소 사회복지 관련 공무원들이나 성도들의 추천을 받아 엄격한 선별 절차를 거쳐서 결연된 청소년 가장 세대를 돕고 있다.
- 행복한 모임: 노인들과 부랑인 봉사사역으로 1993년 시작. 매주 예배와 함께 손수 지어 제공하는 식사, 치료레크리에이션, 이·미용, 목욕, 의료봉사 등 각종 서비스를 제공한다.
- 에스더 미용선교회: 이·미용 봉사사역으로 무의탁 노인과 소년소녀가장, 장기입원환자, 복지시설 재원생들과 농어촌 미자립교회 등

대상을 가리지 않고 서비스를 제공한다.

- 소년원선교회: 비행청소년 선도사역으로 교화기관에 위탁되어 순화교육을 받고 있는 비행청소년들을 선도하기 위해 1922년부터 소년원(현재는 중학교로 개칭됨)에 매주 선교단체와 협력하여 매주 1회씩 주일학교 식으로 25개 반으로 분반하여 지도하며(청목회) 고민 상담과 신앙지도에 힘쓰고 있다.

- 의료선교회: 건강진료 봉사사역으로 의료인들과 자원봉사자들이 진료부(치과, 양방과, 한방과), 약사부, 간호부, 행정봉사부 등으로 조직되어 있고 진료팀을 구성하여 팀별로 의료 상담 및 순회진료 봉사를 매주 정기적으로 시행하고 있다.

- 난곡 사랑의 집: 가난한 지역사회 복지센터로서 신림7동 난곡에 1991년부터 사랑의 교회 봉사자들이 들어가 봉사하던 중 주민들을 위한 복지센터 설치의 필요성을 절감하고 세운 종합복지센터이다. 무의탁노인들에게 매일 점심 식사 무료 제공과 신앙 양육 그리고 생신잔치, 결손가정의 학력전 어린이들을 위한 어린이선교원, 초등학생 중심의 사랑의 글방 운영, 지역 부인들을 대상으로 매주 정기적으로 가정생활교육 및 성경공부를 실시하고 있다.

② 특수 봉사사역
- 장애인 선교회: 장애인들을 위한 사역으로
  a. 정신지체인 주일학교 사랑부 – 정신지체 아동을 대상으로 그들의 영적 구원, 육적 건강과 재활을 위해 1992년 개설되었다.
  b. 청각장애인 사역 – 청각장애인을 대상으로 '청각장애인 다락방'을 개설하여 청각장애인들의 예배 및 성경공부를 돕고 있다. 그리고 수화교실을 3개월 단위로 초급반, 중급반, 고급반, 통역반을 운영하여 봉사자를 양성하고 있다.
  c. 시설봉사사역 – 일반장애인 시설인 한사랑 마을과 등대마을을 방문하여 요육사, 보육사들에게 성경공부를 가르치고 있다.

d. 특수 다락방 모임 – 장애 자녀를 둔 엄마들이 모여 성경공부를 통해 하나님의 뜻을 깨닫고 변화된 삶을 살아가도록 돕는 어머니들의 모임.

- 호스피스선교회

  a. 호스피스 사역의 목표

  소외되고 소망을 잃어버리고 슬픔 가운데 처해 있는 환자와 가족들에게 예수 그리스도께서 우리에게 주신 복음의 능력으로 영원한 소망을 주고 평안을 갖게 함으로 이들의 삶을 새롭게 회복시키는 것이 호스피스 사역의 목표이다.

  b. 호스피스를 섬기는 사람들

  봉사자는 특별히 각종 질병에 시달리는 암 환자들과 환자의 가족, 환자 사후 가족, 병원에서 투병하고 있는 환자들을 대상으로 한다. 자원 봉사자는 이들을 섬기기 원하는 사랑의 교회 교인으로 구성되어 있고 호스피스 교육과 환자를 섬기는 데 필요한 여러 훈련과 교육을 받은 자들로 현재 여자 85명, 남자 15명이 섬기고 있다.

  c. 호스피스 봉사방법

  호스피스 봉사는 죽은 자가 아닌, 죽어 가고 있는 자의 남은 삶의 질을 높이기 위해 영적, 육체적, 물질적, 사회적 지원을 한다. 이를 위해 환자를 일주일에 최소 2회 방문하여 말씀과 기도와 섬김과 상담을 통해 위로한다. 그리고 호스피스 대상자였다가 소천하는 가정의 남은 자들을 위한 '샬롬회'라는 공동체가 있는데 이들에게도 격려를 통해 변화된 삶의 새로운 장을 세워 갈 수 있도록 도움을 주고 있다.

  d. 호스피스 부서의 활동상황

  환자는 먼저 교구 담당 교역자의 교구 심방을 통해 확인되는 환자와 교인들의 가족의 의뢰를 받아서 봉사를 실시한다. 호스피스 환자는 담당 교역자가 먼저 환자를 심방하여 영적인 현재의 상태를 확인하고 어떻게 믿음을 투병할 것인가를 환자와 상담하고 격려하며 예배를 드린다. 그 후에 환자를 어떻게 섬길 것인가를 계획하고 모임에서 환자를 소개한다. 소개된 환자에 대해서는 가능한 한 봉사자가 기도하면서 자신들이 선택할 수 있도록 하는 것을 원칙으로 한다. 환자와 봉사자가 연결된 후에는 2인 1조 봉사자가 가능한 일주일에 2회 이상을 방문하여 영적인 도전과 위로를 주고 물질적, 육체적, 사회적인 면을 도우며 환자와 그 가족들과도 여러 경로를 통해 자주 접촉을 갖는다.

환자가 투병하는데 어떠한 형편에 처하든지 예수 그리스도 안에서 할 수 있도록 섬기는 데 목적을 두고 깨어 있어 낙심하지 않도록 하며 천국에 대한 소망과 영원한 생명을 누릴 소망을 잃지 않도록 도모한다. 그리고 극빈 환자에게는 사랑의 교회와 호스피스 후원회를 통해 매월 6~8명 정도 물질적인 도움을 주고 있다.

자원봉사자의 영적인 충전을 위해 봄·가을에는 1일 수련회로, 여름과 겨울에는 2박 3일의 수련회를 갖는다. 그리고 매년 12월 26일은 자원 봉사자 가족과 환자의 가족들, 호스피스를 후원하는 기도의 동역자들, 샬롬회 회원 가족들, 호스피스 후원 단체들을 초청하여 호스피스 가족의 밤 행사를 갖고 있다.

● 구로공단 선교관

근로청소년들을 위한 봉사 사역으로 생산 현장에 있는 젊은 근로자들을 위해 1989년 6월에 세워져 제자훈련, 소그룹다락방, 공동체 생활훈련, 데이트와 결혼 및 성교육 세미나와 직장에서의 탁월한 전문인 양성을 위해 리더십 및 지도자 훈련을 하였고, 맞벌이 가정을 위해 탁아방을 운영하였으나, 시대적인 상황인 노동계의 상황 변화와 효율성이 아닌 현실성(문화상황)에 의해 교회 기피 현상으로 운영이 불가능해져 1998년에 정리되었으나, 이것의 대안으로 기존 신자가 아닌 구도자적 입장을 가진 사람들을 대상으로

'찾는이 사역'이 있다.

- 우물가 선교회

    강남일대 유흥가에서 종사하고 있는 사람들과 배회하는 청소년을 대상으로 상담과 성경공부를 하고 있었으나, 이 또한 직접적인 대상 프로그램으로서의 현실성이 없어짐으로 보다 지혜로운 기술이 없는 이상 어렵다고 판단하여 좀더 현실성 있는 직접적인 대상 프로그램으로서 '문화선교회'로 전환하여 10월 중순경 활동할 계획에 있다.

③ 사랑의 교회 가정사역
- 가정사역 방향

    상담사역은 개인이나 가정의 무너진 관계를 회복하는 치료에 초점을 두는 반면 가정사역은 예방 및 교육을 위한 접근을 시도하며 다음과 같은 프로그램을 운영한다.

    a. 신혼부부반

    결혼 직후 본격적인 삶을 세워 가는 신혼부부들을 위한 모임으로 부부생활 적응, 부부대화, 임신준비 및 태교, 양가 부모님과의 관계, 계획 있는 가정생활 등의 주제가 다루어진다. 대상은 결혼 2년 이하의 아직 아기가 없는 신혼부부로서 모임의 성격상 사랑의 교회 성도만 등록이 가능하다. 진행은 강의와 그룹모임으로 되어 있다.

    b. 신혼부부 다락방

    신혼부부 다락방은 갓 결혼한 커플들의 모임으로서 부부가 함께 참여하며 리더인 순장을 중심으로 성경공부를 통한 양육과 또래 그룹 내의 교제를 추구하는 지역별 소그룹 모임이다. 대상은 결혼 2년 이하의 아직 아기가 없는 신혼부부로서 모임의 성격상 사랑의 교회성도만 등록이 가능하다. 진행은 그룹리더인 순장을 중심으로 모두 참여하며, 시간은 주 1회 주중에 모인다.

c. 부부 소그룹 모임

목표는 가정생활, 부부생활의 여러 실제적 부분들을 세워 주기 위함이다. 대상은 기혼부부이면 누구나 다 가능하며 결혼 5년 이상 된 부부가 효과적이다.

④ 경조부

경조부는 인간의 출생에서부터 임종까지의 모든 희로애락을 통하여 사랑의 교회 전 성도가 그리스도 안에서의 사랑을 나누는 띠의 역할을 하며, 교회에서의 예식에 대한 올바른 이해와 진행에 편리를 주는 데 최선을 다하고 있다. 약혼, 결혼, 출산, 개업, 생일, 입학 및 졸업, 이사(입수), 취업, 승진, 출국(귀국), 입대(제대) 때마다 축하 예배를 드려 주며 재난, 수감자, 임종, 추도, 실패, 시험 당하였을 때에는 위로의 예배를 드려 준다.

이 외에도 지속적인 사랑의 실천 운동과 허례허식을 줄이는 운동을 활발히 펼치고 있다.

(3) 지역사회와 협력 기관

① 장애인선교 연구소

장애인과 그 가족을 그리스도의 약속된 말씀과 사랑으로 치유하고 회복하도록 하기 위해 설립하여 장애선교를 위한 신학 정립과 장애인 예배 모형을 개발하고 신앙교육 자료 등을 연구, 발간하고 있다.

② 서초구자원봉사센터

지역사회 자원봉사기관으로 체계적이고 조직적으로 자원봉사자들을 모집, 등록하고 교육 절차를 거쳐, 종합사회복지관 등 다양한 사회기관 및 단체, 관공서 등의 수유처에 적절히 배치하여 봉사하도록 연결시키는 모든 과정을 전담하고 있다.

◈ 반포종합사회복지관

1) 기관 현황

1. 시설명: 서초구립 반포종합사회복지관
2. 소재지: 서울시 서초구 잠원동 60 - 5
3. 운영법인명: 사회복지법인 사랑의 교회 사회복지재단

2) 사업 및 프로그램 현황

(1) 영·유아 탁아사업(사랑의 어린이집)
　　① 사랑의 어린이집
　　② 신나는 교실

(2) 아동복지사업
　　① 아동 상담, 동아리활동, 학교적응프로그램
　　② 어린이 축제, 방학열린세상, 여름캠프
　　③ 아동사회교육 프로그램

(3) 청소년복지사업
　　① 청소년 상담, 청소년 자원봉사단, 어울림터
　　② 동아리활동, 학교사회사업, 청소년 축제마당
　　③ 진로탐색프로그램, CA지원활동, 봉사캠프

(4) 가정복지사업
　　① 가정문제종합상담실, 부모역할훈련
　　② 가족관련세미나, 성인사회교육프로그램
　　③ 각종 심리검사

(5) 노인복지사업

    ① 노인 상담, 노인대학(청솔대학), 노인극장

    ② 노인정 지원사업, 동아리활동, 한글교실

    ③ 경로잔치, 문화유적지기행

(6) 노인주간 · 단기보호 센터

    ① 노인건강관리, 기능회복훈련, 치료그룹 활동

    ② 취미 · 오락 활동, 야외나들이, 가족 상담

(7) 장애인복지사업

    ① 장애인 재활 상담, 장애인정보센터 운영

    ② 특수학급 아동적응 프로그램(기쁨의 교실)

    ③ 부모교육

(8) 지역사회복지사업

    ① 반포문화축제, 가족도서실운영, 가족극장

    ② 주민편의시설 제공, 주민간담회, 교양강좌

    ③ 무료법률상담, 무료한방진료, 사회봉사대학

(9) 재가복지봉사센터

    ① 소년소녀가장 결연사업(작은사랑 큰 기쁨)

    ② 저소득 재가노인복지사업(행복한 모임)

    ③ 재가 가정지원사업(정서, 간병, 가사서비스 등)

(10) 지역사회건강사업

    ① 가정방문간호, 건강 상담 및 관리

    ② 건강검진, 기초건강검사

    ③ 물리치료실 운영

(11) 자원봉사자관리사업

 ① 자원봉사자 모집·교육·관리

 ② 사회봉사대학, 자원봉사자 축제

(12) 후원사업

 ① 후원자 개발

 ② 후원자 모집 및 관리

 ③ 후원대상자 결연

(13) 사회복지프로그램 개발

 ① 자료실 운영, 지역사회조사연구

 ② 직원교육 및 연수

6. 아현교회

1) 기관명: 아현교회(기독교대한감리회) 사회관

1. 소재지(연락처): 서울 서대문구 북아현동 950 TEL: 02) 312-3061~3

2. 현황

① 조직

사회복지사 1분, 프로그램당 1~2분 정도의 교사

자원봉사자들 연간 50여 명 정도

② 재정

아현교회 재정의 약 3~4%, 약 1억 5천만 원 정도(관리비, 운영비 제외)

③ 설립목적

교회는 여러 모양으로 나타나는 사회의 병리적 현상을 치유하는 데

앞장서야 하며 하나님이 만드신 아름다운 세상을 하나님이 보시기에

아름다운 세상으로 만들기 위하여 교회의 사명을 감당하여야 한다. 따라서 '받은 은혜를 이웃과 함께'라는 설립 목적으로 세워진 우리 교회는 세상의 빛과 소금의 역할을 하여야 함은 물론이며, 이웃을 사랑과 봉사로 섬기고자 최선을 다하고 있다.

2) 사업 및 프로그램 현황

(1) 아현 어린이집

아현 어린이집은 1991년 1월 22일 아현교회사회관에 개원하여 시작되었다. 주부의 취업 등 여성의 사회참여 및 가족 구조의 핵가족화에 따라 보육수요가 급증하고 있다. 그리므로 아동에 대한 적절한 환경과 전문적인 보육 서비스를 제공하는 보육사업을 시행함으로써 아동의 건전한 교육과 보호자의 경제적 사회적 활동 지원을 통하여 하나님의 뜻이 전파될 수 있도록 하는 데 목적을 두고 있다.

(2) 아현 유치원

아현 유치원은 우리나라에서 두 번째로 세워진 유서 깊은 유치원이다. 1915년 브라운 리 선교사에 의하여 아현감리교회 부속으로 설립된 유치원은 '선교와 교육'이라는 주된 목표를 설정하고 그 사명을 감당하고자 최선을 다하고 있다.

아현 유치원 창립 84년을 맞으면서 '서로 돕고 사랑하자'는 원훈 아래 80명의 원아들이 아현의 동산에서 아름답게 자라나고 있다.

(3) 농촌교회 유기농산물 '텃밭', 하나님의 생명 살림에 함께하는 아현교회

주의 이름으로 일하는 그리스도인들은 많지만, 주의 뜻을 따라 행동으로 실천하는 그리스도인들은 많지 않다. 자연과 농촌을 살리고 땅을 살려서 건강의 위협을 받지 않는 순수한 농산물을 생산해야 한다. 따라서 텃밭에서는 우리가 먹을 수 있는 유기농산물을 직접 생산, 판매한다.

7. 강성교회

1) 기관명: 강성교회

1. 소재지: 인천광역시 계양구 효성1동 64 - 2

2. 현황
① 연혁(사랑의 복지관)
- 교회의 역사: 15년
- 설립 목적: 교회는 하나님의 뜻을 이 땅에 실현하기 위한 신앙공동체 이다. 따라서 하나님의 나라를 건설하는 데 있어서 교회가 처해 있는 사회에 대한 관심과 참여는 필수적인 것이다. 이에 강성교회는 1차적인 사업목적은 이웃에게 열린 교회 로서 지역사회를 위하는 것이며 2차적으로는 하나님의 사 랑을 널리 알리는 선교와 전도에 있다.

2) 사업 및 프로그램 현황

(1) 청소년 복지사업

① 청소년 장학사업
- 사업 배경 및 목적
  장학사업은 교회 및 지역사회의 경제적 사정으로 학업을 할 수 없 는 불우 청소년들에게 장학금을 지급하여 교육적 욕구 및 경제적 문제를 해결해 줌으로써 그들의 정신적 지지 기반을 도와주는 데 그 목적이 있다. 또한 IMF 이후 실직자 가정이 늘어나 점심을 못 먹는 학생이 많이 늘어나게 되었다. 그리하여 학교에서 그 아이들 의 가장 기본적인 욕구를 채워 주기 위하여 자선단체를 찾던 중 강성교회와 연계되었다.

- 사업 방법
  a. 시행시기: 1999년 2월부터 실시
  b. 대상: 지역 불우 청소년(초, 중, 고) 학교에서 대상자를 파악하고 그 대상은 매월 교체됨.
  c. 인원: 20명
  d. 운영: 매월 말일 '이웃을 위한 밤'에 자율적으로 참석한 교회 신도들의 월급 1% 모금.
  e. 예산: 평균 60~70만 원
  f. 전달방식: 교회에서 학교로 지급, 학교에서 대상을 선별하여 지급
- 사업 내용: 효성중학교 장학금 지급, 효성초등학교 급식비 지급

② 노인복지사업
- 이·미용 사업
  a. 사업의 배경 및 목적
     생활보호 대상자, 불우노인, 독거노인을 대상으로 그들에게 무료로 이·미용을 제공하여 그들의 소외된 정서와 위생의 문제를 해결하여 준다. 처음에는 동사무소에서 하던 사업이었으나 동사무소의 업무 불편으로 인하여 어려움을 겪고 있어서 강성교회에서 자발적으로 지원을 하게 되었다.
  b. 사업 방법
     a) 시행시기: 1998년 하반기부터 실시
     b) 대상: 지역주민(생활보호 대상자, 불우노인, 독거노인)
     c) 인원: 평균 20명
     d) 시간: 매주 1회 실시(매주 화요일)
     e) 운영
        - 광고: 교회 앞에 큰 현수막을 세워 노인 초청
        - 운영 주체: 교회신도 중 미용 전문인이 다른 신도 10명을 교육시켜 현재는 11명의 미용사들이 봉사하고 있음.

－ 장소: 교회의 소유인 공터를 사용

－ 이·미용에 필요한 도구 및 약품 구입비는 교회의 정규 예
산에서 지급

c. 사업내용: 지역 내 독거노인, 불우노인, 이·미용(파마, 컷)

③ 독거노인 밑반찬 사업

- 사업목적

독거노인이나 불우노인들을 대상으로 소외된 그들에게 하나님의
복음을 전하며 식생활의 어려운 점을 돕고 반찬의 질적 영양도를
높여 어르신들의 건강의 향상을 도모하고자 한다.

- 사업 방법

a. 시행시기: 1999년 3월부터 실시

b. 시간: 매주 1회, 화요일에 배달

c. 대상: 독거노인, 불우노인

d. 인원: 15명

e. 운영

a) 교회 내에 반찬 동우리에서 독자적으로 실시하고 있음.

b) 동우리 회원들의 자발적 성금에 의해 운영됨.

c) 대상자 선별: 교인들 간의 정보나 동사무소에 등록되어 있는
생활 보호자들을 대상으로 선별.

- 사업 내용

밑반찬 배달, 노인관리

④ 의료봉사사업

- 사업 목적

하나님의 복음을 전파하고 예수 그리스도의 섬기는 삶을 실천하는
의료 선교팀인 한방의료 팀으로 구성했고 한 달에 1회 순회 진료
를 하고 있으며 지역주민들의 신체적인 병을 예방, 치료, 관리하며
하나님 나라 전파하는 데 그 목적이 있다.

- 운영방법
  - a. 시기: 1999년 6월부터 실시
  - b. 시간: 매월 1회 마지막 주 금요일
  - c. 대상: 지역주민, 불우, 독거노인을 주 대상으로 하고 있음.
  - d. 인원: 평균 100명
  - e. 운영: 실시하기 2주 전에 교회 앞에 현수막 설치(매월 1회는 의료선교팀 진료)
    - a) 예산: 교회 예산 중 30만 원을 매월 의료 선교팀에게 지급
    - b) 장소: 교회 내에 예배당에서 실시
- 사업내용: 침술봉사, 투약 3일, 의료 상담

8. 부개동교회

1) 기관명: 부개동교회

1. 소재지(연락처): 인천광역시 부평구 부개2동 120-408TEL: 032) 517-13962. 사업 및 프로그램 현황

(1) 지역사회 분석

교회의 인접지역인 부개동은 8~9개에 달하는 중·고교 밀집지역이다. 이 지역의 가정환경은 경제적으로 낮은 계층의 가정이 많고, 가정적으로는 부모들의 이혼 또는 별거로 인해 깨어진 가정이 많다. 안정된 수입이 없고 수입이 있다 해도 너무 적어 온전한 가정을 꾸리지 못하는 상황이다.

이러한 환경 속에서 학생들은 자존감과 삶의 동기부여가 부족했고, 대상이 없는 반항심, 무례함, 무기력함 등의 성품들이 나타났다. 또한 깨어진 가정의 아이들은 가슴 깊이 상처를 지니고 있어 사람을 쉽게 사귀거나 믿지 못하였다.

(2) 프로그램

① 공부방(부개동 영수교실)

- 사업목적

  타 지역보다 비교적 많은 학생들의 상처받은 마음을 치유하고 그들에게 공부할 수 있는 여건과 동기부여를 해 줌으로써 희망을 갖게 하고, 나아가 예수 그리스도를 믿는 공동체를 형성하여 학원과 지역복음화에 이바지한다는 목적을 세웠다.

- 프로그램 진행사항

  a. 홍보활동

  학기 초에 부개동교회 공부방 홍보 전단지를 1,000부 인쇄하여 중학교의 하교시간에 맞추어 학교 앞에서 나누어 주며 홍보를 하였다. 또한 이미 본 교회를 출석하고 있는 중등부 학생들에게 친구들을 데려올 수 있도록 적극 장려하였다. 공부방에 입학하기를 원하는 학생들은 입학원서를 작성케 하고 학부모들과 함께 상담하여 새로운 각오를 할 수 있도록 이끌었다.

  b. 학습시간

  a) 학기 중: 주일을 제외하고 매일 하교 후에 교회에서 공부할 수 있도록 하였다. 영어와 수학 과목을 중심으로 학교의 진도보다 한 단원 정도 더 빨리 진행하였으며, 학교에서의 수업 중 잘 모르는 문제들을 다시 상세하게 풀어 주었다.

  b) 시험 기간: 시험 기간 동안에는 밤새워 공부할 수 있도록 하였다. 해당 범위를 요약, 정리하여 핵심사항을 주지시키고 예상되는 문제들을 풀게 하였다.

  c) 방학 기간: 주일을 제외하고 오전 10시부터 오후 3시까지 영어 2시간, 수학 2시간씩 영문법과 수학교재를 가르쳤다. 방학기간 내에 영어는 「맨투맨 기초영어」를, 수학은 「해법수학」으로 다음 학기 분량을 다 마치는 것을 목표로 가르쳤다.

c. 수련회

공부방 학생들은 방학 중에 2박 3일간 수련회를 참가할 수 있도록 하였다. 학생들 중에는 불교 집안의 학생들도 있었으므로 복음을 전하는 기회로 삼기보다는 심신을 단련하고 공동체 생활을 교육하는 데에 중점을 두었다. 참고로 지난여름에는 2박 3일간 지리산 종주를 하였다.

d. 학부모들과의 연계

방학이 거의 끝날 때 즈음 되어서는 학부모들을 모시는 시간을 마련하였다. 학사보고와 진행된 과정, 그리고 다음 학기에 진행될 교육 과정들을 학부모님들이 직접 듣도록 하여 신뢰를 쌓고 이해와 관심을 가지도록 하였다.

e. 장학제도

9. 왕십리교회

1) 기관명: 왕십리교회

1. 소재지(연락처): 서울 성동구

2. 프로그램 현황

서울 성동구에 위치하고 있는 왕십리교회의 활동에 대해서 알아보았다.

왕십리교회가 21세기를 준비하며 교회와 지역사회를 위하여 1993년 11월 7일 사회교육관을 봉헌하고 지역사회를 위한 '열린 교회로서의 장'을 맞이하게 되었다. 94~95년에 걸쳐 준비와 더불어 계획을 추진하며 본 사회교육관 사업이 교회와 지역사회 간에 화합과 일치를 성취하며 예수 그리스도의 사랑이 실천되고 궁극적으로 하나님 나라가 왕십리교회를 통해서 구현되고자 하는 뜻에서 개관하게 되었다고 한다.

이를 위해 ① 아동사업위원회, ② 청소년사업위원회, ③ 주부사업위원회,

④ 노인사업위원회, ⑤ 지역사업위원회를 두고 실제적인 사업을 추진하고 있다.

매년 농어촌 역지 아이들을 초청하여 문화적 차이를 줄이고 내일에 대한 꿈과 이상을 심어 주고 있는 일을 담당하고 있는데 금년에도 '땅끝마을'이라고 불리는 전라도 해남의 5개 지역의 농촌 아이들을 초청하여 격려하는 프로그램을 가졌다.

재가복지사업은 불우이웃, 거동이 불편한 거택 보호대상자인 장애인, 노인들을 위해 가정을 방문하며 돌봄의 시간을 갖고 있다.

10. 그리심교회

(1) 그리심 영어 공부방: 방학 동안 지역 중고등학교 학생들을 대상으로 영어문법, 독해, 청취를 가르친다. 만수 5동 지역이 경제적 환경이 열악하고, 그로 인해 맞벌이 부부가 많아 주민들의 관심이 많다. 담임 전도사와 전담 전도사 2명이 각각 맡아서 가르친다.

(2) 당뇨병 교실: 본 교회에 출석하고 인천 의료원에서 일하시는 여의사 집사님이 월 1회 토요일에 지역주민들을 대상으로 당뇨병 교실을 열어 상담하고, 필요한 사람에게 약간의 도움까지 주고 있다.

(3) 사랑의 쌀통: 지역주민에게 무료로 쌀을 나누어 주고 있다. 일부 목회자와 연결도 되어 미자립 교역자에게도 나누어 주고 있다.

11. 광야교회

1) 기관명: 광야교회

1. 소재지(연락처): 서울 영등포 역 위치

2. 프로그램 현황

(1) 매일 3식 무료식사

(2) 매월 첫 주일 오후 3시 미용봉사

(3) 매주 금요일 밤 9시 무료진료실시(서안복음병원)

(4) 매일 쉼터(합숙소)운영

(5) 매월 셋째 주 수요일 오전 11시 베다니선교회 찬양집회

(6) 격주 성일교회 진료팀 통증치료(김준서 의원)

(7) 매주 화요일 밤 12시 역전대합실 예배

(8) 매주 목요일 밤 8시 찬양집회 (서울신학대학전도대)

    ① 광야교회역사: 87년 전 임명회 목사님께서 어려운 형편의 사람들에 대한 인타까움으로 윤락가였던 지금의 영등포에서 목회를 시작하심

    주목적: 영혼구원

(9) 서비스

    ① 매일 3식의 무료식사 제공 – 18팀(교회)의 자원봉사자가 돌아가며 봉사하고 있음

    ② 매월 첫 주일 오후 3시 미용기술을 가진 크리스천들의 미용봉사

    ③ 합숙소 운영: 가정이 결성되지 못한 자들에게 월세방을 제공함으로써 숙식을 해결해 줌 – 약 80여 명

    ④ 매주 화요일 밤 12시 역전대합실 예배 – 부랑자들을 대상으로 한 전도집회

    ⑤ 보건소 정기검진

12. 강화중앙교회

1) 기관명: 강화중앙교회(기독교대한감리회)

    담임목사: 이민구

1. 소재지(연락처): 인천광역시 강화군 강화읍 신문리 549TEL: (032) 934 - 9413

2) 사회복지 프로그램 현황

(1) 1년 기획 프로그램

① 강화지역 학생 장학금
- 예산: 2,000만 원(성도들의 헌금)
- 대상: 강화에 사는 학생 중에 학업 성적이 좋거나 집안에 돈이 없어 진학이 어려운 학생

② 무의탁 노인
- 대상: 생활이 어렵고 돌봐 줄 가족이 없는 노인 네 분
- 지원금액: 네 분에게 매달 각각 5만 원 지급(교회헌금)

③ 구제비
- 대상: 집안이 어려운 가정(소년소녀가장, 실직자 등……) 여섯 분
- 물질: 성도들이 일주일에 내는 성미를 한 달에 한 번씩 총 한 가마를 여섯 분에게 지급

④ 결식자 급식
- 대상: 모든 결식자 해당
- 지원금액: 군지원 분기별 285만 원, 교회부담 1년에 2,000만 원
- 장소: 강화중앙교회

⑤ 환경미화원 선물
- 대상: 환경미화원
- 날짜: 매년 행사주일(부활절, 크리스마스, 추수감사절 등……)
- 물질: 생활필수품 전달

(2) 기타

① 유치원
② **무료주차장**: 교회 안의 주차 지역을 지역주민들이 사용할 수 있게 항시 교회를 개방

3) 프로그램 / 교리

(1) 기독교 대한 감리회 교리적 선언

① 우리는 만물의 창조자시요 섭리자시며 온 인류의 아버지시요 모든 선과 미와 애와 진의 근원이 되시는 오직 하나이신 하나님을 믿으며
② 우리는 하나님이 육선으로 나타나사 우리의 스승이 되시고 모범이 되시며 대속자가 되시고 구세주가 되시는 예수 그리스도를 믿으며
③ 우리는 하나님이 우리와 같이 계시사 우리의 지도와 위안과 힘이 되시는 성신을 믿으며
④ 우리는 사랑과 기도의 생활을 믿으며 죄를 용서하심과 모든 요구에 넉넉하신 은혜를 믿으며
⑤ 우리는 구약과 신약에 있는 하나님의 말씀이 신앙과 실행이 추운한 표준이 됨을 믿으며
⑥ 우리는 살아계신 주 안에서 하나가 된 모든 사람들이 예배와 봉사를 목적하여 단결한 교회를 믿으며
⑦ 우리는 하나님의 뜻이 실현된 인류 사회가 천국임을 믿으며, 하나님 아버지 앞에 모든 사람이 형제됨을 믿으며
⑧ 우리는 의의 최후 승리와 영생을 믿노라. － 아멘 －

(2) 프로그램 평가

① 강화중앙교회와 사회사업 현황을 알아보기 위하여 직접 부목사님과 교회사무실 분들과 인터뷰를 하였다. 교회의 사회사업에 대해 부목사

님과 교회사무실 분들의 의견은 서로 달랐다. 부목사님께서는 교회의 사회사업 자체를 부정하시지는 않으셨지만 대중 선교의 한 방법으로 인식하고 계셨고 교회 사무실 분들은 아예 교회의 사회사업 자체를 불필요한 것으로 인식하고 계셨다. 교회는 선교를 하는 곳이지 사회 사업을 하는 곳은 개교회적이고 비전문적이며 선교활동의 한 수단이 라는 것을 알 수 있었다. 강화중앙교회가 소속되어 있는 기독교 대한 감리회의 교리에 비춰 보았을 때, 강화중앙교회의 사회사업은 사회사 업보다는 성경 말씀의 내용(사랑, 봉사)을 실천하는 데 주안점을 두었 다는 것을 알 수 있었다. 강화중앙교회의 사회사업은 선행의 실천, 신앙의 표현을 위한 자선사업의 측면에 더욱 가까운 편이다. 사회사 업에 대한 교회 관계자 분들의 의식도 이런 면에서 벗어나지 못한 것 같다.

(3) 대안·제언

① 기독교의 사회사업에 대한 비판
- 교회 안의 사람들을 위한 봉사는 있어도 교회 밖의 이웃을 향한 대외적 봉사는 매우 형식적이거나 빈약한 상태이다.
- 예배와 절기, 등 종교 행사에 머물고 있을 뿐 지역주민의 실생활 에까지 연결되지 않고 있다.
- 개교회의 교세 확장, 시설 확충, 외형적 교회 성장에는 열을 올리 지만 지역주민을 위한 봉사는 외면하고 있다.
- 장기적이고 미래지향적인 선교보다는 현실 안위주의적인 타협에 급급하다.
- 지역주민에게 복음과 구원은 나누어 줄 생각이 있어도 재정과 시 설과 사람, 더 나아가서 가슴을 함께 나눌 용의는 없다.

② 사회사업에 대한 의식적 문제
- 위의 예에서 보았듯이 아직도 대부분의 목회자들과 교인들은 교회

가 사회사업을 해야 하는 필요성에 대해 느끼지 못하고 있다. 또는 단순히 선교 활동의 한 방법으로서 사회사업을 이해하고 있기도 하다. 그런 결과, 한국교회는 사회를 위한 봉사활동이 매우 미약하다는 평가를 받고 있으며 많은 한국의 종교들 중에서 기독교가 집중적으로 사회봉사의 취약점을 문제로 지적당하는 현실에 봉착하고 있다. 한국 전체 인구의 24.3%에 해당하는 한국교회가 그 사회적 역할에 있어서 매우 미진하다는 것이다. 이러한 현대 교회의 문제점을 해결하기 위해 먼저 공동체 의식을 길러야 할 것이다. 교회도 지역사회에 속해 있는 것이라는 지역공동체 의식을 갖는 것이 중요하다. 교회가 자신이 속한 지역사회의 문제점을 스스로 찾아내고 그것을 해결히려고 하는 의식을 먼저 확립시켜야 할 것이다. 또 성경에 명시되어 있는 기독교적 윤리를 더욱 발전시키고 그것을 더욱 실천하도록 해야 할 것이다. 기독교는 사랑의 종교라고 할 만큼 사랑은 기독교 교리 중 가장 큰 비중을 차지하고 있다. 사랑의 윤리를 더욱 심화, 발전시키고 교인들이 그것을 자신이 속한 지역사회에 실천할 수 있도록 동기를 유발시켜야 한다. 올바른 윤리가 확립되지 않은 사회복지 서비스가 문제가 되고 있다. 기독교의 사랑의 가르침은 이러한 문제를 해결할 수 있는 열쇠가 될 것이다. 또한 목회자 양성 과정에 사회사업에 대한 과정을 포함시켜서 교회가 올바른 사회사업을 펼쳐 나가는 데 더욱 힘쓸 수 있는 목회자를 양성해야 할 것이다.

③ 조직적이고 전문적인 교회 사회사업

- 비단 강화중앙교회뿐만이 아니라 현재 우리나라의 교회는 조직적으로 연계되어 사회사업을 펼치는 곳이 매우 적다. 한국의 개신교 교단에서 사회봉사 문제를 다루는 교단 산하 기구(사회부, 사회사업부 등)를 갖고 있는 교단은 19개 교단에 불과하며 이들 중에도 조직적으로 수행하고 있는 교단은 많지 않은 것 같다. 조직성이

결여된 결과 교회 사회사업은 여러 가지 단점을 가질 수 있다. 각 교단 내의 교회들이 서로 연계되어서 사회사업을 펼쳐 간다면 이러한 문제는 사라질 수 있다. 교회의 형편과 특성에 맞게 한 분야를 담당하여 사회사업을 할 수 있기 때문이다. 또한 정부의 사회복지기관과 연계하여 전문성을 보완할 수 있다. 반면에 사회복지관은 사회복지 방법론의 전문성과 합법성(합목적성), 그리고 프로그램과 제도적 지원, 사회복지 상징성에 있어서 장점을 갖고 있으나 이러한 것들을 지역사회 현장에서 실천할 수 있게 하는 시설과 인력 그리고 자원동원에 있어서 큰 한계를 갖고 있다. 따라서 교회는 기독교 신앙정신의 실현이라는 점에서 복지관과의 연합을 모색해야 하고, 복지관은 복지 프로그램 확산과 지역사회 자원의 효율적 동원이라는 명제 아래 교회와의 연계를 추진해야 하는 입장이다. 또한 교회의 사회사업부서에 전문 사회복지요원을 투입하여 교회 사회사업의 한계인 비전문성을 극복해 나가야 할 것이다.

④ 실제적이고 적절한 비율의 예산 투자

- 한국 자원봉사 능력개발 연구회에서 실시한 한 조사에서는 조사 대상 교회의 절반 이상이 일 년 예산의 5% 이하를 사회봉사비로 지출하고 있는 것으로 나타났다. 그리고 대부분의 교회에서 사회봉사비는 예산 항목의 최하위에 머무르고 있었다. 연대 한국기독교문화연구소의 조사(성규탁 외, 1991)에서는 교회의 사회봉사비 비율이 평균 7.82%, 중앙값 5.0%로 나타났다. 이를 절대비용으로 계산한 한국자원봉사 능력개발연구회(최원규 외, 1990)에 따르면 한국교회의 연간 평균 사회봉사비 지출액은 915만 원으로 나타났지만, 중앙값은 200만 원 정도로 전체 교회의 절반 정도가 200만 원 이하의 사회봉사비를 지출하는 것으로 나타났다. 강화중앙교회의 경우, 사회사업을 위해 일정한 비율의 예산을 마련한 것이 아니라 대략 이 금액을 추정하여 어림잡아 마련한 것이었다. 교회의

1년 총예산에서 일정비율의 금액을 사회사업비용으로 투자해야 하고 현재의 보잘것없는 투자액을 더 늘려야 할 것이다.

⑤ 교회 사회사업의 다각화

- 도림교회의 경우, 사회사업의 대상이 어린이, 청소년, 주부, 노인, 일반시민에 이르기까지 매우 다양하다. 한 교회 내에 이렇게 다각적으로 사회사업을 펼쳐 나가기는 물론 어려울 것이다. 그렇기 때문에 각 교회들이 조직화되어 전문 분야를 한 가지 이상 맡아 사회사업을 펼친다면 좀더 다양한 사람들이 사회복지욕구를 충족시킬 수 있을 것이고 편중되지 않은 사회사업을 펼칠 수 있을 것이다. 적극적으로 사회의 약자나 소외된 계층들 찾아내 그들에게 사랑을 실천할 수 있어야 할 것이다.

⑥ 마치며

이상으로 한국교회의 사회사업이 안고 있는 여러 가지 문제점을 살펴보고 그 대안에 대해서도 생각해 볼 수 있었다. 사회사업 실천 윤리적인 면에서 기독교인들은 일반 사회복지전문요원들이 갖추지 못한 장점과 가능성을 갖고 있다는 것을 알 수 있었다. 바로 사랑이라는 기독교의 윤리이다. 참된 사랑의 실천을 위해 교회는 좀더 노력을 해야 할 것이다. 효율성과 전문성을 갖춘 사랑이 이 시대의 소외된 이웃들에게 좀더 가까이 다가갈 수 있을 것이다.

13. 기둥교회

1) 기관명: 기둥교회

1. 소재지(연락처): 부천시 심곡2동 179번지
☎ 032) 612 − 9213(6)

기둥교회의 원래 이름은 '부천 중앙교회'였으나 지역 내 같은 이름의 교회가 생기기 시작하면서 이름이 같은 다른 교회 때문에 큰 어려움을 겪은 일이 있었고, 그 후 지역 내 같은 이름을 사용하는 교회가 20여 개나 된다는 것을 알고 기둥교회라는 이름으로 바꾸었다. 담임목사인 고신인 목사의 목회 이념은 기둥교회의 표어인 '하나님 마음에 합한 교회'가 되기 위한 '하나님 마음에 합한 목회'이다.

기둥교회는 부천지역사회와 함께하는 교회로서 추진하고 있는 사업으로는 남부 노인종합복지관, 기둥 어린이집 등을 운영하고 있다.

2) 사회복지 프로그램

(1) 남부노인종합복지관

① 설립목적

남부노인종합복지관은 재단법인 기독교 대한감리회 유지재단 기둥교회가 부천시로부터 위탁받아 운영하고 있는 사회복지기관이다. 설립목적은 지역사회노인을 위하여 각종 상담에 응하고 건강의 증진, 배움의 기회를 제공, 오락, 취업 알선, 각종 의료 서비스 및 복지증진에 필요한 다양한 노인복지서비스를 제공하여 삶의 질을 향상시키고 건강하고 건전한 노후 생활을 도모하고자 설립되었다.

② 기관규모

대지 424평, 건평 618.36평(지하 1층, 지상 3층)

③ 이용 대상

부천시 거주자 60세 이상

④ 사업소개

- 상담사업: 건강 상담, 개인 상담 등
- 사회교육사업: 노인대화, 노인교실, 노인서클

- 재가복지사업: 상담 서비스, 목욕 서비스, 세탁 서비스
- 취업알선센터: 공동 작업장 운영, 취업 일선
- 작은 노인의 집: 저소득 생활보호대상 노인을 3~5인씩 한 개 주택에서 함께 생활하게 함으로써 경제적 어려움과 외로움을 해소하여 복지 수준 향상을 도모하는 프로그램을 제공
- 경로식당: 낮은 요금 또는 무료로 점심 제공
- 이발소, 미용실 운영

(2) 어린이집

① 설립목적

여성의 시회침여 증가와 핵가속화로 인한 자녀 양육 및 교육의 문제를 해결하시고자 하는 부모님의 기대에 부응하기 위하여 영유아 보육법에 의한 보사부의 엄격한 기준에 따라 인가를 받은 종일제 어린이집.

② 교육의 기본 방향

획일적인 교육의 내용으로 단순 지식 습득을 위한 성인중심 교육에서 탈피하여 아동중심의 교육철학과 인본주의 사상을 기본으로 한 활동 중심의 통합 교육으로서 아동 개개인의 개성 있는 발달과 함께 사회와 집단생활에 잘 적응할 수 있는 전인적인 아동으로 교육하는 것을 지향.

③ 교육내용

개개인의 어린이 필요와 각종 교육내용이 갖고 있는 특수성에 맞추어 내용 및 활동을 선정, 형식적인 교육내용: 언어, 수, 과학, 사회적 지식, 표현활동(음악, 미술, 율동, 표현, 극화 활동), 비형식적 교육내용: 기본 생활습관 익히기, 사회규범, 질서 의식

④ 주관 특별활동

- 과학교실: 실험들을 직접 해 봄으로써 어린이들의 논리력, 창의력, 문제해결력을 키워 줌.

- 독서교실: 정서, 신체, 지적 능력, 사회성, 언어발달 및 성교육에 관한 책을 알기 쉽게 소개
- 체육교실: 각종 기구를 이용한 활동, 게임을 통한 활동심과 자신감을 길러 줌
- 미술교육: 미술교육 실시

3) 문제점 및 대안

보육시설에서 아무리 좋은 보호와 교육 프로그램을 제공한다 하더라도 아동의 성장과 발달은 대단히 개별적인 것이어서 아동 개개인의 전인적 성장과 발달을 도모하기 위해서는 개별적인 특수한 환경을 고려해 서비스를 제공하지 않으면 안 된다. 장애아동, 비행아동, 심리적 문제를 보유한 아동, 결손가정의 아동들은 서로 다른 환경에 처해 있기 때문에 모든 개별아동에게 최적의 보육환경을 조성하여 주고 아동의 권리를 보장해 주기 위해서는 서비스 또한 개별적인 욕구를 반영한 개별적 발달 수준을 고려한 서비스가 되어야 할 것이다.

기둥교회가 운영하고 있는 어린이집은 교육의 기본방향에 있어서 아동중심, 인본주의를 강조하고 있다. 하지만 이러한 기본 방향성은 일반 어린이집과 별반 다를 것이 없는 방향성이다.

특히 인본주의적인 사상을 갖고 운영하는 것은 자칫 아이들에게 인간 중심적인 사고방식을 유도할 수 있다. 물론 교회가 어린이집을 운영한다고 해서 신자들에게만 개방할 수는 없기 때문에 사회 보편적인 사상을 교육에 연계시킬 수 있지만, 그러나 교회가 운영하는 어린이집이라고 한다면 교회만이 가지는 가치성과 특수성을 살려야 할 것이다. 특히 최근 들어 사회 도덕기반이 흔들리고 윤리적 결여로 인해 사회가 오히려 비인간적인 성공주의로만 치닫고 있는 상황에서 교회의 신앙적인 겸손과 아가페적인 사랑이 더욱 절실한 필요함을 느낀다. 따라서 가치관이 싹틀 유아, 아동기 때에 이러한 겸손과 사랑을 이해하고 실천하는 인간으로 성장할 수 있도록 도와주

는 역할이 무엇보다도 요구된다.

14. 도림교회

1) 기관명: 도림교회(대한예수교장로회)

1. 소재지(연락처): 서울시 영동포구 도림2동 205

2. 기관목적 및 방침

① 목적: 본 지역사회개발교육원은 하나님의 나라를 이 땅에 구현하기
위하여 지역사회 주민에 대한 교육봉사 및 복지사업을 실시하
고, 이로써 주민생활을 향상시키고 복음을 전파하여 지역주민
과 교회가 함께 살아가는 데 그 목적이 있다.

② 방침
- 가장 궁극적으로 복음을 전한다.
- 주민에게 평생교육의 기회를 부여한다.
- 주민들에 대한 정신적, 물질적 봉사를 다한다.
- 교회와 지역사회와의 바른 관계를 도모하게 한다.
- 온 교회가 직, 간접적으로 봉사에 참여하는 분위기를 조성한다.
- 민주사회 복지국가 건설에 기여토록 한다.

2) 프로그램 현황

▶ 교육사업

(1) 아동 교육

① 어린이집

- 어린이 교육
  a. 교육 활동, 현장실습, 어린이 날 축하잔치, 어린이 예배 주 1회
  b. 생일 축하 발표회, 건강진단, 예방접종 등
- 부모교육
  a. 부모교육(수업 참여, 엄마 교실 등)
  b. 부모 참여(운영위원회 참여, 일일보조교사)
  c. 상담(자녀교육, 개인, 집단)
- 교사교육
  a. 주 1회 교육협의, 월 1회 자체교육, 교사수련회, 강습회, 연수교육 참가 지역사회 연계교육
  b. 지역 봉사자, 지역인사 1일 교사로 초빙
  c. 우리 지역자원 이용한 현장실습
  기타 - 연 4회 운영위원회 정기회의, 연 4회 어머니회 정기회의

(2) 공부방

① 설립목적
- 성경구절 읽고 외우는 등의 공부방 사업을 통해 예수 그리스도의 복음 전파
- 예절교육, 도덕성 정시교육을 통한 지역 아동의 전인적인 인격형성 도모
- 학교 교육 중심으로 과제물 지도 등을 통한 지역아동의 성적 향상

② 대상
- 학업지도가 어려운 가정의 초등학교 어린이로 학년별 각 15명
- 맞벌이 가정, 결손 가정 우선제

③ 장소 - 유년부실, 교육관 교사실

④ 운영방안

- 1월 둘째 주부터 연중실시
- 월 회비 2만 4천 원
- 학업지도와 보호기능의 준탁아 형식
- 각 학년 담임제 가사: 엄춘자

▶ 장년교육

(3) 주부대학

① 기간: 매주 수요일 오전 10시 30분~오후 2시
② 장소: 도림교회
③ 대상: 지역 주부 및 교인
④ 참가 인원: 62명
⑤ 프로그램
- 수지침반: 초급반 – 매주 수요일 오전 10시 30분~12시
  중급반 – 매주 수요일 12시 30분~2시
- 강사: 엄춘자

(4) 한글학교

① 교육내용
- 기초반: 읽기 1학년, 쓰기 1학년, 산수(100자리 수) 개념이해, <한글>은 부교재
- 초급반: 읽기 2학년 쓰기 2학년, 산수(덧셈 뺄셈)
- 고급반: 읽기 4학년, 쓰기 4학년, 작문, 기타 일반 생활상식

② 교육시간
- 매주 화, 목요일
- 오전반 – 오전 10시~12시, 야간반 – 저녁 7시 30분~9시 30분
- 1학기 – 3월 5일~7월 11일, 2학기 – 8월 27일~12월 3일

(5) 노인학교

1981년 '장수학교'로 문을 열어 1983년까지 일 년에 두 차례 단기간에 실시하던 장수학교를 제5기부터 '노인학교'로 명칭을 변경하고 제6기부터는 일 년 중 여름방학을 두며 약 7개월 과정의 교육을 실시함.

① 프로그램
- 2주 1회의 예배와 분반공부
- 강의(학기당 2회)
- 시청각시간 – 인형극, 영화
- 노래배우기 – 민요, 가스펠송, 가요 등 배우기
- 학기당 소풍과 견학 1회씩
- 월 1회의 생일축하
- 노인들 활동시간, 레크리에이션, 체조 노래자랑, 요리 실습 등

② 대상

노인이라고 규정하는 65세의 이상의 노인을 대상(이분들에 대한 혜택을 늘려 인생의 마지막 부분을 좀더 밝게 하자는 의도)

▶ 지역사회사업

(6) 신용협동조합

① **신용협동조합이란?** 신용협동조합법에 의해서 설립 운영되는 협동조직으로서 일정한 자금을 필요할 때 인격과 신용을 담보로 대출받아 유용하게 쓰는 금융협동과 조합원 전체의 교육 및 공동이익 활동을 통하여 사회적 경제적 지위향상과 복지증진을 도모하는 '비영리 민주적' 민간 협동조합이며 잘 살기 위한 경제운동, 사회를 밝힐 교육운동, 더불어 사는 윤리운동을 과제로 하고 있다.

② 업무

- 조합원의 출자금, 예탁 및 적금관리

③ 조합원에 대한 자금대출 업무

- 조합원의 사회적, 경제적 지위향상을 위한 교육
- 조합원의 생활안정을 위한 공제업무
- 생활환경 개선을 위한 지역사회개발사업
- 농촌조합 조합원은 도시조합 조합원의 생명을 보호하고 도시조합 조합원은 농촌조합 조합원의 생활을 보장해 주는 더불어 살기 운동으로 유통협동사업인 직거래 사업
- 공과금 대리수납 업무

(7) 소암장학회

① 설립배경

- 고 유병관 원로 목사께서 희사한 100만 원의 장학기금이 계기가 되어 국가와 교회에 유익한 인재를 양성하기 위하여 유병관 목사 의 호를 따서 소암장학회 설립

② 장학금지급

- 대상자 - 도림교회 출신으로 품행이 방정해 타의 모범이 되고, 사회 와 교회에 유익한 일꾼이 될 사람, 그 외의 10개 조항의 원칙이 있어 그 원칙에 적합한 사람
- 재정 - 회원 또는 독지자의 회사금, 사업 수익금, 기타 헌금

(8) 경로식당

① 목적

영세지역에 가정 형편이나 기타 부득이한 사정으로 점심을 거르는 노 인을 대상으로 무료로 점심을 제공함으로써 노인복지 증진과 더불어

사는 사회분위기를 조성한다.

② 운영방법
- 경로식당 이용방법
  a. 대상: 지역 내 결식노인 60명(60세 이상 무의탁노인 우선)
  b. 시행일: 1991년 4월 1일부터
  c. 식사 시간: 평일 오전 12시 40분~오후 1시
  d. 장소: 교회 내 자체식당을 경로식당으로 이용한다. 면적 - 약 50평
  e. 방법: 신상기록카드, 주민등록등본 1부, 사진 2매를 내면 이용증 발부. 이용증으로 식당이용
- 모집방법: 인근 동사무소 의뢰 및 신청자 방문조사
- 실무인원은 유급직원 2명과 자원봉사자로 한다.
  a. 유급직원: 월 35만 원 사례
  b. 자원봉사자: 주 1회 점심식사 후 차 대접, 월 1회 무료이발 봉사

(9) 도서관

① 목적: 교회 내에 보존하고 있는 도서와 푸름도서관(중단)의 소장도서 등이 약 1천5백여 권에 이른 점과 교인과 지역민이 자유롭게 책을 선택하고 볼 수 없는 현실을 인식하여
② 장소: 교육관 2층 지역사회개발교육원 사무실 옆
③ 시설: 책장 26점, 탁자 3점, 의자 12점, 보조사고 18점, 열람카드함 30칸, 책상 1점, 컴퓨터 1대, 잡지꽂이 3점, 에어컨 1대, 카드 쇼타 1점
④ 운영방식: 완전개가식
⑤ 실무자: 정광림
　　　　　　 정영채(근로장학생) - 토요일 오후 2시~6시, 주일 오후 4시~6시

(10) 지역신문

① 운영방안
- 월 1회 발행(매월 넷째 주 토요일 발행)
- 운영위원회와 편집위원회의 이원체제
- 주민의 제3자적 입장에서 편집기획
- 교회와 지역 간의 원활한 관계형성
- 1가구 1부 배포(직접 방문 배포)
- 배포 작업은 청년부 및 학생회에서 담당

② 지역신문 내용
- 성성이야기, 지역분제를 다루는 북소리, 지역소식을 싣는 모랫말 게시판, 주민의 글, 시평, 광고, 기획기사 등 지역사회 이야기를 두루 다룬다.

(11) 경건절제운동

① 경건운동 목표와 실천
경건운동은 신앙갱신, 선교운동, 복음의 윤리적 실천, 정신적 사회변혁을 그 목적으로 하며, 도덕성회복, 자원절약, 환경보호를 목표로 하여 다음과 같은 사항을 실천하려고 한다.
첫째, 바르게 살기 운동
둘째, 아껴 쓰기 운동
셋째, 3대 안 하기 운동(과소비 안 하기, 쓰레기 안 버리기, 외국 농산물 및 유해음식 안 먹기)

② 경건절제 운동 실천사항
- 알뜰시장 – 알뜰시장이란 사용하지 않지만 버리기는 아까운 중고 생활용품을 모아 교환해서 사용하는 장터로서 환경보존은 물론 자원 절약의 효과까지 얻을 수 있는 애국운동이다.

- 유기농산물 직거래시장 – "세계에서 농약을 세 번째로 많이 뿌리는 나라, 매년 1천 명 이상의 농민이 농약중독으로 사망" – 이것이 우리 농촌의 모습이다. 유기농산물 직거래는 농약으로 인해 죽어 가는 땅과 물과 사람을 살려내는 생명운동이다. 도림교회는 농촌을 살리고, 오염된 도시인의 식탁을 회복시키기 위해 유기농산물 직거래를 실시하고 있다.
- 환경보호
  a. "국민 일인당 쓰레기 발생량 세계 1위, 쓰레기 왕국" – 재활용품 수거의 생활화로 이런 오명을 씻고, 환경보호에 나서야 할 때다. 무분별하게 버리는 쓰레기로 우리는 연간 2조 원을 낭비하는 셈이며, 아름다운 금수강산은 병들어 가고 있다.
  b. 재생용품 판매(신협 사무실에서): 재생 화장지, 무공해 비누 천연세제(재활용품 수기 및 재생용품 판매 수익금을 사랑의 현장 기금으로 사용)
- 사랑의 현장 갖기
  지구촌 곳곳에서 자연 재해와 전쟁 등으로 고통받는 이웃과 매일 4만 명의 어린이가 굶주림으로 죽어 가고, 우리 주변에서 무의탁 노인, 소년소녀가장 등이 많다. 도림교회에서는 도움이 필요한 곳에 사랑과 나눔을 실천하기 위해 수시로 사랑의 저금통을 수거하며 배부하고 있다.

15. 부광감리교회

1) 기관명: 부광감리교회/중부사회봉사관

1. 소재지(연락처): 인천시 부평구 부평1동 542 – 7
   ☎ 032) 527 – 5711

2. 기관목적

사회봉사부가 주축이 되어야 하나님의 사랑을 실천하기 위해 막 발돋움하려는 교회이다.

교회가 자체적으로 운영하는 사회복지관은 없지만 부평지역사회기관인 부평구청에 사회복지과와 연계를 맺어 하나님의 사랑을 실천하고자 사회봉사에 노력하고 있지만 아직은 구제사업에 국한되어 있어 새로운 프로그램을 만들고자 계획하고 있다.

2) 프로그램 현황

1. 장학사업

부평지역 각 중, 고등학교에서 생활형편이 어려운 학생을 각 학교에서 2명을 선발하여 학기마다 장학금을 수여하고 특수학교인 맹아학교 은광원 학생에게도 장학금을 수여한다.

2. 사랑의 쌀 보내기

부평구청 사회복지관과 연계를 맺어서 구청에서 선발되는 주민인 교회 주위에 거주하는 저소득층 가정에 매달 정기적으로 사랑의 쌀을 보내고 있다. 또한 명절, 성탄절 등 연휴에 노인복지시설 및 특수학교, 사회복지시설에 사랑의 쌀을 보내고 있다.

3. 실직자 무료급식

매주 한 번 여선교회를 중심으로 무료급식소를 찾아가서 봉사를 했다.(1997~1999년 초)

4. 합동결혼식

청장년부에서는 부평지역에 결혼식을 못 하고 동거하는 부부 중 국외국인 부부 다섯 쌍에게 합동결혼식을 올리도록 교회에서 행사를 주관하였다.

5. 노인학교

교인 및 지역의 노인들을 대상으로 다양한 프로그램을 마련해서 노인들의 건강한 삶을 유도하고 있다.

6. 나눔의 잔치

정기적으로 나눔의 잔치를 열어 수익금으로 지역의 불우 아동을 선정하여 생활비 지원과 교역자분들이 계속적으로 가정 상담 방문을 하고 있다. 그 외에 독거노인 생활비 지원, 은광원보조, 교인들 중 의사를 동원해 시설로 의료사업을 하고 있다.

7. 노인복지

① 경노식당: 매주 화요일 오전 11시
② 노인목욕탕: 매주 월요일 오전 9:30～3:30(남자 이발, 여자 미용/65세 이상)
③ 아동복지: 중부 어린이집 (갓난아기반, 영아반, 유치반, 야간반)
④ 청소년복지: 독서실 110석, 도서관 개방(도서 대출)
⑤ 일반교양 교실: 어학교실(영어, 중국어) 취미수영교실

3) 대안 및 제언

"네 이웃을 네 몸과 같이 사랑하라."는 계명은 물론 개인에게도 적용이 되는 계명이지만, 그리스도와 공동체인 교회에도 공동적으로 적용이 될 수 있을 것이다. 교회사업에 있어서 중요한 것은 이웃 간의 관계형성이라 볼 때 'church in community'는 깊이 연구해야 할 과제이다. 교회는 지역사회 속의 교회가 되어야 한다. 그렇게 되면 그 지역사회는 교회의 이웃이 되며 교회는 그 지역사회를 이웃으로 사랑하게 된다. 이웃과 관련해서 교회를 생각한다면 현대사회에서의 교회의 새로운 의미와 사명을 발견할 수 있으리라 생각된다.

교회사회의 개발을 위한 방법을 살펴보면 다음과 같다.

첫째, 교회지도자들을 대상으로 한 대학 내 의식개발교육 및 훈련 프로그램을 실시하는 것이다.

둘째, 지역사회 교회와의 협력관계를 기초로 지역사회 연합 활동을 계획할 수 있다.

셋째, 사회사업 전공자를 유급전도사의 자격과 같이 채용함으로써 봉사활동의 전문성을 높이는 방법이다.

넷째, 교인들에게 사회복지에 관한 교육의 기회를 주어 교회 내 전문 직업을 충분히 이용한 프로그램을 실시한다.

다섯째, 교회자원을 동원하고 모든 교회의 사회봉사활동을 통합적으로 촉진, 조정할 수 있는 교단 차원의 협의회를 구성하는 것이다.

또한 각 교회의 형편에 맞는 사회복지 프로그램을 추진하고 사회봉사를 위하여 적절한 예산을 반영하며 사회봉사를 위하여 지역사회의 복지기관들과 연계함으로 대표적인 지역사회에 사회봉사 모델 교회를 개발하고 연구하고 교회의 성격을 제도적인 교회로부터 기능적인 교회로 전환하며 사회봉사를 위한 주제 설교를 개발하는 것이다.

16. 신암교회

1) 기관명: 신암교회

1. 소재지(연락처): 경기도 고양시 덕양구 성사동
TEL: (0344) 966 - 9191 ~ 2

2) 프로그램 현황

1. 침술 선교 - 매주 화요일, 토요일 오전 10시부터 6시까지
2. 농어촌 해외선교
   ① 농산물 판매: 침술 선교지의 농산물 등을 판매
   ② 선교비 후원: 농어촌 교회와 필리핀의 선교사님께 선교 예배 때 모여진 선교비를 지원, 바자회 등을 통해 옷이나 책 등도 보내 주고 있다.

17. 예일교회

1) 기관명: 예일교회

1. 기관목적

예일감리교회는 박상철 목사님의 사회사업에 대한 관심과 목회를 함에 있어 지역사회를 위한 사회사업의 필요성을 인식하게 되어 4년 전부터 실시하고 있다.

각 프로그램에 자원봉사제를 통한 간사 제도를 도입하고 있으며, 부목사님을 중심으로 기획이 이루어지고 있다. 사회사업에 대한 기본적인 목적은 선교 차원의 사회적 접근방법으로 해석하고 있으며, 프로그램을 실행하는 데 있어서는 선교 차원의 목적을 드러내지는 않으며, 교회가 성도들만을 위한 공동체가 아닌 지역사회 주민들을 섬기고자 하는 순수한 목적인 이웃을 향해 열린 교회로서의 사명을 감당하려는 의지로 임하고 있다.

예일교회는 복지관을 운영하고 있지는 않으며 교회 내의 교육관 공간을 이용하여 프로그램을 실시하고 있다. 교인들의 호응이 좋으며 그들은 사회사업활동의 인적 자원으로서의 역할을 감당한다.

2) 프로그램 현황

1. 아동복지: 소년소녀가장 돕기 후원사업

① 동사무소와 연계한 소년소녀가장 돕기 후원사업을 실시하고 있다.
- 청소년 복지: 미래학교, 예일 청소년 봉사 센터

② 중고등부 학생을 대상으로 하는 미래학교는 21세기의 지도자 양성을 위한 프로그램으로 활용되고 있다.

③ 예일 청소년 자원봉사센터는 지역사회를 위한 교회가 되고자 하는 목적으로 이 땅의 청소년들이 나라와 민족을 위해 봉사하는 삶을 살 수 있도록 하기 위하여 개설되었고, 사회 곳곳에서 봉사의 땀을 흘리면서 힘께 나누는 삶의 중요성과 지역사회에 대한 공동체 의식을 키워 나갈 것을 목표로 한다.

④ 가족복지: 부부대학
- 부부대학 프로그램은 이웃을 향해 열린 교회로서의 사명을 감당하려는 의지에서 출발되었고, 지역사회의 발전과 주민들의 교양 함량을 위하여 기획되었다. 부부대학 강좌는 매월 열리고 있으며 강의내용은 봉사의 참의미, 신세대 자녀교육, 세미나, 레크리에이션, 신바람

18. 순복음인천교회

1) 기관명: 순복음인천교회

1. 소재지(연락처): 인천광역시 남구 관교동 13 - 2

    TEL: (032) 421 - 0091

2) 프로그램 현황

1. 성산효대학원대학교

성경적 효에 입각하여 기독교의 원형인 사랑 실천운동을 바탕으로 민족복음화를 실현하고, 국가사회의 발전과 세계평화 및 인류문화 향상에 헌신할 인격과 학문과 능력을 갖춘 지도자를 양성하고자 함이 본교가 지향하는 설립정신이다.

본교의 교육목표는 하나님 섬김, 부모공경, 이웃사랑, 나라사랑, 자연보호, 인류봉사의 실천력을 갖춘 헌신적 능동적 사회지도자를 양성함에 있다.

2. 베데스다 성산어린이집

베데스다 교육원은 자폐아동의 각종 장애를 기독교 신앙 안에서 사랑으로 치료하고 교육하고자 1991년 3월 29일 개원하였고 교사들이 자폐아들을 따뜻한 사랑과 기도로 교육시켜 정상적인 아동으로 졸업시키는 것을 목표로 삼고 사명감으로 일하고 있다. 그 결과 졸업생 99%를 일반 초등학교에 통학시키고 있다. 본 교회에서는 장기적으로 자폐아들을 위한 초등학교를 설립, 운영하고자 청학동에 공원용지 9,000평의 부지를 마련하고 준비 중에 있다.

3. 성산 청소년 교육육성

4. 성산 유치원

본 유치원은 기독교 정신을 기초로 한 인격형성과 유아의 전인적 발달을 위한 건강생활, 사회생활, 표현생활, 언어생활, 탐구생활의 5개 영역교육 및 신앙교육을 통해 하나님 나라와 세계와 이 나라 내일의 주인공 배출을 목표로 하고 있다.

자폐아 통합교육으로 한 학교에서 1~2명씩 통합하고 있는 통합교육은 자폐유아에게도 대단히 중요하고 필요한 일이지만 정상유아에게도

'더불어 사는 이웃'에 대한 봉사 정신을 갖는 데 많은 도움이 된다.

인천 순복음교회의 조직: 아래 외에도 많은 조직이 있으나 사회 복지적인 조직이 상당히 많이 있다. 순복음교회는 많은 물적·인적·조직적인 자원을 체계 있게 조직 운영하고 있다.

① 사회복지위원회
  - 성산 효행 봉사단(양로원, 노인정, 실버타운 봉사)
  - 사랑 나누기(구제, 폐지수집, 심장병 치료, 헌혈, 소년소녀가장 돕기, 수재민 돕기, 장학금)
  - 노인복지 운영(성산 실버타운, 성산 공원묘지)

② 청소년 사역 위원회 - 성산 청소년 육성재단, 효행 봉사단, 효도캠프, 문화사업, 문제학생 선도, 보호, 교육, 학원폭력 없애기 운동

③ 문화 사역 위원회: 여성 교육 문화원, 여성문화 대학, 유아교육 강좌

④ 봉사 위원회: 성산 시민 봉사단(자연보호, 깨끗한 인천 만들기, 중앙공원 푸른 쉼터)

⑤ 목회사역 위원회: 상담실 운영(사랑의 전화, 상담학교), 경로대학

⑥ 전도사역 위원회: 병원, 경찰, 교도소 등의 심방……

⑦ 학원사역 위원회: 성산 효도 대학원 대학교, 성산 어린이집, 베데스다 교육원, 순복음 유치원, 베데스타 통합 학교(초등, 중등, 고등, 전문, 직업훈련원)

⑧ 기타: 효 공부방 운영(중·고생 대상 - 영어, 수학, 사회, 과학 등)
  - 시민윤리학교 (100원짜리 영화관 운영)
    무료 급식소 운영(남구, 만수, 구월 부평 등에 실시, 급식일 - 매주 화, 목)
    순복음 신문 운영(사회적인 이슈, 문제들을 주로 다룬다.)
  - 인터넷 소개 사항 중에서: 인터넷의 교회 소개 내용 중에서 사회문제를 위한 정보들을 제공함.
  - 따뜻한 이웃이란 코너: 아래의 각각의 내용을 짧은 뉴스로 소개함. (폭력 없는 인천 만들기, 재활용품 모아 불우이웃 사랑, 암 투병소녀, 밥 퍼주는 불우이웃돕기. 남몰래 사랑 실천(예: 슈퍼

아줌마), 사랑의 한 끼 결식아동 돕기, 생활 용품 활용 불우 이
웃돕기)

- 순복음 취업 정보 센터: 추천 사이트링크(노동부, 중소 기업청,
  한겨레신문, 벼룩시장 등 수십 가지), 관공서 취업정보 등
- 청소년 보호법 시행에 따른 금지 내용: 유해물질(담배, 술), 유
  해 매체물(만화, 잡지, 음란 비디오……), 유해업소, 유해 행위
  등에 대한 사항들을 공고, 기록함.

19. 성락성결교회

1) 기관명: 성락성결교회

1. 소재지(연락처): 서울시 성동구 성수2가 3동 289 - 22호
   ☎ 02) 467 - 8105

2) 프로그램 현황

1. 의료선교봉사
   지역주민들에게는 잘 알려 있지 않지만 교회에서 가장 오래된 보기
   프로그램이다. 이것은 지역주민들을 대상으로 하지 않기 때문에 교회
   의 성도 중에서도 하고 있는지 모르는 사람도 있다. 그러나 교회를 떠
   나 가장 활발한 활동을 하고 있으며, 교회를 건축하기 이전부터 활동
   하여 지금도 꾸준히 하고 있다.

2. 지역 무의탁 노인들을 위한 프로그램
   지역의 무의탁 노인들을 위하여 점심을 제공하고 있으며, 교회를 친근
   하게 느낄 수 있도록 주위학교 아이들의 재롱잔치 및 무료 이발을 해
   주고 있으며 생에 있어 복음을 들어 본 적이 없는 노인들에게 그리고
   예수를 알아도 신앙생활을 하고 있지 못하는 노인들에게 복음 전도

및 신앙 지도를 하고 있다.

3. 어린이와 청년을 위한 영어교실

99년 10월 시작하여 주일학교와 청년을 대상으로 매주 1회(토요일 오후 2시 어린이 교실, 오후 4시 30분 청년교실) 실시하며 성락성결교회 및 지역학생들에게 생활 영어 및 발음교정을 지도하고 있다.

20. 이리성결교회

1) 기관명: 이리성결교회

2) 프로그램 현황

1. 장학금 제도

결손가정에 방치된 학생들이 등록금과 자신의 생계로 인해 학교생활과 교회신앙생활에 어려움을 겪고 있음을 알고 이들을 돕고자 시작되었다. 교인들의 성의를 모아 어려운 학생에게 장학금이 전달되고 있다.

2. 연금제도

교회 교역자와 장로님들을 위한 제도로서 교회에 자신의 젊은 날을 회생한 대가로 이분들의 노후를 위해 연 몇 차례의 연금 헌금을 드리고 있다.

3. 효도잔치 및 효도관광

이리성결교회는 고령층의 할머니들이 30%를 차지한다. 따라서 교회에서는 노인들에게 관심을 갖고 연 2회 이상의 효도잔치와 효도관광을 시도하고 있다.

4. 고아원 설립계획

현재는 익산시와 협의하여 탁아소를 운영하고 있고 앞으로 고아원을 설립할 계획과 무의탁 노인을 위한 시설을 설치할 계획을 가지고 있다.

21. 만수감리교회

1) 기관명: 만수감리교회

세화종합사회복지관위탁운영

1. 소재지(연락처): 인천시 남동구 만수6동 1073-4 ☎ 032) 464-2144(5)

2) 사업내용(대상)

1. 아동복지: 사회교육프로그램 중 다수가 매일(월~금) 이루어지고 있으며 비용은 일반 사설학원의 1/3 정도이다. 대상은 생활보호대상자나 영세민 및 실직자의 자녀에게 혜택이 주어지며 기타 아동들의 기능개발을 위한 프로그램에 주력하고 있다.
   ① 사회교육: 공부방, 피아노, 미술, 컴퓨터, 글쓰기, 영어회화, 동화구연 등
   ② 문화교실: 놀이교사, 스포츠교사, 예절 교실 등

2. 청소년 복지

   사회교육 프로그램으로 영, 수교실을 운영하고 있으며 그 밖에도 영화상영, 시청각 교육이 열리고 있다.
   ① 쉼터: 가출소년·소녀를 위한 수용의 공간으로서 주간에는 본인의 의사에 따라 자유롭게 쉴 수 있도록 하며 밤에는 귀가를 하도록 유도하고 있다. 사정에 따라 단기 보호(약 2주간) 가능한 곳으로 연결도 가능하다.

② 야학: 검정고시 대비 및 교육을 위한 주 2회 '꿈을 키우는 학교'를 운영하고 있다.

3. 가정복지

소득이 없거나 저소득 가정 중 취업을 원하는 주부들을 대상으로 고정 수입을 벌 수 있는 보다 전문적이고 능률적인 기술 습득을 유도하고 있다. 그 밖에도 가정해체 방지를 위한 목적 및 스트레스를 풀 수 있도록 가정교실, 노래방, 주부 합창단 등의 프로그램을 운영하고 있다.
① 사회교육: 홈인테리어, 한복, 미용, 피아노, 동화구연, 한글, 한자쓰기, 한방침 등

4. 노인복지

가장 잘 되어 있다고 자부하는 분야이며 그 밖에도 가정 봉사원을 파견하여 필요에 도움을 주고 있다.
① 노인정 운영 및 매주 목요일마다 한방치료를 무료로 실시 등 노인 사회재교육에 주력하고 있으며 특히 독거노인에게는 중식과 도시락제공으로 거의 세 끼를 무료로 급식하고 있다.

5. 지역복지

장애인, 주민, 노인을 대상으로 매월 2회 인천의료원에서 무료검진을 실시해 주며, 매주 목요일에는 수지침협회에서 수지침과 뜸을 놔 주고 있다.
① 종합소극장 운영: 무료예식, 영화상영, 노래방, 기타 문화행사
② 물리치료실, 복지신문「황해시대」발간

6. 장애인 복지

① 보건의료 서비스: 이·미용, 물리치료, 무료진료실시 등
② 가정봉사 서비스: 말벗, 청소, 차량지원, 세탁, 목욕 등.

7. 기타

① 재가 복지봉사 센터: 요보호자(생활보호대상자)와 복지관의 지침에 의해 선정된 분들을 대상으로 가사서비스, 후원사업, 정서서비스, 의료서비스 등을 제공해 주며 자원봉사자를 파견함으로써 직접적인 도움을 주고 있다.

- 가사서비스: 세탁, 목욕, 이·미용, 식사보조 등
- 정서서비스: 말벗, 학습지도, 여가지도 등
- 의료서비스: 간병, 병원동행, 순회 진료

② 후원사업: '희망 애찬 나눔터'라고 해서 매일 밑반찬과 중식제공 서비스를 지급하고 있다. 매주 2회(수요일, 토요일) 농산물을 지급하고 있다. 후원금 지급회 생필품 등을 지급하고 있다.

22. 남서울교회

1) 한국교회의 수량적 성장

한국교회는 100년이라는 짧은 기간에 1천만에 가까운 사람을 교회 안으로 들어오게 했다. 인구의 4분의 1이 크리스천이란 얘기다. 우뚝우뚝 선 교회당 건물이 눈에 띄지 않는 곳이 없다. 참으로 한국교회는 수량적으로 괄목할 만한 성장을 이룩했다. 그러나 한국교회가 과연 영적으로 질적으로 그만큼 성장했는지 의문이다.

우리 사회는 지금 무질서와 퇴폐로 병들어 가고 있다. 계층 간, 도농 간의 갈등구조는 더욱 심화되고 있다. 한편에서는 있는 자들의 사치 향락이 도를 더해 가는 반면, 다른 한편에서는 농민근로자 소외자층의 분노의 목소리가 높아 가고 있다. 이 틈을 타 김일성을 찬양하는 주사파들까지 극성이다. 이 사회가 자칫 붕괴될지 모른다는 우려마저 낳고 있다.

이러한 상황은 바로 한국교회가 제 몫을 하고 있지 않다는 반증일 수 있다. 화해자·중재자로서의 예수를 모신 교회라면, 있는 자, 없는 자의 중간에 끈끈한 접착제의 역할을 했어야 했다. 그런데도 대부분의 교회는 그런 역할에 별 관심을 두지 않는 것 같다. 아니 일부 교회는 과소비의 주체가 되고 있고, 교회 건물의 대형화와 치장에 엄청난 헌금을 쏟아붓고 있다. 갖가지 명목으로 부동산을 늘리기에 여념이 없다.

주님의 전을 크고 아름답게 짓는 것은 매우 좋은 일이다. 다만 그 건물에 맘몬(황금의 신)이 대신 들어앉게 되는 경우는 오히려 주님에 대한 모독이 된다.

그 교회당은 예수님을 모시기 위해 지었겠지만, 오늘날 예수님이 서울에 오신다면 과연 그 교회당을 '내 집'이라고 말씀하실지 의문이다. 예루살렘 성전에서 소와 양을 파는 무리들에게 채찍을 휘두르시며 그들을 내쫓는 예수님이다. "내 아버지의 집을 강도의 굴혈로 만들었다."고 노하셨던 예수님이다. 최근 어느 큰 교회 목회자가 해외에서 도박을 하다 거액을 날려 보냈다는 보도는 충격적이다. 아마도 이 같은 교회들도 구제 예산이 없는 것은 아닐 것이다. 구제해야 한다는 교회의 임무 때문에 체면치레의 구제 예산이라도 들어 있을 것이다. 어느 기독교 단체의 추계로는 한국교회는 총 헌금의 3.5%만을 교회 밖으로 내보낸다는 통계이다. 나머지는 교회 자체만을 위해서 썼다는 얘기가 된다.

그늘진 곳을 위해 쓰인 헌금이 극히 미미하다는 것은 교회의 한 가지 역할을 포기하고 있다는 반증이 아닐 수 없다. 영생은 믿음으로 얻는다는 복음의 기초에만 매달려 주님의 영광을 위한 삶은 외면해 버리는 한국교회의 취약성을 그대로 반영한다. 그러기에 야고보는 행함이 없는 믿음이 죽은 믿음임을 강조했던 것이다.

그러나 그런 가운데도 말씀을 실천하려는 교회들도 적지 않다. "내가 주릴 때에 너희가 먹을 것을 주었고, 목마를 때에 마시게 하였고, 나그네 되었을 때에 영접하였고, 벗었을 때에 옷을 입혔고, 병들었을 때에 돌아보았고, 옥에 갇혔을 때에 와서 보았느니라. ……내가 진실로 너희에게 이르노니 너희가 여기 내 형제 중에 지극히 작은 자 하나에게 한 것이 곧 내게

한 것이니라."(마25:35~40)

2) 예산의 절반이 밖을 향한 교회

서울 서초구 반포동에 있는 남서울교회, 대한 예수교 장로회 소속이다. 여기서 남서울교회를 예로 드는 것은 이 교회가 가장 모범적이라는 뜻은 아니다. 이보다 더 훌륭한 교회들도 적지 않다. 교회본당은 약 1천 명 정도 수용할 수 있어 4부 예배를 드린다. 교회가 자리 잡은 곳은 전형적인 중산층 지역으로 봉급생활자와 중소기업인들이 교인의 대부분이다. 큰돈 있는 부호들은 그리 많지 않다. 그러나 교인들이 재산상태에 비해 비교적 많은 헌금을 한다. 그것은 영적 상태의 한 표현이기도 하지만 헌금이 쓰이는 곳에 대한 신뢰의 표시로도 이해된다.

이 교회는 개척할 때부터 '밖을 지향하는 교회'로서 목회방향을 설정하고 있다. 처음부터 해외선교에 역점을 두어 이듬해 선교사를 파송하기 시작, 예산에서 차지하는 선교비의 비중을 높여 왔다. 창립 10년째부터는 구제예산과 농어촌전도비도 대폭 늘려 오고 있으며 최종적으로는 예산의 70%를 밖으로 내보낸다는 목표를 세워 놓고 있다.

'밖을 지향한다'는 것은 안으로 속을 비운다는 뜻이 아니다. 안으로 복음의 기초를 다지지 않고 어떻게 밖으로 향하겠는가. 따라서 예산의 내역이 바로 영적 상태의 기준치는 아니라 해도 목회 방향은 미루어 짐작할 수 있을 것이다.

이제 구체적 예산 내역을 보자. 금년도 총예산은 15억 9천5백만 원. 일반계정 13억 4천9백만 원에 특별계정 2억 4천6백만 원이다. 여기서 특별계정이란 별도의 작정헌금으로 사용하는 해외선교비와 별도 수입으로 운영하는 여전도회비를 말한다.

여기서 밖으로 내보내는 이른바 대외비는 전도비(2억 8천2백8십5만 원), 장학비(5천1백만 원), 사회봉사비(1억 5천만 원), 경조비(1천2백만 원), 해외특수비(1억 원), 선교비(2억 1천6백만 원), 여전도회비(3천만 원)를 포함, 모두 8억 2천9백만 원으로 전체 예산의 52%가 대외비에 속한다. 순수하게 교회 자체에 쓰이는 예산, 즉 사례비와 관리비, 건축비 등 대내비는 7억 6천5백만 원으로 48%를 차지한다.

전체 예산이 지난해에 비해 21% 늘었으나 관리비(4%), 건축기금(33%), 예비비(33.5%)는 오히려 줄어들었다. 교역자 사례비가 37% 늘기는 했지만 워낙 부족한 교역자 수를 약간 늘렸기 때문이지 사례비 자체는 크게 늘지 않았다. 교인 수에 비해 교역자 수가 절대적으로 부족해도 대내적 예산의 억제방침 때문에 최소한으로 하고 있다. 반면 밖으로 내보내는 예산, 특히 소외자를 위해 쓰는 구제비성 예산의 증가율은 대단히 높다.

예를 들면 전도비는 무려 82%, 사회봉사비(구제비)는 50%나 늘었다. 전노비는 뒤에 말하겠지만 농어촌교회 지원비와 의료선교비가 대부분이어서 구제성 예산에 포함시켰다. 이 같은 예산의 책정과 집행은 대부분 각 위원회별로 자치적으로 한다. 목회자와 당회는 큰 테두리의 목회방향만 설정한다. 이제 그늘진 소외지대를 위해 봉사하는 교회조직과 예산 및 활동내역을 부분별로 살펴보기로 한다.

(1) 사회봉사위원회

사회봉사위원회의 주요활동은 구제다. 그러나 단순한 구제의 차원을 넘어 복음을 전하고 그리스도의 사랑을 스스로 체험한다는 것을 목표로 한다. 물질적 지원뿐 아니라 사랑의 나눔을 통한 성도들의 경건한 생활의 실천까지 목표로 한다는 얘기다.

사회봉사위원회의 예산이 전년보다 50% 늘어난 만큼 위원들의 자원자 수도 43% 늘어난 190명에 이르고 있다. 구제예산도 많고 일꾼도 많으므로 이를 효율적으로 운영하기 위해 업무별로 6개 분과위원회를 두어 독자활동을 펴게 한다. 세분화하여 업무를 맡기게 되면 위원들이 소외되지 않고 적극 참여할 뿐 아니라 구호 대상자들과 밀접한 관계를 맺을 수 있다. 분과위원장 중심으로 대상자를 방문하고 교제하며 어려운 점들을 듣고 함께 기도할 수 있다. 다음은 5개 분과의 업무와 예산이다.

① 단체구호분과: 각종 보호시설에 대한 정기적 생활비 지원과 방문 예배 및 봉사활동을 벌인다. 현재 22개 시설을 지원하고 있다. 국군통합 병원, 가나안회관, 국군교도소, 평화어린이마을, 시립여자기술원, 무지개선교회, 한국밀알선교단, 소년감별소, 나눔시각장애자선교원, 섬김의 집, 국제기아대책기구(국제기아이사회 포함), 기독교윤리실천운동본부, 임마누엘의 집, 기타 신규 5개 시설, 월 10~100만 원을 지원하며 연간 5천5백8십만 원 규모다. 자립도가 높은 시설에 대해서는 점차 지원을 축소하고, 법적 시설 요건을 갖추지 못한 가운데 오직 소명 의식으로 불우한 이웃들을 모아 헌신하는 단체들을 발굴 지원해 나간다는 방침이다.

② 교회구호분과: 본 교회에 출석하는 교인 가운데 어려운 이들을 찾아 생계비를 지원한다. 교회 위치상 절대 빈곤층은 수가 많지 않으나 그늘에 가려 고통받고 있는 이들도 적지 않다. 그러나 교인 상호 간에 인격이 손상되지 않도록 극히 은밀히 하고 있다. 진짜 구호를 필요로 하는 교인을 찾아내는 데 어려움이 따르고 있다. 현재 열 가정을 도우며 예산은 2천4십만 원.

③ 불우어린이분과: 소년소녀가장 및 결손가족을 돕는다. 지난 85년부터 어린이가장돕기 운동을 펼쳐 오고 있는데 현재 61명에게 매달 3~10만 원씩 지원한다. 예산 3백3십4만 5천 원. 교인가정과 자매결연을 하여 줄곧 돌보게 하는 경우도 있다. 어느 집사는 5년 전 여중 2학년 학생과 자매결연을 했는데 그 여중생은 지금 어엿한 회사원이 되어 있다. 그 집사는 결혼 때까지 돌보겠다고 한다.

④ 결식어린이구호분과: 급식을 실시하는 초등학교에서 급식비를 내지 못해 점심을 굶은 어린이, 그리고 급식을 하지 않는 학교에서 점심을 싸 가지고 오지 못하는 결식어린이를 돕는다. 사랑의 급식보조는 85년 후반기부터 펼쳐졌다. 어느 집사가 아들에게 같은 반 아이가 점심시간이면 슬며시 밖으로 나가곤 한다는 이야기를 전해 듣고 도시락을 하나 더 싸 주어 먹도록 했는데, 여러 아이들이 굶고 있음을 알게 되어 교회 차원에서 돕기 시작한

것이 동기가 되었다. 서울시 교위와 시내 7개 교육청을 방문, 급식학교 명단을 얻고 그 학교를 일일이 찾아다니며 급식비를 내지 못하는 어린이의 명단을 알아내고 있다. 86년도엔 가까운 잠원, 신림, 흑석동의 결식어린이 86명을 지원하다가 지금은 380명으로 불어났다. 이들의 환경을 보면 편부모의 결손 가정, 파출부, 막노동, 실직이거나 부모가 밖에 있어 직접 밥을 해먹고 다니는 아이들이다. 이들은 점심을 굶는 것도 문제려니와 가정의 따뜻한 애정이 결핍되어 열등의식, 소외감, 갈등으로 어두운 그림자가 드리워진 모습들이다. 한 명의 급식비 지원은 하루 130~960원의 5단계. 앞으로는 급식실시 학교보다 미실시 학교의 결식아동을 찾아내는 일에 더 역점을 두고 이 사업을 중점적으로 확대해 나갈 계획이다. 예산 4천1백8만 7천5백 원.

⑤ **특별구호분과**: 긴급사항 발생 때 특별구호를 실시한다. 이번 수재 때 특별헌금 2천만 원을 기탁하지 않고 직접 현장을 방문 조사해서 구호품을 나눠 주었다. 특별구호는 긴급청원을 받아 정확한 현장조사와 신속한 조치가 뒤따라야 한다. 이를 위해 예비비로 5천만 원을 책정해 놓았다. 이 밖에 과거에는 에티오피아난민 등을 위해 구호품을 해외로 많이 보냈으나 지금은 국내에만 주력하고 있다.

(2) 국내전도위원회

오늘날 한국사회에서 농촌문제가 심각하게 대두되고 있다. 70년대의 경제성장기에 상공업 분야의 급속한 발전에 비해 농어촌은 상대적으로 뒤떨어져 엄청난 도농 격차가 생겨났다. 농촌의 젊은이들이 대부분 도시로 떠나버려 농촌은 더욱 피폐해지고 있다. 농어촌에 있는 교회들도 이 같은 영향을 받지 않을 수 없다.

이농현상으로 교인 수는 줄어들고 남아 있는 교인 대부분은 경제력이 없는 노인들이다. 특히 의지할 곳 없는 노인들이 교회에 기거하는 현상이 늘어 농촌목회자들의 부담을 더하고 있다.

월 헌금액이 10만 원 미만의 교회가 적지 않다. 이 헌금으로 교회운영도

하다 보면 목회자들의 생활비는 고작 몇 만 원 정도가 되니 최저 생계비에도 훨씬 미달된다. 먹는 것도 모자라 영양실조에 걸린 농촌교역자들도 적지 않고, 질병률도 높은 편이다. 특히 자녀 교육에 큰 어려움이 따르고 있다.

농어촌교회 교역자들이 사명감이 없다면 농촌교회를 버릴 수밖에 없다. 농어촌교회를 위한 도시교회들의 역할이 새삼 강조되는 이유가 여기에 있다. 도농 간의 평준화는 어렵다 해도 농촌 고통의 일부를 도시교회가 떠맡아야 한다.

그러기에 농촌교회에 대한 지원은 농어촌 지역민들에게 복음을 전하는 전도의 역할뿐 아니라 소외자에 대한 관심의 맥락으로 요약할 수 있다. 남서울교회는 이런 관점에서 농어촌 미자립교회 지원을 크게 늘려 왔다. 지금 지원하고 있는 교회는 130개 교회. 월 6만 원에 월동비(24만 원) 그리고 추석과 연말을 맞아 약간의 지원금을 보낸다. 목회자 자녀들의 장학금도 지원한다. 가난한 교회일수록 돌봐야 할 교인들도 적지 않다. 소년가장이나 환란, 질병을 얻은 교인들이 생기면 그때마다 별도로 지원금을 요청한다.

특히 음성나환자, 장애자, 무의탁노인을 대상으로 하는 특수교회는 아직 공식적 보호시설의 인가가 없기 때문에 큰 어려움을 겪는다. 충북 청원군 남아면의 소망교회, 경북 영풍군 단산면의 베다니교회, 원주제일 농아인교회 등이 대표적이다.

농어촌교회의 자립사업도 지원한다. 가령 생활비와 목회비를 자력으로 조달하기 위해 양봉, 양계, 화훼 등 사업을 하는 경우엔 사업비 일부를 지원하기도 한다. 지금 2개 교회가 이 혜택을 받고 있다.

전도팀들은 격주로 미자립교회를 순회 방문하면서 그 교회의 상황을 조사하고 축호전도를 실시한다. 특히 하계봉사 때에는 매년 8개 도서벽지교회를 선정, 봉사하고 있는데 100여 명의 교인들이 자원, 참여하고 있다. 여름 봉사를 원하는 교회는 매년 40~50개 교회를 넘고 있으나 자원봉사자의 부족으로 8개 교회 이내로 제한하고 있다. 한 교회를 몇 년 동안 집중적으로 지원하는 방법이 모색돼야 할 것이다. 전도위원회가 쓰는 예산은 전도단체 10개의 지원을 포함하여 연 2억 2천만 원 규모다.

(3) 의료선교위원회

교인 가운데 의료인이 많아 병든 자에 대한 육체적 영혼적 치료를 벌이는 의료선교회의 활동이 두드러진다. 처음에는 의료인들이 직접 나서기를 꺼렸으나 한두 번 현장을 다녀와서는 더욱 열심을 내는 모습을 보여 주고 있다. 86년 구제위원회에서 독립한 의료선교회는 의사(42명), 치과의사(10명), 약사(18명), 간호사(18명), 전도팀(23명)으로 구성, 순회종합병원처럼 되어 있다. 여기에 전도팀이란 의료인이 아닌 전도폭발훈련을 받은 평신도 모임이다. 의료진이 육체적 진료를 진행하는 동안 대기하고 있는 주민들을 일대일로 붙들고 영혼의 구제를 위한 복음을 제시한다.

의료선교팀은 두 팀으로 구성되어 있고, 격주로 서울 시내 변두리 지역과 경기도 일원의 농어촌 지역을 정기적으로 순회 진료한다. 작년 한 해 동안 16개 지역에 대해 22회에 걸쳐 모두 1,587명을 진료했다. 그중 601명을 대상으로 복음 전도를 실시, 그들 가운데 62%에 해당되는 375명이 주님 품으로 돌아왔다.

올해 들어 10월까지 모두 18회 진료를 실시했다. 서울에서는 봉천동, 홍제동, 북아현동의 빈민지역이 주요 대상 지역이며, 진료장소는 교회와 동사무소가 된다. 지난 9월 9일 주일, 서초구 문정동 비닐하우스촌에서 실시된 순회진료의 경우 진료팀 20명, 전도팀 3명이 참가, 166명을 진료했고 61명의 결신을 얻었다. 하계봉사는 3일 일정으로 낙도와 벽지 등에서 두 차례 실시한다.

올해 1차(7.28.~7.30.) 팀은 전남북 3개 교회에서 437명을 진료하고 127명에게 전도했다. 2차(8.4.~8.6.) 팀은 강원, 충남북, 경북의 4개 교회에서 276명을 진료하고 145명에게 전도했다.

이 같은 순회 진료회에 개인적으로 의료 진료를 필요로 하는 이들에게 알맞은 병원을 소개해 주거나 의료비를 지원한다. 백순기 씨의 경우는 의료선교의 성공적인 예에 속한다. 그는 경기도 평택군의 한 작은 시골교회에 다니던 결핵3기의 가난한 청년이었다. 집에서 죽기만을 기다리던 그는 지난 85년 남서울교회에서 첫 진료를 나갔을 때 발견되었다. 그에게 결핵요양소

입원을 주선해 주고 매달 영양공급비를 보냈다. 거의 완쾌된 그는 86년 전남 보성에 있는 한 결핵 요양소를 나와 보성군 노동면 명봉리의 빈 집을 빌려 같은 처지의 동료들과 함께 '결핵의 집'을 만들었다. 남서울교회에서 약간의 논을 마련해 주고 생활비와 치료약을 지원했다. 지금은 완전히 자립할 수 있게 되었고, 지난해에는 경작하는 논에서 소출된 쌀을 남서울교회에 보내오기도 했다. 이 '결핵의 집'은 갈 곳 없는 결핵환자들의 안식처로 변하고 있다.

새해에는 심장병어린이 돕기 사업과 의료인 해외 선교사 파견을 목표하고 있다. 무엇보다도 올해에 한국 기독교 의료선교 단체협의회가 창립된 것은 가난하면서 병든 자들에게 기쁜 소식이다. 그 첫 기도회가 8월 21일 남서울교회에서 열렸다. 올해 의료선교회 예산은 모두 3천만 원. 약품구입(15,000,000), 사역자 의료비 지원(1,600,000), 개인의료지원비(7,200,000), 결핵의 집 지원(1,200,000), 운영비(동·하계봉사비 포함 5,000,00)로 구성되어 있다.

(4) 장학위원회

학자금을 내지 못해 어려움을 겪는 학생들이 적지 않다. 이들이 미래에 이 사회를 짊어질 것이기 때문에 이들에 대한 투자는 값진 것이다. 학교 다닐 때부터 학자금에 곤란을 받는 학생들이 있다면 자칫 이 사회의 불평등과 부조리에 대한 지나친 적대감을 갖게 될지도 모른다. 특히 농촌의 피폐로 농촌 출신의 대학생들이 배움의 어려움을 겪고 있음을 감안, 이들에 대한 장학금 지원은 다소나마 도농 간의 격차를 해소하는 데 도움이 될 것이다.

올해 예산은 지난해보다 16.4% 늘어난 5천백만 원. 그러나 장학금을 필요로 하는 학생이 늘어나 본 예산 외에 장학위원들과 교인들의 별도 헌금으로 1천만 원이 추가됐다.

장학금 지원대상자는 대학생 34명, 고교생 45명, 중학생 19명, 교육전도사 4명, 해외장학생 2명, 직원 자녀 10명, 기타 7명 등 모두 121명이다. 수혜자 가운데 본 교회 학생은 26% 정도이고 나머지는 타 지역 학생이다. 추천자의 추천으로 장학생이 선정되는데 학업성적보다는 생계 어려움의 객관적 타당성만 인정되면 대체로 수혜자가 된다. 올해 예산 부족으로 일부 신청 장학생들이 탈락된 점을 감안, 교인들의 자발적인 장학사업 참여를 유도하고 있다.

(5) 여전도회의 봉사활동

앞서 말한 위원회와는 별도로 여전도회도 자체로 소외자들을 위한 봉사활동을 벌인다. 예산은 3천만 원. 봄, 가을 두 차례에 걸친 사랑의 바자회에서 모금된 것은 불우이웃돕기에 쓰인다.

여전도회의 주요활동 가운데 성동구치소의 재소자와 소년감별소의 남녀 청소년 선도를 빼놓을 수 없다. 소년감별소는 가정법원으로부터 범죄 청소년들을 수용하고 비행의 원인분석과 예방을 위해 교육학, 심리학, 사회학, 정신의학 등 행동과학의 전문지식을 이용하여 감별하는 기관이다. 이들 청소년들에게는 무엇보다 복음을 통한 재생교육과 사랑의 접촉을 필요로 한다. 서울 소년감별소의 남자(430명 수용)는 월 1회, 여자(12명 수용)는 매주 1회 방문한다.

이들을 위로할 음료와 빵과 함께 영적 양식을 주려고 노력한다. 그 결과 결신자도 많이 얻지만, 출소 후까지 이를 지속하지 못하는 아쉬움이 있다. 이들 가운데 80% 정도가 기독교 신앙의 경험을 갖고 있다는 것은 믿음의 실체에 대한 반성을 낳게 했다.

영등포, 대전, 전주교도소 등지의 수인자 34명에게 영치금을 마련해 주고, 무기수의 생일잔치, 절기 때의 위문 등 갇힌 자들에 대해 큰 관심을 보이고 있다. 여성문제와 관련, 사실혼 관계에 있으면서 결혼식을 올리지 못한 가정을 뽑아 매년 합동결혼식도 주관한다. 한 번에 4~5쌍 정도. 태백시 광산촌에서 부모가 사망한 어린이 가장 11명에게 매달 3만 원씩 보내고 있으며 성노원 아기집도 매주 한 번씩 방문한다.

무엇보다 큰 역점사업은 탁아소의 직영이다. 봉천동 달동네에는 부모들이 일을 나가면 아이들을 돌볼 수 없게 된다. 이들을 위해 '남서울 어린이집'

이란 직영 탁아소를 설치했다. 3년 전 바자회 수익금으로 작은 집을 사서 전문교사 2명을 채용, 어린이들을 돌보게 하고 있다. 매년 20여 명을 모집, 실비로 봉사하고 있다.

(6) 달동네 '섬김의 집'

남서울교회는 창립 연도가 오래지 않아 기존의 보호시설을 지원하는 데 주력해 왔다. 그러나 점차 직접 보호시설을 설립해서 운영할 필요가 생겼다. 그 첫 열매가 '섬김의 집'이다.

이 일은 청년 2부에서 시작했다. 빈민지대의 어린이들, 그 가운데서도 결손가정의 어린이들에게 정상적인 교육과 기독교 복음을 전해 주자는 뜻에서 청년부원들이 관악구 신림 10동 13지구를 찾아 자원봉사활동을 벌이기 시작했다. 이 지구에서 생활능력을 상실한 알코올중독자, 성격파탄자, 정신질환자들의 자녀들이 많았다.

처음에는 방 한 칸을 빌려 저녁이면 교육을 시켰는데, 점차 인원이 불어나 항구적인 수용시설이 필요하게 되었다. 이에 따라 사회봉사위원회가 교회 전체 차원에서 이를 지원키로 하여 89년 7월 '섬김의 집'을 설립했다. 지금은 집 한 채를 전세 내어 사용하고 있으나 앞으로 기금을 마련, 항구복지시설로 추진할 방침이다.

지금 수용인원은 51명(초등부 30명, 중등부 17명, 장애자부 4명). 집에 공부방이 없는 어린이들에게 공부방 역할도 하며, 매일 2시간씩 학과공부도 지도한다. 그리고 주 1회씩 신앙교육과 특별활동 시간도 갖는다.

장애자부는 내년에 10~15명 정도 수용해 특수교육교사 자격증 소지자가 재활 교육을 담당토록 할 예정이며, 주변의 노인들을 위한 사업계획도 세우고 있다. 한국사회의 소외지대라 할 수 있는 이 빈민지역에서 지역주민을 돕고 섬기는 사랑의 실천 운동을 통해서 기독 청년들은 민족과 사회를 향한 비전을 제시하고 사회참여의 한 모델을 정립해 갈 것을 다짐하고 있다.

(7) 경로대학의 운영

오늘날 노인문제가 심각한 사회문제로 등장하고 있다. 급격한 산업화로 인한 핵가족화와 고부간의 갈등의 심화는 외로운 노인들을 양산하고 있다. 교회에서는 도덕적, 규범적 당위성만 설교할 뿐 현실적 문제로 노인문제를 해결하려 하지 않는다.

남서울교회에서는 남녀노인들로 따로 '소망회'를 구성해 특수교육과 효도관광을 실시하고 있다. 특히 교인뿐 아니라 교회 주변의 노인들에게도 이 같은 기회를 제공하고자 올해에 처음으로 경로대학을 시도해 보았다.

7월 10일부터 13일까지 4일간 설치 운영해 본 경로대학은 큰 성공을 거둘 수 있었다. 현대사회의 노인문제를 비롯하여, 남북한 국제문제, 기독교 방송국과 가나안 농군학교 견학 등 다채로운 프로그램을 마련했다. 의사들과의 건강 상담도 있었다. 교회 주변 노인들의 신청이 예상을 넘어 300여 명이 몰려들었다.

이 경로대학 운영은 앞으로 상설 경로대학의 가능성을 내다보는 시험대가 되었다. 지금 한국교회는 300만 명 이상의 노인문제에 관심을 쏟을 시점에 와 있다.

(8) 중동고강당교회

남서울교회가 시도했던 또 하나의 개혁은 요사이 관심을 불러일으키고 있는 학교 교회라는 방식으로 교회개척을 진행했다는 점이다.

남서울교회가 비록 3천여 명의 교인을 수용할 수 있는 교회당을 가지고 있지만 늘어나는 신자를 감당하지 못해 새 교회가 필요했다. 그러나 엄청난 돈을 들여 호화로운 예배당을 짓는 데만 급급한 기독교계의 현실을 자성, 일요일에는 비어 있는 학교강당을 이용해 교회를 열기로 한 것이다. 이사장이 교인인 중동고 측도 강당을 이용하는 데 찬성했다. 교회는 헌금 중 일부분을 이 학교 학생의 장학금과 학교발전을 위해 내놓기로 했으며 교인들 중 상담전문가들로 하여금 학생 상담도 해 주기로 했다.

이 교회 고봉학 집사(50)는 "많은 헌금이 교회를 키우는 데 쓰여 평신자들의 불만과 부담이 쌓여 왔다.”며 “이처럼 효율적으로 학교시설을 이용해 예배를 보고 학교에 도움을 줄 수 있는 것은 무척 바람직한 일”이라고 말했다.

이 강당교회는 워낙 넓어 어린이와 부모들이 함께 예배를 드릴 수 있는 이점이 있다. 대부분의 교회가 장소가 비좁아 따로 예배를 드리는 바람에 어린이들의 경건한 예배 습관을 길러 주지 못하는 것과 대조적이다. 신자 김 모 씨(35)는 “아무런 장식도 없는 썰렁한 강당이지만 어떤 장소든 교인이 모이면 교회가 된다는 가르침을 절감하고 있다.”며 “앞으로 교계에서 꼭 호화스런 교회를 세우려 하기보다는 이런 사회시설을 활용하는 움직임이 활발히 일어났으면 좋겠다.”고 말했다.

남서울교회는 이 강당에 온풍기 6대와 커튼을 새로 설치했으며 5인용 나무의자 2백여 개도 마련했다. 이 의자들은 평상시의 강연회 등에 학생들이 이용한다. 이 교회는 새 교회당을 짓는 대신 강당을 활용해 절약한 돈으로 각종 사회봉사활동과 선교사업을 더욱 강화할 계획이다. 홍정길 담임목사는 “강당교회는 숙명여고(믿음의 집 교회)와 한영고(한영교회) 등에서도 열리고 있는 등 점차 늘어나는 추세에 있다.”며 “이 같은 시도가 건물을 짓는 것이 교회의 임무처럼 돼 있는 우리 교계에 새로운 방향을 제시할 수 있을 것”이라고 말했다. 홍 목사는 “모든 교회가 예산의 50%만 사회를 위해 쓰면 이 땅에서 어두움이 사라질 것”이라고 말했다.

(목회와 신학, 1990. 12. 한국일보, 1992. 3.)

23. 서울 수도교회의 '특수아동교실' 장애인을 향한 사회선교

서울 종로구 사직동에 위치한 한국 기독교장로회 수도교회는 빠듯한 교회예산에도 불구, 예산의 30%를 사회선교에 사용하기 위해 노력하고 있는 보기 드문 교회 중 하나이다.

실제로 수도교회의 91년도 예산 중 선교위원회비가 49.4%를 차지하고 있으며 이 중 순수 사회선교비가 전체 예산대비 25%에 달하고 있다. 기장 서울노회 조사에 의하면 이는 서울 노회 소속 교회 중 최고의 수준으로, 순수사회선교비가 10% 수준으로 2·3위를 차지한 ㅊ교회나 ㅎ교회에 비해 압도적인 비율이었다고 한다.

수도교회 당회장 이해동 목사는 "우리교회 교인들은 '선교' 하면 이웃을 위해 봉사하는 일, 곧 '사회선교'로 인식하는 풍토가 확고히 정착되어 있다."면서 "교회예산의 3할을 사회선교에 쓰자는 것이 기본방침이나 막상 빠듯한 수입에 맞춰 지출계획을 짜다 보면 조금은 미달하게 된다."면서 "그렇지만 여선교회 차원의 민중교회 지원 등 예산에 잡히지 않는 사회선교비까지 합하면 교회지출의 30%는 충분히 될 것"이라고 덧붙였다.

1) 장애인에게로 향하시는 그리스도의 손길

현재 수도교회가 중점적으로 진행하고 있는 사회선교사업은 정신지체아 조기교육시설인 특수아동교실과 유치원과정의 주간학교, 경제적으로 어려운 지역주민 자녀에 대한 장학사업 등, 이 가운데 제일 역점을 두고 있는 사업은 수도특수아동교실이다.

사실 모든 장애인의 문제가 심각하고 안타까운 일이지만 정신지체나 자폐증의 경우는 그 정도가 더욱 심각하다. 외관상으로는 지극히 정상적으로 보이면서도 실상 아무런 능력이 없기 때문이다. 그럼에도 불구하고 정신장애인에 대한 사회적 투자나 배려는 지극히 미약하고 거의 대부분 가족의 책임으로만 맡겨져 있다. 특히 조기발견과 조기교육(치료)을 통해 상당한 성과를 거둘 수 있는 정신지체나 자폐아동의 경우, 그 수가 대략 5천 내지 7천 명으로 추산되고 있지만 막상 조기교육시설은 전국을 통틀어 50여 곳에 불과, 1천여 명만이 혜택을 받고 있는 실정이다.

수도교회에서는 이러한 정신장애아동의 현실에 주목, 85년 4월부터 수도특수아동 교실을 개설해 운영하고 있다.

수도특수아동 교실이 문을 열게 된 데는 가슴 아픈 일화가 있다. 80년 수도교회가 예배당을 신축·헌당한 후 새로운 선교과제를 모색하고 있을 즈음에 이영태 장로(당시 집사)와 최재연 집사의 장남이 일종의 장애인 근육디스트로피로 고생하다 목숨을 잃은 것이 그것이다.

이들 부부는 자식을 잃은 슬픔을 장애아동문제 등 특수선교에 관심 갖고 일하라는 하나님의 명령이라고 신앙적으로 승화시켰고, 수도교회는 이들의 적극적 관심에 힘입어 당시에는 거의 방치 상태였던 장애아동에 관심을 기울이게 되었다고 한다.

이런 배경에 의해 82년부터 단국대 특수교육학과 학생들의 도움으로 장애아동 상담활동을 시작했고 83년에는 장애아동만을 대상으로 한 여름성경학교를 가졌으며, '행사'가 아닌 '지속사업'의 필요성을 절감함에 따라 2년여의 준비 끝에 85년 4월 3일에 상설교육기관인 특수아동 교실을 열게 되었다.

현재 수도 특수아동 교실에는 4살부터 7살 사이의 정신지체 및 자폐아동 10여 명이 교사 세 명(그중 1명은 보조교사)의 지도 아래 자신의 잠재능력을 최대한 개발해 최소한의 사회생활이라도 자립적으로 할 수 있도록 해주는 교육을 받고 있다.

특수아동교실 교사 김경미 씨(28세)는 "처음 입학할 때는 대소변도 못 가리는 아동이 과반수였으나 근 1년이 지난 요즘은 정상아동의 수준에 상당히 가까워졌다."면서 "정신지체 아동의 경우 조기발견·조기치료가 필수적인데, 수요에 비해 시설이 너무 부족하다."며 교회가 그리스도의 사랑이 더욱 절실히 필요한 장애아동문제에 보다 큰 관심을 갖고 장애아 조기교육사업에 동참할 것을 요청했다. 이런 시설이 얼마나 부족한지는 수도 특수아동 교실에만도 해마다 정원의 4~5배가 넘는 아동들이 지원하는 것으로 미루어 짐작할 수 있다.

2) 영세민을 위한 주간학교

한편 유치원과정의 '주간학교'도 수도교회가 자랑할 만한 사회선교 프로그램의 한 과정, 수도교회 주간학교는 주로 파출부·청소부로 일하는 이 지역 영세민들의 자녀를 위한 선교사업으로 유치원과정을 진행하면서 종일반도 함께 운영하고 있다.

이 교회의 부목사인 정해동 목사는 "대개의 유치원이 오전교육만 실시해 막상 유치원 나이의 자녀를 둔 영세민 맞벌이 부부는 자녀를 맡길 곳이 없다."면서 다른 교회 유치원들도 맞벌이 부부를 위한 종일반 과정을 병설할 것을 권유하였다.

수도교회는 내년도 교회 전체 예산을 금년에 비해 13% 늘리는 가운데서도 특수아동 선교비는 25%, 주간 학교비는 17.7%를 늘리는 등 사회선교비의 비중을 높이기 위한 노력을 끊임없이 경주하고 있다. 우리들 각자의 교회에서는 신연도 예산 중 사회선교비가 차지하는 비중이 얼마나 되는지, 한 번쯤 반문해 볼 일이다.

24. 하나님이 함께하시는 작은 자들의 천국(임마누엘교회와 임마누엘집)

송파구 거여동에 있는 표초등학교에 다니는 현정이의 집은 거여동 주민의 발이 되는 68번 시내버스 종점 바로 뒷골목의 한구석에 자리 잡고 있다. 올봄이면 6학년이 되는 현정이는 중학교 2학년이 되는 언니 미정이와 함께 작년 가을 무렵에 이 집으로 단둘이 이사 왔다. 부모님이 안 계신 것은 아니지만 몇 년 전에 아버지가 맹인이 되자 어머니는 가출해 버렸고, 생활 능력이 없어져 공부는커녕 먹고 살기마저 힘들어졌다고 한다. 때마침 그들이 살던 전북 이리의 잔디회라는 선교단체 '임마누엘집'에서 장애자의 자녀들을 받아들일 뿐만 아니라 고등학교까지 다니게 해 준다는 소식을 듣고 주선해 준 덕으로 예정에도 없던 서울 사람이 되고 말았다.

와서 보니 의외로 자신들과 같은 처지의 친구들과 언니 동생들이 12명이나 더 있다는 걸 알게 됐다. 그들과는 금세 '진짜로' 형제자매가 되었음은 물론이고 그들의 아버지와 비슷한 상황의 장애자 어른들도 무척 많음을 알게 되었다. 소아마비, 뇌성마비, 정박아, 백내장, 교통사고 장애자, 등등 ……. 어쨌든 이들도 아저씨, 아줌마, 할아버지, 할머니가 되어 주셨다.

"하나님이 우리와 함께하십니다."

현정이가 이 집에 처음 왔을 때 건물은 보통 가정집 같았지만 대문 위에 '임마누엘집'이라 쓰인 간판이 걸려 있는데다 대문 기둥에는 '임마누엘교회'라는 간판까지 있어서 그저 '무슨 교회가 이렇게 생겼지?'라는 물음만 속으로 던져 보았을 뿐이었다.

임마누엘이란 말이 무슨 뜻인지는 한참 후에야 이 집의 가장이자 목회자인 김경식 강도사(36세)와 이연순 사모(31세)로부터 예수님이 누구신가를 배우면서 알게 되었다. '왜 진작 이런 곳을 몰랐을까? 아니, 왜 진작 우리와 함께하시는 임마누엘 예수님을 몰랐을까?' 현정이는 이렇게 생각하면 좋은 것을 이제라도 가지게 된 기쁨 때문에 항상 웃고 산다.

임마누엘집과 임마누엘교회(송파구 거여동 251－40) 하나님이 함께하신다는 이름을 자신 있게 내건 이 집은, 어려서부터 소아마비로 하반신을 자유롭게 쓰지 못하여 장애자로 살아온 김경식 강도사의 뜨거운 모태신앙에서 비롯된 씨가 자라서 열매를 맺은 곳이다. 하지만 이 열매는 결코 곱게 자란 것만은 아니었다.

전남 진도에서 1남 5녀 중 다섯째로 아들이 귀한 집안에서 기도하며 낳은 자식이었건만, 유아기의 재롱을 미처 다 즐기기도 전에 그의 부모는 자식이 소아마비라는 사실을 받아들여야만 했다. 그러나 그들은 실망치 않고 하나님께 기도하면서 그에게 신앙을 심어 주었고, 정규적인 학교 과정을 거치도록 힘써 주었다.

공부도 곧잘 하여 성적도 늘 우수했고 신앙생활도 착실히 하여 고교시절엔 매우 성령 충만한 삶을 살았다고 김 강도사는 회고한다. 한편 그리 넉넉

하지만은 못했던 가정형편 탓에 그는 전남 광주에서 고등학교에 다닐 무렵부터 광주시내를 돌며 볼펜 행상을 시작했다. 바로 이때, 행상을 돌며 만난 여러 장애자들의 거지와도 같은 삶을 보고서 그들을 돕고 싶고 전도하고 싶은 마음이 간절하게 생겨나기 시작했다.

소년 김경식은 이때부터 이미 사회사업가가 되겠다는 야심 찬 꿈을 가진다. 그러나 고교 졸업 후 우선 돈을 벌어야겠다는 생각에 전자제품수리기술을 배워 고향인 진도에서 수리점 개업을 하고, 무담보로 전자제품판매에까지 손을 대 고등학교 시절부터 닦아 온 영업실력을 발휘하기 시작, 제법 돈을 모았다.

그러다 보니 신앙생활보다는 세상적으로 돈 버는 데만 급급해져, 도박판을 전전하는 친구이 형에게 도박지금을 빌려 준 일이 계기가 돼 자신마저 도박판의 노예로 전락하고 만다. 결국 가진 것을 모두 잃고 급기야는 81년 초에 상습도박혐의로 구속, 그해 2월 27일에 8개월의 형을 살고 나와 이름 그대로 빈털터리가 돼 버렸다.

'고생 끝에 발견한 예수님 섬기는 비결'

감옥을 나온 그는 어머니와 누님들에게 "주님을 떠나서는 살지 않겠노라."는 다짐을 하고 혈혈단신 밤차를 타고 서울로 올라왔다. 굶기를 밥 먹듯 하던 그는 신문광고를 보고 어느 기독교 출판사를 찾아가 사정하여 서적 세일즈맨이 되었다. 목발을 집고 무거운 견본 책자를 들고 다니다 손이 터져 피가 흐르기도 했고 어느 교회에 갔다가 계단을 굴러 다리가 찢어졌지만 그 앞을 성경책을 든 채 유유히 지나쳐 버리는 교인들을 안타깝게 바라보아야만 했던 설움도 겪었다. 먹을 게 없어 물에 간장을 타서 먹는 고생스런 생활 끝에 1만 원을 모은 그는 도봉구 암골부락(현19번 시내버스 종점)에 방 두 칸을 얻어 천막까지 치고 당시 장애자 15명을 모아 꿈에 그리던 임마누엘집의 문을 열었다.

서적 행상은 고교시절의 볼펜 행상과는 그 질이 달랐다. 식구 중에서 다소 건강한 장애자들은 그와 함께 버스 안을 누비기도 했다. 하루는 마장동 시외버스 터미널에서 장사를 하려다 그곳 터줏대감에게 잡혀 집단으로 몰매를 맞아 함께 갔던 식구들이 15일 동안이나 앓아누워야만 했다. 그때 식구들이 몸을 주물러 주고 울며 기도하던 일을 김 강도사는 잊지 못한다. "저들이 바로 예수로구나. 주님이 말씀하신 것처럼 이들을 섬기는 것이 예수님을 섬기는 것이로구나."라고 그는 새삼 다짐했다. 2년 뒤인 84년에 겨여동 181번지에 작은 방을 마련할 수 있었고, 그해 은행에 다니던 이연순이라는 아가씨가 제 발로 걸어와 아내가 되고 임마누엘집의 '어머니'가 되었다. 곧 하나님은 바울(6세)이라는 아들까지 주셨다. 점점 소문을 듣고 찾아오는 사람이 늘어나자 '86년 11월 22일에 마련한 현재의 방 9칸짜리 임마누엘집은 자꾸만 좁아져 갔다. 다른 교회는 교인 수가 늘면 풍족해질 수밖에 없지만 그나마 장애자의 자녀들도 함께 수용해 교육까지 시키자니 살림은 더욱 어려워져 갔다. "법적으로 고아라면 학비 면제 등의 혜택이 있지만 장애자라도 엄연히 부모가 있으니 그런 혜택을 못 받습니다. 그래서 한 번은 중학교에 다니는 여학생의 담임을 찾아가 사정을 얘기했더니 오히려 색안경을 끼고서 맨 뒷자리로 보내 버리더군요. 그 학생의 부모가 맹인인지라 유전 때문인지 눈이 매우 나빠 맨 앞에 앉던 애를 말입니다." 그 일이 있던 당시 그는 총신대 신학과에 재학 중인 전도사였지만, 두 팔을 걷어붙이고 담임에게 대들 정도로 화가 났다고 한다. 결국 아무 소득 없이 소문만 내고 원래 자리로 앉게 했지만, 이후론 절대 장애자 자녀들이 다니는 학교엔 그런 사정을 말하지 않기로 했다.

'온 가족이 열심히 일하며 섬기는 집'

김 강도사는 더 열심히 뛰어다닐 수밖에 없었다. 신학교 다니랴 책장사하랴……그래서 생각해 낸 것이 꿀을 생산지에서 구해다 저렴한 가격에 보급하는 일과, 캘린더를 제작해 파는 일 등이었다. 최근엔 이 사업이 그런대로 잘 운영돼 수입이 꽤 늘고 있다.

가족들 가운데 학생들과 중증장애자를 제외하고서 손을 움직일 수 있는 사람들은 총포일(총구를 닦는 천 조각을 포장하는 일)을 하청받아 생계에 보태고, 이연순 사모는 생활비 절약을 위해 지난겨울 인근 가락동 농수산물 시장에 보름간 새벽마다 나가 버려진 배추와 무 등을 모아다 김장을 마련하기까지 했다.

늘 모자라는 살림에도 별다른 불만 없이 생활하는 모습도 감사하지만, 김 강도사는 중풍환자의 대변을 받아 내기까지 하는 사모에게는 늘 할 말을 잊는다. "어려운 일은 제가 고생한다는 것이 아닙니다. 하루에도 2~3명씩 전화하거나 찾아와 여기에 살게 해 달라고 하는 사람들을 어쩔 수 없이 돌려보내야 하는 일이 정말 안타깝고 어렵습니다. 현재 이미 6백 명이나 접수된 상태니까요." 이연순 사모의 어려움은 자신의 고생보다는 오히려, 받아들일 수 없는 형편 때문에 그들을 돌려보내야 할 때의 가슴 아픔이다.

임마누엘집 총무 임대호 씨(36세)는 이 사모에게 요즘 색다른 근심과 기도제목을 던져 준 인물이다. 그는 중매에도 은사(?)가 있기로 소문이 난 김 강도사 덕분에 믿음 좋은 자수기술자인 경장애자를 만나 3월 15일에 식을 올릴 예정인데, 안타깝게도 장애자라는 이유로 전세방을 구하지 못해 신방 확보를 여태 못 한 것. 그럼에도 정작 당사자인 임 총무는 "육체의 불구자는 장애자가 아니고 영혼의 불구가 장애자인 줄 믿습니다. 저 좋은 천국, 함께 갑시다."라며 보는 이마다 전도하기에 바쁘기만 하다. 총포일을 거드는 박정자 할머니는 소아마비로 평생을 살았다는 것이 믿기지 않을 정도로 곱고 차분한 표정을 지니고 있다. 전신장애자인 방경업 자매(23세)는 언제나 누워 있어야 하는 몸이지만 이 두 사람의 공통점은 그들의 머리맡에 항상 성경책이 있고 주님의 나라를 사모한다는 것이다.

"임마누엘 가족이 꿈꾸는 '새 하늘과 새 땅'"

김 강도사와 사모, 그리고 임마누엘집의 모든 가족들은 7년 동안 일구어 온 그들의 '천국'을 더욱 크고 아름답게 만들 꿈을 키우고 있다. 그 꿈은 2월 중순경에 착공되어 오는 6월경이면 지금의 집터 위에 새롭게 지어질 3층짜리 임마누엘집에 모아져 있다. 이 집은 국가에서 지어 주는 고지법인단체의 건물이 아닌, 임의단체로서 최초로 세워지는 것이어서 더욱 뜻 깊다. 건축비로 2억 5천만 원가량 소요될 예정인데, 비용은 그동안 김 강도사가 세일즈를 통해 모은 돈과 후원자들이 보내 온 돈을 모은 것으로 충당할 예정이다. 현재 모자라는 액수인 2천만 원은 지하실을 임대함으로 메울 계획이지만 이것마저 다행히 공사 기간 내에 채워지면 지하실을 장애자들을 위한 물리 치료실과 휴게실로 쓰고 싶은 것이 김 강도사의 소망이다. 공사 기간 중에는 거여동장의 배려로 인근 군부대의 연병장에 가건물을 짓고 살 수 있게 되어 다행이 아닐 수 없다.

집을 새로 지으면 40여 명의 가족을 더 맞아들일 작정인데, 그중 절반은 장애자와 갈 곳 없는 노약자들로, 또 절반은 장애자의 자녀들을 받아들일 예정이다. 이는 장애자 자녀교육이 무엇보다 시급하다고 생각하기 때문이다. 그러자니 지금보다 각종 운영비가 배는 더 들어갈 것으로 예상된다. 그래서 그는 특정 교회가 임마누엘집을 맡아 그 운영을 감당해 주었으면 하는 소망을 갖고 있다. 다만 그는 자신이 일할 수 있는 날까지 원장으로 일하되 월급은 받지 않고 원생들과 함께 먹고 생활하는 걸로 만족하고자 한다.

"올 4월이면 제가 목사 안수를 받습니다. 그렇게 되면 본격적으로 목자의 길을 걸어야 할 텐데 목사인 제가 장사를 계속하는 일이 보기에도 안 좋고……이젠 힘들어서라도 더 이상 못 돌아다니겠다는 게 더 솔직한 이유겠지만요" 그의 솔직한 고백 뒤에는 이 집이 처음부터 하나님의 것이었다는 생각도 자리잡고 있다. "한국교회의 현실이 어떻든지 간에 교회가 하나님의 것이듯 복지단체도 하나님의 것이라는 생각입니다. 우리 힘으로 지었기에 우리 힘으로 운영할 수도 있겠고 또 지금까지 보살펴 주신 하나님이 새집을 주시고 또한 필요한 것도 더하실 것을 믿습니다. 그러나 이 일이 어느 한 독지가를 통해서가 아니라 한국교회를 통해 이루어지길 바라는 것이 저와 가족들의 소망입니다."

'선한 사마리아인을 찾습니다.'

따지고 보면 김 강도사는 선한 사마리아인이 아니다. 오히려 그는 여관집 주인이길 원하는 것이다. 소외되고 불쌍한 사람들을 위해 약값과 먹을 것과 입을 것과 잠자는 데 필요한 돈을 지불하고서 자기 일을 위해 다시 떠나지만, 다시 올 때에는 그동안 더 쓰인 비용까지 부담할 용의가 있는 선한 사마리아인의 역할을 한국교회가 직접 맡아 주었으면 더 이상의 바람이 없다는 뜻일 것이다.

1. 모든 장애자들에게 복음을 전한다.
2. 무의탁 장애자들에게 새로운 삶의 터전을 마련해 준다.
3. 장애자의 자녀와 고아들의 교육사업을 한다.

이상 세 가지 목표가 새로 지어질 임마누엘집에서 더욱 분명해지길 바라는 마음, 이 마음은 임마누엘집 가족인 뇌성마비 장애자 김문희 양이 지난해 '전국시각장애지 문학의 잔치'에서 시 부문 농상을 받았을 때 쓴 시에 더 간절히 나타나 있다.

> 내 마음 속에 그 환한 빛을 주소서
> 어둠 속에서 헤메이고 있을 때
> 주님과의 만남의 날들이 사랑으로 변했고
> 그 사랑이 변하여 큰 빛이 되었습니다.
>
> 주여!
> 빛이 어둠이 되지 않게 하여 주시고
> 어둠이 빛으로 변하게 하여 주소서
> 이제는 주님만 의지하여 살아갈 겁니다.

25. 하나의 교회, 하나의 농장으로 삽니다(김천 삼애농장과 동문교회)

닭의 알(계란)을 생산하는 양계장인 삼애농장(삼애농장, 경북 김천시 신음동 17번지)은 닭 130여만 마리가 모이 먹느라 잔털을 날리며 고개 끄덕이는 소리에 종일 소란스럽다. 또한 그 닭들이 내어 놓는 온갖 냄새는 농장 구석구석 어디에서나 진하게 피어오른다.

한반도에서 가장 큰 양계 단지임을 자부하고 있는 이 농장에서는 1천여 명이 조금 안 되는 사람들이 오붓이 모여 사는데, 그중 열 명쯤만 빼고서 일요일이면 죄다 마을에 하나뿐인 교회당에 모이는 일이 특별한 점이다. 주일에 농장을 벗어나 시내에 가는 그날 '종아리 부러질 각오'를 한 걸로 봐야 하는 게 이 마을의 40년 된 전통이다. 걸어서 농장의 끝과 끝을 오가기가 힘겨울 만큼 넓은 동네지만, 주일엔 주민소유의 자동차가 100대에 달해도 전혀 사용하지 않는다. 다만 닭도 먹고는 살아야겠기에 교회 나가기 전에 모이 한 번 주는 일이 '성수주일이란 옥에 티'를 내고 있으나, 주민들에겐 닭의 존재가 농장 역사 이래 계속된 삶 그 자체라 애써 흠잡을 일이 못 된다.

계란 속의 노른자, 동문교회

삼애농장을 계란에 비유한다면 농장 속의 동문교회(기독교대한성결교회, 담임: 이병선 목사, 62세)는 그 노른자에 자리잡은 셈이다. 건물 위치가 그런 게 아니라 마을 사람들이 생각하고 살아가는 모든 것이 교회다.

그럴 수밖에 없는 것이, 원로 장로 한 분을 포함한 아홉 분의 장로가 곧 마을의 어른이며, 장로 가운데 한 분은 현재 마을 회장 역할을 감당하고 있다. 게다가 마을을 전체적으로 경영하는 운영 이사회의 이사가 곧 교회 청년회의 회장으로 뽑히면 곧 마을 청년회 회장이 되는 상황이기 때문이다.

개중에 아직 믿지 않는 사람일지라도 "기도합시다"란 말만 떨어지면 자동으로 눈이 감기고 고개가 숙여진다는데, 마을 사람들은 이런 걸 삼애농장 특유의 기독교 문화가 자리잡은 것이라고 생각한다. 경조사마다 목사님이 주도하여 치러지게 되며, 어쩌다 믿지 않는 사람의 일마저 매사 기독교식으로 기록된 교적부는 그대로 삼애농장 주민 명부로 보면 틀림이 없다.

농장 언덕에 서서 들판을 내려다보면 오른쪽으로 경부고속도로가 지나가는데, 밤에 고속도로에서 농장 쪽을 보면 훤하게 밝힌 수백 채의 계사(鷄舍)에서 흘러나오는 빛이 장관을 이룬다. 그 불빛은 대개 밤 9시면 하나둘씩 사라지고 새벽 닭 울음소리에 맞춰 4시나 5시 사이면 다시 밝혀진다.

26. 학교교회시대의 개막(샘물약국을 마련한 한영교회)

교회부지 확보와 성전 건축비에 대한 과다지출, 또한 교회를 유지하기 위한 비용 등은 교회당국자나 성도들에게 많은 부담을 안겨 준다.

이런 지출을 구제사업이나 선교사업 쪽으로 좀더 돌릴 수 있다면 하는 바람이 교계 일각에서 보이지 않게 대두되고 있는 실정이다. 또한 일각에서는 특정한 날 이외에는 개방되지 않는 교회의 비효율적 측면에서 해결책이 필요하다는 의견도 나오고 있다.

바로 이러한 문제점들을 극복하고 교회 모습의 새로운 비전을 제시하고 있는 교회가 있다. 상일동에 위치한 한영교회가 바로 그 교회인데 1990년 3월 손봉호, 김경래 장로를 중심으로 창립되었다.

일명 학교교회(school church)라 불리기도 하는 이 교회는 이름에서 풍기 듯 학교이면서 교회이다. 정확히 말하자면 학교재단 한영학원을 한영교회가 무상으로 임대한 것이다. 하지만 단순한 임대 차원에서 머문 것이 아니라, 오히려 학원 복음화라는 차원에서 긍정적인 효과가 있게 됐다고 한다.

1) 교회개척의 새 모델: 학교교회

'89년 가을 서울 영동교회에서 교회가 너무 커지는 것은 성도의 교제를 불가능하게 할 뿐 아니라, 대교회 지향주의가 한국교회에 많은 부정적 영향들을 끼쳐 왔다는 문제의식이 공유되면서 교회를 개척하자는 논의가 시작되었다. 현실적으로 개척비용(특히 장소마련에 따르는)이 너무 비싸, 하나님 나라 경제원리에 어울리지 않을 뿐 아니라 큰 건물을 유지하는 데 드는 비용을 잘 활용해 구제와 선교에 좀더 많은 투자가 이루어질 수 있겠다는 손봉호 장로님의 주장이 받아들여져, 여러 가지 방안들을 찾던 중, 현실적으로 조건이 맞는 한영 외국어고등학교의 시청각실을 빌려 '90년 3월 11일 학교의 개교와 함께 교회의 역사도 시작되었다.(그러나 한영고등학교는 전부터 있었음.)

학교는 주일과 수요일에 잠시 학교 건물 일부를 대여해 주고, 교회는 학교 학생들에게 장학금을 지급하고 있다. 사용료가 없는 대신 시설 비용의 일부를 지불하고, 결식 학생들에게는 점심 식사를 제공하는 한편, 청소년 담당 전문교역자를 파송하여 교내 기독인 모임을 섬기고, 교사 성경공부를 지도하고 있다. 학교 건물을 쓰고 있기 때문이기도 하겠지만 한영교회는 청소년 문화에 대해 각별한 관심을 가지고 있다. 교내 입구에 신축 중인 한영문화관을 지역사회 청소년 문화공간으로 활용하기 위해 건축비용의 일부(3억 5천만 원)를 부담하고 있다. 이 문화관이 준공되면 청소년 교육과 복음의 전당으로서, 청소년들에게 기독교적 사고를 심어 줄 수 있을 것이다. 국적불명의 외래문화에 젖어 있는 우리의 청소년들에게 건전하고 창조적인 기독교 문화 공간을 마련해 주자는 것이다. 학교와 교회는 사람을 키워 가는 곳이라는 공통분모를 소유하고 있다. 한영교회의 이러한 참신한 노력은 기존 교회에 식상해 있고 무관심한 학생들이나 학부모들에게 분명 신선한 충격을 줄 수 있을 것이다.

박철홍 전도사(한영교회 학원 복음화 담당)는 이러한 일련의 사업으로 인해 학생들은 교회에 대해 긍정적 시각을 갖게 되었고, 한영학원 내의 기독교 교사들은 정기적인 성경훈련 과정에 참여함으로써 보다 효율적인 학원 복음화를 이뤄 가는 데 많은 도움이 되고 있다고 덧붙였다.

학교교회는 모범적이어야 한다는 점에서 성도들의 삶에 좋은 영향을 줄 수 있다. "그래서 성결의 삶에 더욱 도전을 받게 됩니다. 학교 선생님들, 학부형, 학생들에게 좋은 인상을 남기기 위해서죠." 현재 유학 중인 담임목사 대신에 교회를 돌보고 있는 원주희 강도사는, 너무 교회 자랑을 늘어놓는 건 아닌가 하면서도 좋은 제도와 모습들은 널리 알려져야 하고, 기존의 교회들에게 자극이 될 필요성이 있다고 강조했다.

2) 영원히 마르지 않는 샘물 약국

한영교회의 또 다른 자랑은 지역사회에 봉사이다. 이웃사랑 - 구제 차원에서 '샘물약국'이라고 하는 무료 약국을 운영 중인데, 이 지역은 음지에 가려진 사람들을 찾아내서 약을 조제해 줄 뿐만 아니라 행려병자들에겐 그룹 홈(Group home)을 통해 지속적인 치료와 경제적 자립이 가능할 수 있도록 돕고 있다. 이 그룹 홈은 종로와 하남시 두 곳에 방을 마련하여 운영 중이며, 행려병자의 호적, 주민등록 등을 추적하여 정상적인 사회인으로 되돌아오는 데까지 돕고 있다. 그러나 이런 구제활동이 오히려 이들의 자립의식을 더 마비시키고 의타심만을 키우지 않도록 책임 있는 구제활동이 되어야 한다는 것도 잊지 않고 있음을 이야기 가운데 알게 되었다. 샘물약국(교회 사무실과 병행하고 있음)을 통해 연 300여 명 정도가 치료의 혜택을 받고 있으며, 1주일에 화요일과 토요일 두 번 문을 연다.

한때 약사 생활을 하셨던 윈 강도사와 교인 중 전문의들 및 자원봉사자들에 의해 약국은 운영되고 있으며, 간혹 약을 기증해 오는 이들도 있다고 한다. 재정적으로는 모 교회인 영동교회로부터 완전히 자립하였지만, 영동교회 의료선교 기관인 '누가회'와 연합함으로써 교회연합운동을 해 나가고 있기도 하다. 또한, 임종을 준비하는 환자들에게 마지막까지 인간으로서의 존엄성을 유지시키며, 죽음의 순간까지도 승리하는 기독교인 상을 보여 줄 수 있는 기독 장례문화를 정착시키기 위해 호스피스(Hospice)운동에도 관심을 가지고 있다.

3) $\frac{1}{3}$ = 선교, $\frac{1}{3}$ = 구제, $\frac{1}{3}$ = 경상비의 교회재정

"교회 자체에서 소비되는 경상비가 전체 예산의 30%를 넘지 않도록 한다는 것이 원칙으로 되어 있습니다." 대부분의 한국교회가 예산의 대부분을 교회 내에서 자체 소비해 버리고 있는 현실을 감안할 때 이 수치는 대단한 것이었다. 이런 예산 집행이 가능한 것은 교회가 교인들 전체의 동의와 자발적 봉사에 의해 운영되기 때문이라고 한다. 담임 목회자인 김낙춘 목사는 현재 미국에 유학 중이기 때문에 손봉호 장로와 김세윤 목사가 협동으로

주일예배를 인도하고 있으며 물론 사례는 없다.

교역자들의 사례도 기존의 대다수 교회들의 관행과는 특이하게 다르다. 대다수의 교회들이 담임교역자의 사례를 매우 비중 있게 책정하는 반면, 전도사나 사찰의 사례는 상대적으로 매우 낮은 것이 현실이다. 그러나 한영교회의 재정구조는, 모 교회인 영동교회의 사례와 유사하게, 사찰을 포함한 모든 교역자의 기본급이 동일하다는 특징을 가지고 있다. 그리고 이러한 동일 기본급에 가족 수와 직책에 따라 적절한 액수의 수당이 첨가되고 있다. 이러한 결과로 대부분의 교역자들은 비슷한 수준의 사례를 받을 뿐만 아니라, 만일 사찰의 가족 수가 많으면 사찰의 사례가 담임교역자의 사례를 능가하는 현상을 보일 수도 있게 되는 것이다.

또한, 한영교회는 결산만 있고 예산이 없다. 미래는 하나님의 역사하심에 달려 있으므로 교회는 하나님의 뜻에 합당한 사역을 추진하기만 하면 된다는 신앙이 이러한 교회 재정방식의 기초이다. 실제로, 이러한 교회 재정운용에 대해 교인들의 자체 평판이 매우 좋은 편이다. 한영교회의 한 젊은 집사는 이러한 교회 재정운용에 대해, "이러한 교회재정운용은 정말 교인들, 특히 저처럼 젊은 교인들로 하여금 하나님의 일에 열심을 가지고 헌신하게 만드는 계기를 마련해 줍니다. 내 헌금이 단순히 교회의 경상비로 쓰이는 것이 아니라, 선교와 구제를 위하여 쓰인다는 것이 가시적으로 나타나기 때문에 우리들로 하여금 헌금할 맛이 나게 해 줍니다."고 말하고 있다. 실제로, 1992년 봄에 있었던 학교문화관건축을 위한 헌금에는 이 헌금을 위한 부흥회나 설교 한 번도 없이 3억여 원의 헌금이 나왔는데, 이는 한영교회의 교세가 불과 60여 가구를 넘지 못한다는 사실을 두고 볼 때, 매우 헌신적인 액수가 아닐 수 없다.

4) 교회당으로서가 아니라 회중으로서의 교회

현재 장년만 약 240여 명 출석하고 있는 이 아담하고 아름다운 교회는 비록 평일에는 교회건물이 사라지지만, 지속적인 양육 프로그램들을 통해 참된 교제와 공동체로서의 교회의 모습을 잘 유지하고 있었다.

"구라파의 기독교는 교회 벽돌에는 투자했지만, 사람에겐 투자하지 못했기 때문에 교회건물은 남아 있지만 사람은 남아 있지 않습니다." 원 강도사는 한영교회의 비전은 교회건물에 대한 관심이 아니라 장애인 수용 학교의 설립, 무료 법률 상담활동 등 사람에 대한 지속적인 사랑과 관심이라고 강조했다. 그것이 이 교회를 하나 되게 하고 있으며, 끈끈한 생명력을 느끼게 하는 분명한 요소라는 생각이 들었다.

물론 이러한 회중으로서의 교회가 서로 끈끈한 생명력을 유지하는 데는 교회조직의 개혁적 성격도 많이 작용하고 있다. 예를 들면, 한영교회는 여타 개혁적인 교회들과 같이 각종 헌금에 있어서 헌금자와 헌금액을 밝히지 않을 뿐만 아니라, 목회자조차도 누기 얼마를 헌금했는지를 모르게 하는 원칙을 고수하고 있다. 이와 같은 원칙은 교역자도 인간인 이상 많이 헌금하는 사람에게 더 많은 관심을 가질지도 모르는 위험을 방지하기 위한 것이다.

장로교의 헌법이 규정하고 있는 장로신임투표제를 도입한 것도 공동체로서의 교회의 신뢰성과 단결력을 높여 주는 데 도움이 되고 있다. 장로교 헌법이 산하교회들에게 3년마다 장로신임투표를 권고하고 있는 것을 약간 수정하여, 한영교회에서는 5년마다 시무장로들은 1년간 휴무하고 신임투표를 거친 후에 다시 시무장로로 복귀하는 제도를 두고 있다. 여기에 대해 손봉호 장로는 "인간은 다 죄인이므로, 누구나 절대적인 권력이 주어지면 이 권력을 자의적으로 행사하고자 하는 유혹을 느끼게 됩니다. 따라서 예수님 이외에는 누구도 교회 안에서 지나친 권위를 가질 수 없도록 해야 할 것입니다. 이를 위해서 현재와 같은 제도를 고안한 것입니다."라고 말하고 있다.

교회를 갱신시키고 참된 개혁주의 교회를 세워가기 위한 고민이 추상적이고 피상적으로 그쳐 버리는 것은 우리의 주변에서 모범스런 교회공동체의 정갈함을 찾아보기 힘들기 때문은 아닐까?

물론 이런 형태의 교회에 있어서도 문제점은 있다. 법적으로 학교 건물을 임대받는다는 것 자체가 인정받을 수 없기 때문에 교회는 어떠한 권리 행사를 할 수 없다고 손봉호 장로는 말했다.

"만일 교회에 어떤 불이익이 있다 해도 감수해야만 합니다. 하지만 이 점은 굳이 권리 행사 측면에서보다, 성도들이 양보하고 인내한다는 측면에서 성도들의 훈련으로 받아들여진다면 오히려 장점화될 수 있습니다." 또 장소의 제약성 때문에 교회 모임에 어려움이 있지만, 이것은 그들이 갖고 있는 사무실의 적절한 운영과 성도들의 집을 활용하면서 해결하고 있다고 한다.

학교건물을 빌려 쓴다 하여 주일날만 교회의 모습을 지닌 것은 아니다. 새벽예배, 수요예배, 제자훈련, 소그룹모임 등이 교회 내에서 행해지고 있고 여러 교육 및 소예배 등도 진행하고 있다.

많은 교회가 물질적 어려움과 교회부채라는 짐에 눌려 있다. 때론 교회 모습에서 벗어나 상업주의와 결탁하기도 하는 교회의 모습이 분명 교회의 참모습은 아닐 것이다. 또 많은 교회들이 그리스도인의 회중으로서의 모습을 잃어버리고 교회 안의 주도권을 쟁탈하기 위한 추태를 연출하고 있는 것이 현실이다. 한영교회의 모습은 바로 이런 바람직하지 않은 모습들에서 탈피하려는 노력 중의 하나로 간주될 수 있다.

학교교회라는 형태는 국내교계가 안고 있는 교회건축 또는 임대교회의 새로운 비전을 준다는 점에서 긍정적으로 볼 수 있을 것 같다. 무엇보다도 이를 통하여 선교와 구제에 보다 많은 관심을 갖게 해 준다는 점에서 대단히 긍정적이다. 보다 더 많은 학교교회가 등장하여, 각양 규제와 재정적 한계에 다다른 임대교회들에게 좋은 본보기가 되기를 기대해 본다.

27. 성경적 삶을 실현하는 예수 공동체('두레마을'의 활빈교회와 왕초목사)

성경적인 삶을 살아 보려고 모인 사람들의 공동체란 설명은 비단 두레마을 가족들에게만 국한된 말은 결코 아닐 것이다. 그 같은 목표는 모든 성도들이 함께 바라고 힘쓰고 있는 목표인 것이다. 그럼에도 두레마을 가족들이 이 말을 굳이 강조하는 이유는 오늘의 한국교회 교인들이 그렇게 살아가지 못하고 있음으로 인한 것이다.

본래 교회는 공동체이다. 사도행전 2장에서 알 수 있듯이 오순절 성령의 역사가 임함으로 시작된 교회는 성도들의 공동체 삶을 보여 줌으로 세상에 충격을 주었다. 그러나 세월이 흐르면서 교회의 공동체로의 역할과 모습은 점차 흐려지고 세상적인 모습으로 변질되어 왔다. 교회의 진정한 모습인 공동체 모습은 점차 그 빛을 잃어 간 것이다.

교회의 공동체적 모습을 되살리려는 운동은 교회사에 늘 있어 왔다. 근래 한국교회 내에는 공동체 운동이 새롭게 일어나고 있다. 이것 역시 때를 따라 역사하시는 성령님의 사역이라 생각된다. 그런 뜻에서 두레마을 공동체도 한국교회에서 한몫을 담당해 가고 있다 생각된다.

두레마을은 1986년 10월에 시작된 공동체 마을이다. 두레마을이 있는 위치는 경기도 화성군 우정면 회산리다. 시해 바나가 선너다보이는 산기슭에 위치하고 있다. 『새벽을 깨우리로다』로 우리에게 널리 알려진 김진홍 목사에 의해 시작된 두레마을은, 현재 80여 명의 가족들이 예수의 사랑을 실천해 가며 함께 살아가고 있다.

두레마을이 무엇을 이루기 위해, 왜 세워졌느냐는 질문에 대답하자면, 두레가족들이 자기들의 삶의 내용을 짤막하게 설명한 다음의 말이 도움이 될 것이다.

"두레마을은 성경적 삶을 실현하는 예수공동체입니다." 그러나 두레마을의 활빈교회를 이해하자면, 이 교회의 담임목사이자 '왕초'로 불리는 김진홍 목사의 역사를 이해하는 것이 훨씬 간편할 것이다.

사실상, 활빈교회의 왕초, 金鎭洪 목사(52)는 이미 기독교계 내에서 그의 이름이 널리 알려져 있다. 오랫동안 그를 알고 있는 사람들에게 김 목사는 우선 도시 빈민운동의 1세대로 기억된다. 그는 70년대 초 청계천 뚝방동네의 活貧교회를 중심으로 펼쳐진 도시빈민운동의 주역이었다. 그와 함께 제연기 씨, 서경석 목사 등이 빈민운동에 참여했었다. 그의 또 다른 얼굴은 유신체제에 제일 먼저 반기를 든 '정치목사'. 74년 서슬 푸른 유신 치하에서 긴급조치 1호 위반으로 13개월의 옥고를 치렀다. 청계천의 빈민들을 이끌고 소금기가 채 가시지 않은 경기도 남양만 간척지에 도전, '남양만의 신화'를 일군 농민운동가도 그의 한 얼굴이다.

1) '사랑의 혁명' 꿈꾸는 왕초목사

김 목사의 고향인 경북 청송의 두메산골, 대구 영신중과 성광고를 거쳐 계명대학 철학과를 나왔다. 대학을 수석으로 입학하여 수석으로 졸업한 덕분에 모교에 조교로 남았던 그는 어느 날 수업시간에 '진리가 무엇이냐'는 학생의 질문에 내심 큰 충격을 받았다. "나는 모른다. 함께 찾아보자."라는 대답은 그 자신에게도 너무 불만족스러운 것이었다.

그때부터 그는 방황의 길로 들어섰다. 아이스케키장사, 약장사, 화장품 외판, 보험 세일즈를 하며 삶의 뜻을 찾기를 바랐으나 별 소득이 없었다. 그러던 중 67년 12월 어느 날 그는 성서 속에서 '예수, 즉 진리'와 만났다고 한다. 그는 그때의 감격을 『새벽을 깨우리로다』라는 그의 수기에서 이렇게 적고 있다.

"기쁨의 강이 내 심장을 흘렀고 세포마다 나의 새로운 출생을 감사했다. 다음 날 아침에 떠오르는 태양은 이전의 태양이 아니었고 부는 바람도 이전의 바람이 아니었다." 신학을 선택하는 데 망설일 이유가 없었던 그는 69년 장로회 신학대학에 입학했다. 71년 8월 신학교 2학년 여름방학 때 청계천 송정동 빈민촌에 전도하러 갔다. "가난한 자를 돌보라는 그리스도의 가르침을 실천하기 위해 빈민 선교에 헌신할 것을" 결심했다.

"당시 청계천의 3·1 고가도로가 끝나는 곳에서부터 한양대학 뒤편에 이르기까지의 청계천 양쪽 제방에는 1만 2천여 세대 6만여 명의 빈민들이 내일이 없는 막바지 인생을 살고 있었습니다. 굶주림과 온갖 질병, 칼부림, 더러운 방, 악취, 절도, 강간, 게으름, 무기력이 점령하고 있는 그곳 송정동 74번지에 '신앙으로 가난을 이기자'는 뜻으로 세운 교회가 '활빈교회'였습니다."

치료비가 없어 환자를 받아 줄 병원을 찾아다니다 그의 등에 업힌 채 숨진 이들도 있었다. 시체를 염하는 일, 척추 부분 살이 썩어 구더기가 바글

거리는 환자를 돌보는 일 등 궂은일도 해야 했다. 수제비 끓일 돈도 없어 가족과 함께 굶기 일쑤였던 그는 생계 문제를 해결하기 위해 주민들과 함께 넝마주이를 했다.

"청계천의 생활이 너무 힘들어 그곳을 떠나려고 한 적도 있었습니다. 교회 간판을 내리고 신학교 기숙사로 돌아가려고 일단 짐을 꾸린 뒤 마지막으로 마을이나 한 번 더 돌아보자고 휭 둘러보는데 아이들 신발만 다섯 켤레가 놓인 어느 집 방문 앞에서 발길이 멈추더군요. 부모가 그 집으로 돌아올 시간인데 이상해 문을 열어 보니까 애들이 기진한 채 방바닥에 쓰러져 있었습니다. 행상을 하는 아이들이 부모가 단속에 걸려 3일째 유치장에 갇히는 바람에 그동안 아무것도 먹지 못하고 굶고 있었던 것이었어요."

그는 배고파 우는 세 살짜리 아이의 일굴에서 이 땅의 예수의 얼굴을 보았다고 말했다. 예수는 교회당과 신학교에 있는 것이 아니라 그 아이의 눈물 속에 있었음을 그는 똑똑히 보았다. 마을에서 그는 떠날 수가 없었다. 빈민들과 함께 넝마주이를 하면서 그는 한 가지를 배웠다고 했다. 어떠한 어려움도 돌파하는 '넝마주이철학'. "쓰러져도 쓰레기통 옆에만 쓰러지면 살 수 있다는 자신감을 얻었다."는 게 그의 말이다.

2) 남양만 간척지 개척의 신화

청계천 빈민운동에 전념하던 김 목사는 74년 1월 19일 긴급조치 1호 위반으로 감방행을 하게 된다. 개헌에 관해서는 말하지도, 전하지도, 움직이지도 말라는 긴급조치 1호가 공포되자 당시 인명진, 김동완, 이해학 전도사들과 함께 즉각 긴급조치 철회와 민주회복을 요구하는 시국기도회를 개최한 그는 이 사건을 주동한 혐의로 체포돼 비상조통군법회의에서 징역 15년, 자격정지 15년을 선고받았다.

수원교도소에서 13개월 복역하다 형집행정지로 풀려나 청계천에 다시 돌아왔으나 김 목사는 그의 삶에서 '평생 치유될 수 없는 아픔'을 겪어야 했다. 출감 한 달 후 아내가 그 생활을 견디지 못해 아들딸을 데리고 미국으로 떠나 버린 것이었다.

"감옥 생활은 어떻게 보면 제 일생에서 가장 감격스런 기간이었습니다. 제 신앙의 황금시기였다고도 할 수 있고요. 청계천 시절이 너무 고달팠기 때문에 오히려 꿈같은 휴식 기간이기도 했습니다." 출옥 1년 4개월 후, 도시계획에 따라 청계천 판자촌 전면 철거령이 내려지자 그는 주민들과 협의, '활빈귀농개척단'을 조직해 1백 세대 5백20명을 이끌고 경기도 남양만 간척지로 떠났다.

"더 잘살 수 있는 길을 찾아 서울로 올라왔으나 우리에게 주어진 것은 무허가 인생과 빈민이라는 이름뿐이었다. ……나태와 가난 속에서 대폿잔과 화투장을 쥐고 사느니 단결과 노동 속에서 괭이와 삽을 쥐고 죽자." 김 목사와 청계천 주민들은 남양만 제방 옆 이화리에 터를 잡고 헛간 하나를 빌려 활빈교회 간판을 내걸었다. 추운 소금벌판 위에 천막을 친 뒤 무성한 바다풀을 뽑아 내고 개펄을 농토로 만드는 일에 도전했다. 그리고 천신만고 끝에 농지 개척에 성공했다.

그러나 성공의 신화 뒤에는 참담한 좌절이 숨겨져 있었다. 78년부터 '활빈두레'라는 이름으로 공동축산단지 건설 등 협동농장을 만들려 한 김 목사는 79년 뉴질랜드산 비육우 4백93두를 들여왔는데 때마침 국내 소 값이 폭락하고 사료 값은 폭등해 큰 손해를 보아야 했다.

또 오스트레일리아산 젖소 6백 두를 수입했으나 선적서류가 증발돼 소들이 동물 검역소에서 3개월여 묶여 있는 바람에 6~7천만 원의 손실을 입었다. 엎친 데 덮친 격으로 각 농가로 분양할 종돈 92두가 콜레라에 걸려 60여 두가 몰살했으며, 그 무렵 돼지파동이 일어나 새끼를 낳아도 땅에 파묻어야 할 형편이었다.

1차 두레마을인 활빈두레는 그 뜻을 펴기도 전에 1억 4천만 원이라는 빚더미를 안고 침몰했다. 쌓아 올리기는 어려웠으나 무너져 내리는 것은 한순간이었다. "빚쟁이들이 종로5가 기독교회관 건물에 '사기꾼 목사 김진홍을 처단하라'는 플래카드를 들고 데모를 벌이기도 했고, 분노에 찬 농민들이 며칠씩 나를 가두는가 하면, 어떤 이는 '김 목사를 죽이겠다'고 도끼를 휘

두르기도 했습니다."

그는 투신자살을 결심, 남양만 바닷가 제방 위에 올라가 하루저녁에 신발을 다섯 번이나 벗었다가 다시 신기도 했노라고 당시의 절박하던 상황을 회상했다.

결국 그는 부채 상환 등 모든 책임을 자신이 지기로 하고 청계천에 활빈교회를 세운 지 8년 만에 퇴직금 10만 원을 받아 쥐고 교회를 떠났다. 그러나 김 목사는 남양만을 떠난 지 한 달도 못 돼 와 달라는 부탁을 받았다. 교인들은 그가 있기를 바랐던 것이다. 81년부터 84년까지 일평생 불가능할 것 같던 부채도 다 갚게 됐다.

그의 부채 정리의 원동력이 된 것은 82년 발간한 『새벽을 깨우리로다』가 국내는 물론 일본에서도 베스트셀리가 됨으로써었다. 그리고 재미교포들의 후원헌금이 모아져 남양만 야산을 구입하는 자금원이 됐다. 85년 그는 활빈두레의 실패를 거울로 삼아 제2차 두레마을 건설에 착수했다.

3) 참된 '두레'를 향하는 활빈교회

김 목사의 현재 직함은 활빈교회 주임목사이자 두레마을 대표, 두레선교회 이사장이다. 활빈교회는 남양만 한구석에 틀어박힌 교인 2백여 명에 불과한 시골교회다. 두레마을은 남양만 인근의 야산을 개척해 70여 명의 주민들이 한데 모여 생활하는 공동체 마을, 이곳에서 생산되는 소규모의 무공해 농산품과 유정란 등 축산물이 두레유통이라는 매점을 통해 직판되고 있다. 그의 두레선교회는 아직 등록도 되지 않은 단체다.

그는 이렇게 말한다. "총과 탱크를 앞세운 군사혁명이 아니라 사랑으로 무장한 무리가 혁명을 일으켜야 합니다." '사랑의 혁명'을 꿈꾸는 그가 그동안 갖춘 무장력인 셈이다.

아침 식사 시간에 김 목사는 함께 식사를 하는 주민들과 스스럼없이 농담을 나누기도 하고 최근 짓고 있는 '장애자의 집'에 대해 마을의 담당자와 얘기를 나눴다. 해외의 두레성서연구모임 회원들의 후원으로 짓게 되는 '장애자의 집'은 두레마을 입구의 두레선교훈련원과 함께 이 마을의 또 하나의 현대식 건물로 등장하게 될 것이라고 한다.

우선 두레마을의 살림살이를 둘러보자. 대지 약 8천 평의 이 공동체 부락에는 주민들의 공동숙소인 평화관, 소방관, 사랑관이 있고, 농민교육과 선교를 위한 4층짜리 최신식 건물인 두레선교훈련원과 약 3만 마리의 닭을 기르는 계사가 자리 잡고 있다.

이 마을에서 5리쯤 떨어진 곳에 40여 마리의 젖소를 키우는 두레목장과 돼지를 기르는 양돈장이 있고, 남쪽으로 5리쯤 떨어진 이화진 간척지 논 가운데 활빈교회가 서 있다. 또 두레마을에서 경작하고 있고, 인근의 독정이 국유림 1만 5천 평을 임대해 사과밭을 가꾸고 있다. 이 밖에 비닐하우스 야채농사도 5만 평 정도 짓고 있다.

현재 70여 명의 마을 주민이 이곳의 구성원이다. 노동가능 인구인 청장년층은 20여 명. 노약자와 거동이 어려운 신체장애자 환자들이 나머지를 이룬다. 주민들 중에는 김 목사와 재혼한 아내 강선우 씨(45), 두 아들 민혁(11), 민애(9), 두레마을의 생활담당인 천성혁(40) 씨. 가족처럼 식구가 모두 입촌해 사는 경우도 있으나 홀몸으로 들어와 이곳의 성원이 된 예가 대부분이다.

두레마을에 입촌하는 절차는 꽤나 까다롭다. 이 마을의 문화사업을 담당하고 있는 김재형(28·전 부산 경실련 간사)에 따르면 두레마을의 정신에 공감하는 사람이 이 마을에 들어와 입촌 의사를 밝히면 3일간은 손님으로 대접하며 공동체생활을 살피게 한다고 한다. 그런 다음 3개월 동안 수련생으로 마을 일을 배우며 함께 생활하게 한다. 다시 본인이 원할 경우, 수련 기간을 9개월 더 연장한다. 이때는 두레마을의 '준회원'으로 인정된다. 총 12개월이 지나면 두레마을의 '정회원', 곧 주민이 될 수 있다.

4) 함께 나누고 더불어 사는 곳

현재 김 목사에게는 두레마을이 주민들 자신의 힘으로 자립을 이뤄 가고 있다는 사실만큼 중요한 게 없다. 그것이 바로 생활공동체 두레마을의 기초인 까닭이다.

두레마을의 자립에 큰 몫을 하고 있는 곳은 두레유통을 통한 무공해농축산물의 판매. 일체의 농약이나 비료를 쓰지 않고 기르는 두레마을의 농산물이 서울 강남구 논현동, 수원 우만동 등에 있는 두레유통 매장을 통해 판매되고 있다.

두레유통의 한 달 매출액은 4~5천만 원 정도. 이 중 20%인 8백만 원가량이 순이익으로 남는다고 한다. 소규모에 불과하나 두레마을 주민들에게는 큰 액수다.

그렇다고 해서 두레유통이 단순히 사업만을 위해 운영되는 것은 아니다. 김 목사가 두레마을에 부여하는 의미는 성서적 삶의 실현과 함께 황폐화된 농촌을 되살리고 더 나아가 타락한 자본주의의 물질적 횡포에 맞설 수 있는 대안을 모색하는 데 있기 때문이다. 그가 두레선교훈련을 통한 농민교육과 지도자 육성을 위한 몇 가지 노력에 큰 관심을 기울이고 있는 것을 보면 이는 좀 더 분명해진다.

"우리는 전국 곳곳의 농촌에 1백 명 정도의 주민들로 이뤄진 두레마을을 만들어 갈 계획입니다. 그래서 이곳 두레선교훈련원에서는 건강한 농촌, 잘 사는 농촌을 신앙과 영농으로 이끌어 갈 농촌 목회자를 교육하고 있습니다. 현재 두레마을은 군포의 제2마을로 확대되고 있습니다."

5) 두레마을 이장은 예수님

두레마을은 세워지던 때부터 세 가지 원칙을 분명히 하며 출발했다. 그 세 가지 원칙은 다음과 같다. 첫째, 두레마을은 예수님이 이장이라는 원칙이다. 둘째, 두레마을에서는 사랑의 법만 있다는 원칙이다. 셋째, 두레마을에서는 능력에 따라 일하고 필요에 따라 쓴다는 원칙이다.

"우리 마을은 뜻을 같이하는 이들끼리 모여서 함께 기도하는 가운데 살 길을 찾아내고 희망을 만들어 내는 기독교 신앙에 입각한 공동체 마을입니다. 두레마을은 세 가지 원칙에 따라서 운영되고 있어요." '왕초' 김 목사는 "이러한 원칙을 지켜 '성서적 삶'을 실현해 가는 것이 이 마을을 만든 목적이며 꿈"이라고 얘기했다.

먼저 예수님이 이장이시라는 첫 번째 원칙을 살펴보기로 하자. 크리스천은 예수님을 구원의 증인으로 고백함으로 크리스천이다.

예수 그리스도를 개인의 구주로 고백함이 없으면 그 사람은 크리스천이라 말할 자격이 없는 것이다. 두레마을, 구원의 전체 주인은 예수님이시다. 그러기에 두레마을은 예수님이 대표이시고 예수님이 이장이라는 첫 번째 원칙이 세워진 것이다.

두레마을은 예수님을 구주로 모셨으니 당연히 신앙공동체요, 예수님의 가르침을 따라 살기로 작정하고 있으니 진리 공동체요, 예수님의 뜻을 밖으로 펴 나가려 노력하고 있으니 선교공동체라 할 수 있다. 따라서 두레마을의 장래는 모인 가족들이 예수님을 얼마나 깊게 믿고 따르며 실천하고 넓게 전하느냐에 달려 있다고 말할 수 있을 것이다.

다음으로 사랑의 법만 있는 두 번째 운영 원칙에 대해 살펴보자. 어느 사회나 지켜야 할 법이 많다는 것은 그만큼 그 사회가 포악해졌음을 의미하는 것이라 볼 수 있다. 에덴동산에는 단 한 가지 법만이 있었다. 그건 선악과를 먹지 말라는 법이었다.

우린 지금 법이 너무도 많은 시대를 살고 있다. 그러기에 두레마을은 이 사회가 만들어 사람들을 얽매 놓고 있는 법들을 다 줄이고, 오직 예수님께서 주신 법, 즉 사랑의 법 하나만으로 살아가고자 하는 뜻에서 세운 마을이다.

두레마을에는 너의 것, 나의 것이 따로 없다. 그러니 재산문제로 시기하며 다툴 일이 없다. 게다가 예수님이 이장이시니 우두머리 되려고 다투는 일조차도 없다. 그리고 예수님이 약한 자를 모셨듯이 약한 자들을 힘써 돌보니 억울한 일도 없다. 또한 정직과 부지런함을 밑천으로 살아가려고 애쓰는 사람들이 모였으니, 속임수나 거짓에 대한 법률 또한 필요 없다.

그래서 두레마을에서는 사랑의 법만으로 살아가겠다는 것이다. 누구든 두레마을에 일단 들어오면 소유욕에서 벗어나야 하고 명예욕에서 해방되어야 한다. 그리고 지기 중심으로 살아가고자 하는 이기심도 떨쳐버려야 한다. 오직 온유하고 겸손한 예수님의 마음으로 살아가야 한다.

6) 능력에 따라 일하고, 필요에 따라 쓴다

두레마을 운영의 세 번째 원칙인 능력에 따라 일하고 필요에 따라 쓴다는 것에 대해 살펴보자. 이 원칙은 재산과 노동, 성도 교제와 형제 사랑에 대한 성경의 가르침을 바탕으로 한 원칙이다.

사도행전 2장 첫 부분에는 오순절 성령의 역사가 임함으로 성령공동체로서의 교회가 탄생했음이 기록되어 있다. 교회가 시작되면서 성령님의 역사로 태어난 것이 공동체였던 것이다. 이것이 바로 사도행전 2장 42~27절 사이에 나타나는 성령공동체이다.

"저희가 사도의 가르침을 받아 서로 교제하며 떡을 떼며 기도하기를 전혀 힘쓰니라. ……믿는 사람이 다 함께 있어 모든 물건을 서로 통용하고 또 재산과 소유를 팔아 각 사람의 필요를 따라 나눠주고 날마다 마음을 같이하여 성전에 모이기를 힘쓰고 집에서 떡을 떼며 기쁨과 순전한 마음으로 음식을 먹고 하나님을 찬미하며 또 온 백성에게 칭송을 받으니 주께서 구원받는 사람을 날마다 더하게 하시니라."

위 인용한 성경말씀에 나타난 공동체에는 몇 가지 특징이 있다. 첫째로 사도들이 가르치고 있는 말씀을 중심으로 서로 교제하는 사귐의 공동체를 표방하고 있다. 바람직한 사귐(코이노니아)이 있는 공동체 말이다. 둘째로 함께 떡을 떼며 기도하기를 힘쓰라는 신앙고백이 늘 떠나지 않는 경건한 공동체를 뜻한다.

셋째로 재산을 공유하고 각자의 필요에 따라 나누었던 경제공동체였다. 넷째는 한마음으로 성전에 모여 떡을 떼며 함께 먹고 찬양드렸던 생활공동체였다. 다섯째로는 구원받을 백성들을 날마다 풍족히 채워 주시는 무한한 사랑의 소유자이신 예수님의 사랑을 널리 전하는 선교공동체였다.

물론 시대가 바뀌고 가치관이 변하고 삶의 기준이 변하게 된 오늘에 있어 사도행전 시대의 공동체를 그대로 따를 필요는 없을 것이다. 다만 우리가 염두에 두는 것은 모방이 아니라 창조적 적용이다. 당시의 공동체가 표방하였던 공동체의 윤리와 정신을 오늘에 다시 적용해 보자는 말이다. 두레마을은 그러한 정신과 윤리를 뒤따르려 애쓰는 공동체이다.

김 목사는 두레마을 주민들의 하루 일과가 이러한 원칙의 일상적인 실천에 다름 아니라고 얘기한다. 두레마을의 한 주민은 "우리가 하는 운동은 다툼과 분열이 없는 '바보 되기 운동'"이라고 웃으며 말했다.

7) 80여 명의 대가족이 서로 섬기며 살아가고 있어

두레마을이 생각하는 바는 이렇다. 우리의 몸이 건강하다는 것은 약한 형제를 도우라는 것임을 잘 알고 있다. 우리에게 지식이 있다는 것은 지식이 없는 이들과 함께 살라는 것임을 잘 알고 있다. 그리고 재물이 있다는 것은 재물이 없는 이들과 함께 쓰라고 있는 것임을 잘 알고 있다. 그래서 있는 형제와 없는 형제와 함께 공동체를 이루어 함께 소유하고 함께 섬기며 살아갈 때, 그곳에서 하나님 나라가 이루어지고 성령의 역사가 일어날 것이다. 현재 두레마을의 가족은 80여 명이다. 할아버지와 할머니를 비롯해 졸망졸망한 어린아이들까지, 남녀노소가 한 가족처럼 더불어 살아가고 있다.

두레마을을 좀 더 쉽게 설명하자면 이스라엘의 키부츠 공동체와 비슷한 한국형 공동체라 하겠다. 그러나 키부츠와 다른 점은 두레마을은 크리스천들이 모이는 신앙공동체란 점이고, 건강한 이들과 병약한 이들이 함께 살아가는 공동체라는 점이다.

두레마을에서는 건강한 가족과 도움이 필요한 약한 가족 간의 비율을 6대 4로 정해 놓고 열심히 일해서 4의 약한 가족들을 돌보고 있다. 그 같은 비율이 한때 반대가 되었을 때가 있었다. 약하여 도움이 필요한 가족이 6, 건강하여 남을 도울 수 있는 가족이 4의 구성이었다. 그랬더니 건강한 가족이 지치게 되고 말았다. 그 일을 겪고 나서야 선한 일에도 반드시 절제가 필요함을 깨닫게 되었다.

성경말씀을 실천하며 땀 흘려 일하는 삶.

두레마을에는 네 가지 생활원리가 있다. '성경·노동·봉사·학문'으로 된 네 가지 원리이다.

성경이 두레마을의 생활원리가 되는 것은 두레마을의 기본이 성경적 삶을 실현하려는 공동체이니만큼 당연하다 하겠다. 그래서 두레마을 가족들에게는 성경 연구가 큰 비중을 차지한다. 성경적으로 살려면 먼저 성경을 알아야 하기 때문이다.

두레마을에서의 성경 이해는 성경은 우리 영혼을 구원하는 책일 뿐만 아니라 성경은 경제원리, 정치교본, 교육지침서이며, 심지어 요리지침서로도 확대·적용되고 있다. 성경은 우리에게 있어 우리 삶 전체에 대한 지침서인 것이다. 그런 의미에서 성경을 바로 이해하고 바로 실천함이 사람이 사람답게 사는 길이요, 병든 사회와 역사를 개혁하는 지침서이자 지름길임을 우린 확신하고 있다.

두레마을의 두 번째 생활원리는 노동이다. 두레마을이 다른 공동체에 비하여 두드러지게 다른 점이 있다면 그것은 아마도 노동일 것이다. 두레마을에선 일반적인 기준으로는 중노동이라고 할 만큼 노동이 요구되고 있다. 이 점은 두레마을 가족들의 긍지이자 명예이기도 하다. 누구든 땀 흘려 노동함으로써 자기 스스로가 경제자립을 이루고 나은 경제력으로 보다 많은 사람을 돕는 것이다. 그리고 장차 국내는 물론이거니와 국외에서도 두레마을 형태의 여러 공동체들을 기도하며 준비하고 있다.

두레마을이 오늘의 모습을 갖추기까지에는 국내외의 많은 지원자들의 도움이 없었더라면 아마도 힘들었을 것이다.

다행스럽게도 두레마을은 1991년을 기준으로 자립경제를 이끌어 가고 있다. 주님의 놀라운 은혜가 아닐 수 없다. 온 식구가 열심히 땀 흘리며 노동한 결과에 대한 결실인 것이다. 이젠 두레가족들의 노동을 통해 축적되는 그 같은 경제력을 바탕으로 불우한 이웃을 돕고 국내외로 선교사역을 펼쳐나가고 있다.

요즈음 우리 사회엔 노동을 싫어하는 풍토가 조성되고 있어 안타깝기 그 지없다. 가능한 국민들은 노동은 적게 하려 하고 대우는 좋게 받으려 아우성이고, 부유한 국민들은 투기·일확천금·과소비 등으로 우리 경제를 그르치고 있다. 이러한 현실을 감안해 볼 때 두레마을과 같이 노동을 소중히 여기고 땀 흘려 노동하여 그 노동의 결실로 당당하게 살아가고자 하는 운동은 국내뿐만 아니라 국외에서도 앞으로 상당한 영향력을 미치게 될 것으로 기대된다.

성경에서는 일하기 싫거든 먹지도 말라고 가르치고 있다. 성경은 노동을 인간의 의무이자 행복으로 가르치고 있다. 그런 성경의 원리를 좇아 땀 흘려 노동하며 하나님께 영광 돌리며 살아가고 있는 두레마을의 노동 원리는 아름답고 정직한 실천원리라 하겠다.

8) 예수 공동체 형성을 목표로

두레마을의 세 번째 생활원리는 봉사이다. 두레마을은 이 봉사원리에 대한 구체적 실천으로 두레마을 안에 노약자와 장애인 등 도움의 손길이 필요한 이웃들을 받아들여 함께 살아가고 있다.

마태복음 25장 말씀을 살펴보면, 하나님께서 말씀하시기를 형제 중 지극히 작은 자에게 행한 선행은 곧 예수님을 향한 섬김의 손길이라 말씀하셨다. 우리 주위의 지극히 작은 자의 고통에 참여하는 일이 바로 예수님을 섬기는 일이라 말씀하고 계신 것이다.

한국교회는 전체적으로 이웃을 섬기는 정신이 약하다는 진단을 받고 있다. 교회 성장을 최고의 가치로 삼고 있다. 그러니 당연히 어려움에 처한 우리의 이웃을 섬기며 돌보는 일엔 등한할 수밖에 없는 것이다.

그러나 예수님은 교회 성장을 우리에게 요구하시는 것이 결코 아니다. 예수님은 우리에게 약한 자 한 명 한 명을, 예수님을 섬기는 마음으로 봉사하길 원하신다. 그런 의미에서 이 사회 어디에서도 발붙이지 못한 약하고 작은 자들을 두레마을이 받아들여 가족의 일원으로 섬기며 더불어 사는 삶을 살아가고 있음은 주님께서 크게 기뻐하실 일이 아닐 수 없다.

두레마을의 네 번째 생활원리는 학문이다. 두레마을에서 학문이라 일컬어지는 것은 일반적인 기준으로서의 학문과는 다소 차이가 있다. 두레마을의 학문은 네 가지 분야에 기여하는 학문을 말한다.

첫째, 개개인을 구원으로 인도하는 복음, 둘째, 공동체 운동에 기여할 수 있는 제반 지식, 셋째, 교회갱신, 넷째, 사회개혁, 이런 분야에 속한 모든 지식을 통틀어 학문이라 말한다. 두레마을의 공동체 운동이 지향하는 목표가 이 네 가지 분야에 통하고 있기 때문이다.

복음운동, 공동체 운동, 교회갱신운동, 사회개혁운동 이 네 가지 운동이 두레공동체운동이 지향하는 목표인 것이다. 그래서 두레마을에서는 갖가지 학문들이 만들어진다. 양계장에서는 닭에 관한 학문이, 주방에서는 건강요리에 대한 학문이, 논밭에서는 작물 하나하나에 대한 학문이 세워진다. 그리고 교회를 새롭게 할 신학과 사회개혁에 이르기까지 관심을 갖고 연구되고 있다.

그래서 두레마을 안에 도서실과 자료실을 두고 노동의 일상 틈틈이 연구하며 서로 토론한다. 또 자체 출판사를 두어 단행본 도서와 월간지를 발간하여 공동체운동의 대사회 확산을 전력을 기울이고 있다.

그런 까닭에 두레마을 가족들은 시작된 지 이제 겨우 5년이 된 두레마을의 예수 공동체운동이 세월의 흐름 속에서 점차 크게 자라 이 사회에 큰 영향력을 발휘할 것이란 자부심을 갖고 있다.

두레마을이라 할 때의 두레란 우리 선조들이 이루었던 공동체 정신을 일컫는다. 조상들의 공동체 정신을 밭으로 하고 사도행전의 성령공동체를 만들어 나가는 공동체적 도전이 바로 두레운동이다.

자본주의도 아니며 공산주의도 아닌 복음운동으로서의 예수 공동체운동이 바로 두레마을의 비전이자 꿈이다.

28. 예수 안에서 교제하며 돌보는 교회(도림교회 지역사회개발원)

하루 24시간 동안 잠시도 조용한 때가 없는 영등포역 앞 삼거리에서 구로공단 쪽으로 가다 보면 촘촘히 모인 공장들 사이로 교회당 하나가 제법 높은 구릉 위에 우뚝 서 있는 것이 보인다. 오래된 주택가와 크고 작은 공장들이 한데 뒤엉켜 있는 듯한 동네를 복잡한 소방도로를 거치고 나서야 이 교회, 도림교회(당회장: 유의웅 목사)를 찾게 된다. 몇 년 전 준수하게 새로 지어진 성전과 넓은 뜰이 예사로운 도시 중형 교회의 모습이다. 하지만 '서울특별시 영등포구 도림동'이란 곳이 흔히 말하는 부자동네는 아닌 탓에, 백 평 남짓한 운동장까지 구비한 이 교회가 왠지 허름한 동네와는 어울리지 않아 보인다. 그러나 이 교회 안에 주차해 있는 대형버스 두 대에 쓰인 '지역사회개발교육원'이란 글씨는 이 교회가 결코 이 지역사회와 동떨어지지 않은 '무엇'을 지니고 있음을 말없이 대변해 준다. 그리고 그 버스에선 '도림교회'라는 글자를 찾아볼 수 없음도 특이한 것이다.

1) 세상에서 버려졌지만 교회를 통해서 새 삶을

이 교회 교인들에게 흔히 '개발원'으로 통칭되는 지역사회개발교육원은 지난 1981년에 대한예수교장로회(통합)총회 사회부의 사회선교기관 지정과 아울러, 도림교회의 원로목사였던 고 유병관 목사의 재직 이래로 꾸준히 관심을 갖고 추진해 온 지역사회의 노동자와 빈민을 대상으로 한 각종 프로그램을 체계화할 것을 목적으로 출발한 것이다.

당시만 하더라도 흔치 않았던 지교회 내의 신용협동조합의 창설을 시발점으로 하여, 지역사회개발교육원은 탁아소의 성격을 가진 도림유아원, 그리고 한글 교실과 야학을 포함한 지역사회학교 등으로 확대되어 왔다.

지난해 12월 1일에 졸업식을 가진 한글교실은 개발원이 89년 들어 시작한 새 프로그램이다. 평소에 교회 안에서건 동네에서건 간에 글을 읽고 쓸 줄 모르는 것을 부끄러움이라 생각했던 23명의 졸업생들은 이날 문맹 자체가 부끄러움이 아니라 일찍이 배우고자 하지 않았던 것이 오히려 부끄럽고 아쉬운 것임을 새삼 확인했다.

졸업 기념으로 그동안 이들이 공부해 온 흔적을 한 권의 책으로 엮어 낸 것을 보면, 그 속에는 자신들을 가르친 자식뻘 되는 선생님에 대한 감사의 편지나, 자신이 한글교실에 다니는 것을 구박해 온 남편에게 '예수 믿을 것'을 권하는 편지도 들어 있었다.

이젠 혼자서도 성경을 읽게 되었다며 감사하는 45세에서 71세 사이의 '학생'들에게 한글교실의 운영위원장인 임봉업 장로는 "세상에서 버려졌지만 교회를 통해 말을 배웠으니 더욱 주님의 말씀을 사모하길 바란다."고 격려하기도 했다.

열악한 지역 환경 속에서 교회의 할 일은 많아 개발원의 운영을 맡고 있는 고성균 목사는 이런 제반 활동이 사회선교의 차원에서 시작됐으며 또 이루어지고 있다고 전제하면서, 이 교회가 다른 지교회에서는 보기 드문 종합적 기관을 별도로 운영하게 된 동기를 도림교회가 처한 지역사회의 실태를 우선적으로 소개하면서 설명해 준다.

"이 지역은 영세 근로자와 주거 지역이 혼재하는 준공업지역입니다. 인근 공장에 다니거나 가정부업으로 생계를 꾸려 나가는 월세입자가 대부분인 인구조밀지역이기도 합니다. 최근에 포장마차 주인이 장사를 하던 중 살해를 당한 사건이 있었을 정도의 우범지역인데, 무슨 강력사건이라도 터지면 용의자 색출을 위해 경찰이 무조건 먼저 찾는 곳이 이 동네라고 합니다. 그런데도 파출소는 하나도 없습니다."

개발원 관계자들이 최근 들어 조사한 바에 의하면 철도 주변의 소음공해로 인근 영등포 초등학교의 학생들에게 난청현상이 생겨나고 있다고 한다. 뿐만 아니라 단칸방에서 생활하는 월세입자 가정의 경우엔 더러 고등학교에 다니는 자녀들마저 있어서 부모와 성장한 자식들이 함께 사는 탓에 부부생활이 곤란한데다 이런 환경을 견디지 못한 청소년들이 본의 아니게 가출하는 일이 가끔 일어나기도 한다고 한다.

"그보다 더 심한 일은 취학 전 자녀가 있는 맞벌이 부부의 문제입니다.

돌봐 줄 사람이 없기에 출근할 때마다 문을 잠그고 하루 종일 가둬 둘 수밖에 없으니……이건 감옥이나 다름없지요"

한편, 이 지역 내의 주민 구성은 대체로 공단 노동자가 50%, 도시빈민층이 25% 정도로 지역인구 전체의 4분의 3은 영세민인 것으로 추정된다. 이런 지역의 한복판에 위치한 교회가 결코 이들을 외면할 수 없지 않겠느냐는 것이 교회와 개발원의 생각이다. 그래서 개발원의 모든 프로그램은 철저하게 지역사회의 요구에 초점을 맞추려고 한다고 고 목사는 말했다. 고 목사를 비롯하여 몇몇 교역자와 사무장까지 교회당이 보이는 인근 철도 연변에 세 들어 살고 있는 입장인지라 그 누구보다도 지역사회의 괴로움과 요구사항을 잘 알고 있는 처지. 그러나 그런 요구사항에 비하면 교회가 개발원을 통해 해 온 프로그램들은 지극히 최소한의 것일 뿐임을 관계자들은 안타까워한다.

더구나 85년 3월에 푸름학교 또는 청소년학교라는 이름을 빌려 시작한 야학은 노동야학으로 발전하는 과정에서, 그 특수성과 외부에서 유입된 교사의 활동 등의 문제가 교회의 전통적 입장과 매년 갈등을 빚어 왔다고 한 관계자는 전했다. 그것이 당회장 목사 등의 꾸준한 배려에도 불구하고 10기를 끝으로 올해 초에 결국 문을 닫았다고 한다.

그리고 '모랫말 이야기'란 제호로 월 1회씩 발행해 오던 지역주민신문 역시 도시빈민의 삶의 문제를 다각도로 다루면서 그들의 구조적인 문제를 일깨우고 홍보하는 논조가 공안정국이 이어져 온 사회상황 속에서 안팎으로 제약을 받아 최근에 '전체를 위한 부분의 희생'으로서 정간돼야 했다. 이 과정 속에서 신문 발행까지 수행했던 개발원의 3~4명의 간사들이 떠나갔지만 유아원과 한글교실 그리고 신용협동조합 등은 다수의 관심 속에 더욱 새롭게 성장해 가고 있다고 개발원 관계자들은 전한다.

2) 지역사회 돕는 일 선교로 이어지고

유아원의 원감이자 한글교실의 교사까지 겸임하고 있는 백영혜 씨는 86

년 2월에 망원동 뚝방집에서 이곳에 부임했지만 여기가 정말 '할 일 많은 동네'라고 여기고 있다. "여름이 돼도 소독 한번 안 해 주지요. 방과 후에 갈 곳이 없는 맞벌이 부부들의 자녀들이 몰려다니며 물건 훔치러 다니기까지 하는데 그들은 누가 돌봐 주겠습니까?"

현재 유아원의 수용인원은 취학 전 아동에서 2.5세의 영아들에 이르기까지 약 90여 명. 앙증맞기 이를 데 없는 유아용 수세식 변기에서 막 '일'을 끝내고 나온 김다혜(4세) 어린이는 "엄마요? 회사 갔어요. 아빠두요." 하며 수줍게, 그러나 조금은 그늘 어린 표정으로 대답해 주었다. 유아원 사무실에 외할머니의 품에 안겨 처음 등록을 하러 온 이승재(3세) 어린이도 "엄마 어디 갔어?"라는 선생님의 물음에 그냥 "갔어."라고만 답했다. 엄마도 회사 갔다는 말이라고 외할머니가 통역해 수었지만, 그런 승재는 곧바로 유아원에 들어올 순 없었다. 신년 새 학기나 돼서야 자리가 생길 것이라고 백 원감은 설명했다.

"정말 필요한 이런 아이들을 위해 항상 자리를 비워 둬야 하겠지만 운영하다 보면 그렇게 못 합니다. 하지만 어쨌든 저희는 맞벌이 부부의 자녀라면 종교를 개의치 않고 누구나 환영합니다. 돈을 못 내는 분이라면 더욱 환영이지요. 남이 다 하는 식으로 운영하면 교회가 한다는 게 무슨 의미겠어요?"

교회가 할 바를 역설하는 백 원감은 시설 확충과 인건비 조달 등을 문제로 지적하면서 90년도부터는 아예 종교 법인에 의한 전문 탁아소로 운영해 나갈 것이라고 계획을 밝혔다. "당국이 간혹 더뎌서 구석구석 미치지 못하는 손길을 교회가 앞장서서 펴야지요. 이것이 곧 선교로 이어지는 길이라고 생각합니다."

3) 교회 공동체 통해 월세에서 전세로 옮겨

현재 도림교회의 장년 교인 수는 약 1천5백여 명. 그 가운데 6백50여 명이 여타 지교회에서는 보기 드문 교회신용협동조합에 가입해 있다. 아직까지는 도림교회의 교인에 한해서 가입자격이 주어지는 '신협'은 지난 81년에 설립되어 87년 8월 11일자로 재무부의 정식 인가를 받아 신용협동조합 안전기금에 가입하는 등의 탄탄한 기반을 닦아 옴으로써 지역 사회개발원이 태동하는 데 간접적인 힘이 되어 왔는데, 현재 총자산은 약 6억 원에 달한다.

신협의 업무를 총괄하는 김광식 과장은 "타 신협이 보통 2백만 원 내지 3백만 원 한도의 신용대출을 해 주는 반면, 우리 신협은 4백만 원까지 해 줍니다. 담보융자의 경우엔 최고 1천만 원인데, 이런 장점은 대부분이 월세 입자인 조합원들이 전세로 옮겨 가는 데 큰 도움이 되고 있습니다."라고 자랑했다.

도림교회의 교인이자 신협의 조합원인 좌운순 씨(여38세)는 제주도 태생으로서 고향에서 남편과 만나 상경한 이래로 온갖 고생을 다 겪었다고 했다. 그러다가 만 4년 전 현재의 도림교회 건너편에 열 가구가 사는 사글세 집으로 이사 오면서 젊었을 적에 신앙생활을 했었던 남편과 함께 다시 교회에 나오기 시작했다.

좌 씨는 한 벌의 자동차용 인조가죽시트를 꿰매면 5백 원씩을 받는 재봉일을 부업으로 해서 미장일을 하는 남편과 함께 세 자녀와 단칸방에서 살아오면서도 꾸준히 저축을 거듭, 지난 한 해 동안 신협에 매달 39만 4천5백 원씩을 납부해 이자를 포함하여 5백만 원을 받게 되었고 곗돈 2백만 원과 신협의 융자 4백만 원을 합하면 근처에 보아 둔 부엌 딸린 방 두 칸짜리 전세방을 올봄엔 구할 수 있으리란 꿈에 부풀어 있다. 더구나 그녀의 막내아들은 취학 직전이어서 지금도 교회의 유아원에 다니고 있는 탓에 살림을 하는 데 교회가 양면으로 돕고 있는 셈이다.

4) 하나님의 창조질서에 맞게 지역사회 변화시켜야

1981년부터 지역사회학교의 교사로 헌신하여 1년 반 전부터는 지역사회개발교육원의 총무로 일해 온 김종일 총무는 어차피 지역사회의 일부라고 한다면 그 지역사회로부터 영향을 받을 수 있지만 반대로 지역사회를 올바른 방향으로 이끌 수도 있을 것이라고 말했다.

"하나님의 창조질서에 부합하는 지역사회로 일구어야 할 책임이 지교회에 있다고 생각합니다. 그러므로 모든 사회선교는 그리스도중심이어야 합니다."라고 강조하면서, "그러면 지역에서 선교대상으로서 소외된 이웃이 누구인가 하고 돌아보았을 때 우리 교회의 주변에 사는 노동자와 도시 빈민들이더라는 말입니다. 물론 중산층도 그 이상도 우리의 이웃입니다만, 상대적으로 소외된 사람들의 문제에 더 관심을 갖고 해결해 나갈 때 지역사회의 모든 사람들에게 혜택이 돌아간다고 봅니다."라고 주장했다.

고 목사는 이에 덧붙여, "산업사회의 구조적 모순을 보이는 도림동의 한복판에서, 복음이 산업사회에서 소외된 사람들에게 실질적인 것이라고 전달되려면 교회가 어떻게 해야 할 것인가를 생각하지 않을 수 없습니다. 결국, 기난한 자와 세상에서 소외된 자들을 위해 교회가 존재하여, 그늘에게 인간다운 삶을 회복시켜 줌으로써 인간을 구원한다는 것을 목적으로 합니다."라면서 교회가 지역사회의 종으로서 봉사하는 사회선교의 동기와 이유를 재삼 강조했다.

따라서 관계자들은 이런 제반 활동과 프로그램이 기타 사회운동과는 근본적으로 다른 것임을 누차 강조하기도 했다. 교회가 가진 물적·인적 자원을 충분히 활용해야 한다는 것이 그들의 생각이기도 하다.

낮이면 시끄럽고 분주한 공장들과 텅 빈 주택가가 기묘하게 어울리는 동네 한가운데 도림교회 아니 한국교회는 서 있다. 이 교회의 문 위에는 '예수는 길이요 진리요 생명입니다'라는 말씀이 적힌 간판이 걸려 있다. 그리고 그 뒤에는 '교제하고 돌보는 교회'라고 쓰여 있다. 길이요 진리요 생명인 그리스도와 교제하며 돌보는 교회는 그렇게 맞붙어 있었다.

고 목사는 이 동네를 호수라고 비유했다.

"이 동네가 호수라고 생각해 봅시다. 고기가 죽어 가고 있다면, 한 마리 한 마리씩 건져내는 교회의 전통적 전도방법만을 생각한다면 썩어 가는 호수는 어떻게 하렵니까. 과거와 같이 잘살 수 있게 해야 하지 않겠습니까? 어차피 교회도 그 호수 속에 있는 것이라면 말입니다."

6장 교회사회복지실천의 기독교사회복지학적 고찰

한국교회의 교회사회복지실천의 역사는 그 자체로서만 이루어진 것이 아니다. 크게는 한국역사 일반과 맞물리고 있으며, 작게는 한국사회복지의 역사 및 한국교회의 역사와 맞물려 있다. 따라서 한국교회의 사회복지의 역사가 가진 의미를 이해하기 위해서는 특정교단이나 교회 혹은 사회사업단체의 세세한 역사를 검토하는 것을 넘어서서 보다 거시적인 맥락에서 검토하는 작업이 필요하다고 본다. 즉 한국교회 사회복지 역사의 의미를 이해하기 위해서 한국사, 한국교회사, 한국 사회복지 발달사의 맥락 속에서 검토할 필요가 있다. 기독교 초기 사회복지는 자선사업과 사회개혁운동의 두 흐름으로 나눌 수 있다. 자선사업은 의료사업, 교육사업, 고아원과 양로원 운영사업 등 이었으며, 사회개혁운동에는 독립협회의 활동, 여권신장, 계몽운동, 항일운동 등이다. 이 두 흐름은 차후에 기독교 사회복지의 전통과 사회선교의 전통의 큰 흐름으로 나타나게 되었고, 그 신학적 배경이나 교회의 여건, 그리고 사회복지의 프로그램 등에 의해 그 흐름이 경향적으로 나타나고 있음을 알 수 있다.

어떤 현상에 대한 역사적 검토에 있어서 시대 구분이란 역사적 평가를 위한 필수적인 작업이면서도 언제나 위험성을 가지고 있다. 왜냐하면 구분의 기준 자체가 연구자의 주관적인 판단에 의존하기 쉬우며, 일단 시대 구분을 하게 되면 복잡한 역사적 과정을 단순화 시키고, 다양한 현상 가운데 필요한 부분을 선택적으로 골라서 해석할 가능성이 커지기 때문이다.

한국교회와 사회복지실천의 역사적 흐름에서 볼 때 한국교회는 짧은 교회 역사에 비해 한국문화에 엄청난 영향을 끼쳤으며 특히 초기의 한국교회는 겨레와 함께 멍에를 메고 온 교회로 이 민족의 사랑을 받으며 칭찬을 받았다. 이것은 초기 한국교회가 작게는 제각기 흩어져 있는 지역사회의 여러 문제점들을 개선하는 데 앞장섰으며 크게는 겨레와 함께하였기 때문이다. 한국교회가 처음 세워졌을 때 지역공동체는 대부분 자연부락이었으며 유교적 사회질서와 문화가 강하게 작용하고 있었으며 불교적, 무교적, 민속 종교도 팽배해 있었다. 이러한 차원에서 기독교회는 외래 종교적 소수집단으로서 지역공동체 밖에 존재하였다. 그러나 교회는 지역사회에서 고립되어 있으면서 새로운 문명을 소개하는 창구가 되었다. 한국교회는 사회복지활동과 불가분의 관계 속에 태어났고 또한 발전해 왔다. 초창기 선교사들은 복음 전도와 함께 사회적 요구를 충족시켜 주기 위한 각종 사회사업을 도입, 전담하였으며 특별히 근본적인 사회제도를 변화시켰을 뿐만 아니라 일반 시민들로 하여금 사회문제에 관심을 갖고 사회문제에 참여하도록 정신적 토대를 만들어 주었다. 한국교회는 교인들의 실제 생활 속에서 교회의 봉사, 자선사업을 통하여 지역사회에 소개되었고, 가난한 자들에게 봉사하였다. 다시 말하면 사회 저변의 소외된 자들에게 이웃이 되려고 노력하였다. 또한 초기 한국교회는 전반적인 문화 활동을 동반함으로써 조국 근대화의 주적인 역할을 담당하여 온 것이 사실이다. 개화기에 있어서 기독교를 통한 사회 활동을 보면 신교육사업과 의료사업, 청소년 운동, 문화 활동, 여성해방운동, 생활개선, 건강, 위생에 대한 계몽 등의 사업을 주로 행하였다. 이처럼 교회는 사회 복지실천을 통하여 근대화 작업을 주로 하였다.

한국교회사 속에서 교회사회복지실천의 역사를 살펴보기 위하여 이를 역사의 큰 획을 긋는 시점을 근거로 다섯 시기로 구분하여 살펴보고자 한다.

1. 선교 초기시대의 교회사회복지실천(1884~1910)

조선 후기에 기독교를 세우기 위해서 취했던 전략 중 하나는 교회사회복지실천적인 접근이었다. 이러한 시도는 초기 한국 기독교는 복음을 전하면서 기독교사회복지를 실천하였다.[1] 하나님 사랑과 이웃 사랑을 동시에 실천한 것이다. 천주교와 개신교는 선교 방법에 있어서 그 차이가 있다.[2] 천주교는 사회복지적 접근보다는 직접전도에 중점을 두었다. 천주교에 대한 이해가 없는 상황 속에서 조선 정부와 마찰을 겪게 되는 것은 자명한 일이었다. 그리고 1801년에 있었던 황사영의 편지는 천주교 박해의 동기를 제공하였다. 베이징에 있는 주교에게 편지를 보내 천주교를 수용하도록 중국의 황제에게 압력을 요청한 것이다. 이러한 역사적 상황은 조선정부로 하여금 서양종교에 대하여 거부적인 태도를 취하게 만들었다. 이러한 상황 속에서 기독교를 직접적으로 전하기는 쉬운 일이 아니었다. 그래서 개신교 선교사들은 정부와 마찰을 일으키면서 직접전도 활동을 하기보다는 간접적인 선교 방법을 택한 것이다. 즉 개신교는 당시 한국사회가 필요로 하는 욕구를 채워 주는 사회복지적인 접근을 복음전파와 병행하였다. 조선 후기의 개신교는 기독교사회복지를 적극적으로 실천하며 교회를 세워 나갔던 것이다.[3] 그 당시 한국의 사회 상황을 교회에 반영된 대로 살펴보면 먼저 당시 조선에 매독과 같은 성병, 가려움증의 피부병, 머리 부스럼, 심한 안질, 백내장, 회충 등의 기생충, 디프테리아, 전염성 열병, 학질, 천연두, 천식, 이질과 같은 질병이 많이 있었다고 초기 의료 선교사들은 보고하고 있다. 그리고 조선에는 미신과 우상이 넘쳐 있어서 데니스(J. S. Dennis)는 '만신의 옥토요, 사귀 집단의 땅'이라고 말하고 있다. 그리고 노비문제, 여성들의 지위문제, 아편문제 등이 외국 선교사들에 의해 지적되고 있으며 이 밖에도 무절제, 나태, 고문, 지적인 발전의 폐쇄성, 보수성, 음주, 흡연 문제 등도

---

1) 최광수, "조선후기 기독교 사회복지 역사에 대한 소고", 총신대논총, (총신대학교, 2006), 294.
2) 강기정 외, 「기독교사회복지의 이해」, (서울: 천안대학교출판부, 2003), 39.
3) 최광수, 295.

지적되고 있음을 볼 수 있다.[4] 이런 과정에서 교회가 전달하는 가치관과 전통적인 지역사회와의 가치관의 갈등이 일어나기도 한다. 이러한 상황 속에서도 불구하고 교회는 적극적으로 지역사회봉사하는 역할을 지속하여 왔다. 1880년대 중반에 시작한 기독교의 도래와 수용에서 일제하로 들어갈 때까지의 시기를 선교 기초시대라고 할 수 있다. 이 시기의 기독교의 유입은 단순히 어떤 특정 종교의 전래형상으로 그치지 않고 당시의 역사적 상황과 긴밀히 연관되어 있었다. 당시의 한국사회는 근대사회로 이행을 위하여 힘겨운 노력을 기울였지만 세계 자본주의의 확장에 따라 등장한 제국주의의 침략을 막아 내지는 못하여 결국은 식민지화의 길로 빠져 들어가던 상황에 처해 있었다. 한국교회는 이러한 혼돈의 상황에서 서양문명과 미국이라는 배경을 가지고 한국 땅에 들어왔다. 그리하여 근대사회를 세우고 나라의 독립을 유지하고자 하는 선각자적인 지식인, 전통사회의 관료·양반·지주 등의 억압을 받던 민중, 시대적 혼란 속에서 새로운 세계관과 인생관을 선택한 구도자 등이 자신들의 다양한 동기를 충족시키기 위해서 교회로 들어왔다.

19세기 말 우리나라의 의료 수준은 매우 열악하였다. 거의 모든 질병을 마귀의 소행으로, 마귀의 소행으로 생각하고 치료를 위해 마귀를 쫓아내기 위한 기도와 제물을 바치는 것이 고작이었다. 이와 같은 의료적 암흑시대에 1884년 9월 20일 미국 북장로교 소속의 의료선교사 알렌(Allen)[5]이 우리나라에 들어옴으로써 의료선교를 통한 기독교교의 전파와 함께 발달한 서양 의술이 도입되게 되었다.[6] 의료선교사 알렌은 1885년 4월 광혜원을 설립하

---

4) 민경배, 「한국기독교 사회운동사」, (서울: 대한기독교 출판사, 1987), 3 – 44.

5) 알렌은 미국 독립전쟁당시의 영웅이었던 이탄 알렌(Ithan Allen)의 후손으로 1858년 4월, 오하이오 주 델라웨어(Delaware)에서 태어났다. 그는 오하이오 웨슬리안 대학을 졸업하고,1883년 의사자격증을 얻었다. 미국의 제2차 각성운동의 영향을 받은 알렌은 선교사가 될 것을 다짐하고 미국북장로교회에 의료선교사로 지원하여 임명을 받자 곧이어 결혼을 하고, 1883년 25세의 젊은 나이에 임지인 중국으로 떠났다.
중국에서 친구의사들이 한국행을 권했고 뉴욕 본부로부터 한국으로 가도 좋다는 연락을 받은 알렌은 1884년9월 제물포에 도착한다.

6) 선교사들이 선교지에서 하는 일을 크게 셋으로 분류할 수 있다. 첫째는 복음화(Evangelization), 둘째는 문명화(Civilization), 셋째는 근대화(Modernization)이다.

여 병자들을 치료하며 의료복지사업 및 복음 전도 사업을 전개하였다.[7] 알렌은 의사이자 선교사로, 외교관으로서 한국 선교의 문을 여는 개척자의 역할뿐만 아니라 한국 의료복지사업의 문을 여는 개척자로서의 역할을 하였다. 광혜원 병원은 초기에 정부청사 근방에 위치하여 서민계층을 대상으로 하는 의료사업을 실시하는 데 어려움이 있다고 판단했다. 이로 인하여 1887년 남대문 근방의 구리개 마을로 이전하는 동시에 병원명칭을 많은 무리를 도와주는 집이란 의미의 제중원으로 개명하였다. 병원을 이전하고 나서 병원을 찾는 환자들이 왕실의 귀족들만이 아니라 빈곤계층과 문둥병자에게 이르기까지 다양하였다.[8]

1895년 6월 28일에 갑오경장에 의해 관제가 대개혁되었다. 관제개혁으로 인해 제중원을 운영하는 데 드는 비용을 정부로부터 받기 어려워졌다. 이로 인하여 제중원은 경영을 미국 북장로교 선교회로 이관하게 되었다. 1899년 에비슨(O. R. Avision)은 제중원 안에 우리나라 최초 의학교를 설립하였다. 복음을 전파하기 위해 가난하고 어려운 사람들에게 접근을 시도할 때 의료복지적인 접근을 함께 시도했다는 것은 오늘날 한국교회에 시사하는 바가 크다.

1887년 10월에 여의사 하워드(M. Haward)는 서울 정동에 여성의 질병을 치료하기 위한 한국 최초 근대적 여성전문병원인 보구여관(保救女館)을 개설 하였다. 이곳에서 사회체제에서 소외당했던 또 다른 계층인 여성들이 의료의 혜택을 받게 되었다. 간호를 베풀 뿐만 아니라 한 걸음 더 나아가 의료교육까지 실시하였다. 이 외에도 부산, 평양, 대구, 선천, 재령, 청주, 강계전주, 광주, 해주, 안동, 개성, 춘천, 인천, 진주, 성진, 그리고 함흥 등에 선교병원을 설립하였다.[9] 조선시대 후기의 외국 선교사들은 의료복지사업을 신실하게 수행하였다. 이러한 노력으로 많은 사람들이 기독교에 대한 좋은 이미지를 갖게 되었다는 것은 짐작하고도 남을 일이다.[10]

---

7) 최광수, 301.

8) 강준렬, "국가발전을 위한 기독교의 역할에 관한 연구", 교회의 사회복지사업을 중심으로. 행정학 박사학위논문, 명지대학교 대학원, 2003. 61 – 62.

9) 한국기독교역사연구소, (서울: 서울기독교교문사, 1991), 195.

초기 한국교회는 개인적 영혼만의 구원을 부르짖거나 교회의 성장만을 꾀했던 것이 아니라, 만인 평등과 자유 인권 사상을 삶의 대안으로 제시하였다. 따라서 개화를 자각하던 인사들이 기독교 영향을 받거나 선교사들의 도움을 받아 사회복지 시설로서 병원을 설립하고 학교를 세워 사회사업을 펼쳐 나갔다.[11] 당시 조선민중에 대한 의료와 교육문제는 매우 심각한 수준이었다. 조선사회에 만연된 질병으로서 나병과 결핵 그리고 콜레라를 들 수 있었다. 1860년 경상도와 전라도에서 30,000명의 환자들이 있음이 집계되었다.[12]

1884년 내한한 미 북장로회 소속 알렌(H. N. Allen)은 의료선교사로서 의료 활동을 적극 전개했다. 1885년 광혜원과 감리교 정동병원을 비롯하여 1910년경 약 30여 곳에 병원이 세워져서 의료 선교를 담당했다. 1886년에 대한 아펜젤러(H. G. Apenzeller) 목사의 기록에 따르면 조선인이 매일 5,000명씩 죽어 가고 있다고 하였으며, 1895년 여름에 발병한 콜레라로 엄청난 인명피해가 발생하였을 때 언더우드(H. G. Underwood) 목사[13]는 서대문 밖에 '언더우드 시술소'를 개설하고 피나는 노력을 경주한 끝에 백성과 왕의 신임을 얻어 선교의 터전을 넓히는 계기가 되었다고 한다. 이후 부산, 평양, 대구, 선천 등지에도 병원이 개설되었고, 1904년에는 세브란스 병원과 적십자병원이 세워졌다. 이 병원들은 한국 환자들, 특히 불우한 처지에 있는 환자들을 위한 의료자선사업을 실천하였다.

선교 초기의 교회는 하나의 종교 활동으로서뿐만 아니라 새로운 문물을 받아들이는 개화운동의 흐름 속에서, 근대적 민족운동, 민권운동, 교육운동, 문화운동, 의료사업 등으로 선교활동을 전개했다. 다른 한편으로 열강들 속

---

10) 최광수, 303.

11) 민경배, 3 - 44.

12) 최무열, 「한국교회와 사회복지」, (서울: 나눔의 집, 1999) 참고.

13) 언더우드(Horace G. Underwood)는 1859년 7월 영국 런던에서 존 언더우드와 엘리자벳(Elizabeth)의 6남매 중 넷째로 태어났다. 언더우드가 12살 되었을 때에 그의 가족들은 미국으로 이주하여 뉴저지(New Jersey)의 뉴덜햄(New Durham)에 정착하여 그들 가족은 화란 개혁교회에 출석하였다. 언더우드는 1877년 뉴욕대학교에 입학하여 1881년 졸업하고 뉴 부른수윅(New Brunswick)신학교에 입학하였다. 신학교를 졸업하고 올트만(Albert Altmann) 목사를 만나서 한국의 선교사로 오게 되는 계기를 가지게 되었다.

에서 민족의 존폐에 걸렸던 운명을 직감했던 선각자들이 민중계몽운동과 더불어 사회개혁, 독립운동의 씨앗을 뿌렸다. 1910년까지 소학교와 중학교를 비롯하여 대학에 이르기까지 수많은 교육기관들이 설립되어 민족의식과 계몽운동을 펼쳐 나갔다.

조선시대 후기 기독교사회복지활동으로 의료복지사업과 대등한 입장으로 전개된 것이 바로 교육복지사업이다. 의료선교사 알렌의 탁월한 의술과 헌신적 봉사로 서양 선교사에 대한 이미지가 매우 좋게 알려졌다. 이로 인해 1985년에는 미국 장로교의 언더우드(Underwood)와 감리교의 아펜젤러(Appenzeller)가 파송되어 교육복지 사업들을 펼쳤다. 언더우드와 아펜젤러는 목사의 신분이면서 교사였다. 조선시대 후기의 조선정부에 공식으로 제출한 보고서에는 교사로 등록되어 있었다. 개신교 선교사들의 교육복지사업을 통해 우리나라는 신교육을 직접적으로 접할 수 있는 계기가 마련되었다. 최초의 학교 설립은 1885년 11월에 아펜젤러가 당시 미국공사였던 폴크(M. C. Foulk)를 통하여 고종으로부터 학교설립 허가를 받으면서 가능했다. 1886년 6월 8일에 개교한 배재학당이 최초의 학교이다. 처음에는 2명의 학생으로 시작했다. 개교한 지 5개월이 지난 후 32명으로 학생 수가 증가하였다. 1887년에는 고종으로부터 배재학당이란 칭호를 하사받았다. 아펜젤러 목사는 배재학당에 찾아온 모든 학생들에게 하루 점심값으로 학생 1인당 1원씩을 지급하였다. 또한 공책과 연필 등 필요한 문구류도 무상으로 제공하였다. 무려 16년 동안 학비나 숙식비 없이 공부할 수 있도록 봉사하였다. 교육복지사업을 열정적으로 전개한 것이다. 1885년에 선교사 아펜젤러가 한국에 온 지 8개월 만에 배재학당을 세웠다.

언더우드는 고아원과 같은 형태로 교육복지사업을 시작하였다. 1886년 1월부터 고아들과 극빈자 가정의 자녀들을 중심으로 한 기술학교를 구상하였다. 결국 1886년 5월 11일에 알렌 선교사의 알선으로 정동에 있는 천 평이 넘는 정승의 집 세 채와 토지를 매입하였다. 이것을 수리하여 고아원 학교인 언더우드 학당을 세웠다. 언더우드 학당은 1902년에 지금의 연지동에 교지를 정하고 '예수교중학교'로 칭하다가 1905년에 학교이름을 경신학당으로 개명하였고 이것이 경신학교의 모체이다. 그 후 경신학교는 중학교 과정에서 대학교 과정까지 설치하였다. 1915년 4월 미 북장로교, 남북감리교, 캐나다 장로교 연합회의 관리로 경신학교 대학부라는 이름으로 운영되었는데 후에 연희전문학교가 된다.[14]

1886년에 스크랜턴 부인(M. F. Screnton)이 고아와 과부들을 모아 고아원으로부터 이화학당을 세웠다. 그로 인해 당시 유교적 가부장 제도의 전통 속에서 철저하게 배제되어 있었던 여성들에게 한글교육을 통해 여권신장운동의 기틀을 마련하였던 것이다. 물론 대부분의 학생들은 버려진 아이나 과부였다. 이후 1907년에는 시각장애인을 위한 특수학교인 평양 맹아학교를 설립하기도 했다. 1910년까지 기독교 학교의 수는 779개였으며, 학교를 통한 계몽운동이 개화의 열기를 더해 갔다.

초기의 한국 기독교는 사회복지가 병원과 학교, 그리고 사회개혁의 각종 계몽운동과 독립운동 등이 한데 어우러지는 통전적인 선교를 했다.[15] 유교의 전통과 문화 속에서 차별받던 여성들에게 교육과 복음 전래는 여성해방과 여성 인권 신장에 큰 영향을 미쳤으며 기독교적 인권사상과 민주주의가 교회로부터 훈련되고 확장되어 갔다. 성서의 한글 번역으로 천대받던 한글이 그 실용성과 중요성이 인식되면서 우리 한글이 제자리를 찾게 되었다.

한국 개신교가 최초로 전개한 사회개혁운동 중 하나가 금주, 금연 운동이다. 한국 개신교에서 금주, 금연 운동을 적극적으로 전개하게 된 원인은 음주 자체가 범죄행위라든가 교리위반이기 때문이 아니었다. 음주로 인하여 개인의 건강을 해치고 가정의 경제적 손실을 높여 사회적 혼란을 조성할 수 있는 요인이 되기 때문이었다. 그리고 술 취해 방탕한 모습은 분명 기독교적 시각에서 옳지 않았기 때문이었다. 그리고 전통적으로 악습화되어 있는 음주 생활을 통제하기 위한 방법으로 강구된 것이다. 이는 한국교회가 사회적 폐해를 적극적으로 시정, 개선하려고 일종의 국가적 개화운동을 전개한 것이었다.[16] 또한 한국교회는 지역 중심으로 '금아편운동'을 역동적으

14) 고춘섭, 「경신80년사」, (서울: 경신중고등학교, 1966), 64 – 65.

15) 최무열, 참고.

로 전개하였다. 아편의 위험성을 과학적으로 분석하여 정확하게 밝혔다. 그리고 건강한 시민 사회인으로서의 도덕적인 삶과 생활윤리를 강조하였다.[17]

또한 교회는 빈민들을 위한 사회복지활동으로 고아원 및 장애인시설을 설립하여 빈민과 장애인과 병자들을 위한 구제사업을 실시했을 뿐만 아니라, YMCA운동을 통한 사회운동도 활발하게 전개하였다.

그러나 일본의 탄압과 조선침략을 위한 야욕은 더욱 치밀해졌다. 이 시기에 일어났던 두 가지 사건이 사회복지선교의 역사를 읽는 데 매우 중요한 단서를 제공해 준다. 하나는 대부흥운동과 또 하나는 민족운동 단체로 등장하게 되는 '신민회' 설립이었다. 특히 이 시기의 1907년 전후로 일어난 대부흥 운동은 주목할 만한 사건이었다. 대부흥 운동은 영미 계통의 선교사들이 일본 이등박문의 정교분리 정책에 호응해서, 신교사들의 비성지파 계획으로 1905년 원산에서 시작되어 1907년 평양에서 열리기까지 전국으로 확산되었다. 1907년을 전후로 하는 대부흥 운동은 원초적인 종교경험을 하고 기독교의 부흥의 발판을 마련하는 매우 중요한 계기이기도 했지만 선교사들과 그 추종 세력들이 교회 내에서 교권을 장악할 수 있게 되었고 그 후 한국교회의 신앙적·신학적 방향을 보수적으로 규정하는 데 결정적인 역할을 했다. 따라서 선교사들에 의해 운영되던 학교와 병원, 그리고 사회복지시설들은 일본 제국주의의 실체를 애써 외면해야 했으므로 그때부터 보수적인 토양으로 채색되었다. 이것은 최근까지 고아원, 양로원, 장애인 시설, 노인요양시설 등 시설을 중심으로 한 기독교 사회복지는 보수적인 경향을 띠고 지역주민의 욕구를 지원하는 공부방, 상담소, 진료활동 등 이용시설은 비교적 진보적이라는 점에서 시사하는 바가 크다.

1911년 신민회는 총독을 암살하려는 음모가 발각되어 전국에서 6~700여 명이 체포되고 105명이 유죄판결을 받을 정도로 기독교의 사회 선교적 항일민족 운동은 끊이지 않았다. 또한 선교사들과 달리 대부흥운동 이후 많은 기독교인들이 1910년을 전후해서 일어난 일본에 대한 저항운동에 깊숙이

---

16) 강준렬, 66.

17) 같은 책, 68.

관련되어 체포된 것을 볼 때 초기 기독교의 사회선교는 교회 안에서만 머무르지 않았으며 민족과 민중의 문제를 지속적으로 끌어안고 진행, 발전되었다고 볼 수 있다. 이 시기의 중요한 점은 1911년 신민회의 105인 사건을 계기로 윤치호를 위시한 기독교인들이 대거 투옥됨으로써 교회연합운동은 매우 타격을 입게 되었고 그 여파로 사회선교적인 계몽운동이나 항일독립운동, 변혁운동은 매우 위축되었다는 점이다. 또한 그럼에도 불구하고 윤치호가 1907년에 참석했던 세계학생기독교연맹(WSCF)대회가 1922년에 북경에서 열렸을 때 신흥우, 김활란, 이상재 등이 한국의 기독학생 운동을 대표하여 참석했다는 점을 눈여겨볼 필요가 있다. 당시 기독 청년 학생들의 민족적 사회적 변혁에 대한 열망은 대단했다. 이후 이상재 같은 인물이 서재필과 더불어 독립협회를 만들어 독립운동을 전개하기도 했던 점은 주목할 만하다. 1909년에는 농아부를 설치하였다. 오늘날까지 사회운동을 활발히 전개하고 있는 한국 YMCA 운동은 1899년부터 언더우드 목사와 아펜젤러 목사의 노력으로 설립되어 각종 토론회, 카운슬링, 외국어 교육, 인간교육, 기술교육(목공, 철공, 인쇄, 제혁 등) 각종 경기보급, 레크리에이션 지도 배급을 활발히 전개하였다.

초기의 교회 사회복지사업은 대체로 다음과 같이 ① 병자와 부상자에 대한 과학적 치료, ② 빈민, 고아, 장애인 등에 대한 사회사업을 통한 조직적인 보호대책, ③ 미신과 악령숭배의 감소, ④ 어린이에 대한 존중, ⑤ 조혼과 결혼관습의 개선, ⑥ 여성에 대한 태도와 처우 개선, ⑦ 민주주의 사상, 한국인 자신에 대한 자기존중 재인식, ⑧ 민주적 인간관계와 계층차별의 타파, ⑨ 사회복지에 대한 봉사와 새로운 관심, ⑩ 알코올, 마약 유동성 약종에 대한 계몽, ⑪ 한글의 보급과 일반화 등이 있다.[18]

선교 초기에는 기독교사회복지 태동기를 맞이하였고 한국교회가 세워지면서 기독교사회복지실천적인 접근을 시도하였다는 것을 볼 수 있으며 민족의 고통에 동참하는 교회, 사회를 이끄는 교회, 그리고 희망이 없는 세대에게 복음의 희망을 던져 주는 교회로서 자리 잡았다.

---

18) 류태종, "한국기독교사회복지사업에 관한 연구", (서울: 동국대학교 행정대학원, 1991) 참고.

2. 일제시대의 교회사회복지실천(1910~1945)

일제시대의 구제사업은 근대적인 복지이념에 의해 시행되었다기보다는 그들 식민정책의 일부로서 우리민족이 그들에게 충성을 하게끔 하려는 정치적인 목적을 갖는 시혜 또는 자선의 의미가 컸다. 일제시대에 들어와 일본은 본토에서는 1874년에 제정된 구휼규칙을 1929년에 폐지하고 구호법(救護法)을 새로 제정하여 보다 향상된 현대적 구빈행정을 시행하였으나, 한국에서는 이 법을 시행하지 않고 유사시에 은전을 베푸는 형태로 극히 한정된 범위의 요구호자에 대한 구빈사업을 실시하였다. 그러던 중 1944년 그들은 군사적 목적을 위하여 한국 국민에게 징병과 노무징용을 강요하게 되어 비로소 일본 본도에만 실시해 오던 구호법을 한국에도 시행키로 하고 조선구호령(朝鮮救護令)[19]을 제정, 실시하였는데 이는 일본의 구호법을 기초로 하고 모자보호법과 의료보호법을 부분적으로 부가해서 종합화시킨 법이다.

그 내용을 살펴보면 적용대상은 65세 이상의 노약자, 13세 이하의 유아, 임산부, 불구, 폐질, 질병, 상이, 기타 정신 또는 신체장애로 인하여 노동을 하기에 지장이 있는 자로 제1조에 규정되어 있다. 급여내용은 생활부조, 의료, 조산, 생업부조가 있으며 제10조에 규정되어 있다. 또한 제17조에는 장제부조가 규정되어 있다.

구호는 신청주의에 의해 실시되며, 이를 심사하기 위해 자산조사를 거치도록 규정하고 있으며, 구호는 거택보호가 원칙으로 되어 있다. 거택구호가 불가능하다고 인정되는 경우에는 구호시설수용, 위탁수용 또는 개인의 가정 혹은 적당한 시설에 위탁 수용할 수 있도록 규정하고 있다. 이 조선구호령의 의의는 근대적인 의미의 공적 부조의 출발이라 할 수 있으며, 해방 이후 전개되는 생활보호법의 모태가 되었다는 점이다.

---

19) 조선구호령은 1929년 구호법을 제정, 공포하였고 1932년 1월 1일부터 실시하였다. 조선구호령은 22년이 지난 뒤 일본 구호법 전문 33조를 채용하여 제정된 것으로서 이는 조선통치에 관한 제반 권한사항을 조선총독에게 위임한 일본국 법률 제30호에 근거를 두고 있다.

이 밖에 일제하의 구빈사업으로는 이재민구호, 빈민구호, 빈민의료구제, 요보호 아동보호, 복지시설운영 등이 있으나 장기적이고 확고한 계획하에 이루어진 것이 아니고 그때그때 시혜 차원에서 이루어졌으며 빈민 구호대상자의 수도 일본본토와 현격한 차이가 나는 등 (본토는 총 인구의 0.3%, 한국은 0.008%수준)으로 매우 형식적인 구빈사업에 불과하였다. 이렇듯 식민지 시대 사회정책의 특성은 식민통치의 합리화라는 이데올로기적 기능이 강조되기에,식민지민중의 기본욕구의 해결 차원이 아니라 식민지 본국의 사회, 경제, 정치적 필요성에 따라 최소한 의 사회복지정책이 성립됨을 그 특성으로 지적할 수 있다.

한국에 사회복지가 성립된 시기는 서구과 똑같이 자본의 축적이 가능해진 근대 후기의 일이다. 한국사에 있어 근대는 격동과 비극의 시기로 표현되는데, 이는 서구 및 동양의 열강국에 의해 강제된 개국 이래, 끈질기게 계속된 일본 제국주의 침략에 의해 한민족 고유의 역사적 전통이 일시적이나마 붕괴를 맞이하게 되었던 시기이기 때문이다. 이 때문에 조선조 말기막 싹트기 시작한 자본의 축적이 일본의 독점자본에 의해 송두리째 흡수되면서 수많은 사회복지 대상자가 양산된 시기이기도 하다.

한국을 강점한 일본 제국주의는 생활에 괴로움을 겪고 있는 한국인 빈민을 우민화하거나, 은사구제라는 이름을 빌려 교화를 강조하는 한편, 내선일체를 강요하면서 한국인을 회유하는 수단으로 사회복지 정책 및 서비스를 이용함으로써 한국에 대한 지배를 정당화, 합리화하는 데 교묘히 이용했다. 이 같은 논리는 사회적 약자를 대상으로 하고 있는 사회복지 분야에도 그대로 적용되었다. 1905년에 일제의 강압에 의한 을사보호조약[20] 체결이 이루어졌고 결국 1910년에 한일합방[21]이 이루어져 일본은 열강의 틈바구니

---

20) 을사조약(乙巳條約)은 1905년 11월 17일 한국 정부의 박제순과 일본 정부의 하야시 곤스케에 의해 체결된 불평등 조약이다. 일본에 의해 강제로 맺은 조약이라 해서 을사늑약(乙巳勒約), 을사오조약, 제2차 한일협약, 을사보호조약이라 부르기도 한다. 이 조약은 1965년 한일국교를 정상화하는 한일기본조약의 제2조에서 무효임을 확인하였다.

21) 한일 병합 조약(韓日併合條約)은 1910년 8월 22일, 대한제국과 일본 제국 사이에 맺어진 불평등 조약이다. 조선통감 데라우치 마사타케와 총리대신 이완용이 중심이 되어 형식적인 회의를 거쳐 조약을 통과시켰다. 을사조약 이후 실질적 통치권을 잃었던 대한제국은 멸망하고 일제시대가 시

에서 한국을 식민 통치하게 되었다.

기독교에 의한 활동으로는 의료 활동이 성행했는데, 그중에서도 나환자를 위한 활동이 많아 1910년에 영국 나병자 의료회, 나병격리원과 1912년에 파－크 월프 나병동 등이 설치되었다.

또 아동을 대상으로 한 성공회 고아원(1911)과 이화학당 유치원(1914) 그리고 평양유치원이 설립되었고 1916년에는 미 감리회가 사립 중앙유치원 설립 진흥회를 설치함으로써 지방개량을 위한 사업도 전개하게 되었다.

기독교는 항일운동의 근거지가 되었고 일제는 신사참배를 통하여 기독교 교육과 문화를 말살하려는 식민정책을 펴 나갔다. 1919년 3월 1일 운동 후에는 모든 교회의 집회 금지뿐만 아니라 폐쇄령을 내렸고 1942년에는 모든 외국인 선교사를 추방하였다. 초기 교회 때부터 활발하게 시작되었던 기독교 계통의 학교들의 성장과 신교육을 통한 사회의 복지사업이 한창일 때 1910년 일제는 기독교 사립학교 1909년 월슨(R. M. Wilson)과 포자이드(H. W. Forsythe)에 의하여 복지사업이 광주에서 시작되었고 1925년에는 여수로 옮겨 애양원으로 확장되었다.

우리나라 환자의 의료사업은 외국선교사들에 의한 나병원이 광주 부산 대구에 설립 되어 자발적으로 운영되고 있었다. 광주 나병원은 미국선교사 포사이테(H. W. fosaythe)가 1909년 길가에 쓰러진 나환자를 광주 제중원에 데려가 치료해 준 것이 광주 나병원 설립 계기가 되어 1911년 2월 광주 제중원 원장 월슨(R. M wilson 미국인선교사)이 전라남도 광주군 효천면 봉선리에 요양소를 개설하고 환자를 수용한 것이 나병원 시초가 되었다. 그 이후 여수로 이전하여 여수피크왈츠 나병원이라고 개칭하였고 다시 여수 양원으로 개정하였다. 월슨은 창립 이래 원장으로서 스스로 환자진료를 담당하면서 재단 등으로부터 재정적 원조를 받아 경영하였으며 수용자는 치료를 위주로 하였으나 경영 형편상 재력이 있는 자에게는 식비 등 실비를 징수하기도 했다. 부산교외 동래군 서면 감만리에 소재한 부산 나병원은 처음

___

작되었다. 한국에서는 이를 경술국치(庚戌國恥)라고도 부른다.

미국인 선교사 어빈(C. H. irvin)이 부산주재 선교사로 있을 때 소재지에 나환자 수용소를 개설하고 1910년 3월 30에 수명의 나환자를 수용한 것이 그 기원이다. 그 후 1911년 10월 '대영구라회'로 경영이 이관되어 선교사 매켄지(J. mackenzie)가 관리자가 되었다. 본원의 입원환자는 시료였고 의사는 매켄지 혼자뿐이었다. 그래서 나병치료에 경험이 있는 자를 조수로 채용하였고 간호 및 기타는 환자 중 경험이 있는 자로 충당하였다. 대구 나병원은 경상북도 달성군 달서면 내당동에 소재하는 대구 나병원 재단병원 대영구라회의 재정적 원조 아래 선교사 플레처(A. G. fletcher)가 원장으로 운영한 것이 그 시초다. 플레처는 1909년 내한하여 즉시 미합중국 북장로파 예수교회 부속병원인 제중원 원장으로 있으면서 동 지방에 나환자가 많이 배회하며 걸식하는 것을 목격하였고 그 구료책에 부심하던 차 1912년 재단법인 대영구라회 회원일행이 때맞추어 나환자의 상황시찰을 겸한 동양관광길에 이곳을 방문하게 되었다. 플레처는 이들에게 나환자 구료의 절박함을 역설 그 결과로 1913년 초 동 회로부터 재정원조와 아울러 동회의 조선지부를 인가한다는 통보를 받았다. 그는 즉시 대구부 남산청 제중원 부근에 조선식 초가옥 1동을 구입하여 1913년 3월 1일부터 나환자 10명을 수용한 것이 대구 나병원 기원이다.

1918년에는 문둥병 위원회를 조직, 1916년 소록도에 오늘의 국립병원이 설립되었다. 의료 계몽사업과 순회 진료, 무료진료사업은 1922년 당시 기독교 병원수가 26개에 총 진료 환자 수 244,000명에 달하고 있었다. 이것은 당시 인구 1,700만 명의 1.4%에 해당되는 것을 볼 때 굉장한 성과였다.

기독교는 인간의 존엄과 자유평등 사상을 기본으로 한 것이었음으로 교회는 개인적으로나 민족으로 일제의 침략과 침탈에 맞서 싸우게 되었다. 한국 민중은 기독교를 통하여 민족정신이 크게 향상되었고, 그것은 다시 독립운동으로 나게 되었다. 1919년 3 · 1운동의 대표자들 가운데 교회의 배경으로 국원 회복을 위한 민족운동을 전개했으며, 이로 인해 한국교회는 고난과 탄압을 받아야 했다. 따라서 한국교회는 사회적으로 매우 위축되기 시작하면서, 1920년부터 1940년까지 한국교회의 사회운동은 사회봉사, 사회사업,

사회개선, 그리고 절실한 당시의 민족적 사활이 문제로 등장한 농촌운동의 형태로 나타났다.[22] 특별히 짚고 넘어가야 할 사항은 당시에 국제적인 사상적 조류 속에서 사회주의 사상이 한국에 전래되었다는 것이다. 이로 인하여 1930년 초반의 사회농촌운동이 교회연합기관이나 YMCA 같은 조직에서 계몽활동으로 전개되었고, 이후 기독교는 정체성의 혼란을 겪게 되었다. 1919년 3·1운동 이후 많은 교회 지도자들이 투옥되었고, 선교사들의 정략적 선교개입과 백인 우월주의에 대한 저항과 아울러 교회는 저변의 민중들과 함께하지 못했고, 항일운동에도 이렇다 할 정도로 두드러지게 참여도가 낮게 되었다.

사회복지 분야에서 실천하고 있던 교회는 가난한 민중에 대한 교육과 의류 선교를 비롯하여 사회봉사시업 및 농촌계몽운동을 펼쳐 나갔다. 당시 녹립운동이나 농촌계몽운동, 여권신장운동 등 사회개혁적인 사업들이 위축되면서 교회의 사회복지사업은 상당히 보수화되었다. 또한 1911년 신민회 사건과 1919년 3·1운동 이후 사회개혁운동에 참여했던 인사들도 일제의 격렬한 탄압과 사회적 여건이 변화됨에 따라 김활란 등과 같이 일제에 투항하거나 윤치호같이 1936년 상동회를 설립하여 구제활동에 나서는 등 사회개혁운동을 전면화하기 어려워졌다. 물론 한국교회를 중심으로 한 사회복지는 전반적으로 일제의 정략에 반대하지 않는 정교분리 원칙에 근거하여 운영되기 시작하였다. 결국 이 틀이 기독교 사회복지가 포괄적 선교의 이해와 사회참여에서 분리되면서 후에 이념적 갈등과 기독교 복지가 보수적인 정체를 갖게 된 것으로 보인다. 따라서 기독교는 당시 정치적 정세와는 달리 사회참여나 계몽운동 없이 무료진료사업과 의료봉사사업 등을 전개하면서 사회복지기관을 설립해 나갔다. 구세군은 1928년 한국 최초로 자선남비 모금운동을 전개하여 모금된 것으로 걸인에게 식사를 제공하였으며, 장로교에서는 윤치호 등이 중심이 되어 1936년 상동회를 설치하여 구제활동을 실시하였다. 해주의 구세군 요양원을 세운 셔우드 홀(Sherwood Hall)[23]은 결핵퇴

---

22) 민경배. 참고.

23) 셔우드 홀(Hall, Sherwood, 1893 - 1991)은 1893년 11월 10일 서울에서 출생했다.

치사업을 위한 기금 마련을 위해 씰 판매 모금운동을 실시하였다.

여성들을 위한 인권운동과 복지사업도 다소 전개되었는데 감리교 태화관, 보혜 여자관 등을 설립하여 여성 인권과 전문적인 기술교육 등을 실시하였다. YWCA는 1923년 창설 당시부터 폐창운동을 전개하였는데 목사 부인 버틀러가 시작한 운동으로 매매춘 여성들의 벗이 되어 그들을 구하려는 운동이었다. 구세군은 1926년 매매춘 여성들을 위한 여자관을 설립하였고 한국 선명회는 고아와 과부들을 위한 시설을 지어 그들을 돌보았다. 아동복지를 위해 고아원이 여러 지역에 설립되었으며 농촌개발사업, 독립운동, 문화운동, 언론운동, 청소년 운동 등을 전개해 갔다.

1919년 선교사 부인 웰스(Wells)에 의해 이혼녀, 과부, 불우여성을 위한 부녀 복지사업의 시작이 되었으며 1921년에는 감리교 태화관이 사회복지관으로 설립되었으며 1936년에는 구세군에 의해 부산역과 부두의 어려운 사람들을 위한 사회봉사, 사회사업, 사회선교, 농촌운동 등을 광범위하게 전개해 나갔다.

3. 해방 후 시대의 교회사회복지실천(1945~1960)

1945년 해방은 기독교의 해방으로 이해되었지만 교회는 사회 구호적 사회사업을 하기에 그 힘이 너무 미약하여 교회발전 외의 다른 곳에 관심을 가질 여유가 없었다. 해방 이전의 사회사업을 근대적 사회사업의 계몽기라고 할 수 있다면 해방 후의 사회사업을 그 발전기라고 볼 수 있다. 해방 후

1900년 6월 평양외국인학교 첫 입학생으로 베어드(Baird) 등 4명과 1908년까지 수학했다. 1911년 미국 오하이오 주 마운트 허몬(Mount Hermon)학교를 거쳐, 1919년 마운트 유니온대학을 졸업하고 1922년 메리안과 결혼했다. 1923년 토론토 의과대학을 졸업하고, 1924년 뉴욕 롱아일랜드의 홀츠빌 서퍼크 결핵요양소에서 결핵을 전공했다. 1926년 7월 해주구세병원(Norton Memorial Hospital) 원장으로 부임하여, 의창(懿昌)학교 교장직도 겸임하였다. 운산금광(동양연합광업회사) 담당의사로 환자들을 진료하기도 했다. 1928년 10월 27일 해주 왕신리에 폐결핵 퇴치를 위하여 한국 최초로 '해주구세요양원'을 설립했다.

맹인교육과 농아교육의 특수성이 인정되어 대구 도아 맹인학교 창설자 이영식 목사, 구화 교육의 개척자 최병운 장로들의 활동은 주목할 만하다. 그 외의 많은 외국의 선교사와 기독교 기관의 도움으로 맹인 농아 사업은 활발히 진행되었다.[24) 구체적인 사업은 노동청소년교육, 비행청소년 그룹지도 및 상담, 윤락여성 미연방지 및 선도 사업, 직업지도교육, 탁아소, 놀이터로 교회시설개발, 진료소사업, 독서실 등 사업이다.[25)

1950년대 부산의 사회복지시설은 응급 구호를 위한 자영 발생적 혹은 피난민들의 대거 부산으로 몰려들었고, 주거와 식량 확보가 극도로 불안했던 피난민들이 자구책의 일환으로 시설구호에 앞장섰던 것이다. 이는 전쟁 직후 대거 내한한 외원단체들의 구호 사업과 맞물려서 전개되었으며, 대부분이 외원단체들의 성격이 기독교를 배경으로 한 종교단체이자 선교단체였기 때문에, 당시 사회복지시설의 상당수가 이북 출신의 피난민이자 기독교인들에 의해 설립되는 독특한 양상을 보인다. 당시 민간 사회복지시설의 운영에 필요한 재정은 정부보조와 외원단체의 지원, 그리고 시설의 자구 노력이라는 세 가지 측면에서 충원되었다. 그런데 전쟁으로 인한 산업생산의 피폐화로 전 국민의 전반적인 생활 형편이 극도로 악화된 상황에서 시설의 자구 노력에 의한 재정 확보는 극희 미약한 수준일 수밖에 없었다. 그리고 정부보조 역시도 마찬가지였는데, 정부가 시설에 대해 정기적인 보조를 해 준 때가 휴전이 이루어진 1953년 7월 이후이고 지원수준은 시설수용자 1인당 1일 구호양곡 3홉, 부식비 3원이었다.

해방 후와 6 · 25동란으로 한국교회는 해방과 분단을 거의 동시에 맞게 되었다. 전쟁을 겪은 다음 필요에 의해 구제사업과 구호사업에 주력하게 되었다. 고아 구제사업, 전후난민, 전재민, 수재민, 전상자, 미망인, 전쟁고아, 노인 등을 대상으로 한 수용보호가 주를 이루었다.

해방 후 한국교회는 한국전쟁을 치르면서 선교사들의 주도권이 상실되었

---

24) 강혜영, "한국교회의 사회봉사사업 개발에 관한 기초연구"(서울: 서울여자대학교 대학원 석사논문. 1989) 참고.

25) 송준, "한국기독교 사회복지사업에 관한 연구"(서울: 단국대학교 행정대학원. 1991) 참고.

고 교회는 교권 싸움으로 분열되기 시작했다. 기독교 사회복지는 외국선교사가 아닌 한국인에 의해 주도적으로 이루어져 나갔다. 특히 한국전쟁으로 인해 생겨난 수많은 전쟁 사상자, 과부와 고아, 노인 등을 위한 복지 사업과 구제사업 및 의료복지사업 등 다양한 복지사업이 외국 원조에 힘입어 활발하게 전개되었다.

해방 후 한국교회에 선교와 사회봉사라는 이론이 처음 대두되면서 1948년 한국기독교 교회협의회(N.C.C) 내에 구제위원회를 신설했다. 그 후 미국 기독교 교회협의회의 기독교세계봉사회(CWS)를 한국지부로 설치했다. 이것이 1951년 피난지 부산에서 기독교세계봉사회 한국위원회로 태동하여 6·25사변 직후 구호양곡과 의류 및 의약품 등으로 난민구조사업을 활발히 했다.

이처럼 해방 후 60년대까지 우리나라는 정부수립 및 한국전쟁으로 인한 혼란과 빈곤으로 인하여 사회문제가 심각했다. 전쟁으로 인한 고아, 미망인 등의 요보호자가 급증하고 많은 사람들이 가난으로 고통을 받았으나 체계적인 복지제도는 전무한 상태였다. 이 기간 동안 외국선교단체를 중심으로 펼쳐진 고아원과 같은 시설보호, 물자구호 및 민간 차원의 자선활동은 당시 한국 사회복지의 핵심이었다.

1951년 기독교 세계 봉사회 한국위원회가 조직되고 난민구조사업이 활발히 전개되었으며, 홀트 아동복지회가 조직되고 난민구조사업이 활발히 전개되었으며 홀트 아동복지회가 전쟁고아의 입양사업을 전개하였고 기독교 아동 복리회가 전쟁고아들을 돌보는 사업을 전개하였다. 기독교 아동 복리회(Christian Children's Fund)는 기독교사회복지기관으로 후에 사회복지법인 한국 어린이 재단(1979)을 거쳐 한국복지재단으로 발전되었다. 1938년 미국 버지니아 주 리치먼드에서 장로교 목사 클라크(J. C. Clarke)에 의해 창설되었다. 그는 중국 극동 구호기관에서 활약하였다. 전쟁고아 및 극빈아동을 돕기 위해 '중국아동복리회'를 결성하였다.

그러나 중화인민군이 중국 전역을 장악하게 되자 활동지를 변경하게 되었다. 이에 CCF해외총무 밀스 목사가 1948년 한국에 왔고 구세군 로드 사령관, 장로교 여선교사 힐 부인, 언더우드 부인 등과 협의하여 한국에서 사업을 시작하였다. 먼저 구세군 혜천원, 후생학원, 기독보육원, 절제회소녀관, 충북희망원 등을 지원하면서 그 명칭을 '기독교 아동 복리회'로 정하고 뒤이어 일어난 6·25사변 때는 전쟁고아들을 돌보았다.

1954년 아펜젤러, 피치, 레인, 샤워, 애덤스, 언더우드, 오긍선, 이용설 등으로 한국위원회를 조직하고 시틀러(A. Sitler)가 초대 한국책임자가 되었다. 1955년 정식으로 재단법인 기독교 아동복리회를 설립하였다. 그 목적은 "세계의 모든 어린이 들이 인종, 국적, 계급, 종교에 관계없이 사랑받을 권리가 있음을 인정하고 불우한 어린이에게 후원자를 연결시켜 그들로 하여금 물질적 도움뿐만 아니라 따뜻한 사랑의 교류를 통해 건전한 인격으로 성장하도록 돕는 것에 두었다. 그리고 기독교 대학에 사회복지학과를 개설하여 전문 사회사업가를 육성하고 각 사회복지 분야에 진출시켜 한국 사회복지 발달에 크게 기여한 점을 들 수 있다. 1947년 이화여자대학교에 기독교 사회사업학과가 신설되었는데 기독교 정신으로 사회사업이 시작되었다는 데에 의의가 있다고 본다. 1957년 서울대학교에 사회사업학과가 설치되는 등 뒤이어 오늘날 많은 대학에서 사회사업, 사회복지학과를 전공학과로 두어 가르치고 있다. 우리민족이 어려움을 당할 때 국가 단체로서는 그들을 도울 만한 경제적 힘이 없었을 때에 우방 국가들을 통하여 도움을 받는 중에 특히 선교사들을 통한 여러 가지 개발사업과 외국 민간단체의 구호물자를 통한 도움을 많이 받았다.

4. 경제성장시대의 교회사회복지실천(1960~1997)

1960년대 이후 급격한 경제 성장으로 점차 외국 원조가 감소되었고 한국교회는 지나친 교회의 성장에만 치중하므로 구호적인 차원의 사회사업의 활동이 계속되지 않았다. 이러한 전통은 계속 이어져서 교회는 지역사회에서 일어나는 문제와는 관련을 가질 필요성을 느끼지 않는 독립적 건물이 되었다. 또한 70년대 국가 경제의 향상에 따라 교회 역시 급속한 성장을 거듭하여 비대해졌음에도 불구하고 풍부한 재정과 자원을 지닌 한국교회가 기독교의 실천인 사회봉사에 무관심하다는 사회의 비난을 받기에 이르렀다. 한국교회는 초기 한국교회가 그토록 잘 메고 온 섬김의 멍에를 이어받아야 함에도 불구하고 그러하지 못했다. 그리고 한국교회는 변화되는 사회문제에 보다 적극적으로 대응함으로 한국교회가 선교 초기부터 가져왔던 신앙의 색채를 다시 회복하지 못했다. 교회가 사회적 책임을 제대로 수행하기 위해서는 우선 사회의 상황, 구체적으로는 지역사회의 실태를 정확하게 인식하고 파악할 필요가 있다. 그리고 그 당시는 분단과 독제의 시대를 청산하고 민주화와 통일의 시대를 맞았으며, 양적인 경제성장을 목표로 달려가던 시대에서 삶의 질과 균형이 되는 경제사회의 발전을 목표로 하는 시대로 바뀌어 가고 있었다. 경제 발전에서 정치발전으로, 그리고 복지사회의 건설이라는 사회발전의 비전을 갖는 단계로 나아가게 되었다.

이러한 급변하는 상황 가운데서 많은 사회적 문제들이 생겨나고 지역사회가 병들고 있는 가운데 빈부격차, 실업, 빈곤, 범죄, 청소년 비행, 빈민지역 문제, 가정불화, 이혼, 마약 혹은 알코올 중독, 정신병, 장애인, 노인문제, 공해문제, 환경문제 등의 사회병리 현상들이 심화되고 있는 상황을 감안해 볼 때 교회의 지역사회에 대한 책임은 더욱 막중하다고 하였다.

우리나라 해방 이후의 정치사를 보면 1960년대 초의 군사혁명(1961.5.16.)과 1970년대 초의 10월 유신(1972.10.17.)을 전환점으로 정치체제 변혁이 이루어졌다. 해방 이후의 경제 역시 외원에 절대적으로 의존하던 국민경제가 1960년대에 초부터 시작되는 제1차 경제개발계획(1962.1.1.)을 기점으로 산업화 과정을 시작했고, 60년대의 고도성장을 뒷받침으로 하여 1972년부터 시작하는 제3차 경제개발 계획은 공업구조의 전환을 도모하는 등 또 하나의 경제기점을 이루고 있다. 사회구조 역시 해방 이후 전통적 양식이 많이 존재하여 오다가 1960년대의 급격한 산업화 과정을 거치는 동안 70년대 들어서서는 매우 다른 양상으로 나타나기 시작했다. 이와 같이 해방 이후 우리나라의 정치, 경제, 사회는 다 함께 60년대 초를 전환점으로 하여 전개하고 있다. 사회복지 발달 역시 60년대 초와 70년대 초에서 그 전환점을 찾을 수 있다. 1961년 군사혁명을 계기로 군정기간 동안 13개의 사회복지 법인이 제정됨으로써, 50년대 말까지 민간 차원의 응급구호적인 사회복지가 제도적 장치를 갖추는 전환을 보게 되었다. 그러나 당시 제정된 법령은 시행이 안 되거나 방치됨으로써 1972년까지 실질적인 발달은 이루지 못했다. 그러다가 1973년에 이르러 국민복지연금제도가 탄생하게 되는데 동 제도가 비록 시행은 안 되었다 할지라도 이로 인해 그동안의 사회복지정체 상태가 일단 깨어질 수 있었다는 점과 그리고 장기급여로서 사회복장제도의 핵심 이라 할 만큼 중요시되는 연금제도가 전 국민을 대상으로 하여 우리나라에 처음 도입되었다는 점에서 사회복지 역사의 또 하나의 전환기점으로 삼을 수 있을 것 같다. 1970년대 중반기 이후부터는 계속 사회복지 분위기가 조성되는 가운데 사회복지제도가 실천에까지 이르게 되는 것이다. 이와 같이 우리나라 사회복지 발달은 정치, 경제, 사회의 변동주기와 거의 일치하는 1961년과 1973년을 기점으로 전환하고 있음이 특징적이다. 1962년부터 네 차례에 걸친 경제개발계획이 70년대의 한국사회에 큰 변화를 가져왔다. 경제적으로 산업화가, 사회적으로는 도시화가, 문화 면에서는 대중화 경향이 나타났다. 산업사회에서는 근로자의 후생복지가 심각한 사회문제로 등장하게 되었고 이로 인해 산업복지라는 이름이 대두되었다. 이러한 사회적 요구에 1970년도 이후 산업선교를 통해서 노동문제에 개입하게 되었고 1971년 도시산업선교회를 통해서 사업체내의 노동자들의 복지를 위하여 노동 실무자 훈련, 노동 운동 지도자 교육, 노동자 의식화 교육, 노동자 조직 활동, 노조 지도자 육성, 노동자 복지활동의 지원 등으로 나아가게 되었다. 도시화에 따른 도시빈민 문제 또한 70년대와 80년대의 중요한 문제가 아닐 수 없다. 초기 도시빈민선교운동은 70년대 초반부터 일어나기 시작하였는데 이는 억눌리고 소외된 도시빈민에 대한 깊은 사랑으로부터 나타난 것이다. 기독교의 이러한 노력에도 불구하고 개인이나 사회단체로 이양되는 등 초기 기독교 사회복지의 중추적 역할이 감소되었다. 70년대 국가 경제의 향상에 따라 교회 역시 급속한 성장을 거듭하여 발전해 왔음에도 불구하고 풍부한 재정과 지원을 지닌 한국교회가 기독교의 실천적인 사회복지에 무관심하다는 사회의 비난을 받기에 이르렀다.

60년대 중반을 분기점으로 외원은 점차 줄어들고 국가에 의한 복지가 조금씩 늘어나는 추세가 나타나게 된다. 최초의 연금제도가 여기서부터 실시되는 모습을 볼 수 있는데 공무원연금법이 1962년에, 군인연금법이 1963년에 제정되었다. 이 시기의 복지정책은 군사정권으로서 경제성장 위주였고 사회정책에 대해서는 소극적이었으며 절대빈곤에 시달리던 당시의 상황에서 복지국가나 사회보장에 대한 의식도 약했기 때문에 국민의 요구도 별로 나타나지 않았다. 외원이 줄어든다는 것은 기독교회의 사회복지가 위축되어 간다는 것을 의미한다. 특별히 60년대는 급속한 신도 증가를 경험하던 시절이었다. 따라서 교회는 교회 자체의 확장에 일차적으로 관심을 기울이게 되었다. 급속한 신도성장의 시대를 맞이하여 새로이 생겨난 교회들은 교회의 신축 등 자체의 유지 확장에 일차적으로 관심을 기울이게 되었다. 급속한 신도성장의 시대를 맞이하여 새로이 생겨난 교회들은 교회의 신축 등 자체의 유지 확장에 주로 관심을 가지게 되면서 교회와 사회복지는 점점 소원해지는 결과가 나타나기 시작하였다. 그러나 이 시기를 통하여 복지 분야에 기독교인들이 많이 진출하게 되었다. 그리하여 60년대 이후 일반적인 교회와 복지의 관계는 멀어지게 되었지만 이 시기에 복지활동 영역에서 양산된 개별적 기독교인은 그 후에 각종의 사회복지기관에서 중요한 역할을 담당하게 되었다.

60년대의 사회복지는 단시일 동안 다량의 입법화를 통하여 사회복지역사의 전환을 맞는 사회복지의 제도적 형성기라고 할 수 있다. 60년대 한국사회를 경제지향의 산업화 시대라고 한다면 70년대의 한국사회에서는 그 산업화의 결과로서 사회적으로는 긍정과 부정의 양면성이 동시에 노출되는 한편, 정치적으로는 국가안보 우선이라는 차원에서 정치적 변모를 경험한 시대라고 할 수 있다. 우리나라는 60년대부터 시작된 경제개발계획의 추진으로 기록적인 경제성장을 이룩하였으나 빈부격차의 심화, 산업구조의 파행성, 공해와 물질주의의 만연, 인간성의 경시 등 많은 부작용도 심각하게 야기되어 왔다. 도시는 공업 중심의 산업화 과정에서 농촌으로부터 산업인구가 크게 유입되는 도시화 현상이 일어나고, 농촌에서는 저곡가 정책이 실시되어 이는 과도한 농수산물의 도입, 해마다 치솟는 영농비 적자를 메우려 빌려 쓴 부채가 가중되는 등 농가수지를 만성적자로 압박하였고 그 결과 농촌을 떠나는 이농현상이 더욱 격증하였다. 이농으로 빚어진 슬럼가와 달동네 현상으로 급진전되었다. 또한 경제성장의 주역으로 일해 온 노동자들의 경우, 생계비에도 못 미치는 저임금과 이를 보존하기 위한 장시간 노동, 불량한 작업환경과 그로 인해 빚어지는 직업병, 산업재해의 빈발 등 비인간화된 노동환경 속에서 정당한 권리가 무시되고 억압당한 채 갈수록 어려운 생활을 해 나가고 있었다.

70년대 이르러 한국은 어느 정도 경제성장에 성공하여 절대빈곤으로부터 벗어나기 시작하였다. 그리하여 이른바 신진국에서 늘어오던 원조는 급속하게 감소되었고 그 결과 복지의 책임을 국가가 감당해야 하는 상황이 벌어지기 시작했다. 60년대까지만 해도 절대빈곤에서 벗어나는 것이 중요한 관심사였는데 이제 70년대에 이르면서 인간다운 삶에 대한 관심이 높아지기 시작하였다. 그리하여 1970년대부터 근대적인 사회보장제도가 형성되기 시작하였고 5, 6공화국 시절 일련의 복지 관련 법안 및 제도가 만들어지는 모습을 볼 수 있다. 그 대표적인 것이 아동복지법(1981), 심신장애자복지법(1981), 노인복지법(1981), 최저임금법(1986), 모자복지법(1989), 장애인고용촉진 등에 대한 법률(1990) 등을 들 수 있다. 제5공화국 이후 정부는 복지사회를 모토로 여러 가지 복지제도와 법안은 만들었지만 그것을 실행할 수 있는 재원이 부족하였다. 그리하여 민간인이 복지시설을 설립하면 그 운영권을 가지면서 국가로부터 운영비용을 보조받는 독특한 형태의 복지제도가 나타나게 되었다. 외원시대에 복지활동에 참여했던 많은 기독교인들이 복지시설을 설립하면서 변화된 상황에 적응해 갔다. 이 시기에 교회는 사회적인 문제에 대한 각성이 생겨나기 시작했다. 이 시대 최고의 역사적 과제는 민주주의의 확립이었다. 그리하여 진보적인 교회를 중심으로 민주화운동, 인권운동 등에 많은 노력을 기울였다. 또한 노동자와 하층민에 대한 관심도 많이 생겨나서 민중교회가 생겨나고 민중 신학이라는 독특하고도 한국적인 신학이 생겨나기도 하였다. 그러나 이러한 사회적 관심은 상대적으로 소수자에 해당하는 일부 진보적인 교단이나 교회에서 나타났을 뿐이다. 다수의 보수적인 교회들은 사회적인 관심보다는 교회 자체의 확장에 몰두하였다. 그러나 이 시기에 이르면 교회가 사회적인 문제에 대하여 무관심한 것에 대한 비판이 교회 안팎에서 거세게 일어났다. 1985년 인구 및 주택센서스 통계에 따르면 한국기독교인의 수는 6,489,282명으로 전체 인구의 약 15%가까운 숫자가 되었고, 한국의 종교 가운데 가장 많은 교회 26,044개와 성직자 40,717명을 보유하게 되었다. 한국의 종교 가운데 가장 큰 비중을 차지하게 된 기독교는 사회적인 책임에 대하여 관심을 기울이지 않을 수 없게 되었다. 그리하여 이러한 사회적 요구에 부응하여 적지 않은 교회들이 사회봉사활동에 참여하기 시작하였다.

80년대 후반에 이르러 직선에 의해 노태우 정권이 등장하였고, 이어서 문민정부라 불리는 김영삼 정권과 최초의 정권교체에 의해 국민의 정부가 세워지게 되었다. 이러한 과정 속에서 형식적인 민주화는 어느 정도 이루어지게 되었고 그 결과 과거의 민주화 운동과 같이 한 시대를 중도하는 이념이 나타나지 않고 통일, 환경, 여성, 교육 등과 같은 다양한 분야에서의 시민운동이 활발하게 일어났다. 이 시기 국가의 복지정책을 보면 6공화국 시절에는 몇 가지 변화도 있었지만 문민정부 이후에는 특별한 진전이 없었다. 특히 IMF체제와 함께 시작된 김대중 정권은 경제정책 혹은 노동정책에 주로 매달리게 되었지 사회정책에까지 관심을 기울이기에는 여러 가지 한계를 보일 수밖에 없는 형편이다. 1981년 이후를 복지이념의 적극적 구현단계라고도 할 수 있다.

1989년의 조사[26]에 의하면 사회봉사를 신앙생활의 본질적 요청으로 인식하고 실천해야 한다는 생각이 65.9%에 이르고, 신앙과 봉사를 무관하게 생각하는 생각은 34.1%를 보이고 있다. 1999년 이만식 교수의 조사를 보면

---

26) 연구현황은 한국기독교문화연구소 성규탁 외 3인의 "한국교회의 사회복지 참여에 관한 연구" 그리고 보건사회 연구원의 김미숙 책임 연구원과 이만식 교수의 "기독교의 사회복지참여 실태 및 활성화 방안"과 예장통합총회에서 이만식 교수에게 위탁하여 조사한 "교회의 사회봉사 - 그 실태와 대안"이 있다.

교회의 사회봉사 사명에 대한 견해에 동의하는 입장이 85.9%이고 동의하지 않는 입장은 14.1%를 보이고 있다. 이것으로 보건데 교회의 사회봉사는 교회의 본질적 사명으로서 적극적으로 실천해야 한다는 인식은 10년 전 보다 발전한 것으로 보인다. 교회의 사회봉사에 대한 사명과 필요성을 대체로 높게 인식하고 있는 교회가 얼마만큼 사회 속에서 그 사명을 실천하고 있는가를 보면 1989년 조사에서 소속교회의 사회봉사사업이 얼마나 활발하다고 생각하는가에 대한 응답을 보면, 74.3%의 응답자가 저조하다고 응답했고, 다소 활발하다고 본 응답은 21.3%에 불과하여 전체적으로 볼 때 교회의 사회봉사사업이 저조하다고 판단하고 있다. 그리고 각 교회에서 시행하고 있는 또는 시행했던 사회봉사활동에 대한 교인들의 호응도 조사를 보아도 아주 저극적인 태도를 보이는 경우와 그 반내로 무관심을 보이는 경우는 각각 3.2%와 6.1%로 나타나고 있으며, 비교적 적극적인 경우와 비교적 소극적인 경우는 각각 43.7%와 47.0%로 나타나고 있어 전체적으로는 다소 부정적인 평가로 치우치고 있다. 1999년 이만식 교수의 조사에 의하면, 교회의 본질적인 사명인 사회복지활동 참여를 얼마나 활발하게 하고 있는지를 질문한 결과 활발하다는 응답은 15.2%에 불과하였고, 57.1%는 저조하다고 보고 있다. 그리고 이러한 결과는 1999년 예장 조사에서도 마찬가지이다. 구제와 사회봉사는 교회의 본질적인 사명이라는 데 대해 93.7%가 동의하고, 6.3%가 동의하지 않는다는 응답을 했지만, 이들의 교회가 사회봉사에 어느 정도 참여하고 있는가에 대한 응답을 보면, 매우 많이 참여하고 있다고 응답한 경우는 6.3%에 불과하며, 많이 참여한다는 응답도 22.2%에 불과하였다. 반면에 조금 참여한다는 46.7%, 매우 조금 참여한 자는 24.8%로 나타났다.

오늘날 한국교회의 사회봉사의 사명에 대한 인식은 1980년대보다 발전했다고 볼 수 있지만, 실천에 있어서는 큰 변화가 없어 인식과 실천의 괴리가 여전하며 소극적인 현상을 보이고 있다. 이러한 현상은 예장의 개인선교와 사회봉사 선호도 조사에서 60.0%가 개인선교를 더 중요시하고, 40.0%가 사회봉사가 더 중요하고 응답한 것으로 볼 때, 교회의 사회봉사를 교회의 본질적 사명으로 인식한다고 하지만 역시 영혼 구원이라는 개인선교 편향에서 탈피하지 못하는 데서 비롯된 것이고 할 수 있겠다.

한국교회는 왜 사회봉사를 적극적으로 수행하지 못하는 것인가? 교회 안팎의 여러 가지 요인이 있겠지만 1988년 조사에 따르면, 응답자들은 사회봉사사업을 실시하고 계획하는 데 있어서 어려움을 '교회재정문제'(40.2%), '교회시설, 공간부족'(17.6%), '지식과 기술 부족'(15.8%), '교인들의 소극성'(9.2%) 등의 순으로 지적했다.

이러한 경향이 10년 후인 1999년 이만식 교수의 조사에서는, '교회재정부족'(51.0%), '시설, 공간 부족'(20.6%), '지식과 기술 부족'(8.9%), '신자들의 인식 부족'(5.7%) 등의 순로 나타났다. 10년 전과 비교해 보면 한국교회의 사회봉사 부진의 원인으로 교회 재정문제와 시설 및 공간 부족이 더욱 심화된 것으로 나타나고 있다. 그러나 이것은 모두 정당한 이유가 되지 못하고 있다. 실제자료 분석 결과를 보면 교회의 사회봉사활동은 교회의 재정능력에 의해 크게 영향을 받지 않고 있다는 것으로 나타나 있다. 재정능력을 나타내는 총 예산, 교인 수, 교인의 생활수준 등의 변수는 총예산에 대한 사회봉사비의 비율과 별로 상관관계가 없다. 교회의 존속기간이 길면 총예산은 증가하는 경향이 있지만, 그렇다고 해서 사회봉사비의 비율이 증가하지는 않고, 오히려 존속기간이 짧아 총예산이 작은 교회일수록 사회봉사비의 비율이 높은 것으로 나타나고 있다.

따라서 교회의 사회봉사 부진의 원인은 재정문제라기보다는 실천에 대한 의지 문제라고 할 수 있다. 지출항목별 전체 재정에서 차지하는 비율이 교역자 급여가 차지하는 비중이 두드러지게 줄어드는 것으로 나타나 한국교회의 재정이 경제성장과 함께 안정되고 있음을 알 수 있다. 그러나 늘어난 교회의 재정이 사회봉사비(구제비) 등에는 별로 많이 배당되지 못하고 관리비, 운영비, 건축비, 적립금과 같이 교회 내부에서 쓰이는 비용에 주로 할당되는 것을 볼 수 있다. 따라서 사회봉사사업 부진의 가장 중요한 요인으로 사회봉사비로 쓸 수 있는 재정의 부족을 말하는 것은 사회봉사란 교회의 모든 사업을 다 하고 난 후에 여유나 여력이 있을 때에 비로소 할 수 있는 것이고, 예산도 다른 모든 영역에서 쓰고 난 후에 남는 것이 있으면 봉사에 쓸 수 있다고 하는 의식을 반영하고 있는 것이라고 할 수 있다. 교회의 사회봉사를 교회의 부수적이고 2차적인 역할 정도로 보는 미흡한 사회봉사 실천의지야말로 적극적인 사회봉사를 저해하는 중요한 요인인 것이다.

한국교회의 경우 이 시기에 이르면서 사회적 책임에 대한 논의가 어느 정도 정리 되었고 구체적인 사회봉사 혹은 사회복지활동은 필수적인 것으로 여겨지게 되었다. 특별히 1990년을 전후하여 시작된 신도 성장의 정체 현상은 한국교회에 많은 위기의식을 불러일으키게 하여 사회적 공신력의 상실이 이러한 현상의 중요한 원이이라고 생각하게 되었다. 그리하여 사회적 공신력을 회복하기 위해서는 교회 내부의 개혁과 함께 이웃과 지역사회를 섬기는 교회가 되어야 한나는 인식이 널리 확산되었다. 그리하여 적지 않은 교회들이 사회봉사활동에 관심을 기울였고 그 결과 모범적인 모델이 나타나기도 하였다. 그러나 대다수의 교회들은 사회봉사의 필요성에 공감은 하지만 그것을 실행하는 데 있어서는 많은 제약을 느끼게 되었고, 사회봉사를 하고 싶어도 재정, 공간, 프로그램, 인력 등에 있어서 많은 한계를 가지게 되었다. 신도 수는 늘어나지 않는데 성직자와 교회 수는 늘어나게 되어 수많은 소규모의 개척교회들이 많이 생겨나게 되었고, 이러한 교회들은 자체유지에 급급할 뿐 사회봉사활동을 할 수 있는 힘을 가지지 못하게 되었다. 또한 거대한 건물을 세운 교회들의 경우 건축비와 관리비의 압박을 많이 받게 되어, 그 규모에 걸맞은 사회봉사활동을 제대로 하지 못하고 있는 실정이다. 1995년에는 한국 기독교는 교인 수 8,760,336명, 교회 수 58,046개에 이르는 한국 최대의 종교가 되었다. 현재의 사회봉사 상황은 미흡한 형편이지만 그 필요성에 대한 공감대는 넓게 형성되어 있으므로 그것을 구체적인 행동으로 옮길 수 있는 길이 열리게 된다면 한국교회 사회봉사는 한국사회와 사회복지의 발전에 기여할 수 있는 가능성은 얼마든지 가지고 있다고 하겠다.

1990년대 중반을 넘어서면서 무엇보다도 민중교회는 지역의 주민들과 함께하는 교회로서 지역의 환경, 철거문제나 교육문제 등 현안문제와 더불어 지역 주민을 위한 상담, 아동교육, 복지, 의료 활동 등 다양한 활동을 하게 된다.

사회선교 그룹은 한국사회의 변화에 따라 80년대에 비해서는 매우 위축되었다. 왜냐하면 1987년 6·10 민주항쟁 이후 사회선교운동의 대상이었던 노동운동은 민주노총을 만들어 보다 조직화되고 독자적인 세력을 만들어 스스로 문제해결을 할 수 있을 정도로 성장하였기 때문에 특별히 교회가 그동안 비합법적인 정치 상황 아래에서 하였던 역할에 다소 후퇴할 수밖에 없었기 때문이다. 1989년에 창립된 경제정의실천연합회, 1993년 설립된 환경운동연합, 1994년에 창립된 참여연대 그리고 여성단체연합회 등이 다양한 주제와 함께 종합적인 시민사회운동으로 대두되면서 사회복지운동이 활발하게 전개되기 시작했다.

교회사회복지실천이 한국사회에 미친 영향을 종합해 보면 첫째, 원시종교 공동체의 생활규범으로서의 기독교 교리는 사회적인 약자에 대한 보호의 의무를 사회구성원 전체에 돌리는 데 기여했다. 둘째, 도움이 필요한 자에 대한 원조와 서비스의 제공을 효과적으로 수행하기 위한 다양한 절차를 발전시켰으며 이것들은 근대화 사회사업의 태동에 직접 관련되어 있다. 셋째, 국가의 공공사회복지가 못 하는 서비스 제공기능을 교회가 수행하였고 민간 복지를 발전시키는 데 기여했다. 넷째, 선교 초기 외국인 선교사에 의하여 서구 사회사업의 개념과 기술이 전래되었으며 교회사회복지는 한국사회의 좋은 전통이 되어 왔다.

5. 복지사회 진입시대의 교회사회복지 실천(1998~현재)

IMF 경제위기로 지칭되는 대량실업사태로 인해 사회적 안전망이 부실하다는 IMF 권고와 더불어 이러한 상황에 대한 국민적인 공감을 얻으면서 사회복지에 대한 욕구가 분출되기 시작했다. 정부는 증가일로에 있는 사회복지적 요구에 부응하고자 국가의 책임을 확대하는 상황에서 부족한 복지자원을 보충하기 위해서 민영화를 도입하였다. 이로써 사회복지에 대한 국가의 역할을 제한하고 가족, 기업, 종교단체와 같은 민간의 역할을 확대하는 복지다원주의를 지향하게 되었다. 아울러 외환위기로 인한 경제 불황은 사회복지의 수요를 더욱 증가시켜 국가의 힘만으로는 복지욕구를 충족시킬 수 없게 되자, 민간의 복지에의 참여를 요구하게 되었다. 이 때 가장 두드러지게 나타난 것이 종교계의 참여였다. 1998년 종교계는 불교계, 가톨릭, 기독교, 구세군, 성공회 등 범 종단의 대표들이 모여 한국종교사회복지협의회를 구성하였다. 한국종교사회복지협의회 구성을 기점으로 종교계는 외환위기로 빚어진 실직 노숙자의 문제를 해결하기 위해 실직노숙자대책 종교시민단체협의회를 구성하는가 하면, 먹을거리 나누기 운동협의회를 구성하여 실직자, 노숙사, 푸드뱅크 등 각 송단에서 사회복지 참여를 적극적으로 하게 되었다.

특히 한국교회는 국가적 위기 앞에 실업자와 노숙자, 그리고 금모으기 운동을 비롯해서 IMF를 극복하기 위한 대대적인 노력을 기울였다. 상대적으로 위축되었던 사회선교 그룹은 다시 실직자와 노숙자 그리고 빈곤계층에 대한 사회적 책임을 회복하면서, 교회의 공간을 개방하여 노숙인 쉼터와 빈곤계층의 아동들을 돌보는 공부방을 설립하는가 하면 그룹홈, 무료급식, 경로식당, 노인주간보호시설 등 다양한 사회복지 프로그램을 전개하였다.

2000년이 되어 한국교회의 보다 체계적인 사회복지적 접근과 연구를 위하여 한국교회 사회사업학회가 창립되면서 학술적 연구가 본격화되기 시작하였다. 교회사회복지에 관한 학술세미나와 교회 사회사업편람을 편찬하여 한국교회와 교회 사회사업에 크게 공헌하게 되었다. 한국교계에서도 사회복지적인 필요성과 사회적 책임을 위한 모임으로서 초교파적인 한국기독교사회회복지협의회가 창립되었다. 협의회를 통하여 한국교계에 사회복지운동을 펼치기 시작하였고 기독교사회복지 EXPO(2005년 8월 24일 – 28일)를 통하여 기독교 영성의 구체적 실천으로서 교회의 본질적 사명 확인과 기독교사회복지의 역사를 조명하고 양적, 질적 성장을 위하여 기독교 사회복지자원과 방법을 개발하고자 하였다. 한국기독교사회복지협의회는 2006년 1년 동안 1만 교회를 대상으로 설문조사하고 연구결과물인 '한국기독교사회복지 총람'을 출판하게 되었다. 이 일로 인하여 보다 전문적인 교회사회복지실천을 이룰 수 있게 했으며 한국교회가 이 사회를 위해 많은 일을 하고 있다는 것을 일리는 좋은 계기가 되었다.

우리나라 교회사회복지실천의 주요 쟁점 및 과제로서는 교회 안에서 제기하는 쟁점이 있는데 첫째, 우리나라의 많은 교회가 사회봉사활동을 하고 있지만 그래도 대부분의 교인들은 사회봉사를 복음 내지 선교의 핵심으로 보지 않고 있다. 사회봉사는 전도보다 중요하지 않으며, 단순히 신앙의 표현으로 자선적, 구제적 차원에서 부차적으로 행하는 부수적인 신앙생활의 요인으로 보고 있다. 이것은 우리나라의 민간복지계 복지책임을 증가시키려는 복지실정 현실에서 교회의 수동적이고 제한적인 복지참여를 의미하는 것이다.

둘째, 교회사회봉사가 교회의 주된 임무인 전도에 도움이 되느냐 되지 않느냐에 대한 쟁점이 제기되고 있다. 전도와 함께 봉사 자체를 복음의 핵심으로 보는 교인들은 봉사 자체가 곧 복음의 실천으로 전도가 된다는 입장이다. 그러나 전도만을 중요하게 여기는 교인들은 봉사를 전도의 수단으로 삼고, 봉사가 전도에 별로 도움이 안 된다는 쟁점을 제기하고 있다.

사회복지의 입장에서 제기하는 쟁점으로는 첫째, 사회복지계는 교회가 공공 및 민간 사회복지계와 함께 지역주민 복지문제를 해결해 주려고 할 때, 교회가 실시하는 사회복지 서비스의 분야와 전문성에서 책임을 질 수 있는가라는 질문을 던지고 있다. 특히 중앙정부나 지방정부로부터 공공복지자금을 위탁받아 교회사회복지를 집행할 때 행정적 절차와 투명성 차원에서 교회는 책임을 질 수 있는가라는 쟁점이 제기되고 있다. 둘째, 교회가 공공복지 자금을 위탁받아 복지활동을 전개하면서 적지 않은 경우 복지목적을 수행하는 것보다 자기들의 종교를 전파하려는 목적으로 사회복지를 전도의 수단으로 쓰는 부당한 경우가 많다는 점을 지적하고 있다. 셋째, 교회의 사회복지활동이 공공복지영역(예: 지역사회복지관을 지방정부로부터 위탁받고 있는 경우 등)에서 증가되는 경우 사회복지계는 '영역침범'을 당하고 있다는 위기감을 갖기도 한다. 전문사회복지사의 취업기회가 그만큼 축소된다는 문제를 제기하는 것이다.

그리고 전문사회복지계와 교회 사회사업계와의 동반자 관계 수립에 있어서는 우리나라에서 정부가 할 수 있는 복지는 제한적이기 때문에 반드시 민간의 복지 참여가 필요하다. 따라서 21세기에 들어선 현실에서 정부와 민간은 각각 복지에 대해서 책임분담을 해야 한다. 민간복지의 중요한 주체들은 기업, 종교계, 시민단체 등이다. 이 가운데 교회는 매우 중요한 복지 기능적 의미를 갖고 있다. 전문 사회복지계는 복지의 실현이라는 차원에서 복지활동의 주체를 전문적 사회복지계에 제한할 것이 아니라, 준전문적 복지기능을 발휘하며 비정규적, 비공식적 복지활동을 전개하는 교회사회봉사도 복지체계의 한 요소로 수행해야 할 것이다. 이는 곧 사회안전망 개념을 정부의 공식적 사회보장제도로만 제한할 것이 아니라 교회와 같은 비공식적 복지기능 수행기관도 사회안전망 체계에 통합시켜야 함을 나타내는 것이다. 이렇게 될 경우, 교회는 교회가 수행할 수 있는 독특한 사회복지기능을 정립하기 위해 '교회 사회사업'의 개념을 정착시켜야 할 것이다. 여기에서 전문사회복지계와 교회 사회사업은 적대적 관계가 아니라 동반자적 관계(partnership)를 모색해야 하고, 이 과정에서 교회 사회사업가의 역할은 매우 중요하다고 본다.

교회는 지역사회에 속하여 있으면서 지역사회에 대한 책임을 가지고 있다는 것이다. 또한 하나님은 교회만이 아니라 이 세상도 여전히 사랑하고 있기 때문이다. 또한 "너희는 세상의 소금이라", "너희는 세상의 빛이라"고 주님께서 명령하심과 동시에 우리는 이를 아름답게 보전하는 책임이 그리스도인에게 있음으로 알 수 있다. 그렇기에 세상은 교회가 대치해야 할 적대적인 관계가 아니다. 교회는 이 세계에 하나님의 나라가 이룩되도록 하는 전위대 역할을 해야 하는 것이다.[27] 교회는 지역사회조직과 끊임없이 상호 영향, 상호 교환적인 작용을 통해서 존재한다는 하나의 생명체인 것이다.

---

27) 김성철, 「교회 사회사업」. 2000 참조.

이와 같은 관점에서 볼 때 교회는 지역사회의 개인, 가족, 집단, 조직체, 기관들의 건강한 삶을 확보하고 유지하게 하며 향상시키게 하기 위해 다양한 기능을 수행해야 한다. 교회가 지역사회교회로서 가야 할 방향은 다음과 같다. 첫째, 교회는 지역사회조직과 연결을 강화해야 한다. 교인들이 지역사회 각종 공사 기반의 이사회, 자문기구, 위원회와 관련을 맺어 지역사회의 욕구와 문제를 수렴하고 교회의 지원방안을 강구한다. 둘째, 교회는 지역사회를 대변해야 한다. 지역주민의 각종 행사에 교회 대표를 파견하며 그 문제에 교회가 관심을 표명하되 특히 가난하고 소외된 자들의 자활을 돕고 필요한 경우 그들의 의견을 대변할 수 있는 지역사회 센터로서의 역할을 수행한다. 셋째, 교회는 지역사회를 향해 문을 열어 놓아야 한다. 지역사회의 다양한 집단들이 교회 자원 특히 교회 건물의 일부를 사용할 수 있도록 교회 문을 개방한다. 공간 여유가 있으며 사회복지 및 공익기반에 교회일부를 무료로 대여할 수도 있고 필요시에 학문, 문화, 예술 행사에 교회를 빌려 주고 물적 및 인적 자원을 후원해야 한다. 넷째, 교회는 지역사회와 지역주민들의 욕구 및 문제가 있는 곳에 해결책을 제시해야 한다. 그리하여 실천적 삶을 통해 그리스도의 사랑을 증거토록 해야 하며, 지역사회의 상담센터가 되어 지역사회복지관이 되어야 한다. 우리는 교회 내뿐 아니라 교회 밖의 모든 사람들의 필요를 채워 주며 공동체의 관계를 정상화시키는 것이 교회의 사명이 되어야 한다.[28]

교회는 교회가 속해 있는 지역에서 지역의 기관들과 네트워크를 만들어 지역성 있는 목회를 해야 하며 소외된 그룹에 일차적 관심을 두어야 한다. 교회는 지역사회 주변을 체계적이고 과학적인 사회 조사를 통하여 이웃들의 요구를 발견하고 이에 대응해 나아갈 때, 교회가 가진 인적, 물적, 조직 자원들을 효율적으로 활용할 수 있을 것이다. 그리고 급변하는 시대와 사회 속에서 선교 21세기를 향하고 있는 한국기독교의 시대적 사명과 역할을 지역사회에서 연계하여 진행하고 있는 사회복지기관이나 단체들과 함께 교회

---

28) 김성철, 「교회사회복지실천론」, 한국강해설교학교. 2003 참조.

의 기능을 조직화하고 나눔과 섬김을 통해 교회의 사회적 책임을 완수해 나아 갈 때 지역사회조직을 통한 교회자원봉사활동이 지역사회의 교회로 나아가는 통로가 될 것이다.

이제 한국교회는 교회의 사명을 지역사회조직을 통한 교회자원봉사활동이 나눔과 섬김으로 보는 시각의 전환과 함께 시대적인 요청에 부응하는 새로운 사회복지선교로서 교회의 모습으로 바뀌어야 할 것이다.

지역사회조직을 통한 교회자원봉사의 사회적 참여와 교회 사회사업실천 발전을 위하여 몇 가지 의견을 제시하면 다음과 같다. 첫째, 교회는 시대적 현황에 따른 교회봉사 의식을 새롭게 하고 지역사회와 유리되지 않는 복지에 맞는 방법을 모색하여야 한다고 본다. 둘째, 교회는 교회 내 인적 자원(기능별·직능별 자원봉사)과 물적 자원(재정·시설)을 구체적으로 조사하여 지역사회조직과 교회를 위한 복지사업에 적극 참여할 수 있도록 교회의 조직과 구조를 재정비하여야 한다. 셋째, 교회는 지역사회를 하나님이 맡겨주신 지역공동체라 생각하고 과학적 조사와 방법으로 지역사회의 필요와 지역 상황을 파악한 후 지역사회조직과 연합하여 교회자원봉사활동을 우선적으로 실시하여야 한다. 넷째, 교회는 교회 재정의 10% 이상을 사회복지비로 사용하고 구역 또는 속회조직 단위로 지원대상자를 결연(재가복지사업, 소년소녀가장 등)시켜 이들의 필요를 도울 수 있는 책임 봉사제를 실시해야 한다. 다섯째, 각 교단은 초교파적인 차원에서 동일한 지역 안에서 지역사회조직과 교회와 연합하는 지역복지에 관심을 기울여야 할 것이다. 여섯째, 교회는 교회가 속해 있는 지역에서 지역의 복지시설과 단체들과 네트워크를 만들어 지역성 있는 목회를 해야 한다. 일곱째, 교회의 주변을 체계적이고 과학적인 사회 조사를 통하여 이웃들의 요구를 발견하고 이에 대응해 나아갈 때, 교회가 가진 인적, 물적, 조직 자원들을 효율적으로 활용할 수 있을 것이며, 거시적인 문제에 대응할 수 있다.

교회는 사랑과 복음의 실천으로 준비된 모임이기에 일반사회복지의 사람과 사람 사이에 수요와 공급의 차원이상의 감정적, 정서적, 영적 교감이 더욱더 중요하다고 본다. 교회의 사회복지 참여는 예수 그리스도의 계명으로부터 기인한다. 이 계명은 '하나님을 사랑하고 이웃을 사랑하라'는 기독교 계명의 핵심적 기초를 이룬다. 기독교 신앙은 하나님을 사랑하는 것으로부터 출발되며 인간을 내 몸같이 사랑하는 진실한 사랑 안에서 율법을 완성하게 된다(롬3:10). 그러므로 이러한 참된 사랑은 인간의 전인적 구원(영적, 육체적, 사회적)을 목표로 하며, 이의 실현이 기독교 사회복지사업 참여의 가장 중요한 이념이라 할 수 있다.[29]

지역사회복지가 지역주민의 생존(생명과 생활)을 위해 지역사회조직(공적, 사적인 기관)이 협동하고 조직화하여 생활환경과 복지환경을 재건하는 사회적 시책 및 방법의 체계라 볼 때 교회는 지역사회의 민간복지 차원 조직의 하나로서 교회의 가장 가까운 이웃인 지역사회 주민의 전체적인 행복, 즉 영혼, 육체, 사회적인 행복에 관심을 가져야 하며 교회의 잠재된 자원(인적, 재정, 시설, 조직자원)을 지역사회 복지화 사업에 적극 활용하여야 할 책임과 의무가 있다.

가장 중요한 것은 목회자의 의식변화이며 지역사회조직과 교회가 연계하여 성도들의 교회봉사를 실시하여야 하며, 지역사회의 욕구 충족을 위해서는 국가, 지역사회조직, 가족, 교회 모두가 함께 보완적으로 노력해야 할 것이다. 지역사회조직을 통한 교회사회봉사는, 한국기독교의 시대적 사명과 역할을 개교회가 지역사회조직과 연대하여 하나님께서 주신 나눔과 섬김을 실천함으로써 교회가 사회적 책임을 완수해 나아갈 수 있으며, 한국교회의 자원이 지역사회복지를 위해 역할을 감당할 수 있다고 본다.

한국에 기독교가 들어올 때는 국내외적으로 어려운 시련을 겪을 때이다. 이런 정황 속에서 기독교가 한국에 들어왔으므로 한국적인 상황을 떠나 선교할 수는 없었다. 한국교회는 정치, 군사, 문화적인 것에 예민한 반응을 일으켰고 순수한 기독교적 복음의 선교보다 문화적 영향과 정치적 행동이 보다 큰 비중을 차지했다. 교회는 예배 공동체로서 종교적 실체이면서 사회적으로는 교제하고 이웃 사랑을 실천하며 선악을 규정함으로써 하나님의 뜻

---

29) 김성철, 「Diakonia」 평화사회복지연구소. 2000 참조.

을 실천해 나가는 사회적 공동체이다. 그러므로 하나님의 실천하고 구원의 사업을 충실하게 하는 것과 사회적 책임과 의무를 다하는 것이 교회의 역할을 다하는 것이다. 이제 한국교회는 성장에 있어서 위기라고 할 수 있다. 이 위기를 극복할 수 있는 방법 중 소중한 사역은 교회의 사명 중 하나가 전파하고 봉사하기 위해 세상으로 다시 보내졌다는 것이다. 교회는 착취, 뇌물, 불공정한 재판, 인구폭발, 자원고갈, 환경오염, 핵무기 위협 등을 제거하고 진정한 하나님의 정의와 평화가 실현되도록 증거하는 것이다. 한국교회는 개인구원적이고 기복적인 신앙에 의존하는 경향이 많이 있다. 사회적 책임이라든지 대인적 봉사와 구제와 같은 일을 포함한 사회참여의 측면에서는 매우 소극적이거나 무관심해 왔다. 이에 대해 한구교회는 분명한 문제의식을 가지고 준비해야 한다.

교회의 본질적 사명은 복음의 선포(Kerygma), 사랑의 친교(Koinonia), 이웃에 책임 있는 봉사(Diakonia)로 볼 수 있는데 한국교회는 교회 자체 성장에만 관심을 가졌을 뿐 교회를 향한 사회의 요청에는 적극적인 대응을 하지 못하였다. 성서에서는 고아, 과부에 대해 각별히 보호를 요청하고 있는 것을 볼 수 있는데 이러한 성서에서 근간을 두는 교회는 이웃을 향한 구체적인 사랑의 실천으로써 교회의 본질인 낮은 자들과 함께하는 '섬김'의 자세를 잃어버리지 말아야 한다고 본다.

라인홀드 니버(Reinhold Nibuhr)는 그의 저서 「사회사업에 관한 기독교의 공헌」(The Contribution of Religion to Social Work)에서 "교회는 사회복지를 낳고 키운 어머니"였는데 어머니로서의 책임을 포기하였기 때문에 세속화를 초래하였다고 했다.

기독교에서는 약자와 강자, 가난한 자와 부유한 자 모두가 하나님 앞에서 동등한 대우를 받는다. 그러나 인간적 측면에서의 관심은 그렇지 않다. 구약시대에는 고아와 과부에 대한 법적인 우선권이 많이 강조되어 있고 신약시대에는 같은 피지배자 가운데서도 소외된 무리들과 팔레스타인 지역에 흩어져 사는 Diaspora들에 대한 유태교적 율법의 재해석을 통해 그들의 권익을 보장하고 그들의 생활을 보장토록 했다.

예수의 삶과 가르침은 봉사의 삶이었으며 이러한 예수의 복지적 입장에
서도 보아도 가난한 자, 눌린 자, 천대받는 자 등과 같은 이웃들과 함께 웃
고 울면서 그들을 위해 사셨다.

한국교회는 이제 새로운 전환기를 맞이했다고 보아도 과언이 아닐 것이
다. 지금까지는 교회의 내적 성장을 지향하여 모든 총력을 교단과 교리를
부흥시키는 데 기울였지만 이제 한국교회의 외적 성장은 더 이상 교회 자
체를 위해서만 관심을 기울이는 행위는 사회로부터 용납받지 못할 정도의
모양새를 갖추었기에 이제는 교회에 대해 요청하고 있는 소리들을 겸허히
수용하는 자세를 보여야 할 것이다.

한국교회는 사회적 책임을 깊이 가지고 기존의 교회 사회사업의 활동을
재정립하고 보다 전문적인 방법으로 새롭게 시작해야 할 것이다. 또한 교회
에서 할 수 있는 프로그램으로서 아동, 주부, 청소년, 노인들을 위한 다양한
프로그램을 통하여 지역사회 안에서의 교회의 위치를 새롭게 제시해야 할
것이다.

구약성서와 신약성서에 보면 사회복지에 대한 이념이 구체적으로 잘 나
타나 있다. 이스라엘 백성들은 전통적으로 나그네를 잘 대접했으며, 고아와
과부에 대한 사랑과 배려가 극진했음을 우리는 성서를 통해서 볼 수 있다.
초대교회 공동체에도 구제하는 일과 과부를 돌보는 일에 대단히 열심이었
으며, 그 전통이 계속되어 내려오게 되었다. 그러한 전통을 갖고 있는 기독
교가 우리나라에 들어서기 시작한 것은 약 백 년 전부터인데, 우리나라의
근대화에 지대한 공헌을 해 왔고 지금도 우리 사회에 많은 영향을 끼치고
있다. 이처럼 한국교회는 선교 2세기를 지나면서 놀랄 만한 성장을 이루었
지만 언제부터인가 성장이 감소하고 있다. 이것은 균형 잡힌 성장이 아니라
한쪽으로 치우친 바람직하지 못한 성장이었다. 왜냐하면 이웃에게 사랑을
나누어 주는 나눔과 섬김의 복지의 사명을 소홀히 하였기 때문이다.

교회는 점차 이웃을 잃어 가고 있다. 교회가 지역사회 속에서 교회 자체
를 사랑하듯이 이웃 지역사회를 사랑해야 하며 교회의 이웃을 찾아야 한다
고 생각한다. 예수의 삶과 가르침은 인간의 낮고 낮은 삶에서부터 봉사의

삶이었으며 이러한 예수는 복지적 입장에서 보아도 가난한 자, 눌린 자, 소외된 자, 핍박받는 자, 빚진 자, 천대받는 자, 차별받는 자 등과 같은 이웃들과 함께 웃고 울면서 그들을 위해 사셨다. 예수의 삶은 섬김의 삶으로서의 교육이었다. 그래서 응하려는 자세가 필요하며 봉사를 통한 교육의 새로운 장이 요구된다. 이런 면에서 교회의 사명은 모이는 교회로서의 예배와 교육으로, 또한 흩어지는 교회로서 사회 속에서 섬김이 바람직하다고 본다. 그리고 교회는 '이웃의 교회'가 되어야 하고 '이웃을 위한 교회'로서 혼자 사는 삶이 아닌 이웃과 더불어 사는 것을 가르치는 교육을 교회가 과감히 시도하며 교회의 본질(Meaning)을 잃지 않고자 계속적인 개혁이 필요하며 '섬김의 도'를 이루어 나가야 할 것이다.

교회사회복지의 실천 개념을 Diakonia의 사상으로, 하나님의 사랑의 실천으로 이루어진다고 볼 수 있다. 그리고 여기에는 세 가지에 목적을 두고 있다. 첫째, 개인과 집단으로 하여금 그와 환경 간에 불균형 상태가 일어났을 때 문제를 올바로 찾아내어 이의 심각도를 감축시키거나 해결할 수 있도록 교회가 도와주는 일이다. 둘째, 개인이나 또는 집단이 그와 환경 간에 불균형이 일어날 수 있는 잠재적인 문제가 도사리고 있는 부분을 찾아내어 불균형 상태가 일어나는 것을 교회가 사전에 예방하는 것이다. 셋째, 개인과 집단과 지역사회 내의 최대한의 잠재력을 찾아내고 확인하며, 이를 교회가 강화시켜 주는 것이다.

사회복지가 전문화되면서 임상실천, 직접실천 또는 거시적 실천이라는 용어들이 등장하였는데 교회사회복지 실천에 있어서 클라이언트의 문제들을 해결하기 위해 미시적(micro), 메조(mezzo), 거시적(macro) 전략들을 채택해야 한다고 본다. 미시적 접근은 개인이나 가족, 집단에 초점을 두는 데 비해, 거시적 접근은 더 커다란 사회체계에 관심을 둔다. 거시적 실천에서는 대면 접촉(face to face)을 통한 서비스 전달은 최소화되고 사회 계획이나 지역사회 조직의 과정이 주로 관계된다. 그러나 효과적인 실천은 이러한 세 차원에 관련된 지식을 모두 요구하며 교회는 영적인 부분으로 접근해서 새로운 접근을 모색해야 할 것이다.

미국이 사회복지사 협회는 사회사업 실천은 일련의 가치(value), 목적, 인정(sanction), 지식 그리고 방법론(method) 등에 의해 확인될 수 있다고 했다. 따라서 전문 사회사업 실천을 구성하는 다섯 가지의 요소들을 구체화하면 다음과 같은데 교회 사회사업의 실천의 영역은 교회만의 독특한 Diakonia (나눔과 봉사)사명을 중심으로 이루어져야 할 것이다.

사회사업 전문직의 기본적 가치는 인간의 존엄성과 사회정의 실현에 있다고 할 수 있다. 인간의 존엄성과 가치는 모든 사람들이 생래적인 가치와 존엄을 가지고 있다는 것이다. 사회정의는 공동선과 인간의 잠재적인 발달에 필요한 자원에 대한 권리로서 사회가 가진 동일한 기본 권리, 보호, 기회, 의무, 그리고 사회적 이익을 모든 구성원들이 누릴 수 있는 이상적인 상태를 말한다. 모든 전문직은 사회에서 책임져야 할 할당된 기능을 가지고 있으며 국가, 지역사회, 기관, 클라이언트, 그리고 전문직 자체로부터 공식적 또는 비공식적 인정 내지 인가를 받아서 실천되어야 한다. 과거에 사회사업이 전문직의 속성을 갖추고 있느냐는 논란이 일어 오곤 했다. 결론적으로 사회사업은 전문직으로서의 갖추어야 할 조건을 충족시킬 수 있는 개념과 기준을 가지고 있다고 보아야 한다. 사회복지는 인간에 관한 지식이라고 할 수 있으나 아직까지 인간에 관한 한 절대적인 지식이 없다고 본다. 지금까지 인간을 연구하는 과학이 인간에 대한 일반화된 지식의 체계를 이룩해 놓았다 할지라도 인간 행동의 현상에는 항상 예외성이 강하기 때문에 인간의 행동은 자의적이며 예측할 수 없는 성격의 것이라는 점을 전제해야 할 것이다.

그러면 지식은 무엇인가? 지식은 광대하고 다양한 의미를 가진 용어이다. 지식은 우리가 사실로 간주하는 또는 진실일 가능성이 매우 높은 현실(reality)에 관한 인지적·정신적 내용(아이디어, 신념)이라고 규정지을 수 있다. 사회사업 실천도 강력한 지식 기반 위에서 수행되는 것이 강조되고 있다. 사회사업 실천을 위한 지식은 전통적으로 다른 학문, 특히 심리학이나 사회학에서 도출되어 왔다. 그러나 전문직으로 성장함에 따라 사회복지사들은 사회사업 실천 그 자체에서 도출되는 지식에 더 실천의 기반을 두기 시작했다. 한 가지 문제는 실천가들이 실천상의 관습적 경험에서 오는 상식적 지혜를 실험적으로 검증된 지식보다 더욱 많이 활용한다는 것이다. 전문 사회사업이 목적을 성취하기 위해서는 사실(facts)이 필요하기 때문에 현재의 추세는 비확인된 아이디어보다는 과학적 지식에 점차 강조를 두고 있다. 과학이라는 실증적 특성을 갖는 지식 기반을 개발하기 위한 시도가 진행되고 있는 것이다. 그러나 많은 사회복지사들은 사람들을 돕는 데 있어서 상식이면 충분하다고 주장하거나 그러한 과학적 시도를 회피하고 거부하는 태도도 있는데, 이는 과학적 방법인 조사 연구가 사회사업의 중심인 인본주의 요소와 잘 조화되지 않는다는 생각과 관계가 있다. 또한 사회복지사가 다루는 문제의 성격은 너무 복합적인 것이라서 과학적 조사 기법으로는 측정될 수 없다는 신념노 삭용하기 때문이다.

사회사업 실천에 있어서 방법론이란 가치관과 지식을 바탕으로 활동을 전개해 나가는 절차를 체계화시킨 것으로써 개인의 문제를 다루는 개별사회사업, 집단의 문제를 다루는 집단사회사업, 그리고 지역사회 전체의 문제와 통합을 다루는 지역사회개발 내지 지역사회조직사업을 들 수 있다. 그러나 이들 방법들은 실제적인 사회사업 실천 상황에 있어서 통합적으로 적용되어야 하는 것으로써 사회복지사는 한 개인의 문제를 볼 때에도 그가 속한 집단과 지역사회의 맥락에서 파악하고 치료 내지 변화를 시도할 때에도 개인은 물론 집단과 지역사회의 변화를 동시에 꾀하는 것이 이상적이다. 이러한 측면을 구현하는 것이 바로 일반적 실천(Generalist approach)이다. 이와 같은 방법론은 기법(technique)과 기술(skill)의 양면을 지니며, 기법을 도구라고 한다면 기술은 이들 도구를 효과적으로 활용하는 숙련성이라고 할 수 있다. 이제 교회사회복지도 전문성으로 접근하여야 하리라 본다. 전문성 없는 의사는 의사로서의 영역과 자격에 문제가 있듯이 교회사회복지도 전문성과 함께할 때 비로소 그에 따른 열매를 기대할 수 있다고 본다. 그리고 한국교회는 사회복지적 입장에서 실천신학을 새롭게 조명해 보는 것이 시대적 요청이라고 볼 수 있다. 실천신학은 교회의 실제적 활동을 전반적으로 취급하는 신학의 한 분야라고 할 수 있는데 카이퍼(kuyper)는 신학백과에서 실천신학을 봉사신학(De diaconologische groep)이라고 칭하면서 이것을 가르치는 학(學), 다스리는 학, 섬기는 학, 그리고 평신도학으로 분류하였다고 한다. 그런 의미에서 사회복지를 지향하는 목회는 실천신학의 중요한 연구 주제가 되고 있다. 실천신학을 구성하는 목회학과 전도학, 선교학, 설교학, 기독교교육학, 목회상담학, 예배학, 교회행정학, 평신도 신학 등의 모든 주제가 사회복지를 지향하는 목회와 연결되기 때문이다. 교회는 사랑과 자비의 열정만으로 자선을 베푸는 시대는 끝났다고 본다. 한국교회는 성서와 역사를 통해 사회복지 목회를 향한 하나님의 부르시는 하나 음성을 귀 기울여 들어야 할 것이다. 어떻게 그들과 함께할 것이지, 그 방법은 무엇인지 끊임없이 고민하고 연구해야 할 일이라고 본다. 사회복지 방법론은 수많은 시행착오를 통해서 발전되어 왔다. 교회의 무절제한 구제가 직업적인 걸인을 양산한 일도 있었고 전문 브로커가 중간에서 구제품을 갈취하는 일도 있었다. 이제 교회사회복지 실천도 보다 더 전문성과 학문성 그리고 체계성을 가지고 접근하고 연구하고 실천하여야 할 것이다. 또한 최선의 방법에 대한 끊임없는 새로운 모색이 필요하며 그러할 때 기독교사회복지가 실천신학의 영역의 한 분야로서 자리매김할 수 있는 이유가 된다고 본다.

7장 로잔 언약(1974, The Lausanne Covenant)[30]

I. 서론

로잔에서 열린 세계복음화국제대회에 참가하기 위하여 150여 개 나라에서 온 예수 그리스도의 교회의 지체인 우리는 그 크신 구원을 주신 하나님을 찬양하며, 하나님께서 우리로 하나님과 교제하게 하시며 우리 상호 간에 교제하게 하심을 기뻐한다. 우리는 하나님께서 우리 시대에 행하시는 일에 깊은 감동을 받으며 우리의 실패를 통회하고 아직 미완성으로 남아 있는 복음화 사역에 도전을 받는다. 우리는 복음이 온 세계를 위한 하나님의 좋은 소식임을 믿으며 이 복음을 온 인류에 선포하여 모든 민족으로 제자 삼으라 분부하신 그리스도의 명령에 순종할 것을 그의 은혜로 결심한다. 그러므로 우리는 이 신앙과 그 결단을 확인하고 이 언약을 공포하려 한다.

---

30) 제1차 세계복음화국제대회(The First International Congress on World Evangelization)은 1974년 스위스의 로잔에서 열린 복음주의 대회를 말한다. 대회가 열린 장소의 이름을 따서 로잔회의(Lausanne Congress)라고 부른다. 당시 의장은 미국 침례교의 빌리 그래험 목사이며, 참석자는 150여 개국에서 온 3천 명의 각국 대표들이었다. 제3세계에서도 참여한 대회 참석자들은 '이 땅이 주님의 음성을 듣게 하라'(Let the earth hear His voice)는 주제로 토론을 벌였다. 제2차 세계복음화국제대회는 필리핀 마닐라에서 1988년 열렸다.

Ⅱ. 하나님의 목적

우리는 세상의 창조주이시며 주 되신 영원한 한 분 하나님, 곧 성부, 성자, 성령에 대한 우리의 신앙을 확인한다. 하나님은 그의 뜻과 목적에 따라 만물을 통치하신다. 그는 자기를 위하여 세상으로부터 한 백성을 불러내시며 다시금 그들을 세상으로 내보내시어 그의 나라의 확장과 그리스도 몸의 건설과 그의 이름의 영광을 위하여 그의 부름받은 백성을 그의 종과 증인이 되게 하신다.

우리는 종종 세상에 동화되거나 세상으로부터 도피함으로 우리의 소명을 부인하고 우리의 선교사역에 실패하였음을 수치스럽게 생각하며 이를 고백한다. 그러나 복음은 비록 질그릇에 담겼을지라도 귀중한 보배임을 기뻐하며 성령의 능력으로 이 보배를 널리 선포하는 일에 우리 자신을 새롭게 헌신하려고 한다.

(사40:28; 마28:19; 엡1:11; 행15:14; 요17:6, 18; 엡4:12; 고전5:10; 롬12:2; 고후4:7)

Ⅲ. 성경의 권위와 능력

우리는 신구약 성경이 하나님의 영감으로 기록되었음을 믿으며 그 진실성과 권위를 믿는다. 성경은 그 전체가 기록된 하나님의 유일한 말씀으로서 그 모든 가르치는(affirm) 바에 전혀 착오가 없으며, 신앙과 행위에 있어 유일하고 정확 무오한 규준임을 믿는다. 하나님의 말씀은 또한 그의 구원 목적을 이루시는 하나님의 능력이다. 성경 말씀은 온 인류를 위한 것이다. 이는 그리스도와 성경에 나타난 하나님의 계시는 불변하기 때문이다. 그 계시를 통하여 성령은 오늘도 말씀하신다. 성령은 어떤 문화 속에서나 모든 하나님의 백성의 마음을 깨우치사 그들의 눈으로 친히 이 진리를 새롭게 보게 하시고 하나님의 여러 모양의 지혜를 온 교회에 더욱더 풍성하게 나타내신다.

(딤후3:6; 벧후1:21; 요10:35; 사55:11; 고전1:21; 롬1:16; 마5:17, 18; 엡1:17, 18; 3:10, 18)

Ⅳ. 그리스도의 유일성과 보편성

우리는 전도의 방법은 여러 가지이나 구세주는 오직 한 분이시요, 복음도 오직 하나임을 확인한다.

우리는 자연에 나타난 하나님의 일반 계시를 통해서 모든 사람이 하나님에 관한 어느 정도의 지식이 있음은 인정한다. 그러나 우리는 사람이 이것으로 구원받을 수 있다는 주장은 부인한다. 이는 사람이 자신의 불의로써 진리를 억압하고 있기 때문이다. 우리는 또한 여하한 형태의 혼합주의를 거부하며, 그리스도께서 어떤 종교나 어떤 이데올로기를 통해서도 동일한 말씀을 하신다는 식의 대화는 그리스도와 복음을 손상시키므로 이를 거부한다. 예수 그리스도는 유일하신 (神人)으로 죄인을 위한 유일한 대속물로 자신을 주셨고, 하나님과 사람 사이의 유일한 중보자이시다. 예수 이름 외에 우리가 구원받을 다른 이름은 없다. 죄로 말미암아 모든 사람이 멸망하고 있다. 그러나 하나님은 모든 사람을 사랑하시어 한 사람도 멸하지 않고 모두가 회개할 것을 원하신다. 그럼에도 불구하고 그리스도를 거절하는 자는 구원의 기쁨을 거부하며 스스로를 정죄함으로써 하나님으로부터 영원히 분리된다.

예수를 '세상의 구주'로 전파함은 모든 사람이 자동적으로 혹은 궁극적으로 구원받게 된다는 말이 아니며 또 모든 종교가 그리스도 안에 있는 구원을 제공한다고 보장하는 것은 더욱 아니다. 예수를 '세상의 구주'로 전하는 것은 오히려 죄인들이 사는 세상을 향한 하나님의 사랑을 선포하는 것이며 마음을 다한 회개와 신앙의 인격인 결단으로 예수를 구세주와 주로 영접하도록 모든 사람을 초청하는 것이다. 예수 그리스도는 모든 다른 이름 위에 높임을 받으셨다. 우리는 모든 사람이 그 앞에 무릎을 꿇게 되고 모든 입이 그를 주로 고백하게 되는 날이 오기를 고대한다.

　(갈1:6 - 9; 롬1:8 - 32; 딤전2:5,6 행4:12; 요3:16 - 19; 벧후3:9; 살후1:7 - 9; 요4:42; 마11:28; 엡1:20, 21; 빌2:9 - 11)

V. 전도의 본질

　전도한다는 것은 기쁜 소식을 널리 전파하는 것이며, 기쁜 소식이라 함은 예수 그리스도께서 성경대로 우리 죄를 위하여 죽으시고 죽은 자로부터 다시 살아나시사 통치하시는 주로서 지금도 회개하고 믿는 모든 이들에게 사죄와 성령의 자유케 하시는 은사를 공급하신다는 것이다. 전도하기 위하여 우리 그리스도인이 이 세상에 있어야 함은 불가피하며, 마찬가지로 상대방을 이해하려면 대화를 경청하는 것은 불가피한 일이다. 그러나 전도 그 자체는 사람들로 하여금 인격적으로 하나님께 나아가 하나님과 화목하도록 설득하기 위하여 역사적, 성서적 그리스도를 구세주요, 주로 선포하는 것이다. 복음에로 초대함에 있어 제자 된 값을 치러야 한다는 사실을 무시해서는 안 된다. 예수께서는 오늘도 당신을 따르는 모든 사람으로 하여금 자기를 부인하고 자기 십자가를 지고 그의 새로운 공동체에 속하였음을 분명히 하도록 부르신다. 전도의 결과는 그리스도께 대한 순종과 그의 교회와의 협력, 세상에서의 책임 있는 봉사를 포함한다.

　(고전15:3,4; 행2:32 - 39; 요20:21; 고전1:23; 고후4:5; 5:11,20; 눅14:25 - 33; 막8:34; 행2:40, 47; 막10:43 - 45)

Ⅵ. 그리스도인의 사회적 책임

우리는 하나님이 모든 사람의 창조주이신 동시에 심판주이심을 믿는다. 그러므로 우리는 인간 사회 어디서나 정의와 화해를 구현하시고 인간을 모든 압박으로부터 해방시키려는 하나님의 관심에 동참하여야 한다. 사람은 하나님의 형상대로 창조되었기 때문에 인종, 종교, 피부색, 문학, 계급, 성 또는 연령의 구별 없이 모든 사람은 천부적 존엄성을 지니고 있으며 따라서 사람은 서로 존경받고 섬김을 받아야 하며 누구나 착취당해서는 안 된다. 이 사실을 우리는 등한시하여 왔고 또는 종종 전도와 사회참여가 서로 상빈된 짓으로 잘못 생각한 데 대하여 뉘우친다. 사람과의 화해가 곧 하나님과의 화해는 아니며, 또 사회참여가 곧 전도일 수 없으며, 정치적 해방이 곧 구원은 아닐지라도, 전도와 사회 – 정치 참여는 우리 그리스도인의 의무의 두 부분임을 인정한다. 이 두 부분은 모두 하나님과 인간에 대한 교리와 이웃을 위한 사랑, 그리고 예수 그리스도에 대한 우리의 순종의 필수적 표현들이기 때문이다. 구원의 메시지는 모든 소외와 압박과 차별에 대한 심판의 메시지를 내포한다. 그러므로 우리는 악과 부정이 있는 곳에서는 어디서나 이것을 공박하는 일을 두려워해서는 안 된다. 사람이 그리스도를 영접하면 그의 나라에 다시 태어난다. 따라서 그들은 불의한 세상 속에서 그 나라의 의를 나타낼 뿐만 아니라 그 나라의 의를 전파하기에 힘써야 한다. 우리가 주장하는 구원은 우리로 하여금 개인적 책임과 사회적 책임을 총체적으로 수행하도록 우리를 변화시켜야 한다. 행함이 없는 믿음은 죽은 것이다.

(행17:26, 31; 창18:25; 사1:17; 시45:7; 창1:26, 27; 약3:9; 레19:18 눅 6:27, 35; 약2:14 – 26; 요3:3, 5 마5:20; 6:33; 고후3:18; 약2:20)

Ⅶ. 교회와 전도

하나님 아버지께서 그리스도를 세상에 보내신 것과 같이 그리스도는 그의 구속받은 백성을 세상으로 보내심을 우리는 확인한다. 이 소명은 그리스도께서 하신 것과 같이 세상 깊숙이 파고드는 희생적인 침투를 요구한다. 우리는 우리의 교회의 '울타리'를 헐고 불신 사회에 침투해 들어가야 한다. 교회가 희생적으로 해야 할 일 중에서 전도는 최우선적인 것이다. 세계 복음화는 온 교회가 온전한 복음을 온 세계에 전파할 것을 요구한다. 교회는 하나님의 우주적 목적의 바로 중심에 서 있으며 복음을 전파할 목적으로 하나님께서 지정하신 수단이다. 그러나 십자가를 설교하는 교회는 스스로 십자가의 흔적을 지녀야 한다. 교회가 만일 복음을 배반하거나, 하나님께 대한 산 믿음이 없거나 혹은 사람에 대한 진실한 사랑이 없거나, 사업 추진과 재정을 포함한 모든 일에 있어서 철저한 정직성이 결여될 때, 교회는 오히려 전도의 장애물이 되어 버린다. 교회는 하나의 기관이라기보다 하나님의 백성의 공동체이다. 따라서 어떤 특정한 문화적, 사회적 또는 정치적 체제나 인간의 이데올로기와 동일시되어서는 안 된다.

(요17:18; 20:21; 마28:19, 20; 행1:8, 20; 엡1:9, 10; 3:9 – 11; 갈6:14, 17; 고후 6:3, 4; 딤 2:19 – 21; 빌1:27)

Ⅷ. 전도를 위한 협력

교회가 진리 안에서 보기에도 참으로 분명한 일치를 이루는 것이 하나님의 목적임을 우리는 확인한다. 전도는 또한 우리를 하나가 되도록 부른다는 우리의 불일치가 우리가 전하는 화해의 복음을 손상시키듯이 우리의 하나 됨은 우리의 증거를 더욱 힘 있게 만들기 때문이다. 조직적 일치는 여러 형태가 있으나 그것이 반드시 전도를 위한 것이 아닐 수도 있음을 시인한다. 그럼에도 불구하고 동일한 성서적 신앙을 소유한 우리는 교제와 사역과 전도에 있어서 긴밀하게 일치단결하지 않으면 안 된다. 우리의 증거가 때로는 사악한 개인주의와 불필요한 중복으로 인하여 누를 입을 경우가 많음을 고백한다. 우리는 진리와 예배와 거룩함과 선교에 있어서 보다 깊은 일치를 추구할 것을 약속한다. 우리는 교회의 선교 사역을 확장하기 위하여, 전략적 계획을 위하여, 상호 격려를 위하여, 그리고 자원과 경험을 서로 나누기 위하여 지역적이며 기능적인 협력을 개발시킬 것을 촉구한다.

(요13:35; 17:21, 23; 엡4:3, 4; 빌1:27; 요17:11 – 23)

IX. 교회의 선교 협동

선교의 새 시대가 동트고 있음을 우리는 기뻐한다. 서방 선교의 주도적 역할은 급속히 사라져 가고 있다. 하나님은 신생 교회들 중에서 세계 복음화를 위한 위대하고도 새로운 자원을 불러일으키고 계신다. 그리하여 전도의 책임이 그리스도의 몸 전체에 속해 있음을 밝히 보여 주신다. 그러므로 모든 교회는 개교회가 속해 있는 지역을 복음화함과 동시에 세계의 다른 지역에도 선교사를 보내기 위하여 무엇을 해야 할 것인가를 하나님과 자신에게 물어야 할 것이다. 우리의 선교 책임과 선교 역할에 대한 재평가는 계속되어야 한다. 이렇게 하여 교회들 간의 협동은 더욱 강화될 것이며, 그리스도 교회의 보편성은 더 분명하게 드러나게 될 것이다. 우리는 또한 성서 번역, 신학교육, 매스미디어, 기독교 문서사업, 전도 선교, 교회 갱신, 기타 특수 분야에서 일하는 여러 기관들로 인하여 하나님께 감사한다. 이런 기관들도 교회 선교의 한 사역자로서 그 효율성을 평가하기 위하여 지속적인 자기 검토를 해야 한다.

(롬1:8; 빌1:5; 4:15; 행13:1:1 – 3; 살전1:6 – 8)

X. 복음 전도의 긴박성

인류의 3분의 2 이상에 해당하는 27억 이상의 인구가 아직도 복음화되어야 한다. 우리는 이토록 많은 사람이 아직도 등한시되고 있다는 사실을 부끄럽게 생각한다. 이는 우리와 온 교회에 대한 끊임없는 견책이다. 그러나 오늘날 세계 도처에서는 주 예수 그리스도에 대하여 전례 없는 수용 자세를 보이고 있다. 지금이야말로 교회와 모든 교회 기관들이 복음화되지 못한 이들의 구원을 위하여 열심히 기도하고 세계 복음화를 성취하기 위한 새로운 노력을 시도해야 할 때임을 확신한다.

이미 복음이 전파된 나라에 해외 선교사와 선교비를 감축하는 일은 토착 교회의 자립심을 기르기 위하여 혹은 아직 미복음화 지역으로 그 자원을 회전시키기 위하여 때로는 필요한 경우도 있을 것이다. 선교사들이 겸손한 섬김의 정신으로 더욱더 자유롭게 육대주 전역에 걸쳐 교류되어야 할 것이다.

목표는 가능한 모든 수단을 총동원하여 되도록 빠른 시일 안에 한 사람도 빠짐없이 이 좋은 소식을 듣고, 깨닫고, 받아들이게 할 기회를 제공하는 일이다. 희생 없이 이 목적을 성취한다는 것은 기대할 수가 없다. 수천수백만이 당하고 있는 빈곤에 우리 모두가 충격을 받으며, 이 빈곤의 원인인 불의에 대하여 분개한다. 우리 중에 풍요한 환경 속에 살고 있는 이들은 검소한 생활양식을 개발하여 구제와 전도에 보다 많이 공헌하는 것이 우리의 의무임을 확인한다.

(요9:4; 마9:35 – 38; 롬9:1 – 3; 고전9:19 – 23; 막16:15; 사58:6, 7; 약1:27; 2:1 – 9; 25:31 – 46; 행2: 44, 45; 4:34, 35)

XI. 전도와 문화

세계 복음화를 위한 전략 개발에는 대범한 개척적 방법이 요청된다. 하나님의 뜻을 따라 복음 전도의 결과, 그리스도 안에 깊이 뿌리내리고 동시에 그들의 문화에 밀접하게 적용된 여러 교회들이 일어날 것이다. 문화는 항상 성경을 표준으로 검토되고 판단되어야 한다. 사람은 하나님의 피조물이기 때문에 인류 문화의 어떤 것은 매우 아름답고 선하다. 그러나 인간의 타락으로 인하여 그 전부가 죄로 물들었고 어떤 것은 악마적이다. 복음은 한 문화가 다른 어떤 문화보다 우월하다고 전제하지 않는다. 오히려 복음은 모든 문화를 그 자체의 진리의 정의를 표준으로 평가하고 모든 문화에 있어서 도덕적 절대성을 주장한다. 선교는 지금까지 복음과 함께 이국 문화를 수출하는 일이 너무 많았고, 교회는 종종 성경에 매이기보다 문화에 매이는 경우가 많았다. 모름지기 그리스도의 전도자는 겸손하게 자기를 온전히 비우기를 힘써야 한다. 다만 그의 인격의 가장 진실한 것만을 간직하여 다른 사람의 종이 되어야 한다. 그리하여 교회는 문화를 변형시키고 풍요하게 만들기에 힘쓰되 모든 것을 하나님의 영광을 위해서 해야만 한다.

(막7:8, 9, 13; 창4:21, 22; 고9:19 – 23; 빌2:5 – 7; 고후4:5)

XII. 교육과 지도력

우리는 때때로 교회 성장을 추구한 나머지 교회의 깊이를 포기하는 결과를 가져왔고, 또한 전도를 신앙적 육성으로부터 분리시켜 왔음을 고백한다. 또한 우리 선교 단체들 중에는 현지 지도자로 하여금 그들의 마땅한 책임을 감당할 수 있도록 준비시키고 격려하는 일에 매우 소홀했음을 인정한다. 그러나 이제 우리는 토착화를 믿고 있으며 모든 교회가 현지 지도자들을 등용하여 그들로 하여금 지배자로서가 아닌 봉사자로서의 기독교 지도자상을 제시할 수 있기를 갈망한다. 신학 교육의 개선, 특히 교회 지도자들을 위한 신학 교육의 개선이 크게 요구되고 있음을 인정한다. 모든 민족과 문화권에 있어서 교리, 제자도, 전도, 교육 및 봉사의 각 분야에 목회자, 평신도를 위한 효과적인 훈련 계획이 수립되어야 한다. 그런 훈련 계획은 틀에 박힌 전형적인 방법에 의존할 것이 아니라 성서적 표준을 따라 지역적인 독창성에 의하여 전개시켜 나아가야 한다.

(골1:27, 28; 행14:23; 딛1:5, 9: 마10:42 − 45; 엡4:11, 12)

XIII. 영적 싸움

우리는 우리가 악의 권세들과 능력들과의 부단한 영적 싸움에 참여하고 있음을 믿는다. 그것들은 교회를 전복시키고 세계 복음화를 위한 교회의 사역을 좌절시키려고 한다. 우리는 하나님의 전신갑주로 자신을 무장하고 진리와 기도의 영적 무기를 가지고 이 싸움을 싸워야 한다는 것을 안다. 이는 교회 밖에서의 거짓 이데올로기 속에서뿐만 아니라 교회 안에서까지도 성경을 왜곡시키며 사람을 하나님의 자리에 놓는 거짓 복음 속에서 적이 활동하고 있음을 발견하기 때문이다. 우리는 성서적 복음을 수호하기 위하여 깨어 있어야 하며 분별력이 있어야 한다. 우리는 우리 자신이 세속적인 생각과 행위, 즉 세속주의에 면역되어 있지 않다는 점을 인정한다.

예를 들면 숫자적으로나 영적으로 교회 성장에 대한 세심한 연구는 정당하고 가치 있는 일임에도 우리는 종종 이런 연구를 게을리 하였으며 어떤 경우에는 복음에 대한 반응에만 열중하여 우리의 메시지를 타협시켰고 강압적 기교를 통하여 청중을 교묘히 조종하였고 지나치게 통계에 집착한 나머지 통계를 부정직하게 기록하는 때도 있었다. 이 모든 것이 세속적인 것이다. 교회가 세상 속에 있어야 하지만 세상이 교회 속에 있어서는 안 된다.

(엡6:12; 고4:3, 4; 엡6:11, 13 – 18; 고후10:3 – 5; 요2:18 – 26; 4:1 – 3; 갈
1:6 – 9; 고후2:17; 4:2; 요17:15)

XIV. 자유와 핍박

모든 정부는 교회가 간섭받지 않으면서 하나님께 순종하고, 주 그리스도
를 섬기며, 복음을 전파하도록 평화와 정의와 자유를 해야 할 의무를 하나
님께로부터 받고 있다. 그러므로 우리는 모든 나라의 지도자들을 위하여 기
도하며 그들이 사상과 양심이 자유를 보장하고 하나님의 뜻을 따라, 그리고
유엔 인권 선언에 규정한 바와 같이 종교를 믿으며 전파할 자유를 보장해
줄 것을 요청한다. 우리는 또한 부당하게 투옥된 사람들, 특히 주 예수 그
리스도를 증거하기 때문에 고난받는 우리 형제들을 위하여 깊은 우려를 표
한다. 우리는 그들의 자유를 위하여 기도하며 힘쓸 것을 약속한다. 동시에
우리는 그들의 생명을 걸게 하는 협박을 거부한다. 하나님께서 우리를 도와
주시기 때문에 우리는 어떤 대가를 치르더라도 불의에 대항하여 복음에 충
성하기를 힘쓸 것이다. 핍박이 없을 수 없다는 예수님의 경고를 우리는 잊
지 않는다.

(딤전1:1 – 4; 행4:19; 5:19; 골3:24; 히13:1 – 3; 눅4:18; 갈5:11; 6:12; 마
5:10 – 12; 요15:18 – 21)

XV. 성령의 능력

우리는 성령의 능력을 믿는다. 아버지 하나님은 그의 영을 보내시어 아들
에 대하여 증거케 하신다. 그의 증거 없이 우리의 증거는 헛되다. 죄를 깨

달고, 그리스도를 믿고, 새로 중생하고, 그리스도인으로 성장하는 이 모든 것이 성령의 역사이다. 뿐만 아니라 성령은 선교의 영이시다. 그러므로 전도는 성령이 충만한 교회로부터 자발적으로 일어나야 한다. 교회가 선교하는 교회가 되지 못할 때 그 교회는 자기모순에 빠져 있는 것이요, 성령을 소멸하고 있는 것이다. 전 세계 복음화는 오직 성령이 교회를 진리와 지혜, 믿음과 거룩함과 사랑과 능력으로 새롭게 할 때에만 실현가능케 될 것이다. 그러므로 우리는 모든 그리스도인들이 그러한 하나님의 전능하신 성령의 역사를 위하여 기도할 것을 요청하며, 성령의 모든 열매가 그의 모든 백성에게 나타나고, 그의 모든 은사가 그리스도의 몸을 충성하게 하도록 기도할 것을 호소한다. 그때야 비로소 온 교회는 하나님의 손에 있는 합당한 도구가 될 것이요, 온 땅은 하나님의 음성을 듣게 될 것이다.

　(고전2:4; 요15:26, 27; 16:8 - 11; 고전12:3; 요3:6 - 8; 고후3:18; 요7:37 - 39; 살전5:19; 행1:8; 시85:4 - 7; 67:1 - 3; 갈5:22,23; 고전12:4 - 31; 롬12:3 - 8)

XVI. 그리스도의 재림

　우리는 예수 그리스도께서 친히 권능과 영광 중에 인격적으로 그리고 눈으로 볼 수 있도록 재림하시어 그의 구원과 심판을 완성시킬 것을 믿는다. 이 재림의 약속은 우리의 전도를 가속화시킨다. 이는 먼저 복음이 모든 민족에게 전파되어야 한다고 하신 그의 말씀을 우리가 기억하기 때문이다. 그리스도의 승천과 재림 사이의 중간 기간은 하나님의 백성의 선교 사역으로 채워져야 한다고 우리는 믿는다. 그러므로 종말이 오기 전에는 우리에게 이 일을 멈출 자유가 없다. 우리는 또한 마지막적 그리스도의 선행자로서 거짓 그리스도들과 거짓 선지자들이 일어나리라는 그의 경고를 기억한다. 그러므로 우리는 인간이 땅 위에 유토피아를 건설할 수 있다는 생각은 오만한 자기 확신의 환상으로 간주하여 이를 거부한다. 우리 그리스도인들은 하나님께서 그의 나라를 완성하실 것이요, 우리는 그날을 간절히 사모하며 또 의가 거하고 하나님께서 영원히 통치하실 새 하늘과 새 땅을 간절히 고대하고 있음을 확신한다. 그때까지 우리는 우리의 삶 전체를 지배하시는 그의 권위에 기꺼이 순종함으로 그리스도를 섬기고 사람에게 봉사하는 일에 우리 자신을 재헌신한다.

(막14:62; 히9:28; 막13:10; 행1:8 - 11; 마28:20; 막13:21 - 23; 요2:18; 4:1 - 3; 눅12:32; 계21:1 - 5; 벧후3:13; 마28:18)

XⅦ. 맺음말

그러므로 이와 같은 우리의 신앙과 우리의 결심에 따라 우리는 전 세계 복음화를 위하여 함께 기도하고, 계획하고, 일할 것을 하나님과 우리 상호 간에 엄숙히 언약한다. 우리는 다른 사람들도 이 일에 우리와 함께 동참할 것을 호소한다. 우리로 하여금 하나님의 영광을 위하여 이 언약에 신실하도록 그의 은혜로 도와주시기를 기도한다.

아멘, 할렐루야!

8장 마닐라선언문(1989, The Manila Manifesto)

온 교회가 온 세상에 온전한 복음을 전하라는 부름

Ⅰ. 서문

1974년 7월, 스위스 로잔에서는 세계 복음화 국제회의가 개최되었었다. 그리고 이 대회는 로잔 언약(the Lausanne Covenant)을 표했다. 1989년 7월 에는 약 170개국에서 3,000여 명이 같은 목적으로 마닐라에 모여 마닐라 선언문을 발표하게 되었다. 우리는 필리핀 형제자매들로부터 받은 환영에 대하여 깊은 감사를 드린다.

이 두 회의 사이의 15년 동안 복음과 문화, 복음 전도와 사회적 책임, 검소한 생활양식, 성령, 중생과 같은 주제로 소규모의 신학협의회들이 모였다. 이런 회의와 그 보고서들은 로잔 운동에 관한 생각을 발전시키는 데 있어서 많은 도움을 주었다.

'선언'이란 신념과 의도와 동기를 선포하는 것을 의미한다. 마닐라 선언문은 이번 대회의 두 개의 주제인 '그리스도께서 오실 때까지 그를 선포하라'와 '온 교회가 온 세상에 온전한 복음을 전하라는 부름'에 기초하여 작성되었다. 제1부는 21개 항목의 신앙적 고백(affirmations)으로 구성되었으며, 제2부는 12항목으로 주제를 설명하였다. 교회들은 이 선언문을 '로잔 언약'과 함께 연구하며, 실천에 옮기기를 바란다.

II. 21개 항의 고백

1. 우리는, '로잔 언약'을 계속 로잔 운동을 위한 협력의 기초로 삼고 일해 갈 것을 확인한다.

2. 우리는, 하나님께서 신약 성서와 구약 성서에서 우리에게 하나님의 성품과 뜻, 그리고 하나님의 구속적 역사(役事)와 그 의미를 권위 있게 드러내실 뿐 아니라 선교를 명하고 계신 것을 확실히 믿는다.

3. 우리는, 성서의 복음이 하나님께서 계속적으로 우리에게 주시는 메시지임을 확인하며, 이 복음을 변호하고, 선포하며, 이를 구체적으로 표현할 것을 다짐한다.

4. 우리는, 인간이 하나님의 형상대로 창조되었으나, 죄인으로서 죄책이 있으며, 그리스도 없이는 멸망의 존재임을 믿으며, 복음을 이해하기 위해서는 이것이 우선적으로 알아야 할 필수적 진리인 것을 믿는다.

5. 우리는, 역사적인 예수와 영광의 그리스도가 동일한 분이시며, 이 예수 그리스도만이 성육신하신 하나님이시요, 우리의 죄를 담당하시고, 죽음을 이기신 분이요, 재림하실 심판자이므로, 절대 유일한 분인 것을 믿는다.

6 우리는, 예수 그리스도께서 십자가에서 우리를 대신하여, 우리의 죄를 지시고 죽으셨기 때문에 이에 근거해서만 하나님께서는 회개와 믿음으로 나오는 사람들을 값없이 용서하신다는 것을 믿는다.

7. 우리는, 다른 종교나 이데올로기가 하나님께 나아가는 또 다른 길이라고 볼 수 없으며, 그리스도만이 유일한 길이기 때문에 그리스도로 말미암아 구속되지 않는다면 인간의 영성은 하나님께 이르는 것이 아니라 심판에 이른다는 것을 믿는다.

8. 우리는, 하나님의 사랑을 구체적으로 표현하되, 정의와 인간의 존엄성, 그리고 의식주의 문제로 어려움을 당하고 있는 사람들을 돌아봄으로써 그 사랑을 실천적으로 입증해야 한다는 것을 믿는다.

9. 우리는, 정의와 평화의 하나님 나라를 선포하므로, 개인적인 것이든

구조적인 것이든 모든 불의와 억압을 고발하면서 이 예언적 증거에서 물러서지 않을 것을 고백한다.

10. 우리는, 전도에 있어서 그리스도에 대한 성령의 증거가 절대 필요하며, 따라서 성령의 초자연적인 역사가 없이는 중생이나, 새로운 삶이 불가능하다는 것을 믿는다.

11. 우리는, 영적인 싸움을 위해서는 영적 무기가 필요하므로, 성령의 능력으로 말씀을 선포하며 정사(政事)와 악의 권세를 이기신 그리스도의 승리에 참여할 수 있도록 항상 기도하여야 한다는 것을 믿는다.

12. 우리는, 하나님이 모든 교회와 모든 성도들에게 그리스도를 온 세상에 알리는 과제를 부여하셨음을 믿기 때문에 평신도나 성직자나 모두가 다 이 일을 위하여 동원되고 훈련되기를 간절히 바란다.

13. 몸 된 그리스도의 지체라고 믿고 행하는 우리는 인종과 성(性)과 계층을 초월하여 성도의 교제를 나눠야 한다는 것을 믿는다.

14. 성령의 은사는 남자든 여자든 하나님의 모든 백성에게 주어져 있으므로, 우리는 복음 전도에 있어 함께 동역하여 선(善)을 이루어야 한다는 것을 믿는다.

15. 복음을 선포하는 사람들은 성결과 사랑을 생활 속에서 드러내야 한다는 것을 믿는다. 그렇지 않으면 우리의 증거는 그 신빙성을 잃게 될 것이다.

16. 우리는, 모든 교회의 성도들이 속한 지역사회에서 복음 증거와 사랑의 봉사에로 눈을 돌려야 한다는 것을 믿는다.

17. 우리는 교회와 선교 단체, 그리고 그의 여러 기독교 기관들이 전도와 사회참여에 있어 경쟁과 중복을 피하면서 상호 협력이 절실히 필요한 것을 믿는다.

18. 우리가 사는 사회의 구조, 가치관과 필요 등을 이해하기 위하여, 이 사회를 연구하여, 적절한 선교 전략을 개발하여 나가는 것이 우리의 책임인 것을 믿는다.

19. 우리는, 세계 복음화의 긴급성과 아울러 미복음화 지역에 사는 사람들(unreached people)에게도 전도가 가능하다고 믿는다. 그러므로 우리는 20

세기의 마지막 10년 동안에 세계 복음화라는 과업을 위하여 새로운 결단으로 헌신할 것을 결의한다.

20. 우리는, 복음으로 인하여 고난받는 사람들과의 연대 의식을 확인하며, 우리 역시 그와 같이 고난받을 가능성에 대비하여 우리 자신을 준비시키는 일에 힘쓴다. 아울러 모든 곳에서의 종교적, 정치적 자유를 위하여 일할 것이다.

21. 우리는, 하나님께서 온 세상에 온전한 복음을 전하라고 온 교회를 부르고 계신 것을 믿는다. 그러므로 우리는 주님이 오실 때까지 신실하고 긴급하게 그리고 희생적으로 복음을 선포할 것을 결의한다.

Ⅲ. 온전한 복음

복음은 악의 권세로부터의 하나님의 구원과 영원한 하나님 나라의 건설, 그리고 하나님의 목적에 도전하는 모든 것들에 대한 하나님의 최종적인 승리에 관한 기쁜 소식이다. 하나님은 사랑으로 창세전에 그렇게 하시려고 목적하였고, 우리 주 예수 그리스도의 죽음을 통하여 죄와 사망과 심판에서 해방시키는 계획을 성취하셨다. 진실로 우리를 자유롭게 하고 구속된 자들의 사귐 속에서 우리를 연합시키는 분은 그리스도이시다.

1. 인간의 곤경

우리는 온전한 복음, 즉 성서적 복음의 그 충만함을 전파하는 일에 헌신한 자들이다. 그렇게 하기 위해서는, 인간에게 왜 복음이 필요한가를 먼저 이해해야 한다.

인간은 남자나 여자 모두가 하나님을 알고 사랑하고 섬기도록 하나님의 형상대로 창조되었기 때문에, 모두 고유한 존엄성과 가치를 지니고 있다. 그러나 죄로 말미암아 그들의 인간성은 구석구석이 다 왜곡되었다. 인간은 자기중심적이며 자기를 섬기는 반역자가 되어 마땅히 하나님과 이웃을 사랑해야 하지만 그렇게 하지 않는다. 그 결과, 인간은 창조주와 또 다른 피조물들로부터 소외되었다.

이것이 오늘날 그토록 많은 사람들이 겪고 있는 고통, 방황, 고독의 근본적인 원인이다. 죄는 또한 반사회적 행동, 다른 사람들을 격렬히 착취하는 일, 그리고 하나님께서 인간들로 하여금 청지기로 지키라고 주신 자원들을 고갈시키는 일을 감행한다. 따라서 인간은 변명의 여지가 없는 죄인이며 멸망으로 이끄는 넓은 길을 걷고 있다.

인간 안에 있는 하나님의 형상이 부패되기는 하였지만, 아직도 인간에게는 이웃을 사랑하고 품위 있는 행동을 하며 아름다운 예술을 창조할 만한 능력이 있다. 그러나 인간이 성취한 것은 제아무리 훌륭한 것이라 해도 숙명적으로 부족할 수밖에 없어 결국은 하나님의 면전에 들어가게 할 수는 없는 것이다. 남녀 구분 없이 모든 사람은 영적인 존재이다. 그러나 종교적 행동이나 자기 향상을 위한 기교가 인간의 필요를 다소 경감시킬 수 있을지라도 그것이 죄와 죄책과 심판의 준엄한 실재를 근본적으로 피하게 할 수는 없다. 인간의 종교나 인간의 의(義)나 사회 정치적 제도도 인간을 구원할 수는 없다. 어떤 종류의 자력 구원도 불가능하다. 인간은 자기 혼자로서는 영원히 잃어버린 존재이다.

그러므로 인간의 죄, 하나님의 심판, 예수 그리스도의 신성과 성육신 그리고 십자가와 부활의 필요성을 부인하는 거짓된 복음을 우리는 거부한다. 우리는 또한 죄를 극소화하고 하나님의 은혜를 인간의 자기 노력과 혼동시키는 사이비 복음들도 배척한다. 우리는 우리 자신이 때로는 복음을 보잘것없는 것으로 만들어 버렸음을 고백한다. 그러나 우리는 우리의 전도에 있어서 하나님의 철저한 진단과 아울러 하나님의 철저한 치유를 기억할 것을 결의한다.

2. 오늘을 위한 기쁜 소식

우리는 살아 계신 하나님이 우리를 멸망과 절망의 자리에 내버려 두지 아니하심으로 인하여 기뻐한다. 하나님은 사랑으로 우리를 원하시고 재창조하시기 위하여 예수 그리스도 안에서 우리를 찾아오셨다. 그러므로 기쁜 소식은, 이 땅에 오셔서 하나님의 나라를 선포하시고, 겸손한 섬김의 삶을 사시고, 우리를 위하여 죽으시고, 우리를 대신하여 죄와 저주를 담당하신 예수라는 역사적 인격에 그 초점을 맞춘다. 그리고 그 예수는 하나님께서 죽은 자 가운데서 다시 일으키사 하나님의 아들로 입증하신 분이시다. 회개하고 그리스도를 믿는 사람들을 하나님께서는 새 창조에 참여케 하신다. 하나님은 우리에게 새 생명을 주시사, 우리를 죄에서 용서하시며 또한 성령의 내주하시고 변혁시키는 능력을 주신다. 하나님은 모든 인종과 민족과 문화에 속한 각기 다른 사람들로 구성된 하나님의 새로운 공동체 안으로 우리를 받아 주신다. 그리고 하나님은 어느 날 우리가 하나님의 새 나라에 들어갈 것을 약속하신다. 그때에 악은 모두 제거되고 자연 세계가 구속되며, 하나님께서 영원히 통치하실 것이다.

이 복된 소식은 하나님의 구원의 능력이며 이 복음을 알려야 할 의무가 우리에게 있기 때문에 교회에서 혹은 공공장소에서, 라디오와 텔레비전으로 혹은 옥외에서도, 가능한 곳이면 어디서나 담대하게 선포되어야 한다. 우리는 말씀 전파로써 하나님께서 성서에 계시하신 진리를 신실하게 선포하며, 또한 이 복음을 우리의 상황에 적용시키기 위하여 애써야 한다.

우리는 또한 변증론, 즉 복음을 변명하며 확정하는 일(빌1:7)이 선교를 성서적으로 이해하는 데 필수적이며, 또한 현대 세계에서 효과적으로 복음을 증거하는 일에 본질적이라는 사실을 확인한다. 바울은 사람들에게 복음의 진리를 '설득'시키려고 그들과 성서의 말씀을 가지고 '변론'했다. 그러므로 우리도 그렇게 해야 한다. 사실 그리스도인은 누구나 자신들 속에 있는 소망에 관한 이유를 묻는 자들에게 대답할 것을 항상 예비하고 있어야 한다(벧전3:15).

우리는 다시 한번 누가가 강조한바 복음이 가난한 자들을 위한 복된 소식이라는 사실에 직면하면서(눅4:18; 6:20; 7:22) 이것이 세계 각 곳에서 착취당하며, 고통을 당하거나 억압받는 수많은 사람들에게 무엇을 의미하는지 스스로 반문해 왔다. 우리는 율법, 선지자, 지혜서 그리고 예수의 가르침과 사역, 이 모두가 물질적으로 가난한 사람들에 대한 하나님의 관심과, 따라서 우리에게도 그들을 변호하고 돌보아야 할 의무가 있다는 사실을 강조하고 있음을 기억한다. 성서는 또한 오로지 하나님의 자비만을 바라고 있는 영적으로 가난한 자도 이에 포함시키고 있다. 복음은 영적으로 그리고 물질적으로 가난한 자 모두에게 복된 소식이 된다. 경제적 상황이야 어떻든 영적으로 가난한 사람들이 하나님 앞에 겸손히 나오면, 믿음을 통해 값없이 주시는 구원을 선물로 받는다. 사람이 하나님의 나라에 들어가는 이밖에 다른 길은 없다. 물질적으로 가난하고 무력한 사람들은 이와 더불어 하나님의 자녀로서의 새로운 존엄성과 또한 그들을 억압하는 모든 것으로부터 저들을 해방시키기 위하여 함께 노력하는 형제자매들의 사랑도 발견하게 된다.

우리는 성서 안에 나타난 하나님의 진리를 조금이라도 소홀히 한 것을 회개하며 그 진리를 변호하며 선포하기로 결의한다. 우리는 또한 가난한 사람들의 곤경에 대하여는 무관심하고 부유한 사람들을 선호해 왔던 것에 대하여 회개하며, 또한 말과 행동으로 모든 사람들에게 복된 소식을 선포하며 예수를 따를 것을 다짐한다.

3. 예수 그리스도의 유일성

우리는 점차 다원화되어 가는 세상에 그리스도를 선포하도록 부름을 받았다. 세상에는 옛 종교의 재흥도 있고 새로운 종교가 발하기도 한다. 기원 후 1세기에도 '많은 신과 많은 주'(고전8:5)가 있었다. 그러나 사도들은 예수 그리스도의 유일성, 필수성 및 중심성을 담대히 주장했으며 우리도 그와 같이 행하여야 한다.

남자나 여자나 사람은 다 하나님의 형상대로 창조되었고, 피조물 속에서 창조주의 흔적을 볼 수 있기 때문에, 기존의 종교 속에 때로 진리와 미(美)의 요소들이 포함되어 있기도 하다. 그렇다고 이런 것들이 또 다른 복음일 수는 없다. 인간은 죄 있는 존재이며 "온 세상은 악한 자의 지배 아래 있기"(요일5:19) 때문에, 종교적인 사람일지라도 그리스도의 구속을 받아야 한다. 그러므로 우리는 그리스도 밖에서, 즉 그리스도의 사역을 믿음으로 분명히 받아들이지 않고서 구원받을 수 있다고는 도저히 말할 수 없다.

종종, 유대인들은 하나님이 아브라함과 언약을 맺었기 때문에, 예수를 그들의 메시아라고 인정할 필요가 없다고 한다. 그러나 우리는 유대인들도 다른 사람들과 마찬가지로 예수가 필요하다는 것을 확신한다.

복음을 '먼저 유대인에게' 전하라는 신약 성서의 모형(pattern)을 저버리는 것은 그리스도에 대한 불순종일 뿐 아니라 반유대주의(anti-Semitism)의 한 형태일 수도 있다고 확신한다. 그러므로 우리는 유대인들이 하나님과의 언약이 있음으로 예수를 믿을 필요가 없다고 하는 주장을 배격한다.

우리를 연합시키는 것은 예수 그리스도에 대한 우리의 공통된 믿음이다. 우리는 그분이 영원한 하나님의 아들이심을 고백한다. 그는 온전한 신성을 소유하시면서도 온전한 인간으로 오셨으며, 십자가 위에서 우리를 대신하여 우리의 죄를 지고 우리의 죽음을 대신하셨고, 자신의 의를 우리의 불의와 바꾸고, 변화된 몸으로 승리롭게 부활하셨으며 세상을 심판하시기 위하여 영광 중에 다시 오실 것이다. 예수만이 성육신 하신 유일한 하나님의 아들이요, 구세주요, 주님이시며 심판자이시다. 그러므로 그분은 성부와 성령과 함께 모든 사람들의 예배와 신앙과 순종의 대상이 되기에 합당한 분이시다. 죽음과 부활로 말미암아 구원의 유일한 길이 되신 분은 오직 한 분 그리스도이기 때문에, 하나의 복음이 있을 뿐이다. 따라서 우리는 모든 종교와 영성(靈性)이 다 같이 하나님께로 나아가는 유효한 접근 방법으로 간주하는 상대주의와, 그리스도에 대한 신앙과 다른 신앙들을 혼합하려는 혼합주의를 모두 배격한다.

더욱이 하나님께서는 예수를 모든 사람이 인정하도록 지극히 높이셨으며 우리도 그렇게 하기를 열망한다. 그리스도의 사랑이 우리를 강권하므로, 우리들도 그리스도의 지상 명령에 순종하고, 그의 잃어버린 양들을 사랑해야 한다. 특별히 우리는 그의 거룩한 이름에 대한 '질투'로 인해서도, 그리스도께서 그에게 합당한 영예와 영광을 받게 되기를 갈망한다.

과거 우리는 다른 종교를 신봉하는 사람들에게 무지, 거만, 무례 혹은 대적의 태도를 취하는 잘못을 범해 왔다. 우리는 이에 대하여 회개한다. 그럼에도 불구하고, 타 종교와의 대화를 포함한 모든 형태의 전도에서 그 생애나 죽음과 부활에 있어 우리 주님의 유일성을 적극적으로 증거하며, 결코 타협하지 않을 것을 다짐한다.

4. 복음과 사회적 책임

신빙성 있는 참된 복음은 변화된 성도들의 삶 속에 현저하게 나타나야 한다. 우리가 하나님의 사랑을 선포할 때 우리는 사랑의 봉사에 참여해야 하며, 우리가 하나님의 나라를 선포할 때 우리는 정의와 평화에 대한 그 나라의 요청에 헌신적으로 응답해야 한다.

우리의 주된 관심은 복음에 있으며, 모든 사람이 예수 그리스도를 구주로 영접할 기회를 갖도록 하는 데 있기 때문에 복음 전도가 우선이다. 예수께서도 하나님의 나라를 선포하셨을 뿐만 아니라 하나님 나라의 도래(到來)를 자비와 능력의 역사로 보여 주셨다. 오늘 우리도 이와 같이 겸손한 마음으로 말씀을 전파하고 가르치며, 병자를 돌보며 굶주린 자에게 먹을 것을 주고, 갇힌 자들을 살피며, 억울한 자와 장애자를 도와주며, 억압당하는 자들을 구하는 일을 해야 한다. 영적인 은사가 다양하고, 소명과 상황이 다르더라도 복된 소식과 선한 행위는 분리할 수 없음을 믿는다.

하나님의 나라에 관한 선포는, 그의 나라에 용납될 수 없는 일에 대하여 예언자적인 지적을 하도록 요청한다. 우리가 개탄하는 악은 제도화된 폭력, 정치적 부패, 사람과 땅에 대한 온갖 형태의 착취, 가정 파괴, 낙태, 마약 유통, 인권의 유린과 같은 파괴적인 폭력을 의미한다. 우리는 가난한 자들에게 관심을 가지면서 제3세계에 사는 그 많은 사람들이 부채로 인해 고통 당하고 있는 사실을 마음 아파한다. 우리는 또한 우리와 마찬가지로 하나님의 형상을 지니고 있는 수백만의 사람들이 비인간적인 조건 속에서 살고 있다는 사실에 분개한다.

그러나 우리들이 계속해서 사회에 관심을 가지며, 그것을 위하여 힘쓴다고 해서, 하나님의 나라가 곧 기독교화된 사회를 의미하는 것처럼 혼동하는 것은 아니다. 오히려 성서적 복음에는 언제나 사회적 적용이 내포되어 있다는 사실을 인정하는 것이다. 참된 선교는 언제나 성육신적이라야 한다. 참된 선교를 위해서는 겸허하게 그 사람들의 세계에 들어가서 그들의 사회적 현실, 비애와 고통, 그리고 압제 세력에 항거하며 정의를 위하여 투쟁하는 그들의 노력에 동참할 필요가 있는 것이다. 개인적인 희생 없이는 선교가 이루질 수 없다.

우리의 관심과 비전이 작아서 사람들의 공적, 개인적 삶이나 영적, 세계적 생활의 모든 분야에 있어 예수 그리스도가 주님이 되심을 선포하지 못했던 것을 회개한다. 우리는 "먼저 그 나라와 그 의를 구하라."(마6:33)는 예수의 명령에 순종할 것을 결의한다.

Ⅳ. 온 교회

온 교회는 온전한 복음을 선포하여야 한다. 하나님의 모든 백성은 전도의 과제를 함께 나누도록 부름을 받았다. 그러나 그들의 영이 하나님의 성령의 역사 없이는 결실을 얻지 못할 것이다.

1. 전도자 하나님

성서는 하나님 자신이 전도의 대장이심을 선포한다. 하나님의 영은 진리와 사랑과 거룩과 능력의 영이시며, 전도는 하나님의 역사 없이는 불가능하기 때문이다. 전도자에게 기름을 붓고, 말씀을 확정하고, 듣는 이를 준비시키며, 죄를 책망하고, 눈먼 자에게 빛을 주고, 죽은 자들에게 생명을 주고, 우리로 하여금 회개하고 믿을 수 있게 하며, 우리를 그리스도의 몸에 연합시키며, 우리가 하나님의 자녀임을 확신시키며, 우리를 그리스도와 같은 성품과 봉사로 인도하고, 우리를 그리스도의 증인으로 보내는 분은 바로 하나님이다. 이 모든 일에서, 성령이 주로 행하는 일은 우리로 하여금 예수 그리스도를 보게 하며 우리 속에 예수 그리스도의 형상이 이루어지게 함으로써, 예수그리스도의 영광을 나타내는 일이다.

모든 전도에는 악의 주관자와 세력에 대항하는 영적 싸움이 있다. 이 싸움에서는, 특히 기도와 더불어 말씀과 성령의 영적 무기로만 승리할 수 있다. 그러므로 우리는 모든 그리스도인들이 교회의 갱신과 세계 복음화를 위하여 열심히 기도할 것을 호소한다.

진정한 회심에는 언제나 능력의 대결이 있으며, 이 대결에서 예수 그리스도의 우월한 권위가 드러난다. 믿는 자는 사탄과 죄, 두려움과 허무, 그리고 어두움과 사망의 속박에서 해방되는데 이보다 더 큰 기적은 없다.

지난날 예수가 행하신 기적들은 그가 메시아라는 것을 보여 주며 온 세상이 그에게 굴복하게 되는 그의 완전한 왕국의 도래를 상케 하는 표적으로서 특별한 것이지만, 그것이 과거였다 해서 오늘도 살아 역사하시는 창조주의 권능을 제한할 수는 없는 것이다.

우리는 기사와 이적을 부정하는 회의주의나, 또 그런 것들을 무분별하게 요구하는 무엄함도 모두 배격한다. 그리고 성령의 충만함을 꺼리는 소극성과 또한 우리가 약할 때 그리스도의 능력이 온전케 되는 것을 반대하는 승리주의도 배격한다.

우리는 자만하여 우리의 힘으로 전도하려 했던 것과 성령을 지시하려 했던 것을 회개한다. 앞으로 우리는 성령을 근심하게 하지도 않고 소멸하지도 않으며, 이 기쁜 소식을 '능력과 성령과 큰 확신으로'(살전1:5) 전할 것을 다짐한다.

2. 증인들

전도자이신 하나님은 그의 백성에게 "하나님과 함께 일하는 자"(고후6:1)가 되는 특권을 주신다. 하나님 없이는 우리가 증거할 수 없지만 하나님께서는 일반적으로 우리를 통해서 증거하기를 원하시기 때문에 몇몇 사람들은 전도자, 선교사, 목사가 되도록 부르시면서도 아울러 온 교회와 모든 성도들이 다 증거자가 되도록 부르신다.

특권으로 받은 목사와 교사의 사명은 하나님의 백성(laos)을 성숙한 자로 이끌고(골1:28) 그들이 사역을 감당할 수 있도록 그들을 양육시키는 일이다(엡4:11 – 12). 목회자들은 사역을 독점할 것이 아니라 오히려 다른 사람들로 하여금 그들이 받은 은사를 사용하도록 격려하고, 제자 삼는 일을 할 수 있도록 훈련함으로써, 사역을 증폭시켜야 한다. 교역자가 평신도를 지배하는 것은 교회 역사에 있어서 커다란 악이었다. 이는 하나님이 의도하신 평신도나 교역자들의 역할을 제대로 하지 못하게 하고, 또 교역자의 일을 좌절시키고 교회를 약화시켜, 마침내 복음 전파의 방해가 되었다. 무엇보다도 이것은 근본적으로 비성서적이다. 그러므로 여러 세기 동안 '믿는 자 모두의 제사장직'을 주장해 온 우리는 이제 또 믿는 자 모두가 사역자임을 주장한다.

우리는 어린이와 젊은이들이 교회의 예배를 풍요롭게 하고 열심과 믿음으로 전도함을 인하여 감사한다. 제자도와 전도에 있어 그들을 훈련하여, 그들로 하여금 자기 세계의 이웃을 전도할 수 있도록 해야 한다.

하나님은 남자나 여자나 다 똑같이 하나님의 형상을 지닌 자로 창조하셨고(창1:26 - 27), 그리스도 안에서 차별이 없이 받아들이시며(갈3:28), 아들에게나 딸에게나 다 같이, 모든 육체에 당신의 성령을 부어 주셨다(행2:17 - 18). 그리고 또 성령께서 남자와 같이 여자들에게도 은사를 주시기 때문에, 은사를 활용할 기회가 모두에게 주어져야 한다. 우리는 여성들이 남긴 찬란한 선교 역사의 기록을 찬양한다. 그리고 하나님께서 오늘날에도 여성들이 그런 역할을 감당하도록 부르신다고 확신한다. 여성들이 어떤 형태의 지도력을 가져야 할 것인가에 대해서는 여러 이견(異見)이 있겠지만 세계 복음화를 위해서는 여성도 동역자가 되어야 한다는 데에는 모두 동의한다. 이는 하나님이 의도하시는 바이며 남자나 여자나, 모두가 적절한 훈련을 받을 수 있도록 되어야만 한다.

남녀 평신도에 의한 증거는 지역교회를 통해서뿐만 아니라(제8단락을 보라) 가정이나 직장에서의 친교를 통해서도 이루어진다. 가정이 없는 자나 직장이 없는 자도 모두 증인이 되라는 명령을 함께 받은 것이다.

우리의 일차적인 책임은 친구, 친척, 이웃, 동료에게 증거하는 일이다. 가정에서의 전도는 기혼자에게든 미혼자에게든 자연스럽게 할 수 있다. 기독교 가정은 결혼, 성, 가정에 대한 하나님의 표준을 제시해야 할 뿐 아니라 상처 입은 사람들에게 사랑과 평화의 피난처를 제공해 주어야 하며, 우리의 가정은 복음에 관하여 말할 때에도 교회에는 나가지 않으려는 불신의 이웃이 편안함을 느끼게 하는 곳이 되어야 한다.

평신도 전도를 위한 또 하나의 상황은 직장이다. 대부분의 그리스도인들이 깨어 있는 시간의 절반을 여기서 보내기 때문이며, 또한 직업이란 하나님의 소명이기 때문이다. 그리스도인들은 입술의 언어, 일관성 있는 근면, 정직, 신중성, 직장에서의 정의에 대한 관심 및 특히 다른 사람들이 그들이 하는 일의 내용을 보고 그것이 하나님의 영광을 위하여 행해지고 있다는 사실을 볼 때 그리스도를 증거할 수 있게 된다.

우리는 평신도의 사역, 특히 여성과 젊은이들의 사역을 실망시킨 일에 대하여 회개한다. 앞으로는 그리스도를 따르는 모든 사람들이 정당하고 자연스럽게 증인으로서 자기 역할을 하도록 격려할 것을 다짐한다. 참된 전도는 가슴속에 그리스도의 사랑이 넘쳐날 때 이루어진다. 바로 이런 이유 때문에 전도는 예외 없이 하나님의 모든 백성에게 속한 일이다.

3. 증인의 성실성

변화된 삶보다 복음을 더 웅변적으로 잘 전하는 것은 아무것도 없다. 그리고 개인의 생활이 복음과 불일치하는 것만큼 복음이 비난을 받게 하는 것은 없다. 우리는 그리스도의 복음에 합당하게 행동하고, 거룩한 삶을 통하여 복음의 아름다움을 선양하며 복음을 '빛나게' 해야 한다. 우리를 주시하는 세상 사람들은 그리스도의 제자들이 입으로 고백하는 바를 뒷받침할 만한 증거가 있는지 찾고 있는데 이는 너무도 당연하다. 우리의 성실성이 가장 강한 증거가 된다.

그리스도께서 우리를 하나님께로 인도하기 위하여 죽으셨다는 선포는 영적으로 갈급한 사람들에게 호소력이 있다. 그러나 이러한 사람들도 우리 자신이 살아 계신 하나님을 안다는 증거를 제시하지 못할 때, 우리의 공중 예배에 현실성이나 적용성이 결여될 때에는 우리의 증거를 믿지 않을 것이다.

그리스도께서 소외된 자들을 서로 화해시킨다는 우리의 메시지는, 우리가 서로 사랑하고 용서하며, 다른 사람들을 겸손히 섬기고, 또한 우리의 공동체를 넘어 어려운 자들을 희생적인 사랑으로 봉사하는 것을 보게 될 때에야 그들 속에서 역사할 것이다.

다른 사람들에게 자기를 부인하고 자기 십자가를 지고 그리스도를 따르라는 우리의 도전은 우리 자신이 먼저 이기적인 야심, 부정직, 탐욕에 대하여 철저히 죽고, 검소하게 자족하면서 너그러운 삶을 살 때에야 비로소 타당성이 있게 될 것이다.

우리는 그리스도인 개인의 삶에서나 교회에서 그리스도인다운 언행의 일관성이 없음을 뉘우친다. 즉 우리들 사이에 있었던 물질적인 탐욕, 직업적인 교만이나 경쟁, 기독교 사역에 있어서의 경쟁, 젊은 지도자들에 대한 시기, 선교에서의 가부장적(家父長的) 자세, 상호책임의 결여, 성에 대한 기독교적 기준의 상실, 인종적·사회적·성적 차별 등에 대하여 개탄하는 바이다. 바로 이 모든 세속적인 것들로 말미암아 교회가 세상 문화에 도전하고 그 문화를 변화시키지 못하고 오히려 오늘의 세상 문화가 교회를 붕괴시키게 되는 것이다. 우리는 개인적으로나 신앙 공동체 안에서 말로는 그리스도를 긍정하지만 행동으로는 그리스도를 부정했던 것에 대하여 매우 부끄럽게 생각한다. 우리의 일관성 없는 삶으로 인하여 점차 신뢰성을 상실하고 있다. 우리에게 계속적인 갈등과 실패가 있다는 사실을 인정한다. 그러나 우리는 하나님의 은혜로 우리 자신과 교회의 성실성을 개발해 나아갈 것을 결의한다.

4. 지역교회

모든 기독교 회중은 그리스도의 몸의 지역적인 표현이며 동일한 책임을 지고 있다. 회중은 하나님께 예배라는 영적 제사를 드리는 거룩한 제사장이며, 또한 전도로 하나님의 덕을 널리 전파하는 '거룩한 나라'이다(벧전2:5-9). 이와 같이 교회는 예배하며 증거하는 공동체요, 모이고 흩어지는 공동체요, 부름받고 보냄을 받은 공동체이다. 예배와 증거는 불가분의 것이다.

지역교회의 일차적인 책임은 복음을 전하는 것이라고 믿는다. 성서를 보면 "우리 복음이 너희에게 이르고" 그리고 "너희에게로부터 들린다."(살전

1:5, 8)는 순서로 언급되어 있다. 이런 식으로 복음은 교회를 세워 복음을 전하게 하고 이 복음은 다시 계속적인 연쇄 반응 속에서 더 많은 교회들을 세우게 한다. 더 나아가 성서가 가르치는 방법이 가장 좋은 전략이라고 믿는다. 각 지역교회는 그 처해 있는 지역을 복음화해야 하며 또한 그렇게 할 자원을 가지고 있다.

우리는 선교에 대한 보다 적절한 전략을 수립하기 위하여 모든 회중이 개교회의 교인들이나 프로그램뿐만 아니라 지역사회의 모든 특성을 정기적으로 연구할 것을 권한다. 이런 사역을 위하여 교인들은 그 지역 내의 모든 구석구석을 찾아갈 방문단을 조직하여, 사람들이 모이는 특정 지역에도 침투할 수 있을 것이다. 그리고 일련의 전도 집회, 강좌 또는 연주회를 마련하거나, 지역의 빈민가를 변화시키기 위하여 가난한 자들과 함께 일할 수도 있다. 또는 주변 지역이나 이웃 마을에 새로운 교회를 개척할 수도 있을 것이다. 동시에 그리스도인들은 온 세상을 향한 교회의 책임을 잊지 않아야 한다. 선교사를 보내는 교회가 그 교회가 속해 있는 지역을 소홀히 해서는 안 되며, 이웃을 복음화하는 교회가 세계 선교를 소홀히 해서는 안 된다.

이런 모든 일에 있어, 각 교회 회중과 교단은 경쟁심을 협동심으로 돌이키도록 노력하면서 가능한 곳에서 다른 교회 및 교단과 더불어 사역해야 한다. 교회는 또한 여러 선교 기관들과도 더불어 일해야 하는데 특별히 전도, 제자 양육, 사회봉사에 있어서는 관계기관들과 협력해야 한다. 그러한 기관들은 그리스도의 몸의 지체이며 귀하고도 전문적인 지식을 가지고 있어 교회에 많은 도움을 줄 수 있기 때문이다.

하나님께서는 교회가 하나님 나라의 한 표징이 되도록 의도하셨다. 즉 인간의 공동체가 하나님의 의와 평화의 통치 아래 있을 때 어떤 모습일 것이라는 것을 보여 주는 것이 되어야 한다. 복음이 효과적으로 전달되기 위해서는 개인에 있어서나 교회에서도 복음이 구체적으로 표현되어야 한다. 보이지 않는 하나님은 우리가 서로 사랑함을 통하여 오늘 우리에게 자신을 나타내시며(요일4:12), 특히 작은 모임 안에서 우리의 친교가 표현되고, 여러 공동체들을 분리시키고 있는 인종 차별, 계층, 성, 연령의 장벽을 초월하게 될 때 자신을 계시하신다.

우리의 많은 교회들이 내부지향적이어서 선교보다는 자체 유지를 위해 조직되어 있고 전도를 희생시키면서까지 개교회 중심 활동에만 몰두하고 있던 것에 대하여 깊이 회개한다. 우리는 교회를 일신시켜 주께서 구원받는 사람을 날마다 더하게 하실 때까지(행 2:47) 계속 밖으로 뻗어 나가는 일에 전념할 것을 결의한다.

5. 전도의 협력

신약성서에는 전도와 연합이 긴밀하게 연관되어 있다. 예수께서는 세상이 그를 믿도록(요17:20, 21) 하기 위하여 자신이 성부와 하나 됨같이 하나님의 백성들이 하나 되기를 위하여 기도하셨다. 또 바울도 빌립보인들을 권면하여 "한 뜻으로 복음의 신앙을 위하여 협력하라."(빌1:27)고 했다. 이런 성서적 비전과는 달리, 우리가 서로 의심하고 대결하며, 비본질적인 것들에 대한 고집, 권력 투쟁과 자기 왕국 건설을 힘씀으로 복음 전도사역을 부패시키고 있음을 부끄럽게 여긴다. 우리는 전도에 있어서 협력이 필수불가결한 것임을 확인한다. 첫째, 그것이 하나님의 뜻일 뿐 아니라 화해의 복음이 우리의 분열로 인하여 불신을 받기 때문이며 세계 복음화 과제가 기필코 성취되려면 우리가 이 일에 함께 협력해야만 하기 때문이다.

'협력'이란 다양성 가운데서 통일성을 찾는 것을 의미한다. 이것은 여러 가지 다른 기질, 은사, 그리고 문화, 지역교회와 선교단체 남녀노소를 불문하고 모두 함께 일하는 것을 의미한다.

제1세계는 선교사를 파송하는 국가들이요, 제3세계는 선교를 받는 국가들이라고 단순하게 구분하는 따위는 지난 식민주의 시대의 잔재물로 단호히 그리고 영원히 지나간 것으로 단정한다. 우리 시대에 새로운 사실은 선교의 국제화이기 때문이다. 지금 복음적인 그리스도인들 대다수가 비서구인일 뿐 아니라 제3세계 선교사의 수효가 머지않아 서구 선교사들의 수를 능가할 것이다. 구성에 있어서는 다양하지만, 마음과 정신에 있어 하나 된 선교팀들이 하나님의 은혜를 증거함에 있어서 획기적인 역할을 할 것으로 믿는다.

우리가 '온 교회'라고 말할 때 우주적 보편적 교회가 복음적인 공동체와 동일하다고 주장하는 것은 아니다, 세계에는 복음주의 운동에 참여치 않는 많은 교회가 있는 것을 알고 있기 때문이다. 로마 가톨릭과 정교회에 대한 복음주의자들의 태도는 매우 다양하다. 복음주의자들 중 어떤 사람들은 이런 교회들과도 함께 기도하고, 대화하며, 성서 연구를 하고, 함께 일한다. 또 어떤 사람들은 이들과는 어떠한 형태의 대화나 협력도 모두 반대한다. 이런 복음주의자들은 우리 사이에 심각한 신학적 차이가 있다는 사실을 인식하고 있다. 예를 들어 성서 번역, 현안의 신학적 그리고 윤리적 문제들, 그리고 사회사업과 정치적 행동에 대한 연구와 같이 성서적 진리가 손상되지 않는 적절한 영역에서는 협력이 가능할 수 있을 것이다. 그러나 우리가 함께 전도할 때는 성서적 복음에 대한 같은 태도의 헌신이 요청된다는 것을 명확히 밝히고 싶다.

우리 중의 일부는 세계 교회 협의회(WCC)에 속하는 교회의 성도들로서 그 협의회가 하는 일에 적극적이면서도 비판적으로 참여하는 것이 기독교적인 의무라고 믿고 있다. 또 어떤 이들은 세계 교회 협의회와 아무런 관련이 없는 이들도 있다. 우리 모두는 세계 교회 협의회가 전도에 대하여 철저한 성서적 이해를 채택하기를 촉구한다.

세계 복음화에 큰 거침돌이 되고 있는 그리스도의 몸의 분열에 대하여 우리에게도 책임이 있음을 고백한다. 우리는 그리스도께서 기도하신 대로, 진리 안에서 하나가 되기를 계속 추구하여 나아갈 것을 결의한다. 보다 밀접한 협력을 향해 나아가는 바른 길은 우리와 같은 관심을 가진 모든 사람들과 성서에 기초하여 솔직하게, 인내심을 가지고 대화하는 것이라고 생각한다. 이를 위하여 우리는 기쁘게 헌신한다.

V. 온 세상

온전한 복음이 온 세상에 알려지도록 온 교회에 위탁되었다. 그러므로 우리는 우리가 보냄을 받은 이 세상을 이해할 필요가 있다.

1. 현대 세계

전도는 진공 속에서가 아니라 현실 상황 속에서 이루어진다. 우리는 복음과 상황 사이의 균형을 조심스럽게 유지하여야 한다. 복음을 전하기 위해서는 그 상황을 이해해야 하지만 그러나 상황이 복음을 왜곡시키게 해서는 안 된다.

이러한 맥락에서, 우리는 과학 기술과 함께 산업화되어 가며, 경제 질서의 변화와 함께 도시화되어 가는 새로운 세계 문화의 출현이라는 '현대성'(modernity)의 영향에 대하여 관심을 가지게 되었다. 이러한 요인들이 복합되어 환경을 조성하는데 그것은 우리가 세상을 바라보는 방식을 형성하게 한다. 더욱이 세속주의는 신앙을 황폐케 하여 하나님과 초자연적인 사실들을 무의미하게 만들었고 도시화는 사람들의 삶을 비인간화하였으며 대중 매체는 말을 영상으로 대체하여 진리와 권위의 가치를 하락시키는 데 큰 영향을 미쳤다. 결국 이런 복합적인 요인으로, 현대화의 결과는 많은 사람들이 애써 전하는 메시지를 왜곡시키며, 또 선교에 대한 동기 유발을 해친다.

1900년도에는 세계 인구의 9%만이 도시에 살고 있었다. 그런데 2000년에는 50% 이상이 도시에 살게 될 것이다. 세계 각처에서 사람들이 도시로 이주하고 있으며 이것은 '인류 역사상 가장 큰 이주'라고 불려 왔다. 이런 현상은 기독교 선교에 주요한 도전이 되고 있다. 한편 도시에는 세계 여러 나라 사람들이 살고 있기 때문에, 이제는 여러 민족이 우리의 문턱에까지 와 있는 것이다. 그 안에서 우리는 복음으로 민족의 장벽을 분쇄하는 우주적 교회들을 발전시킬 수 있지 않겠는가? 다른 한편, 많은 도시 주민들은 가난한 이주민들로서, 복음을 잘 받아들인다. 하나님의 백성들이 그와 같은 도시 빈민 공동체 속으로 다시 들어가 그 사람들을 섬기며 도시를 변화시키는 역할을 해야 하지 않겠는가?

현대화는 위험과 함께 축복을 가져오기도 한다. 전 세계를 연결하는 통신망과 교역망을 통하여 현대화는 전통적 사회이든지 진보주의적 사회이든지 복음이 미개척지 경계를 넘어 그 닫힌 사회 속에 파고들어 갈 수 있는 전대미문의 문을 열어 놓고 있다. 기독교 매체들은, 복음의 씨앗을 뿌리는 일에나, 토양을 준비하는 일에나, 막강한 영향력을 지니고 있다. 주요 선교 방송국들은 2000년도까지는 모든 주요 언어로 라디오를 통하여 방송 전도할 것을 계획하고 있다.

우리는 현대화 문제를 이해하기 위하여 마땅히 해야 할 만큼 노력하지 않았음을 고백한다. 우리는 현대적 방법과 기술들을 무비판적으로 사용함으로 말미암아 우리 자신이 세속성에 접하게 되었다. 그러나 앞으로는 이러한 도전과 기회를 심각하게 다루어, 현대의 세속적 압력에 대항하고, 그리스도의 주 되심을 현대의 모든 영역과도 연관시키며, 현대사회에서 세속화되지 않으면서, 현대 선교에 매진할 것을 다짐한다.

2. 서기 2000년도와 그 이후의 도전

오늘날 세계 인구는 60억에 육박하고 있다. 전 세계 인구의 3분의 1이 명목상으로는 그리스도를 주로 고백한다. 나머지 40억 중 절반은 그리스도에 관하여 들었으며 그 나머지 반은 듣지도 못하고 있다. 이러한 자료에 비추어, 우리는 다음의 네 가지 범주의 사람들을 고려함으로써 우리의 복음화 과제를 평가한다.

첫째로, 잠재적인 선교 역군으로 헌신된 사람들이다. 세계에 있어 이러한 범주에 속하는 기독교 신자들이 1900년에는 4천만이었는데 오늘날에는 5억으로 늘어났다. 그리고 지금은 다른 어떤 주요한 종교 그룹보다 두 배 이상 빠르게 성장하고 있다.

둘째로, 헌신되지 않는 사람들이 있다. 그들은 그리스도인이라고 스스로 고백한다.(그들은 세례를 받고, 교회도 가끔 참석하며 자신들이 기독교인이라고 부르기까지 한다) 그러나 이들에게 있어 그리스도에 대한 인격적인 헌신이란 개념은 생소하기만 하다. 이런 사람들은 전 세계의 어느 교회에서나 찾아볼 수 있다. 우리는 이들을 시급히 재복음화해야 한다.

셋째로, 비복음화된(unevangelized) 사람들이 있다. 이들은 복음에 대한 최소한의 지식을 가지고 있지만, 이 복음에 응답할 수 있는 적절한 기회를 만나지 못한 사람들이다. 아마도 그리스도인들이 이웃의 거리, 길, 마을, 촌락에 기면 만나 전도할 수 있는 사람들일 것이다.

넷째로, 미복음화된(unreached) 사람들이 있다. 예수께서 구주되심을 한 번도 들어보지 못한 사람이 20억이나 되는데, 이들은 자국(自國)의 그리스도인들이 접촉할 수 있는 영역 안에 있지 않다. 사실 약 2,000여 민족들 가운데서는 아직도 활발한 토착적인 교회 운동이 일어나고 있지 않다. 여기에서 '민족'이란 서로 유사성(예를 들면 공통된 문화, 언어, 가정, 직업)을 가진 종족(people group)의 사람들이라고 생각하면 된다. 그들에게 다가갈 수 있는 가장 효과적인 복음 전달자는 이미 그들의 문화에 속하고 그들의 언어를 아는 신자들일 것이다. 그것이 불가능하면, 다른 문화권에 속하는 복음의 사자들이 가야만 하며 이들은 자기의 문화를 떠나 전도하려는 민족들과 자신을 동일화하여야 할 것이다.

현재 2,000여 개의 큰 민족들 속에 그와 같은 약 12,000여 개의 '미복음화 소수 민족'이 있으며 그들을 전도한다는 과제는 전혀 불가능한 것이 아니다. 그러나 현재 전체 선교사의 겨우 7%만이 이 일에 전념하고 있으며, 나머지 93%는 세계의 절반이 되는 지역, 곧 이미 복음화된 지역에서 일하고 있다. 이와 같은 불균형을 시정하려면 선교 인력을 전략적으로 재배치해야 할 것이다.

위에서 언급한 이 모든 범주의 선교에 있어서 한 가지 방해 요인은 접근이 불가능하다는 사실이다. 많은 국가에서 그 나라에 기여할 만한 일이 없으면 선교사로 입국고자 할 때 입국사증을 발급하지 않는다. 그렇다고 해서 이런 지역들에 절대적으로 접근할 수 없다는 말은 아니다. 우리의 기도는 어떤 휘장도, 문도, 장벽도 뛰어넘을 수 있기 때문이다. 기독교 라디오나 텔레비전, 오디오나 비디오카세트, 필름이나 책자를 통해서는 그런 지역까지도 미칠 수 있다. 그러므로 바울과 같이 스스로 생계를 꾸려 나가는 소위 '자비량(自備糧) 선교사'(tent makers)는 그렇게 할 수 있다. 그들은 직업과 관련하여(예를 들면, 상인, 대학 교수, 전문기술인, 어학 교사) 여행하며, 가능한 모든 기회를 이용하여 예수 그리스도를 전할 수 있다. 그들은 자신들의 직업상 정당하게 가는 것이기 때문에 속임수를 써서 다른 나라에 들어가는 것이 아니다. 그리스도인들은 그들이 어디에 있든지, 그리스도인의 삶의 모습 그 자체로서 증거가 되기 때문에 전도는 자연히 되는 것이다.

우리는 예수의 죽음과 부활 이후 거의 2000년이 지나도록 아직도 세계 인구의 2/3가 예수를 알지 못하고 있다는 것을 심히 부끄럽게 생각한다. 그러나 한편으로는 세계에서 가장 가망성이 없어 보이는 곳에서도 하나님의 능력의 역사가 힘 있게 일어나고 있음에 놀라지 않을 수 없다. 이제 서기 2000년은 많은 사람들에게 있어서 도전적인 이정표가 되었다. 2000년 시대의 마지막 십 년 동안 세상을 복음화하는 데 우리 자신을 헌신해야 하지 않겠는가? 날짜에는 마술적인 것이 있을 수 없지만 우리가 이 목표 달성을 위하여 최선을 다해야 되지 않겠는가? 그리스도께서는 모든 민족에게 복음을 전하라고 명령하신다. 이 과업은 긴급하다. 우리는 기쁨으로 희망을 가지고 그리스도께 순종할 것을 다짐한다.

3. 어려운 상황

예수께서는 제자들에게 반대를 예상하라고 말씀하셨다. 예수는 "사람들이 나를 핍박하였은즉 너희도 핍박할 터이요"(요15:20)라고 말씀하셨다. 예수께서는 제자들에게 핍박에 대해 기뻐하라고까지 말씀하시며(마5:12) 열매를 많이 맺으려면 죽어야 한다는 사실(요12:24)을 상기시켰다.

그리스도인의 고난은 불가피한 것이며 고난은 열매를 낳을 것이라는 예언은 모든 시대의 진리였고, 우리 시대에서도 예외는 아니다. 그동안 수없이 많은 사람들이 순교했다. 오늘날의 상황도 이와 다를 바 없다. 우리는 글라스노스트(glasnost)와 페레스트로이카(perstroika)가 소련과 다른 동구권 국가들에게 완전한 종교적 자유를 가져오고, 회교 국가들과 힌두교 국가들도 복음에 대하여 좀더 개방적이 되기를 간절히 소망한다. 우리는 최근에 일어난 중국에서의 민주화 운동에 대한 잔혹한 억압에 대해 탄식하며, 그 억압이 그리스도인들에게 더 많은 고난을 가하게 되지 않기를 위하여 기도한다. 그러나 전반적으로 볼 때 고대 종교들은 복음에 대한 관용에 있어서 더 인색해지며 추방된 자들을 받아들이지 않는 등, 세계는 복음에 대해 점차 냉혹해져 가는 것 같다.

이러한 상황에서, 우리는 기독교 신자들에 대한 그들의 태도를 재고하고 있는 정부들에 대해 아래의 세 가지를 밝히고자 한다.

첫째로, 그리스도인들은 국가의 안녕을 추구하는 충성스러운 시민이다. 그들은 지도자를 위하여 기도하며 세금을 납부한다. 물론 예수를 주로 고백해 온 사람들이 다른 권력자들을 주라고 부를 수는 없다. 만일 그리스도인에게 그렇게 하라고 명하거나 또는 하나님이 금하시는 것을 행하도록 강요한다면 그 명령에는 불복할 수밖에 없다. 그러나 그들은 양심적인 시민이다. 그들은 결혼 생활과 가정생활을 안정시키며, 그들의 업무에 정직하고 근면하며, 그리고 장애자와 곤경에 처한 자들을 돕는 일에 자발적으로 활동함으로써, 국가의 안녕에 기여한다. 공의로운 정부는 그리스도인들을 경원할 필요가 하나도 없다.

둘째로, 그리스도인들은 전도에 있어서 비열한 방법을 거부한다. 신앙의 본질상 우리는 복음을 다른 사람들과 함께 나누어야 하지만, 그 전도를 공개적으로 정직하게 하여, 듣는 이로 하여금 복음에 대해 온전히 자유롭게 결단하게 한다. 우리는 다른 종교를 가진 사람들에 대하여 민감하길 바라며, 그들의 개종을 강요하는 어떤 방법도 거부한다.

셋째로, 그리스도인은 기독교에 대한 자유뿐만 아니라, 진심으로 모든 사람들이 종교의 자유를 갖기를 간절히 바란다. 기독교가 우세한 국가에서는, 그리스도인이 앞장서서 다른 소수 종교를 위하여 자유를 요청하고 있다. 그러므로 비기독교 국가의 그리스도인들은 비슷한 상황에 처한 다른 종교인들을 위한 자유 이상으로 자신들의 자유를 요구하고 있지는 않다. 세계 인권 선언(the Universal Declaration of Human Rights)에 정의된 바대로 종교를 '고백하고, 실천하고, 전하는' 자유는 분명히 상호 인정할 수 있는 권리이며 또 마땅히 그래야만 한다.

우리는 예수를 따르는 사람들이 비열한 방법으로 전도하여 죄를 지었다면 이에 대하여 깊은 유감을 표한다. 우리는 그리스도의 이름이 불명예스럽게 되지 않도록 어떠한 일에도 불필요한 공격을 하지 않기로 다짐한다. 그러나 십자가를 공격하는 것을 회피할 수 없다. 십자가에 달리신 그리스도를 위하여 우리는 하나의 은총으로 고난도 받고 죽을 준비가 되어 있기를 위해 기도한다. 순교는 그리스도께서 특별히 귀히 여기겠다고 약속하신 하나의 증거 형태이다.

Ⅵ. 결론

1. 그리스도께서 오실 때까지 그를 선포하라

"그리스도께서 오실 때까지 그를 선포하라." 이것이 제2차 로잔 대회의 주제이다. 물론 우리는 그리스도가 이미 오셨음을 믿는다. 그분은 아구스도가 로마의 황제였을 때 이 땅에 오셨다. 그러나 우리가 아는바, 그분의 약속대로 어느 날 그의 나라를 완성하기 위하여 상상할 수 없는 영광 속에 다시 오실 것이다. 우리는 깨어 준비하고 있으라는 명령을 받고 있다. 이

초림과 재림 사이의 간격은 기독교 선교 활동으로 채워져야 한다. 우리는 복음을 가지고 땅 끝까지 가라는 명령을 받았으며, 주님은 그렇게 할 때에야 이 시대의 종말이 오리라고 약속하셨다. 두 가지의 마지막(곧 시간과 공간의 우주 종말)이 동시에 있을 것이다. 그때까지 주님은 우리와 함께 있겠다고 약속하셨다.

그러므로 기독교 선교는 긴급한 과업이다. 우리는 선교를 위한 시간이 얼마나 남아 있는지 모른다. 분명 허비할 시간은 없다. 그리고 우리의 의무를 시급히 수행하기 위해서는, 우리가 갖추어야 할 것이 있는데 특히, 연합(함께 전도해야 한다)과 희생(복음화를 위한 대가를 알고, 또 치러야 한다)이 필요할 것이다. 로잔에서 우리는 온 세상의 복음화를 위하여 함께 기도하고, 계획하고, 일할 것을 언약했다. 마닐라에서 우리는 온 교회가 온 세상에 온전한 복음을 가지고 나아가 하나가 되어 희생적으로 주님 재림하실 때까지 긴급하게 그리스도를 선포할 것을 선언하는 바이다.

9장 교회자원봉사 프로그램

I. 대상별 교회자원봉사 프로그램

프로그램(program)이란 특정목적을 달성하기 위하여 모든 과정을 마칠 때까지 요구되는 내용의 선정, 조직 및 활동, 지원체계, 시설, 자원, 기간 등에 관한 전체적인 계획이라고 할 수 있다. 사람들은 자원봉사활동을 도움의 행위로 이해하고 있다. 그러나 돕는 행위 그 자체는 자선 혹은 선행이라고 말한다. 자원봉사는 돕는 행위를 수단으로 하여 사람과 사회를 변화시키는 사회적 행동이다. 따라서 자선과 자원봉사가 다른 것은 자원봉사에는 목적체계와 실천체계 및 평가체계로 구성된 일련의 프로그램이 필요하다는 점이다. 프로그램은 인터체인지와 같다. 또한 프로그램 개발은 인터체인지를 설계하는 것과 같다. 다양한 지향성을 가진 구성요소들이 하나의 방향으로 진입하여 목표를 향해 갈 수 있도록 하는 것이다.

이성록(2005)은 프로그램을 "의도된 계획에 따라 어떤 목적을 달성하기 위해 인적·물적 자원을 활용하는 일련의 집합적인 행동들"이라고 정의하였다. 특히 사회복지 프로그램은 사람들이 원조를 받는 활동들로 구성된다. 교회자원봉사 프로그램은 사회의 구성원들에 대한 원조를 제공함으로써 사회의 욕구를 충족시킴과 동시에 교회 성도들에게는 성취감과 만족감을 주는 수단이 되기도 한다.

따라서 교회 자원봉사 프로그램은 의도된 계획에 따라 구체적인 목표를 달성함으로써 사람과 지역사회를 변화시키고자 하는 것이다. 아울러 서로 다른 역할과 책임을 가진 구성원들의 행동을 기술한 것이고 변화를 창출해 내는 자원봉사자 및 클라이언트 등 관련된 구성원 간의 관계에 대한 방법과 규범을 제공하는 것이라고 할 수 있다.

교회에서 효과적으로 자원봉사자를 활용하려면 프로그램은 반드시 필요하다. 그런데 교회에서 프로그램을 소홀히 함으로써 원래의 취지와 목적을 성취하지 못하고 실패하거나 오히려 문제를 일으키고 있다.

교회 자원봉사활동의 활성화를 위한 가장 기본적인 과제는 성도들이 자신의 동기나 욕구에 맞게 참여할 수 있는 다양한 자원봉사활동 터전을 개발하여 정보를 제공하는 것이라 할 수 있다. 하지만 자원봉사자를 위한 활동 터전이 마련되어 있다고 할지라도 이들이 직접 참여하여 활동할 수 있는 활동거리, 즉 자원봉사 프로그램이 없으면 효과적이고 효율적인 자원봉사활동이 이루어질 수 없다.

교회에서 자원봉사라고 하면 소년소녀가장, 장애인, 노인 등을 먼저 떠올리거나, 자원봉사자를 '사회복지시설에서 봉사활동을 하는 사람들'이라고 이해해 왔다. 그래서 일반적으로 박애정신에 의한 자선활동을 자원봉사활동으로 잘못 인식하고 있는 경우가 많다. 하지만 자원봉사활동은 단순한 자선활동이나 선행이 아니다. 자원봉사활동은 '도움의 활동'(helping service)을 통하여 자신은 물론 사람과 사회를 변화시키는 '변화의 활동'이다. 다시 말해서 자원봉사활동은 도움이라는 사실(fact), 즉 자선이나 선행에 의미와 가치를 부여함으로써 사람과 사회가 변화되는 사건(event)이다. 따라서 자원봉사활동에 참여하면서 어떠한 문제의식을 가지고 있고, 어떠한 가치를 부여하느냐에 따라 자원봉사활동인지 혹은 자선활동인지 판가름 나는 것이다.

돕는 행위로 끝나 버리는 자선이나 선행을 베풀 때는 특별한 기술이 필요 없다. 그러나 변화를 시도하는 자원봉사는 기술과 과정이 필요하며 갈등도 일어난다. 그래서 김동배(2005)는 자원봉사는 누구나 할 수 있는 일이기도 하면서, 또 이러한 점 때문에 아무나 할 수 없는 일이기도 하다고 보듯이 자원봉사는 사람과 자연과 의미 있는 관계를 갖는 변화의 노력이므로 이를 실현할 수 있는 합리적이고 구체적인 활동의 묶음, 즉 자원봉사 프로그램이 필요하고 리더가 필요하며 활동기술이 필요한 것이다. 교회에서 자원봉사가 아무리 증가하고 이들의 활동을 필요로 하는 수요처가 있다 해도 무슨 일을 어떻게 배치하고 진행할지에 대한 구체적이고 적절한 업무내용, 즉 자원봉사 프로그램 없이는 효율적이고 효과적으로 자원봉사활동을 할 수 없다.

교회, 사회복지기관, 학교, 직장, 의료기관, 공공기관 및 지역사회, 개인 등 모든 분야에서 자원봉사활동의 중요성과 필요성을 강조하는 목소리가 높아지고 있다.

하지만 교회의 목적과 업무내용에 따라 자원봉사자를 활용하긴 하지만 거의 모든 일이 유급직원에 의해 이루어지는 교회도 있고, 다양한 수준과 형태의 자원봉사자가 업무의 많은 부분을 담당하는 교회도 있다. 이렇듯 교회 내 참여 정도는 각기 달라도 자원봉사자를 필요로 하는 것은 사실이다. 교회에 자원봉사자가 필요한지 규명하기 위해서는 다음의 세 가지 질문에 응답하여야 한다.

첫째, 교회의 목적을 달성하기 위해 어떤 부분에서 자원봉사자가 필요한가? 즉 교회의 목적을 달성하기 위하여 자원봉사자의 필요성이 제기되면 그 업무 성격에 맞는 유능한 자원봉사자의 역할이 결정되고 그러한 자원봉사자를 모집하고 유지시키기 위한 계획도 수립되는 것이다. 오늘날 자원봉사자들은 분명하게 규정된 업무를, 한정된 시간 안에, 성취감을 맛보면서 활동하기를 원하기 때문에 처음부터 자원봉사자의 필요성을 구체적으로 규명해야 한다.

둘째, 교회에서 자원봉사자를 활용할 때 들어가는 비용보다 이익이 더 많은가? 자원봉사자는 유급직원을 활용해야 하는 시간과 비용을 절약해 주는 반면, 교회는 자원봉사자를 관리하는 데 교회의 자원을 소비해야 하므로 이 둘 사이의 비용 효과를 비교 측정해야 하는 것이다.

셋째, 가장 중요한 질문으로, 교회에서 자원봉사자 참여를 위한 프로그램을 개발하였는가? 자원봉사 프로그램은 교회의 장·단기 사업계획에 따라 열정을 갖고 장기간 활동할 수 있는 자원봉사자에게 교회의 목적달성을 위해 시간을 기부하도록 설득하는 내용을 담고 있어야 하고 또한 그들이 기여하는 시간에 대해 충분히 보상해야 한다.

1. 노인과 자원봉사

고령화 사회로 진입하면서 노인복지에 대한 관심이 더욱 증대되고 있다. 노인 자원봉사활동은 노인의 여가를 유용하게 활용함으로써 사회문제를 해결하고, 노인의 사회참여를 통해서 사회통합적인 노후생활을 영위하게 하여 고독과 소외의 문제를 해결하는 데 중요한 역할을 하고 있다. 교회에서도 이러한 노인 자원봉사활동은 노인문제 해결 차원에서의 '노인을 위한 자원봉사'와 노인복지증진 차원에서의 '노인에 의한 자원봉사'를 들 수 있다. 현대 노인들은 경제, 건강, 역할상실, 고독, 부양 문제 등으로 봉사자의 도움을 필요로 하고 있으며, 또한 건전한 여가활동과 보람 있는 노후생활을 위해 자원봉사활동이 필요하다.

사회복지프로그램이 문제 발견에서 평가에 이르기까지의 일련의 과정을 거치듯이 교회의 노인복지사업 또한 체계적이고 단계적으로 추진되어야 한다.

1) 노인자원봉사활동의 의의 및 필요성

(1) 노인자원봉사활동의 의의

우리나라는 그동안 지속적인 생활수준 향상과 보건·의료기술의 발달로 국민들의 평균수명 연장과 함께 노인인구가 크게 늘어나고 있다. 그 결과 1960년도에는 전체 인구의 2.9%에 불과했던 65세 이상 노인인구가 2000년에는 7.2%로 증가하여 고령화 사회(aging society)에 진입하였다. 이런 추세로 간다면 2019년에는 14%를 넘어서 고령사회(aged society)가 될 것이며, 2026년에는 20%가 넘는 초고령 사회가 될 것으로 예상된다.

오늘날의 많은 사회문제는 산업화의 결과로 생겨나고 있으며, 노인문제도 바로 산업화와 이에 따른 사회적 변화로 생겨난다고 할 수 있다. 오늘날 한국사회에서 나타나고 있는 노인문제는 소득감소 및 경제적 의존, 건강보호의 어려움, 사회적 및 심리적 소외와 고독, 역할상실 및 여가선용의 어려움 등으로 요약할 수 있다.

최근 들어 시민들의 사회적 책임성이 회복되고, 자원봉사에 대한 사회적 생산성 및 사회적 개방의 효용성이 발견되면서 자원봉사활동에 대한 관심이 전 세계적으로 확산되고 있다. 한국의 경우 1988년 서울올림픽을 계기로 자원봉사활동에 대한 관심이 높아지면서 자원봉사활동을 지원해 주는 법적 토대를 마련하려는 등 사회 곳곳에서 자원봉사의 생활화를 위한 노력이 가속화되고 있다. 그러나 교회에서의 노인 자원봉사활동에 대해서는 아직까지 노인을 비롯한 대다수의 사람들이 노인을 위한 봉사활동으로만 인식하고 있을 정도로 그 활동이 매우 미약한 실정이다.

이렇게 볼 때 교회에서의 노인사회참여는 노인 자신에게 노후생활의 풍요로움을 더해 줄 것이며, 지역사회에 공동체의 유지·발전을 위해 책임을 다하는 교회의 구성원으로서의 모습을 보여 주게 될 것이다.

노인의 자원봉사활동은 일반적으로 노인을 대상으로 한 자원봉사와 노인이 주체가 되는 자원봉사가 있다. 특히 노인이 주체가 되는 자원봉사활동의 중요성이 대두된 것은 경제적으로 안정된 노인층의 증가, 노인의 여가시간 증대, 노인의 건강 수준 향상 등으로 사회적으로 유익한 활동을 통하여 삶의 보람을 찾으려는 노인의 증가에 기인한다고 볼 수 있다.

앞으로 인구고령화 현상의 진전으로 노인문제에 대한 사회적 관심이 확대될 것이며, 이들 인력에 대한 사회적 활용이라는 문제 역시 제기될 것으로 보인다. 미래의 노인층은 지금의 노인층보다 사회적 변화에 보다 민감하며, 이에 따른 사회의식 및 가치관의 변화와 함께 노인의 권리와 책임의식도 커질 것으로 예상되기 때문에 노인층 자원봉사 비율은 점차 증대하리라 기대된다. 그러나 우리나라 노인들의 자원봉사 참여율은 다른 나라에 비해 상당히 낮은 편이며, 지속적으로 활동하지 못하는 경우가 많다. 미국의 경우 65세 이상 노인의 40%, 호주의 경우 17%가 자원봉사활동을 하고 있는데 비해, 우리나라 노인 자원봉사활동은 그리 활발하지 못한 편이다.

일반적으로 노년기에는 신체적, 심리적, 사회적인 특성이 나타난다. 노인들의 특징적인 신체적 변화는 감각기관의 예민도가 저하되어 시각, 청각, 미각, 촉각 등의 지각이 둔화된다는 것인데, 그중 현저한 변화는 운동능력과 근력의 저하이며, 이 밖에 뼈의 퇴행성 변화, 피부의 건조, 혈관 벽의 탄력성 감소 등이 있다. 체력이 쇠퇴하여 자주 피로감을 느끼게 되며 여러 가지 노환을 수반하게 된다.

노년기는 수입을 상실하게 되는 시기로 활동을 통해서 보유했던 사회적 지위와 역할을 사회에 반환하게 됨으로써 여러 가지 좌절을 경험하게 된다고 한다. 이 외에도 배우자나 친구들과의 사별이 대두되는 불안한 시기로서 홀로 남게 되고 고독하게 되는 때인가 하면 영유아기와 유사성을 가지며 자녀에게 점진적으로 의존하기 시작하는 때이다. 즉 전반적으로 상실감을 느끼는 심리적 특성이 나타난다.

사회·경제적인 면에서 노인은 육체적·정신적 능력의 감퇴로 자원을 생산하지 못하고 주로 소비하는 존재가 되어 사회에 부담이 된다. 또한 직장에서 은퇴하게 되어 중요한 대인관계가 많이 줄어들고 가족이나 친지들도 사회적 역할에 따라 여러 곳에 흩어져 살게 되므로 상호 방문이 어려워 사회적 고립에 처하게 된다. 이 같은 사회적 고립은 많은 여가시간으로 격리와 고독을 한층 더 야기한다.

세 가지 노년기 특성들은 각각 분리되어 나타나지 않고 상호 밀접하게 관련되어 서로에게 영향을 미치고 있으며 이러한 노년기의 변화들은 신체적, 심리적 혹은 사회적 상실에 의해 발생하므로 각각의 상실들에 잘 적응하고 긴장감으로부터 벗어나는 것은 노년기의 주요 과제라 할 수 있다. 일반적으로 노년기에는 빈곤, 질병, 고독, 무위 등 4고(苦)를 겪게 되는데, 이 중 고독과 무위를 해결할 수 있는 노인들의 자원봉사활동은 중요한 실마리가 될 수 있다.

이와 같이 노인의 사회참여활동은 상당히 의미 깊은 일로서 특히 노인이 갖는 여가시간의 일부 혹은 전부를 자원봉사활동에 참여하는 것은 노인 자신은 물론 지역사회복지에도 크게 기여할 수 있게 된다.

노년기 자원봉사활동은 퇴직생활에 대한 적응력을 높이고 상실되었던 사회적 지위와 역할을 보충해 주는 중요한 대체역할이 될 수 있다. 즉 자신들이 유용하다는 느낌을 갖게 함으로써 고독감을 감소시키며, 또한 지역사회와의 연대감을 제고시키고, 세대 간 사회통합에 도움이 될 수 있다는 점 그리고 사회적으로 인적 자원을 활용할 수 있다는 점에서 사회적 의의가 크다.

(2) 노인 자원봉사활동의 필요성

노인복지는 단순한 구빈사업이나 의료보호의 개념이 아니고, 노인이 하나의 독립된 인간으로서 기본적인 욕구충족과 문화생활을 유지하며, 가정이나 사회에서 존경을 받고, 사회적인 역할과 활동에 참여하여 삶의 의미와 보람을 갖도록 하는 것이다. 현 세대 노인들은 경제문제, 건강문제, 소외감, 부양문제 등으로 봉사자의 도움을 필요로 하고 있으며, 또한 건전한 여가활동과 보람 있는 노후생활을 위해 자원봉사활동이 필요하다. 교회에서의 노인 자원봉사활동의 필요성을 살펴보면 다음과 같다.

첫째, 자기성숙이다. 인간의 기본적인 욕구를 대별하면 생리적인 욕구와 사회·심리적인 욕구로 구분할 수 있다. 사회·심리적인 욕구는 사랑을 받고 싶어 하는 애정의 욕구, 단체나 유력한 존재의 일부가 되고 싶어 하는 소속의 욕구, 사회적으로 가치 있는 것을 이루고 싶은 성취의 욕구, 남의 간섭을 받지 않고 자주적으로 행동하고 선택하려는 독립의 욕구, 자신의 존재를 인정받고 싶어 하는 승인의 욕구 등으로 구성되어 있다.

특히 노인의 경우 자녀의 분가, 배우자 및 친구의 사망, 퇴직으로 인한 역할상실 등으로 인하여 사회·심리적 욕구를 충족하는 데 어려움이 있다. 이러한 사회·심리적 욕구를 적절하게 충족하지 못하면 삶의 의욕을 상실하게 되어 활기찬 노후생활을 영위하기가 어렵다. 이러한 사회·심리적인 욕구를 아주 효과적으로 충족시킬 수 있는 활동이 바로 자원봉사이다.

노인은 자원봉사활동을 통하여 자긍심 회복, 적극적인 자기표현, 성취감의 경험, 적절한 가족관계의 유지, 지능저하의 예방, 노화방지 등의 효과를 얻게 되어 자기성숙이 가능해질 것이다.

둘째, 공동체의식 강화이다. 이상적인 지역사회는 지리적·공간적 영역을 가지고, 그 영역 내에 생활기반이 잘 정비되어 있고, 주민들의 상호교류와 그 지역에 대한 주민의 귀속의식이 있어야 한다. 노인도 그 지역사회에 살고 있는 주민이므로 지역사회의 한 구성원으로서의 역할을 수행해야 한다.

노인이 인생의 선배로서, 생활의 지혜와 경험을 갖춘 자로서 공동체의 발전을 위해 나름대로의 역할을 다해 나갈 때, 지역사회의 복지문제, 특히 노인문제의 해결·예방에 기여할 수 있고, 지역사회의 유용한 일원으로서의 지위를 가질 수 있으며, 지역사회구성원들에게 새로운 노인상을 정립할 수 있게 됨으로써 지역사회의 진정한 어른으로서 존경을 받을 수 있게 될 것이다.

셋째, 자원봉사의 당사자성이다. 일방적으로 자원봉사를 해 주는 사람과 자원봉사를 받는 사람의 관계는 대등한 관계로 이어지기 어렵다. 이러한 대등하지 않은 관계를 대등한 관계로 전환시킬 수 있는 것이 자원봉사의 당사자성이다. 특히 노인은 자원봉사자로 활동할 수도 있지만 자원봉사의 대상자도 될 수 있다. 즉 서비스를 제공하는 자와 서비스를 이용하는 자 간의 전환이 쉽게 일어날 수 있으며 '인간은 변한다'는 평범한 진리에 근거하는 것이 자원봉사의 당사자성이다.

이러한 자원봉사의 당사자성은 '고독의 보편화'와 '욕구의 다양화·특수화'의 특성을 갖게 되는 앞으로의 사회에서는 지리적으로 가깝고, 상황적으로 유사한 욕구를 지닌 사람이 자원봉사를 하게 될 때 발휘되는 것으로 당사자 본인뿐만 아니라 사회 전체적으로도 매우 중요한 의미를 가지게 된다.

교회에서의 노인의 자원봉사활동에의 참여는 사회복지에 큰 공헌을 하며 나아가서 교회와 지역사회의 개선과 발전에 큰 기여를 하게 되어 비노인층이 노인을 보는 인상을 긍정적으로 변화시킬 수 있다. 이처럼 노년기의 자

원봉사활동은 노인 자신과 서비스 대상자 그리고 사회에 큰 이익을 주게
되는 것이다.

2) 노인 자원봉사활동의 활동 영역

(1) 자원봉사활동 현황

현재 우리나라에서 노인의 자원봉사활동 참여비율은 다른 나라에 비해
상당히 낮은 편으로 나타났다. 노인들은 자원봉사를 받는 대상자이지 자원
봉사를 하는 주체자로 인식되지 않아 노인의 자원봉사활동이 아직 활성화
되지 못하고 있다. 노인들이 자원봉사에 참여할 때에는 개별적으로 봉사할
곳을 찾아가 필요한 도움을 주는 경우두 있으나 대부분의 노인 자원봉사는
기존의 노인복지 관련 기관이나 지방자치단체 또는 종교단체, 자원봉사센터
등에 소속하여 활동하고 있다. 60세 이상 노인들의 자원봉사활동 분야는
지역의 환경보전, 사회복지 관련 시설, 국가나 지역행사 보조, 재해지역 돕
기, 그리고 어린이 교육을 위해 봉사하고 있는 것으로 나타났다.

그동안 우리나라에서 자원봉사활동은 대한노인회가 대표적으로 활동해
왔으며, 1990년대 후반에 들어와 일부 지방자체단체에서 노인층 자원봉사
활동을 지원하기 시작하였다. 또한 노인복지회관, 자원봉사센터, 지방자치단
체 등에서 노인들을 중심으로 노인 자원봉사활동이 이루어지고 있다.

대한노인회는 우리나라 최대의 노인단체로 2000년까지 180여만 명의 회
원이 등록되어 있고, 시·도 연합회, 군·구 지회의 전국적인 조직을 가지
고 있다. 대한노인회에서는 전국에 걸쳐 각 지회 또는 경로당 단위로 지속
적으로 자원봉사활동에 참여하고 있다. 이들 조직이 참여하는 자원봉사활동
의 내용을 살펴보면, 교통봉사, 방범순찰, 청소년 선도, 자연보호 캠페인,
환경정화, 전통문화선양 등이다.

노인복지회관 또는 노인종합복지관은 지역 노인의 다양한 욕구를 충족시
키기 위해 설립된 곳이므로 우리나라의 대표적 노인여가복지시설의 하나이
다. 노인 자원봉사활동 내용은 복지관 내에서 안내 및 행사 도우미, 식당,

배식, 업무보조, 각종 프로그램의 전문강사 등으로 다양하다. 또한 복지관 밖에서 교통질서, 청소년선도, 환경보호뿐 아니라 문화공연 봉사, 말벗 서비스, 교육보조 서비스 등의 활동이 이루어지고 있다.

자원봉사센터는 행정자치부 지원으로 1996년부터 설립되기 시작하여 2001년도에는 전국 시·군·구 187개소가 운영되었다. 자원봉사센터의 경우 어르신 자원봉사대는 청소, 교통정리 등 지역사회 봉사 외에도 외국어 (일어, 영어 등) 능력이 있는 노인들이 행정부처에서 필요로 하는 서류 및 자료들을 무료 번역, 도움이 필요한 또래 노인을 방문하여 봉사하고 있다. 또한 센터에서는 경로당과 어린이집이 결연사업으로 맺어져 대표자회의, 교육, 결연식을 통하여 세대 간 교류를 실시하여 자원봉사활동을 펼치고 있다.

일부 지방자치단체에서도 노인 자원봉사활동에 대해 여러 지원을 통해 이를 활성화하려는 노력을 하고 있다. 서울시에서는 1990년대 들어와서 노인층을 대상으로 유료자원봉사 형태의 활동을 지원해 왔었다. 이는 사회 역할로부터 소외되어 가고 있는 노인들에게 지역사회에 봉사할 수 있는 기회를 제공하여 노인들의 풍부한 지식과 경험을 활용하고 유휴노인들에게 소득의 기회를 부여함으로써 노인복지증진에 기여하고자 하는 목적이었다. 1995년부터는 환경감시 할아버지 봉사대와 자율방범 할아버지 봉사대를 운영하고 있으며 이에 수백 명의 노인이 참여하고 일당을 받아 왔다. 최근에는 이들 사업 중 환경감시활동은 서울시가 대안노인회 서울시 연합회에게 관리를 위탁하였다. 경기도는 자체 내 노인자원봉사학교를 운영하고 있는데, 사회경험과 지식이 풍부한 60~70대 노인들로 선발될 예정인 교육생들은 논인들의 자원봉사 활성화를 위한 리더그룹으로 양성하고 있다.

노인 관련 단체에서 노인 자원봉사자들이 활동을 하고 있는데 예를 들어 노인의 전화, 노년자원봉사회, 한국노인복지회, 노인대학, 삼락회 등이 있다. 이제 교회도 교회에 잠재되어 있는 노인들의 인력을 사회적 책임을 가지고 자원봉사를 통하여 참여하도록 하는 것이 필요하다고 본다.

(2) 자원봉사활동 영역

노인이 참여할 수 있는 자원봉사 프로그램은 다양하게 구분하여 제시할 수 있다. 먼저 활동하는 장소에 따른 구분으로는 가정에서 할 수 있는 자원봉사, 지역사회에서 할 수 있는 자원봉사, 복지문제를 갖고 있는 지역에서 할 수 있는 자원봉사, 복지·문화·레크리에이션 등의 시설에서 할 수 있는 자원봉사, 조사·모금 등의 자원봉사 등이 있다.

활동내용에 따른 구분으로는 지식·기술의 전승, 자원 활용, 지적, 환경보호, 점검·조사, 방문·교류·초청 등으로 나눌 수 있고, 활동 영역에 따른 구분으로는 보건·복지, 취미, 건강·스포츠, 생산·취업, 교육·문화, 생활개선, 안전관리, 지역행사 등으로 제시할 수 있다.

일반적으로 노인은 체력과 순발력이 다른 연령층에 비해 뒤떨어지므로 과도한 체력이나 집중력을 요하는 활동에는 적합하지 않다. 노인들이 일생을 통해 축적하여 온 경험과 기술을 충분히 발휘할 수 있고, 역할상실을 대체할 수 있으며, 흥미를 느낄 수 있는 봉사활동 프로그래미 개발되어야 할 것이다. 도시와 농촌의 지역적 특색을 감안한다면 지역사회의 독창성을 살린 교회의 노인 자원봉사 프로그램의 개발이 가능하리라 본다.

일반적으로 우리나라 노인에게 적합한 자원봉사활동을 살펴보면, 노인의 신체적·심리적 노화현상 등을 감안할 때 비교적 체력과 순발력이 덜 필요한 활동이 적합하다. 그리고 동시에 노인들에게 사회적 대체역할을 해 줄 수 있거나 또는 노인들의 경험과 지식에 적합하고 노인들이 흥미를 느낄 수 있는 자원봉사 프로그램이 개발되어야 할 것이다.

현재의 노인층은 제한된 자원봉사 영역에서 활동하고 있는데, 특히 점차 증가하고 있는 중상층 고학력 노인들의 경우 스스로 자원봉사활동에 대한 의사가 있다 하더라도 그들에게 적합한 영역을 발견하는 것이 용이하지 않으므로 자원봉사활동을 포기하는 경우도 있다. 따라서 앞으로 다양한 노인층이 자원봉사활동을 보다 원활히 할 수 있도록 개인의 지식이나 경험 등을 활용할 수 있는 자원봉사 영역의 개발이 시급하다고 볼 수 있다.

교회에서 노인들이 참여할 수 있는 자원봉사활동의 영역을 ⓐ 상담 및 교육, ⓑ 행정, 정치, 법, 경영, ⓒ 보건 및 의료, ⓓ 예술, 문화, 레크리에이션, ⓔ 대인서비스, ⓕ 환경보호, 교통, 청소년 선도, 소비자보호, ⓖ 국제협력, 구호사업 및 기증 등으로 나누어, 활동 영역을 자원봉사자가 지닌 지식 및 기술의 전문성 정도에 따라 전문영역, 단순 전문영역, 일반영역으로 나누어 보면 다음의 <표 9-1>과 같다. 그리고 교회는 프로그램에 대한 지속적인 평가와 조정 작업이 이루어져야 하며 교회에서 노인복지사업을 수행함에 있어서는 지역사회 노인 전체를 그 대상으로 하되 욕구나 문제의 수준에 따라 우선순위를 두고 서비스를 제공하여야 한다.

<표 9-1> 자원봉사활동 영역

활동영역/ 전문성수준	전문 영역	단순 전문 영역	일반 영역
상담 및 교육	- 자문 및 전문상담: 회계, 재정, 마케팅, 엔지니어링, 판매, 학술 - 아동, 청소년, 일반인을 대상으로 한 교육: 한문교육, 윤리·도덕교육, 기술교육, 학습지도, 예능지도, 스포츠·레크리에이션 지도, 소그룹 지도, 취미지도 - 학원폭력예방 프로그램 개발 육성 - 정년퇴직자의 자원봉사활동 육성, 지도자 육성 프로그램 지원	- 단순상담(청소년 상담, 신앙상담 및 생활상담, 미혼모 및 불우여성상담 등) - 상담 및 교육에 필요한 사무보조 - 유치원·초·중·고등학교 보조교사 - 문맹학습지도	생활상담, 인간관계의 조정, 심리적 원조
정치, 법, 경영	- 공무원 및 국회의원, 지방자치단체 의회 의원 등에 노인복지를 위한 자문 및 정보 제공 - 법률상담 및 자문, 법률교육, 유언 작성, 유산상속 절차, 자원봉사활동의 활성화를 위한 각종의 법제도 개발지원 - 퇴직 노인들이 자신의 경력을 활용하여 중소기업 살리기 프로그램 개발 및 자문	- 부정선거 감시, 선거 사무소 사무보조, 선거인 등록 사업 보조 등 - 법률상담 및 자문, 법률교육 업무보조, 유언 작성 보조, 유산상속 절차 보조	- 투표·개표 참관인 활동
보건 및 의료	- 보건·의료에 관한 전문상담, 건강상담 및 교육 - 의료진료(예: 은퇴노인 의료봉사팀) - 평생 동안 의사로서 또는 간호사로서 직장생활을 한 후 은퇴한 의료봉사팀을 조직하여 질병치료, 재활, 건강관리 등을 함)		

활동영역/ 전문성수준	전문 영역	단순 전문 영역	일반 영역
예술, 문화, 레크리에 이션	- 음악교육, 판소리지도, 미술교육, 서예지도, 도자기기술 교육, 연극 및 춤 지도, 노인운동 지도 및 상담 - 민요, 가요, 무용, 건강체조, 사물놀이, 레크리에이션, 단전호흡 지도 - 출판물 제작 및 인쇄 업무	- 노인합창단, 예술단을 구성하여 위문공연 - 족보상담, 가훈보급, 가정의례교육 - 박물관·미술관 등 안내 및 홍보, 안전지도, 업무보조 - 노인운동지도 보조 - 출판물 제작 및 인쇄 업무 보조, 교정업무	- 각 지역의 문화재 보호, 관리, 전통 민속 보존 - 전통문화 계승운동 - 각종 문화행사 및 노인운동행사 지원
대인 서비스	- 식이요법지도 및 상담 - 點譯(점역)서비스, 수화 서비스 - 케어 서비스 - 가사 서비스	- 전기제품수리 - 의류수선 - 이·미용 서비스 - 거동 불편 자를 위한 운전	- 우호방문, 말벗해 주기, 매일 전화 확인, 외출보조, 여행보조, 옷 입기 보조, 목욕보조, 산책보조 - 음식배달, 시장보기지원, 목욕탕 동반, 병원 동반, 행정서류 대서, 편지 써주기, 가사일 돕기, 식사보조, 급식 서비스, 도락 제작·배달, 세탁, 세탁물 수거 배달 - 영아돌보기, 일반가정 초대 및 생일축하회, 캠프지도 보조, 직업알선, 신변처리 보조, 조부모 - 손자녀 맺기
환경보호, 교통, 청소년 선도, 소비자보 호	- 환경교육, 환경오염조사 - 교통관련 자문 및 상담 - 성폭력 상담·교육 및 계몽, 재활교육 - 소비물품 상담, 불량품 현장조사	- 환경교육 및 환경오염 조사 업무보조 - 교통 관련 자문 및 상담보조 - 소비물품 상담, 불량품 현장조사 업무보조	- 쓰레기 줍기, 쓰레기 분류 및 관리, 나무심기, 지역사회 환경정화 및 계몽활동, 근린공원 및 휴식 공간의 관리, 어린이 놀이터 아동보호·안전관리, 환경미화·개선, 환경감시운동, 자원재 활용 - 노인 교통정리, 지하철 안전지도원, 각종 행사를 위한 교통질서 정리, 교통단속 감시원, 학생 등·하교 시 사고예방·교통안전지도 - 유해환경조사 및 퇴치 캠페인, 지역사회 안전보호, 지역방범대 등 - 불량식품 고발 등 소비자보호운동 - 우리 농산물 애용운동 전개, 국산품 애용 캠페인
구호사업, 기증, 국제협력	- 외국어 통역 및 안내 봉사, 각종 자료 번역	- 긴급구호 활동, 인명구조 활동, 지역소방대	- 119전화당번 지원, 저소득층 구호, 이재민 급식, 미아보호소 운영 - 난민구호: 개발도상국 의료·물품·식량지원 보조, 후진국 사회개발을 위한 활동 - 금품기증(공동모금기금 바자회 및 일일 찻집 등, 유산기탁, 지정기탁 등), 헌혈 및 장기기증 - 국제협력 행사 지원, 외국인 숙박제공

2. 장애인과 자원봉사

1) 장애인 자원봉사의 이념적 성격

장애인복지를 정당화하는 일차적인 근거는 인간의 존엄성이다. 장애인은 인간으로서 지니는 모든 권리를 가지며, 그 권리의 양과 질은 다른 사람과 동일하다. 장애인복지가 별도 혹은 추가부담을 정당화하는 근거는 바로 장애인이 인간으로서 모든 시민과 같은 권리를 보장해야 한다는 데 있다. 장애인복지의 기본 이념은 정상화(normalization)는 정신지체인에 있어서 시설보호를 지양하고, 일상적인 생활형태를 강조하는 개념으로 등장한 바 있다. 정상화는 개인의 성장과 발달에서 정상적인 발달경험, 인생주기에서의 선택의 자유, 정상적인 이웃과 같이하는 가정에서의 삶, 지역사회에 통합되어 있는 삶을 강조하면서 시설보호를 반대한다.

장애인이 사회적으로 평가절하되는 것은 그 사회가 지향하는 가치에 의해 규정되며, 지향하고 있는 가치의 각 측면에서 가치절하를 받는 인간이 되는 것이다. 어떤 인간의 능력이나 존엄성이 실제보다 평가절하되는 것은 사회의 동등한 구성원으로 살아갈 수 있는 여지를 좁히는 결과를 가져온다. 따라서 장애인과 같이 가치가 절하된 사람이 사회에서 가치 있는 사회구성원으로서 지위를 확보하기 위해서는 가치절하를 유발하는 차이를 줄이거나 예방하는 방법과, 가치절하의 대상이 되지 않도록 사회적 인식이나 가치를 변화시키는 것이다.

장애인복지의 기본 목표로서 제시되는 사회통합(social integration)이란 장애인과 같이 사회적 가치절하의 위험에 놓인 사람들에게 의미 있는 사회참여의 중요성을 강조하는 개념이다. 통합이란 가치 있는 물리적, 사회적 환경 속에서 정상적이고 가치 있는 시민들과의 활동과 접촉을 의미하며, 이들 관계에 사람들이 개인적으로 참여하는 것을 의미한다. 결국 정상화는 가치절하를 받은 사람이나 집단이 가능한 다양한 영역과 가장 높은 수준에서 사회로부터 가치를 인정받는 생활에 통합될 수 있는 기회를 가질 것을 요구하는 것이다.

장애인이 생활하는 데 있어 가장 어려운 점은 사회로부터 소외되는 것이다. 대부분의 장애인들이 신체적, 정신적 어려움을 지니고 있지만 이러한 장애 자체보다도 더욱 어려운 점은 개인의 능력과 상관없이 편견이나 선입견으로 취업이 되지 않는 등의 사회생활에서 받는 제약이라 할 수 있다. 이로 인해 장애인은 사회로부터 분리되고 장애인에 대한 관점도 단순히 소비적 인간으로 인식되는 것이다.

장애인들이 갖는 의료적, 사회적, 직업적 욕구들은 일반인과 크게 다르지 않다. 단지 이와 같은 사회적 인식으로 인해 이러한 욕구들이 그동안 적절히 해소되지 못했고 그러한 기회들이 근본적으로 차단되어 있었다는 점이다. 결국 문제해결을 어렵게 하는 것은 장애인이 갖고 있는 장애 자체보다도 바로 장애사회(handicapped society)인 것이다. 그러므로 장애인을 이해하고 '더불어 살 수 있는 사회'가 곧 진정한 의미의 복지사회이며, 사회통합을 촉진시킬 수 있는 중요한 매개체가 장애인을 대상으로 한 자원봉사활동이다.

2) 장애인을 위한 자원봉사의 종류와 내용

교회에서의 장애인을 위한 자원봉사활동은 다른 대상들에 대한 것보다 다양하고 광범위하다. 이것은 장애인의 연령층이 어린 유아부터 노인층에 이르기까지 다양하며, 장애 유형별 특성 또한 크게 다르기 때문이다. 즉 장애아동의 경우에는 보호와 교육에 대한 욕구가 크고, 청·장년의 경우에는 직업 활동과 사회 활동에 대한 욕구가 크며, 노령 장애인의 경우에는 집중적인 간병이나 수발을 필요로 하게 된다. 일반적으로 봉사의 유형을 ⓐ 단순노력봉사, ⓑ 기술봉사, ⓒ 학습봉사, ⓓ 전문적인 봉사 등으로 구분하기도 하며 봉사활동을 기능별로 나누어 ⓐ 단순보조, ⓑ 상담봉사, ⓒ 교육봉사, ⓓ 치료적 봉사, ⓔ 조사연구 분야 봉사, ⓕ 환경개선봉사 등으로 구분할 수 있을 것이다.

장애인은 '장애'라는 특수성을 갖고 있을 뿐 아니라 장애의 정도와 유형에 따라 그리고 개인적인 특성에 따라 각기 다른 다양한 욕구를 지녔기 때문에 장애인에 대한 자원봉사활동을 일률적으로 규정하기 어렵다. 장애인의 장애나 부적응행동이 개선되도록 하기 위해서는 이들에게 적절한 도움이 필요하다. 장애인이 일반인과 접촉하고 그들과 같은 경험을 하게하고 원하는 활동을 하기 위해서는 무엇보다 기회가 필요하다. 이를 위해서 교회의 자원봉사 시스템은 가정, 장애인복지시설, 특수교육기관, 장애인복지단체 등에서 장애인을 돕는 지원체계를 갖추고 있어야 한다. 특히 장애인시설이나 복지관과 교회간의 상호 보완적 협력체계 구축이 중요하다고 본다. 교회 자원봉사가 전통적인 시설 서비스나 제도화된 서비스도 필요하겠지만 이제는 가정이나 학교, 이웃과 같은 지역사회에서의 장애인의 실생활과 관련 있는 영역으로 방향을 전환하고 욕구에 부응하는 프로그램들이 개발되어야 한다.

3. 지역사회와 자원봉사

1) 지역사회에서의 자원봉사활동

교회에서의 자원봉사활동은 원칙적으로 가까운 지역사회에서부터 정착되어야 한다. 왜냐하면 자원봉사활동은 자신의 생활하는 지역에서 활동할 수 있을 때 오가는 소요시간을 아낄 수 있고, 지역주민과 자주 대하는 시간을 가짐으로써 가장 효과적이며, '더불어 사는 공동체' 만들기에 공헌할 수 있기 때문이다.

자원봉사자가 교회를 통해 봉사활동을 하는 동안 지역사회의 일원으로서 지역사회를 돕고 경험을 통해 지역사회 공동체의 소속감을 새롭게 인식하고 이웃과 더불어 사는 의미를 몸소 체험하게 된다. 나아가 봉사활동을 통해 활동범위를 확대시켜 나감으로써 다양한 경험을 하게 되며 보다 건전하고 성숙한 문화를 형성할 수 있게 된다. 특히 자연생태계와 공동체 속에서 직접 체험을 통해 세대 간의 형평성, 지역사회의 공동체 회복, 수평적이고 쌍방적인 의사소통 구조의 형성을 위한 개개인의 역할과 책임에 대한 자각을 높일 수 있다.

2) 지역사회 자원봉사활동 분야와 역할

교회에서의 자원봉사는 지역사회의 문제나 욕구를 해결하고 지역사회 발전을 위해 지역주민들이 언제 어디서나, 누구나 자유롭게 참여할 수 있는 자발적인 사회적 활동이다. 따라서 지역사회 자원봉사 프로그램은 지역주민들이 가지고 있는 지식, 기술, 경험, 관심 및 특성 등에 맞게 개발되어야 하고, 효과적인 활동을 위하여 적절한 계획, 교육, 훈련, 지도·감독, 보상, 평가 등 일련의 과정을 거쳐야 한다.

지역사회 내에서 자원봉사를 할 수 있는 활동터전은 특정한 시설과 조직을 갖춘 기관뿐만 아니라 우리들이 생활하고 있는 지역사회도 중요한 활동터전이며, 산이나 바다와 같은 자연 속에서도 자원봉사활동터전을 찾을 수 있다.

교회를 통한 지역사회의 자원봉사활동은 지역사회를 훈훈한 인간미가 넘치고, 따뜻한 보금자리로 느끼게 하며, 쾌적하며 신바람 나는 공동체로 만들기 위한 일이다. 그 일에는 환경, 교통, 범죄, 교육, 의료, 소비자, 문화, 스포츠에 이르기까지 다양하며, 광범위한 분야에서 대상자에게 직접 서비스를 제공하는 역할과 대상자는 없으나 공공기관이나 사회단체와 함께 시민들 전체가 공동적으로 겪는 문제를 해결하고자 하는 자원봉사활동으로 나타나게 된다. 이러한 자원봉사활동은 누구나 간단히 할 수 있는 자원봉사활동뿐만 아니라 자신의 특기나 취미를 살려 보다 전문적인 지식과 기능을 지역사회나 사회단체에 도움을 주는 높은 수준의 봉사활동도 많다. 그 내용을 정리하면 <표 9-2>와 같다.

<표 9-2> 지역사회 자원봉사활동 분야

분야	어린이	중·고교생	대학생과 직장인	여성	어르신
환경	*쓰레기 줍기 *낙서 지우기, 길바닥 껌 떼기 *어린이환경모임 구성, 참가 *야생동물 먹이 주기 *우리학교 푸르게 가꾸기 *환경교실·캠프	*나무에 이름표 달아 주기 *도시하천 살리기 *생태기행 *환경보호·계몽 활동 참가 *야생 동식물 그리기 *환경오염지도 만들기 *비닐·농약병, 건전지 수거	*교육, 계몽 *자료수집, 검색 *번역, 홍보물제작 *오염·현장조사 *언론, 비디오 환경 모 니터링 *환경감시활동 *홈페이지 관리 *사무지원	*쓰레기 줍기 *교육, 계몽 *오염·현장조사 *언론, 비디오 환경 모니터링 *환경입법운동 *환경감시활동 *일회용 쓰지 않기 캠페인 *사무지원	*거리청소 *벽보 떼기 *재활용품 분리 *계몽활동 *정책자문활동 *산불감시활동
교통	*초등학교 주변 교 통정리 *노약자보호석 지 키기 활동	*행사 교통정리 *교통질서 캠페인 *표지판·시설물 점검 *학교주변 교통안전 실태 조사 *대중교통이용 캠페인	*보행환경, 자전거 이용 여건 모니터 *월드컵 교통봉사 *카풀 *행사안내, 정리 *도로 파손상황 점검	*거리표지판 제작 설 치활동 *교통안내시스템 개 선활동 *안전한 통학로 만들기 *카풀	*어르신교통정리 *교통안전 캠 페인 *우편발송
범죄		*학교주변 유해환경 추방 운동	*유해환경조사 및 추방 운동 *학교폭력예방활동 *교육, 계몽 *상담 *비행청소년 선도	*유해환경조사 및 추 방운동 *자율방범대활동 *교육, 계몽 *성폭력상담 *비행청소년 선도 *후견인 맺어 주기	*출소자 사회 복귀 지도 *정책자문활동
교육		*청소년 금연 캠페인	*기능훈련 보조 *캠프 *약물·아동학대 예방, 계몽 *성교육 *교육 모니터링 *방과 후 청소년 지도	*기능교육 *캠프 *약물·아동학대 예방, 계몽 *성, 어머니 교육 *교육 모니터링 *문맹 노인학습 지도	*기술교육 *학업 중퇴자 지원
의료	*환자위문 *거즈접기 및 붕 대감기	*환자위문·동행 *헌혈 캠페인 *당뇨캠프 *이동도서 대출 *아이돌보기 *산책보조 *번호표 발행 *거즈 접기 및 붕대감기	*정보제공 *레크리에이션 지도 *호스피스, 간병인 *병원업무보조 *보건위생강좌 *상담, 계몽 *사회심리극 *수술비 모금운동 *사무지원	*정보제공 *호스피스, 간병인 *병원업무보조 *수속절차 안내 *상담, 계몽 *사회재활 서비스 *이·미용 *식사보조 및 세탁	*호스피스, 간 병인 *장기기증

분야	어린이	중·고교생	대학생과 직장인	여성	어르신
정치		*우편물발송 *명찰 만들기 *선거벽보 부착 및 제거	*계몽, 홍보 *후보자 모니터링 *언론 모니터링 *부정선거감시 *의정활동평가 *유권자교육 *공명선거캠페인 *사무지원 *관련법 제정 활동 *소집단 활동	*계몽, 홍보 *후보자 모니터링 *부정선거감시 *의정활동평가 *여론수집·조사 *공명선거캠페인 *사무지원 *관련법 제정 활동 *정책개선 압력활동	*계몽활동 *후보자 초청 정책 토론회 *선거자금 모금 *후보자 감시 *법률자문활동
경제			*노동자권익보호 *교육, 계몽 *자료수집, 검색 *현장조사 *관광가이드 *카풀 *행사안내, 정리 *사무지원	*구인·구직 개척교육, 계몽 *우리 고장 특산물 알리기 캠페인 *상거래질서 운동 *도·농공동체운동 *카풀 *시무지원	*취업 및 전업지원 상담 *기술훈련 *우리 고장 특산물 알리기 캠페인 *경영컨설팅
소비자			*소비자 교육 *현장조사 *홍보, 고발 *자료수집, 검색 *번역, 홍보물제작 *현장조사 *상담 *우리 상품·아껴 쓰기 운동 *사무지원	*소비자 교육 *현장조사 *홍보, 고발 *번역, 홍보물제작 *현장조사 *상담 *우리상품·아껴 쓰기 운동 *사무지원	
문화	*쓰레기 줍기 *낙서 지우기	*행사 교통정리 *질서·문화 캠페인 *지역문화홍보 *꽃길 가꾸기 *깨끗한 화장실 가꾸기 *자료·도서정리	*문화재보호활동(훼손, 방치시정요구) *문화명소 안내·통역 *문화행사 안내, 진행보조, 정리 *관광문화 모니터 *자료수집, 검색 *모금활동 *위문활동 *홈페이지 관리 *사무지원	*문화재보호활동(훼손, 방치시정요구) *지역문화재(가족운동회·주민 잔치) *주민 독서운동 *문화시설 이용 여론조사 *사무지원	*우리 고장 문화 알리기 *전통문화 전승 운동
행정		*행사 교통정리 *자료, 도서정리	*행사보조 *홈페이지 관리 *자료, 도서 전산화 *사무지원	*민원안내·상담 *행사보조 *행정개선활동 *친절행정 캠페인 *행정 모니터링	*민원안내·상담 *일일 기관장 활동 *대필
스포츠	*쓰레기 줍기 *낙서 지우기	*행사 준비활동 *행사 교통정리 *체육대회 보조 *행사전단 배포	*생활체육 지도 *캠프 *레크리에이션 *각종 행사 안내, 정리 *인터넷 홍보 *체육대회 보조	*가정 민박 *생활체육 보조	

조휘일(2002)은 자원봉사 프로그램의 성패를 좌우하는 가장 중요한 요소로 관리의 문제를 들면서, 자원봉사자의 중도 탈락과 참여 정도에 영향을 미치기 위한 모집, 선발, 훈련, 배치, 지도감독, 보상 등으로 구성된 자원봉사관리이론으로 자원봉사 프로그램을 설명하고 있다. 교회자원봉사에서도 이러한 관리와 지도 감독, 보상의 부분을 더욱 관심을 가지고 연구해야 할 것이다.

Ⅱ. 분야별 교회자원봉사 프로그램

자원봉사활동 영역은 상당히 포괄적이기 때문에 하나의 기준으로 분류하여 설명하기 곤란하다. 따라서 몇 가지 기준으로 분류하여 다양하게 설명할 수밖에 없는데 김동배(2005)는 이럴 경우 하나의 자원봉사활동이 분류기준의 차이에 의해 중복 설명되고 있음에 유념해야 한다고 보았다.

교회에서의 자원봉사활동은 활동의 장과 대상, 과업의 성격, 개입방법에 따라 구분해 보면, 활동의 장은 국제, 지역사회, 사회복지시설, 학교·병원 등으로 나뉘며, 활동의 대상은 아동, 청소년, 노인, 장애인 등으로 나뉜다. 과업의 성격은 직접적 원조, 예방적 활동, 전문적 활동, 일반적 활동 등으로 나뉘며, 개입방법은 직접적 개입(대부분의 활동 해당)과 간접적 개입(이사/위원으로 활동)으로 나뉜다.

교회에서의 자원봉사활동 영역을 나누는 또 하나의 방식은 공동체의 기능에 따라 분류하는 것이다. 자원봉사자들은 각 공동체의 기능을 확대하기 위해 각 공동체 전문가들과 함께 봉사할 수 있다.

1. 아동 영역

1) 아동을 위한 자원봉사활동의 필요성

사회변동이 급격하게 일어남에 따라 가족의 기능이 해체되어 가족의 따뜻한 보호 속에 양육되고 교육되어야 할 아동들과 청소년들이 안정된 생활을 영위하지 못하고 있어 이들의 인격을 발전시키고 각자의 능력을 최대로 성취할 수 있도록 돕는 사회 각계의 노력이 필요하다. 즉 산업사회의 진전에 따라 가족이나 인근 생활공동체가 담당했던 기능이 상당 부분 사회로 이양되고 있으므로 아동 및 청소년문제의 예방과 해결에 사회성원들의 자발적 참여가 중요한 시점에 이른 것이다.

이 같은 의미에서 아동 및 청소년들을 돕는 자원봉사활동의 중요성은 아무리 강조해도 지나치지 않을 것이다.

교회에서의 자원봉사자들은 불우하거나 원만치 못한 가족과 사회 환경으로 인해 낮은 자기상을 가지고 변화에 잘 적응하지 못하고 자립의 의지를 상실한 아동 및 청소년들을 도와 그들이 보다 나은 생을 즐기며 힘차게 성장하고 고독과 불행에서 벗어날 수 있도록 도와야 한다. 일반 아동 및 청소년들뿐 아니라 결손가정의 경우에는 동일시 대상의 상실에서 오는 여러 문제점들을 해소하고 조화로운 성장을 이룰 수 있도록 사회성원들의 적절한 개입이 절대적으로 필요한 것이다.

김영호(2006)는 열악한 환경 속에서 자아의 고립감을 해소하지 못하고 역기능적으로 행동하는 아동들과 청소년들에게 자원봉사자들과의 바람직한 집단경험은 대단히 유익하다고 보았다. 아동이나 청소년들을 위한 집단지도사업이나 캠프사업 등은 이들에게 참된 민주적 가치나 생활의 훈련을 받을 수 있는 기회를 제공하여 궁극적으로 모든 생활과 활동 면에서 원만한 민주시민으로 성장하도록 도울 수 있다. 또한 올바른 사회화를 통해 적의나 소극적인 감정을 희망적인 것으로 승화시킬 수 있도록 도와주고, 원만한 대인관계를 가지도록 도우며 목표나 목적달성의 의지를 굳게 가지도록 함으로써 건전한 사회인으로 성장하게 한다.

이러한 인식을 바탕으로 우리의 아동과 청소년들이 현재의 교과과정 중심의 학교생활에서 얻을 수 있는 한정된 지식 이외에도 다양한 체험활동을 통해 도덕성과 정체감을 성숙시켜 갈 수 있도록 해야 한다. 자아정체감의 형성이 청소년기의 중요한 발달과업이며, 타인에 대한 관심과 사회성원으로서의 책임감을 포함한 도덕성이 우리 사회의 생존을 위해 필수적 가치라고 한다면 자아정체성과 도덕성을 통합시킬 수 있는 시기인 청소년기에 여러 가지 활동을 경험할 수 있도록 해야 하는 것이다.

오늘날의 아동과 청소년들은 21세기 복지사회를 이룩하기 위하여 이웃과 더불어 사랑을 나누며 이웃과 함께 고뇌하고 고통을 분담하여 사회적 책임을 생활화하는 창조적 지혜와 사랑 그리고 평화를 위한 실천 노력을 자생적으로 생성 및 발전시켜야 할 시점에 있다. 이는 21세기를 향한 우리나라의 시대적 요청이며, 아동 및 청소년들을 비롯한 우리 모두에게 주어진 공동의 복지목표를 위한 필연적 과제이다. 우리가 이상적으로 생각하는 공동체적 복지사회나 21세기로의 발전은 단순한 사회제도의 마련이나 어느 특정인 혹은 특정 집단의 산발적 노력으로 이룩할 수 있는 것은 아니기 때문이다.

교회가 아동복지의 증진을 위해 가장 먼저 해야 할 일은 지역의 아동을 대상으로 복지욕구를 철저히 파악하는 것과 교회가 이들을 위하여 무엇을 해 주어야 하는지에 대한 객관적인 조사가 필요하다. 또한 교회 내에 자원체계를 평가하고 이들을 위한 전담조직 기구를 구성하는 것이 필요하다고 본다. 그리고 이러한 프로그램이 지역사회에서 선교적 효과성과 효율성을 가질 수 있도록 교회에서 수행가능한 프로그램을 최종 결정하여야 한다.

2) 자원봉사활동 시의 유의사항

(1) 대상아동에 대한 지속적인 관심과 이해

교회에서 자원봉사활동에 있어서 중요한 것은 기술이나 재능보다 대상

아동에 대한 지속적인 관심과 진정한 이해이다. 아동은 주변 사람들로부터의 사랑과 관심, 보호를 필요로 하고 주위 환경과 타인의 감정에 민감하며 욕구충족에 대한 기대가 강렬하다. 아동들의 욕구충족에 대한 계속적인 실패는 불안과 불신을 조장하고 바람직한 아동기의 가치관 형성에 상당한 지장을 초래한다. 따라서 자원봉사자는 대상아동에 대해서 지속적인 관심을 가지고 아동의 심리·정서적 변화와 주위 환경의 변화를 관찰할 수 있도록 하여야 한다.

(2) 약속 시간의 엄수와 신뢰관계 형성

교회에서 자원봉사활동을 시작할 때 너무 무리하게 시간을 할애하면 쉽게 포기하는 경우가 발생한다. 봉사활동이 스스로에게 부담이 되면 더 이상 지속되기가 어렵다. 그러나 아동은 자신들이 경험하는 사회집단이나 타인과의 관계를 통해서 인간에 대한 사랑과 신뢰감을 형성한다. 따라서 자원봉사자가 대상아동과의 약속시간을 자주 어기게 되면 아동은 자원봉사자를 신뢰할 수 없게 되고 바람직한 관계 형성이 어렵게 된다. 그것은 곧 봉사활동으로서의 의미를 상실하게 되는 것이다. 그러므로 봉사자는 불가피한 경우에만 사전 양해를 구하도록 하고 효율적인 시간활용으로 봉사활동의 효과성을 높이고 시작할 때의 마음가짐을 지속시키는 것이 중요하다.

(3) 눈높이 자원봉사

아동들은 진정한 마음으로 자신과 대화를 나누고 이야기를 귀 기울여 들어 주며 자연스럽게 어울려 놀 수 있는 자원봉사자를 원하고 있다. 따라서 그들의 욕구를 세심히 관찰하고 그들의 수준에서 그들의 원하는 방향과 방법을 선택해 그들과 함께 하여야 자원봉사의 의미를 찾을 수 있다. 그리고 자선심이나 동정심에 의한 일방적인 시혜성의 선물은 자칫 잘못하면 아동에게 수치심을 주고 무력감을 느끼게 하며 상처를 줄 수 있을 뿐 아니라 의존심을 조장할 수 있으므로 유의하여야 한다.

(4) 아동의 솔직한 자기감정 표현과 긍정적인 감정의 유도

특히 아동기에는 다양하고 강한 욕구를 가지게 되고 이러한 욕구의 표현을 통한 충족을 필요로 한다. 아동이 가지는 욕구가 적절하게 충족되지 못하면 아동은 심리·정서적인 상처뿐만 아니라 욕구의 충족을 위해 거짓말 등의 왜곡된 욕구의 표현과 도벽 등의 비행행동을 유발할 수 있다. 따라서 자원봉사자들은 아동의 올바른 사회화를 위해 이들로 하여금 스스로의 감정을 말로 표현하도록 격려하며 적의나 소극적인 감정을 희망적인 것으로 승화시킬 수 있도록 도와야 한다.

(5) 원만한 대인관계 기술 및 일상생활 지도

가정과 학교, 사회에서 부적응 현상을 나타내는 아동들에게 사회적 인간으로 성장할 수 있도록 원만한 대인관계 기술과 일상생활 지도를 통하여 적응력 향상을 도와야 한다.

(6) 시설아동 자원봉사에 대한 각별한 주의

시설에 수용되어 있는 아동들은 현재 그룹 홈과 같은 소규모 형태의 시설 운영이 활성화되어 있지 못한 관계로 일반 아동과는 사뭇 다른 환경에서 자라고 있다. 이러한 사정으로 인하여 그들은 일상 속에서 보모 등의 직원으로부터 그들의 개별화된 욕구의 충족은 사실상 어렵다. 류기형(2005)은 그러나 간헐적으로 방문하는 자원봉사자의 경우에는 대상 아동을 상대로 할당된 짧은 시간만큼은 개별화된 관심과 사랑을 베풀 개연성이 매우 높다고 보았다. 그러나 이는 역설적으로 어려운 여건하에서도 최선을 다하고 있는 보모 등의 직원과 아동 간의 관계를 악화시키는 빌미가 될 수도 있다. 시설 아동을 위한 자원봉사의 경우 특히 이러한 역학관계가 사전에 충분히 검토되어야 한다.

3) 아동을 위한 자원봉사 프로그램의 예 〈표 9-3〉

목적	목표	서비스	프로그램
자립 기능 향상 (직접 대인 서비스)	심리적 지지	상담	전화 상담 가족과의 상담 학교부적응 아동 상담 문제행동 아동 상담 신앙 및 고충 상담
		심리적 자립	결손가정 아동 지도 요보호아동 결연 실직가정 아동 심리·정서 지도
	사회적 증진	교육지원	어린이 공부방 학습 지도 학습부진아 지도 어린이 교육프로그램 지도(한글, 영어, 한자 등) 어린이 컴퓨터 지도 어린이 자원봉사자 지도
		여가선용 지도	취미교육(미술, 음악, 종이접기, 동화구연, 무용 등) 동아리활동 지도(연극, 영화, 만화, 노래, 댄스, 영어, 문학 등) 캠프활동 보조·레크리에이션 지도 독서지도 전통문화놀이 지도(사물, 탈춤, 판소리, 서예, 예절 등) 어린이 병동 자원봉사
		사회활동 지원	동반외출 농촌활동 지도
	생활안정	보호활동	방과 후 아동보호 지도 일일위탁부모 영·유아보호시설 아동 돌보기 탁아시설 아동 돌보기
사회적 지지 (간접 서비스)	시설지원	업무보조	아동단체·시설 업무보조
		초청/방문	아동복지시설 방문, 봉사
	사회환경 조성	조사활동	유해 문화환경 조사·감시 위험장소 검사 및 시정 건의
		정보제공	자원봉사활동 정보지도 제작 아동을 위한 지역사회신문 제작
		캠페인	가출아동공동체 건립·운영을 위한 바자회 소년소녀가장을 위한 음악회 개최를 위한 모금캠페인 낙도 도서·놀이감 보내기 캠페인 결식아동을 위한 사랑의 빵나누기 모금 저소득가정 아동의 교육비 지원을 위한 물품기증 바자회 아동학대 예방 및 신고 캠페인 심장병어린이 수술비 모금을 위한 편지 쓰기

(김동배, 2005)

2. 청소년 영역

1) 청소년을 위한 자원봉사활동의 필요성

청소년기의 주요 과업은 자아정체감 형성이다. 자아정체감 형성은 청소년의 성장·발달, 가정, 사회 환경에 영향을 받는데, 청소년을 위한 자원봉사는 '자아정체감 형성'을 도와주는 사회복지의 한 방법이다.

청소년을 위한 자원봉사는 개인적·사회적 의미에서 중요하다. 김동배(2005)는 청소년은 아동에서 성인으로 성장해 가는 '과도기'로 갑작스러운 신체적·생리적 변화와, 사회적 역할과 환경의 변화, 이에 따른 자아정체감의 형성은 청소년 개인을 혼란스럽게 할 수 있다고 보았다. 사회적으로 청소년을 위한 자원봉사는 청소년의 권리를 보호하고, 건강한 시민으로 성장할 수 있는 환경을 조성한다는 의미에서 자발적인 사회구성원들의 참여가 필요하다.

2) 청소년을 위한 자원봉사 프로그램의 예 〈표 9-4〉

목적	목표	서비스	프로그램
자립 기능 향상 (직접 대인 서비스)	심리적 지지	상담	청소년 상담(전화, 면접, 집단상담) 학교상담 자원봉사 비행청소년 상담(법무부, 검찰청 관련) 신앙 및 고충 상담
		결연	소년소녀가장, 결손가정(시설청소년), 비행청소년과 개별 결연
	사회성 증진	교육지원	기능교실(컴퓨터, 서예 등) 지원 방과 후 학습지도 청소년 자원봉사자 지도
		사회활동 지원	산업시찰 및 역사탐방 안내 농촌활동 지도
		여가선용	음악·그림·문학·연극 지도 캠프 지도 전통놀이 지도
자립 기능 향상 (직접 대인 서비스)	생활안정	취업지원	청소년들의 직업훈련 취업알선 및 사회적응훈련 시설을 퇴소한 연장아동 지도·지원
		생활 및 가사 지원	결식청소년 무료급식 및 노력봉사 불우청소년 도시락 및 밑반찬 전달 이·미용 서비스 차량지원 청소, 세탁, 생필품구입, 시장보기 등 가사봉사
		보호활동	가출청소년 일시보호(쉼터) 민간가정 위탁
사회적 지지 (간접 서비스)	시설지원	업무보조	시설환경 정리 행정업무보조 차량지원
		시설장비	보육시설 화단 만들기 보일러·수도 등 각종 시설장비 놀이터 등 장비정비 청소년 수련시설 자연학습장 만들기
		방문활동	시설에서 레크리에이션 지도 보호관찰소·소년원 등 위문
	사회환경 조성	조사· 정보제공· 캠페인	청소년 유해 문화환경 조사·감시 청소년신문 제작 청소년 욕구조사 보조 근로청소년을 위한 음악회 개최 불우아동 및 청소년 장학금 모금을 위한 활동(바자회) 청소년을 위한 금연, 성교육, 약물남용 방지 캠페인 가출청소년을 위한 아웃리치

(김동배, 2005)

3. 노인 영역

1) 노인 대상 자원봉사활동의 필요성

현대사회는 고령화 사회이다. 경제성장에 따른 생활개선과 의학기술의 발달은 인간의 수명을 연장하고 노인의 인구를 계속 증가시키고 있다. 사람이 나이가 많아지면 심신기능이 쇠약해지고 노인성 질환으로 거동이 불편해져 자립생활이 어려워진다.

과거에는 이런 노인들이 가정에서 자녀들의 부양을 받으며 살아왔다. 그러나 정보화 사회로 들어오면서 변화된 노인들의 생활환경과 젊은이들의 노부모 부양에 대한 의식변화를 비롯한 가정의 부양기능의 약화는 노인 단독가구 증가의 원인이 되어 또 다른 노인문제를 발생시키고 있다.

김영호(2006)는 노인은 장애인 및 아동과 함께 사회봉사의 주된 대상이 되고 있고 특히 고령화 사회에서 노인복지가 사회복지의 가장 큰 문제로 대두되고 있다고 보았다.

인간은 생애의 마지막 주기에 이르러 행복하고 건강하며 앞으로 더 번영하고자 하는 인간생활의 욕구충족이 노화현상으로 제한을 받거나 문제를 일으키게 되는데, 노인복지란 이러한 문제들을 해결하고 원조하기 위한 전문적이고 조직적인 활동을 말한다. 즉 노인복지는 노인이 한 가족과 사회에 잘 적응하고 통합될 수 있도록 노후생활에 필요한 자원과 서비스를 제공하는 활동이라 할 수 있다. 교회는 생명의 안전망이라는 사명을 가지고 이러한 서비스가 미치지 못하는 부분을 헌신적으로 파트너십을 가지고 적극적으로 임해야 할 것이다.

날로 증가하는 고령 노인들의 서비스 욕구를 가정이나 정부의 자원만으로 감당하기 어렵기 때문에 시민들의 자발적인 참여와 봉사를 필요로 하고 있다. 노인에 대한 시민들의 자발적인 참여와 봉사는 결국 우리 사회의 노인문제를 해결하고 더불어 사는 사회를 구성하는 데 큰 역할을 할 것이다.

2) 노인을 위한 자원봉사 프로그램의 예 〈표 9-5〉

목적	목표	서비스	프로그램
자립 기능 향상 (직접 대인 서비스)	심리적 지지	정서적 위문	노인에게 안부전화 걸기 독거노인 결연 무의탁노인 가정방문 무의탁노인 경로잔치 및 생일잔치 신앙 및 고충 상담
		심리적 자립	인지치료 보조 회상치료 보조
	사회성 증진	교육지원	노인대학 운영 보조 문맹노인 학습 지도
		사회활동지원	노인 자서전 쓰기 지도 독거노인 모임 보조 장애인 및 허약 노인 외출 동행 치매노인 사회적응 지도
		여가선용	노인 체육 지도 노인 취미활동 그룹 지도 노인 특기개발 지도
	생활안정	취업지원	노인취업 알선 노인공동작업장 지원
		생활 및 가사 지원	노인가정 환경미화 노인 급식 및 도시락 배달 노인 목욕 보조 무의탁 노인 세탁물 배달 이·미용 서비스 영정사진 촬영
		의료 및 건강지원	노인 진료 보조 간병활동 및 임종간호(호스피스) 저소득층 노인을 위한 무료진료단 조직 신체 재활운동 지원 병간호 및 신체적 수발 약품구입 대행 개인위생 대행(머리손질·손발톱 깎기 등)
사회적 지지 (간접 서비스)	시설지원	업무보조	시설환경 정리 차량 운행 행정업무 보조
		방문활동	노인시설 위문공연 시설노인 생활보조 노인정 방문
		시설(장비) 정비	노인복지시설 환경미화 보일러·수도 등 각종 시설 장비 휠체어 등 노인장비 정비
	사회환경 조성	조사·개발	노인 관련 출판물 제작 보조 노인 생활물품 조사 보조 노인 욕구조사 보조

(김동배, 2005)

4. 장애인 영역

1) 장애인을 위한 자원봉사의 필요성

장애인들에게 자원봉사활동을 할 경우, 오히려 봉사자들이 더욱 깊은 인간적인 정을 느끼고 치료효과를 끌어낼 수 있기 때문에 교회에서의 장애인에 대한 자원봉사활동은 그만큼 중요하고 의미 있는 일이다.

김영호(2006)는 이동이나 운동이 곤란한 지체장애인이나 맹인이 가야 할 곳이나 가고 싶은 곳에 갈 수 있도록 보조해 주어야 하며, 시각장애인, 특히 맹인이 시각자료에 접근할 수 있도록 촉각자료나 청각자료를 만들어 주거나 대독 또는 설명해 주고 일상생활을 보조해 주어야 하고, 청각장애인, 특히 수화사용 청각장애인이 의사소통에서 어려움을 겪지 않도록 말을 수화로 그리고 수화를 말로 통역해 주며, 또한 언어장애인이 의사소통에서 어려움을 겪지 않도록 하기 위해 이들의 언어생활에 필요한 지원을 한다고 보았다. 그러나 수화 등은 전문영역이므로 자원봉사자는 항상 노력하여야 하며 자원봉사활동 시 필요한 지식들을 습득할 수 있는 기회를 계속 가져야 할 것이다.

정신지체인이나 중증의 정서장애인이 일상생활을 적절히 할 수 있도록 간헐적 또는 전반적인 지원을 해야 하며, 학습장애인을 비롯한 장애인이 각자에게 알맞고 필요한 교육을 받을 수 있게 하기 위해 개별지도나 개별화교육을 해야 한다.

특히 장애인의 장애나 부적응 행동이 하루속히 개선되게 하기 위해서는 이들에게 적기에 적당량의 치료를 해야 하며, 또 장애인이 일반인과 접촉하고, 일반인이 하는 것과 같은 경험을 하고 원하는 활동을 할 수 있게 하기 위해서는 그렇게 할 수 있는 기회를 갖게 해야 한다.

그러기 위해서는 교회, 가정, 장애인 복지시설, 특수교육기관, 장애인 복지단체 및 기관 등에서 장애인의 보호, 교육, 치료, 취업, 기타 생활을 잘할 수 있도록 돕는 사회적 지원체계가 있어야 한다. 특히 무엇보다도 장애인들을 돕는 많은 인력의 지원이 필요하며 교회는 교회가 가지고 있는 인적 자원을 사회적 책임을 가지고 함께 동참하는 자세가 절실히 필요하다고 본다. 그러나 현재는 필요한 인력을 요구되는 수만큼 공급하지 못하고 있다. 그러므로 교회와 지역사회의 자발적 봉사가 절실히 필요하다.

모든 장애인이 정상적인 생활을 할 수 있도록 하기 위해서는 이들에게 필요한 지원도 해야 하지만, 장애인에 대한 일반인의 인식을 개선하고 모두가 공동체 의식을 갖게 해야 하는데, 그 방법 중 가장 좋은 방법은 장애인을 위한 자원봉사활동을 하게 하는 것이 매우 중요하다고 본다.

2) 장애인을 위한 자원봉사 프로그램의 예 〈표 9-6〉

목적	목표	서비스	프로그램
자립 기능 향상 (직접 대인 서비스)	심리적 지지	정서적 위문	재활 전화 상담 책·신문 읽어 주기 말벗
		심리적 자립	발달장애인 친구 되기 장애인 홈페이지 운영 심리재활 프로그램 안내 및 보조
	사회성 증진	사회활동 지원	발달장애인의 대중교통 이용 지도 및 보조 발달장애인의 지역사회 시설 이용 지도 및 보조 언어소통을 위한 수화 통역 중증장애인 나들이 보조 특수학교 장애아동 통학 보조 시각장애인 길 안내 운전 자원봉사활동 장애인 특수장비 보수(휠체어·목발·의족 등)
		교육지원	장애아동 학습지도 및 보조 장애인 컴퓨터 교육 시각장애인 이동 훈련 보조 직업훈련 보조
	생활안정	여가선용	장애아동 발달을 위한 학예활동 지도 체육활동 지도 현장학습 보조 여가선용 보조 운동회 개최 견학 및 야외학습 보조

목적	목표	서비스	프로그램
자립 기능 향상 (직접 대인 서비스)	생활안정	취업지원	구인·구직 개척 및 상담 구직 장애인을 위한 작업지도 및 보조 장애인 직업재활을 위한 욕구분석 보조 취업 알선 및 사후 지원 고용 홍보 보조 영세가정 장애인 개별 결연
		생활지원	목욕·반찬·가사 지원 환경미화 이·미용 서비스
		보호활동	장애아동 돌보기 장애인 그룹 홈 관리 보조
		의료 및 건강 지원	순회 진료 언어 치료 보조 건강검진 및 병원이용 안내 병간호·신체적 수발 물리치료 및 재활치료 보조 건강관리 지도
사회적 지지 (간접 서비스)	시설지원	업무보조	관련 시설·단체 업무 보조 시각장애인을 위한 녹음테이프 제작 보조 시각장애인을 위한 도서 전산화작업 보조 장애아동 학습 증진을 위한 학습자료 제작 보조 장애인 체육대회 보조 후원자 개발·관리 보조
		기술지원	설비·장비 보수 및 환경 관리
	사회환경 조성	조사·개발	장애인 관련 조사연구 보조 강연회 개최, 영화 상영, 계몽서 출판 장애인 주택 개선
		캠페인	장애인 관련 각종 행사 및 캠페인 보조

(김동배, 2005)

3) 장애인을 위한 봉사활동 사례

<외출 동행>

(1) 프로그램 개요

'외출 동행'은 거동이 불편하여 이동할 때 누군가의 도움이 필요한 장애인의 외출을 도와주는 프로그램임. 병원 동행, 장애인복지관 동행, 가게·백화점 동행, 회의·행사참여 동행, 투표 동행, 친지방문 동행, 교회 동행, 산책 동행

(2) 프로그램 목표

- 장애인은 하고 싶은 일과 해아 할 일을 할 수 있게 됨
- 장애인은 폭넓은 경험을 할 수 있게 됨
- 보호자의 부담을 줄여 줄 수 있음
- 봉사자는 봉사에 따른 기쁨을 느낄 수 있게 됨.
- 봉사자는 중증장애인의 이동에 대한 어려움을 이해하고, 그들에게 관심을 갖게 됨.

(3) 프로그램 진행

가. 준비 사항

*참가 인원: 장애인 1인당 봉사자 1~2명

*소요 시간: 가정당 월 1~2회, 매회 2~4시간

*준비물: 필요 없음. 휠체어의 준비가 필요한 때도 있음

*조직: 프로그램 담당자

나. 활동 내용

- 프로그램 담당자나 외출 요청자에게 외출목적, 외출 장소 및 거리, 소요시간, 역할, 유의사항 등에 관하여 사전에 설명을 들음.
- 장애인 이동시 돕는 방법, 휠체어 사용방법 등에 대한 기술을 숙지하고 요구에 따라 동행
- 봉사 후 그 결과를 담당자에게 알림

다. 유의사항

- 사전에 안내 요령을 익힌다.
- 가능하면 혼자서 할 수 있도록 한다.
- 안전사고의 예방에 유의한다.
- 친절하고 성실한 태도를 지원한다.
- 약속 시간을 잘 지킨다.

(4) 프로그램 평가

가. 평가 시기

- 매회 평가하며, 프로그램 시작 후 6개월마다 종합적으로 평가한다.

나. 평가 항목

*성취 평가

- 외출을 얼마나 자주 하게 되었나?

- 생활에 바람직한 변화가 생겼나?

*활동 평가

- 약속시간에 원하는 곳까지 안전하게 동행해 주었나?

- 친절하고 성실한 태도로 동행하였나?

- 얼마나 오랫동안 봉사하였나?

*평가 방법

- 봉사 전과 후의 외출 횟수 비교

- 장애인 생활의 변화는 프로그램 담당자·장애인 또는 가족과의 면접·
  관찰을 통해 전과 후의 변화도 비교

- 약속시간 준수, 동행 방법 및 지원 태도 등은 장애인과의 면접 결과
  및 봉사자들 간의 토론 자료 등을 가지고 판단.

- 봉사 기간은 활동일지를 보고 비교 판단.

5. 문화 영역

1) 문화 영역 자원봉사의 필요성

우리나라는 상당수 사람들이 시간적·경제적 이유, 문화의 지역적 편재, 정보 부족 등으로 말미암아 문화생활을 제대로 향유하지 못하고 있다. 뿐만 아니라 문화예술 분야의 국가적 지원 역시 매우 미흡한 실정이다. 따라서 이러한 우리 사회의 문제점을 해결하고 현실을 개선하기 위해 자원봉사자

들이 문화 영역에 적극적으로 참여할 필요가 있다.

김동배(2005)는 주변의 문제점이나 어려운 점을 공동체 안에서 자발적으로 해결함으로써 더 향상된 삶을 향유할 수 있고, 자기 스스로를 계발할 수 있기 때문에 자원봉사활동은 문화적 삶을 가꾸어 나가기 위해 꼭 필요한 것이라고 할 수 있다고 보았다. 이 영역은 특별히 교회에서의 자원봉사자들에게는 매우 유익한 활동이 될 수 있다.

2) 문화 영역의 자원봉사 프로그램의 예 〈표 9-7〉

목적	목표	서비스	프로그램
문화재 보존	무형문화재 계승	보급 활동	무형문화재 공연(전시) 및 강습
	유형문화재 및 문화시설보호	관리활동	유형문화재 보호·감시·제도 유형문화재 안전점검 문화재 지역 환경정화 문화재 보호 캠페인
	문화재 발굴	자료조사	박물관 자료정리 향토 문화 조사·연구
		현장작업	문화재 발굴 보조
문화생활 향상	계몽 및 편익제공	교육활동	한글교실 운영 입원환자를 위한 노래방 운영
		정보제공	문화시설 이용 및 문화행사 정보지 발간
		제작 및 공연	생활문화예술 제작·연출·공연
	생활불편 및 유해환경 개선	조사활동	청소년 유해환경 실태조사 청소년 유해시설 감시 문화시설 이용에 관한 여론조사
		모니터링	텔레비전 모니터링 만화 모니터링 컴퓨터 통신 모니터링
문화 복지 서비스	대인 서비스	위문활동	지역사회 음악회에서 봉사 노인복지시설 위문공연
		행사후원	문화행사 진행 보조
		교육지원	문화공연 영상자료 제작 유형문화재 영상자료 제작
	문화시설 이용 서비스	행정지원	지역도서관 도서정리
		업무보조	지역문화시설 안내 문화시설 탁아보조

목적	목표	서비스	프로그램
문화 영역 후원	행정 서비스	사무. 행정보조	운영·지원·기술·관리행정 업무 및 사무보조 사무용품 관리
		통·번역 봉사	동시통역·순차통역 외국어 안내·번역
	기술 서비스	기술보조	전산, 통신, 방송, 전자 시설 관리 및 보조
	운영 서비스	운영보조	차량 및 환경관리 후생편익 일반 안내 물자전달 기술 보조 출입통제 및 출입증 관리 소방 및 일반안전 지원

(김동배, 2005)

3) 문화영역의 자원봉사 프로그램 사례

<한글교실 운영>

(1) 프로그램 개요

'한글교실 운영'은 아직 한글을 깨우치지 못해 일상생활에서 불편을 겪고 있는 사람들을 대상으로 한글을 가르치는 프로그램이다. 한글을 읽지 못하는 사람을 모아 기본철자 및 문자 쓰기, 그 밖에 생활에 꼭 필요한 문장, 서류작성 등을 가르친다.

(2) 프로그램의 목표

글자를 전혀 모르는 사람들이 일상생활을 하는 데 불편함은 말할 수 없이 크다. 우리나라의 문맹률은 낮은 편이나 아직도 글을 읽고 쓸 줄 몰라 불편을 겪는 것은 비단 노인층에게만 국한된 문제는 아니다. 초등학교가 의무교육임에도 불구하고 여러 가지 이유로 그 혜택을 받지 못한 사람들이 의외로 많다. 따라서 이 같은 문제를 해결해 줄 프로그램이 필요하다.

프로그램의 기대효과는 문맹퇴치에 기여, 자신과 처지가 다른 사람을 이해할 수 있는 기회, 교육실습의 기회 등이다.

(3) 프로그램 진행

가. 준비사항

- 참가인원: 1팀당 3 - 6명
- 소요시간: 주 1회(1회 1 - 2시간), 총 기간 6개월

나. 활동내용

- 교회주보, 반상회보, 아파트/노인정이나 경로당/마을회관/지역 내 게시판 등을 통해 '한글교실 운영'계획을 알리고 수강할 사람을 모은다.(내용, 연락처, 시작시기, 장소 등 명기)
- 한글을 처음 배우는 사람들을 위한 교재를 모은다.(예: 초등학교 1학년 교재, 성인용 교재 등)
- 가르치는 대상에 적합한 교안 및 교재를 만든다.(예: ㄱ, ㄴ, ㄷ, ㄹ ……, ㅏ, ㅑ, ㅓ, ㅕ…, 이름, 주소, 생년월일 등 문자 쓰기)
- 세 명이 한 팀이 되어 한 명은 앞에서 가르치고 나머지는 옆에서 쓰기와 읽기를 도와준다. (여섯 명인 경우 두 팀으로 나누어 주 1회씩 가르친다.)

c. 유의사항

- 수강자가 중도에 포기하지 않도록 끈기 있게 성의껏 지도한다.
- 배우는 사람들의 진도에 맞춰 개별지도를 병행한다.

(4) 프로그램 평가

가. 평가시기

- 프로그램 종료 직후

나. 평가항목

*성취평가

- 프로그램 목표, 대상, 범위, 방법의 적절성
- 봉사자들의 만족도, 교육효과
- 수용자들의 만족도, 호응도

*활동평가
 - 계획 및 역할분담의 적절성
 - 봉사자들의 성실성
 - 진행상의 문제점과 수정해야 할 사항
*평가방법
 - 성취평가는 수용자 반응 인터뷰 혹은 간단한 설문조사
 - 활동평가는 참가자들 간의 토론

Ⅲ. 주체별 교회자원봉사 프로그램

교회에서의 자원봉사는 누구나 할 수 있다. 하는 사람이 따로 있는 것은 아니다. 누구나 마음만 먹으면 부담 없이 가볍게 할 수 있는 것이 자원봉사이다. 누구나 바라는 것이 없이 자발적으로 꾸준히 할 수만 있다면 해 볼 만한 소중한 일이 교회에서의 자원봉사이다. 따뜻한 손길과 부지런한 발걸음을 기다리는 곳도 많고 기대하는 사람들도 무수히 많다. 시간을 내고 손발과 두뇌를 빌려 줄 수 있는 사람이면 누구나 자원봉사자가 될 수 있다.

김영호(2006)는 그러나 자원봉사는 아무나 할 수 없으며 무턱대고 하는 것이 아니라 자원봉사가 무엇인지 그리고 어떻게 하는지를 먼저 알고 해야 한다고 본다. 자원봉사자로서 지켜야 할 자세를 익힌 다음 활동해야 보다 효과적인 활동을 할 수 있다.

이러한 자원봉사활동에 있어서 활동의 주체를 아동 및 청소년, 직장인, 여성, 어르신을 중심으로 활동 프로그램의 내용을 살펴보고자 한다.

1. 교회학교 아동부의 자원봉사

1) 아동의 봉사활동의 의미와 가치

어릴 때의 습관과 의식들이 성인이 된 이후의 행동과 태도에 크게 영향을 미친다는 의미에서 아동들의 자원봉사활동은 매우 중요하다. 아동들에게 꿈과 희망을 심어 주고 건강한 심신을 갖도록 하는 일은 사회 공동의 책임이며 의무이다. 김영호(2006)는 만약 오늘날의 아동들이 협동심보다 이기적으로, 모두가 잘 사는 공동체 의식보다 현실에서의 경쟁주의적 사고를 지니도록 방치한다면 이는 사회와 나라의 미래를 위하여 심각하게 걱정하지 않을 수 없는 일이라고 했다.

우리가 지금 직면하고 있는 많은 문제들을 살펴보면, 대부분이 입시문제로 귀결됨과 아울러 어른들의 잘못된 가치관과 교육관에서 비롯된다는 사실을 알 수 있으며, 이러한 문제들의 해결을 위해서는 지식 위주의 교육에서 탈피하여 삶의 소중함을 인식하는 인성교육 강화 및 인간을 인간답게 사고하고 행동하도록 하는 인간교육이 가정과 사회 그리고 학교에서 이루어져야 한다는 당위성이 강하게 제기되는 것이다.

이러한 상황에서 교회학교에서의 자원봉사활동은 아동들에게 가장 소중한 인간성 상실을 예방하고 올바른 감수성을 기르는 바람직한 인간교육의 하나가 될 것이다. 자원봉사활동은 이론과 실제를 통하여 인간에 대한 사랑과 가치를 배우게 하며, 이 활동을 통해 희망찬 미래를 가꾸는 데 기여한다는 점에서 매우 가치 있는 교육방법이 될 것이다.

따라서 이러한 목적달성을 위해서는 아동들의 신체적·정신적 특성을 고려한 적절한 프로그램 개발과 연결, 그리고 중간지도자 양성과 후속적인 지도가 꾸준히 이루어져야 할 것이다.

그리고 교회는 예수님의 사랑을 실천하는 다양한 삶 속에서의 실천프로그램을 연구하고 개발해야 할 것이다.

2) 아동들의 특성

올바르게 아동을 이해하기 위해서는 먼저 아동들의 기본 특성을 이해하여야 하며, 그 특성으로는 첫째, 아동들은 신체적·정신적으로 급속한 성장의 특성을 갖는다. 둘째, 좋은 습관을 길러 주어야 할 시기이다. 셋째, 직업에 대한 탐색이 시작되는 시기이다.

김영호(2006)는 아동들의 다양한 특성들을 고려할 때 이 시기가 자원봉사활동을 통한 인간화 교육을 하기에 가장 적합하다고 보는 이유이다.

이런 의미에서 우리나라의 경우도 어릴 때의 교육을 중시한다는 점에서 자원봉사활동을 통한 인간화 교육은 궁극적으로 자신과 사회와 인류 모두를 위하는 일이며 교회에서도 이러한 측면에서 자원봉사 교육을 통하여 미래의 지도자를 위한 교육이 매우 필요하다고 본다.

3) 아동 자원봉사활동을 지도하는 데의 유의점

교회에서 아동의 자원봉사활동을 지도하는 데 있어서 유의해야 할 내용으로는 다음과 같다.

첫째, 아동이 스스로 자기의 일을 처리하고 해결해 나가도록 한다.

둘째, 남을 돕는 일이 하나님의 사랑을 실천할 수 있는 즐겁고 가치 있는 일이라는 체험을 가질 수 있도록 한다.

셋째, 봉사활동의 범위를 교회를 중심으로 점차적으로 늘려 나간다. 즉 가족에서 친구나 교사로, 집단사회에서 지역사회로 확대한다.

넷째, 봉사활동 후에는 칭찬과 격려를 함으로써 봉사활동을 계속할 수 있도록 인정해 주어야 한다.

다섯째, 아동이 능동적으로 생활의 한몫을 담당하도록 하여 자부심을 갖게 한다.

여섯째, 아동들의 눈높이에 맞춘 체계적인 프로그램을 개발하여 일거리를 제공하며, 결과에 대해 교회학교에서 함께 이야기를 나누면서 스스로 평가를 유도한다.

4) 아동들이 할 수 있는 봉사활동 내용

아동들이 교회자원봉사활동을 생활화하기 위해서 가족단위로 봉사활동에 참여하는 것이 가장 바람직하다. 그것은 부모나 가족들과 함께하는 봉사활동은 바른 인생관 형성과 가족 유대감을 형성하는 데 효과가 크기 때문이다. 또는 교회학교 반별로 부서별로 진행하는 것도 바람직하다고 생각한다.

가족봉사는 아동들만으로 힘든 일을 부모나 형제가 함께함으로써 보다 안정된 구성원들끼리 봉사활동이 자연스럽게 봉사학습으로 연결되는 것이다. 아동들의 자원봉사활동 내용은 우선 아동이 쉽게 흥미를 가진 수 있는 일거리를 제공하는 데서부터 시작하는 것이 좋다고 본다. 아동들이 할 수 있는 봉사활동의 구체적인 사례는 <표 9-8>와 같다.

〈표 9-8〉 아동의 주요봉사활동내용

활동주체	주요 봉사활동 내용	
아동	*아픈 친구 도와주기 *쓰레기 분리수거 및 재활용품 모으기 *수고하신 분들께 감사드리기 　(집배원, 환경미화원, 경찰원 등) *노인, 장애인 돕기 *불우이웃 찾아보기	*입지 않는 옷이나 장난감 모아서 나누어 쓰기 *혼자 사는 노인에게 안부 전화하기 *질서 지키기 *부모, 형제, 교사 도와드리기 *지구촌 난민 돕기 등

(김영호, 2006)

2. 교회학교 학생부의 자원봉사

1) 청소년 자원봉사활동의 대두배경

최근 우리나라에서 자원봉사활동에 대한 관심은 그 어느 때보다도 높아져 가고 있는 실정이다. 이러한 관심의 증가가 대두된 배경은 다양한 사회문제의 해결에 있어서 국가나 지방자치단체의 책임만으로는 한계가 있음을 인식하고 공동체의식에 입각한 민간단체와 기업, 그리고 지역주민의 자발적인 참여활동이 적극적으로 요청되고 있기 때문이다. 그중에서도 의미 있는 작업 중의 하나는 중·고등학생들을 대상으로 한 학생 자원봉사활동의 제도화라 볼 수 있다.

학생 자원봉사활동의 제도화는 1995년 5월 31일 교육개혁위원회가 제시한 '신교육 체제 수립을 위한 교육개혁 방안'에서 9개의 정책과정 중의 하나인 '인성 및 창의성을 함양하는 교육과정'에 나타나고 있으며, 이의 추진사항으로 청소년의 수련활동과 봉사활동을 '학교생활기록부'에 반영하는 것을 주요 골자로 하고 상급학교진학 시에 이를 반영되도록 규정하였던 것이다. 이런 취지 속에 교회도 교회 자체적으로 학생회를 중심으로든 반별로 교사를 중심으로 자원봉사를 실천해 나가는 것이 바람직하다고 본다.

〈표 9-9〉 교육부 지정 7개 학생 자원봉사활동 유형

영역	활동내용
1.일손돕기활동	복지시설, 공공기관, 병원, 농어촌 학교 내 일손 돕기
2.위문활동	보육원, 양로원, 장애인, 병약자 자매부대 위문
3.지도활동	동급생, 하급생, 사회교육, 교통안전 지도
4.캠페인활동	공공질서 확립, 교통안전, 학교주변 정화, 환경보전 캠페인
5.자선·구호활동	재해 구호, 불우이웃돕기, 헌혈-골수 기증, 국제협력-난민구호
6.환경·시설보전활동	깨끗한 환경 만들기, 자연보호, 문화재 보호
7.지역사회개발활동	지역실태조사, 지역사회 가꾸기, 지역홍보, 지역행사 지원

(류기형 외, 2005)

2) 청소년 자원봉사활동의 의의와 기대효과

청소년기는 성인이 되기 위한 학습시기로서 사회적 기능을 획득하며, 육체적·심리적·사회적으로 중요한 변화와 성장과정을 겪게 되고, 자아정체감과 도덕성을 형성하면서 한 인간으로서의 행동 기준과 가치관을 정립해 나간다. 이 시기에 일어나는 질적 변화들은 사회 환경으로부터 많은 영향을 받게 되므로 건강한 환경의 제공은 청소년들의 인성 발달에 필수적이라고 할 수 있다. 특히 자아정체성과 도덕성을 통합시킬 수 있는 시기인 청소년기에 사회참여의 기회로서 교회에서의 자원봉사활동 경험은 청소년의 건전

한 성장을 돕기 위해 꼭 필요하다.

따라서 교회에서의 청소년 자원봉사활동의 필요성을 살펴보면 다음과 같다.

첫째, 봉사활동을 통해서 자신의 잠재력을 발견할 수 있으며 집단경험을 통해 사회적 연대감, 공동체 의식을 키우게 된다.

둘째, 민주시민으로서의 자질을 함양하게 된다.

셋째, 사회와 환경을 체험함으로써 청소년들의 정신적·심리적 성숙에 기여할 수 있게 된다.

교회에서 중·고등학교 학생자원봉사활동이 가지는 의의는 이웃에 대한 사랑과 학교교육의 보완, 성인으로의 준비라는 교육적 효과가 있을 뿐만 아니라 자원봉사활동을 통해서 자신의 잠재력을 개발하거나 사회 환경을 체험함으로써 청소년들의 정신저·신리적 성숙과 발달을 도모할 수 있는 장점들이 있다. 또한 청소년들의 자원봉사활동을 통한 사회참여는 사회적 연대감과 공동체의식을 배양하여 장기적으로는 복지문화를 형성하는 기반이 될 수 있을 것이다. 이러한 의의와 함께 청소년들이 자원봉사활동의 경험을 통해서 얻을 수 있는 세 가지의 기대효과는 <표 9－10>과 같다.

〈표 9－10〉 청소년 자원봉사활동의 기대효과 영역

기대효과	내용
개인적 성장과 발달	자아존중감, 개인적 유능감, 자아와 도덕 발달, 새로운 역할과 관심의 탐색, 새로운 도전의 수용과 위험의 감수, 가치와 신념의 수정과 강화, 책임감의 향상, 자기행동의 결과에 대한 수용
지적 성장과 발달	기본적인 학업기술(생각의 표현, 읽기, 계산하기), 높은 수준의 사고기술(편견 없는 태도, 문제해결, 비판적 사고), 봉사경험과 직접적으로 관련된 내용과 기술, 경험으로부터 습득한 기술(관찰, 질문, 지식에 적용), 지식의 습득과 보유에 대한 동기, 책이나 강의를 통해서 설명할 수 없지만 꼭 알아야 할 통찰력, 판단 및 이해
사회적 성장과 발달	다른 사람의 복지에 대한 관심과 사회적 책임성, 정치적 유능성, 민주시민이 참여정신 함양, 자원봉사와 관련된 직업에 대한 지식과 탐색, 다양한 배경과 삶의 상황에 처해 있는 사람들에 대한 폭넓은 이해와 평가

이러한 의의와 함께 청소년 자원봉사활동을 바라보는 입장은 크게 세 가지로 구분하여 살펴볼 수 있다.

첫 번째 관점은 '학습'으로서 자원봉사를 바라보는 점이다. 이 관점은 청소년이 봉사활동을 통하여 문제해결의 방법을 스스로 구해 보도록 하며, 지역사회의 다양한 사회문제에 대하여 학교에서 배운 이론의 적용과 사회 현실의 경험, 그리고 도덕적 가치의 체험까지 동시에 통합적으로 습득할 수 있는 과정을 배우는 것이 자원봉사활동이라 보는 것이다. 이러한 관점에서 청소년 자원봉사활동을 바라본다면, 청소년봉사활동은 점수 따기 식의 봉사활동이 아니라 학업과 연계한 봉사학습이 되어야 하고, 부여된 과제완수 위주의 봉사활동보다는 청소년의 인성적 발달과 교육적 측면을 중시하여야 하며, 청소년은 사회 현실을 무시한 채 아무것도 모르는 사람이 아닌 무한한 잠재력을 지닌 사회구성원으로 바라보아야 할 것이다.

두 번째 관점은 교회에서 자원봉사활동을 하는 '활동의 방법'으로서 자원봉사를 바라보는 관점이다. 이는 자원봉사가 시간과 장소를 불문하고 교육이 아닌 활동으로 이루어지기 때문에 참가하는 청소년들의 주체성, 자발성이 중요시되고 본인의 봉사활동 경험을 기초로 스스로 봉사활동을 작성하여 평가하며, 나아가 집단토의나 사례발표 등을 통하여 지식과 경험을 상호 교환해야 한다. 따라서 청소년 자원봉사활동은 수동적·타율적 봉사에서 창의력 개발과 기술양상이 가능한 활동으로 이어지며, 청소년을 '위해서'라는 자세에서 청소년과 '함께'한다는 자세로 전환되어야 할 것이다.

세 번째 관점은 '더불어 살아가는 생활'의 한 요소로서, 즉 생활구조로서 자원봉사를 바라는 관점이다. 더불어 살아가는 생활은 인간 상호간의 도움과 협동을 필요로 하며, 구성원들이 상호 부조와 연대감을 가지고 개인생활을 전개해 나갈 때 가능할 것이다. 이러한 점을 생각한다면 청소년 자원봉사활동이란 청소년 생활의 한 부분이며 동시에 복지공동체 사회의 성립에 중요한 기초가 된다는 것을 알 수 있다. 따라서 이 관점은 생활 주체자인 청소년의 가치 및 행위방식이 이타적이며 적극적인 생활구조로 될 때, 봉사활동이 쉽게 가능하게 된다는 것이며 나아가 사회 환경이나 조건이 청소년 자원봉사활동을 쉽게 가능하게 할 수 있는 생활구조로 만들어져 있다는 것이다.

이러한 관점에서 청소년 자원봉사활동을 바라본다면, 이기적이며 자기중심적인 생활 활동에서 이타적이며 사회 정의적 생활 활동을 전개해 나가고, 사회 및 단체의 부담이라는 생각을 버리고 상호 협력과 지원을 아끼지 않는 동반자적 관계로 인식하여, 주어진 과제나 현 사회문제의 해결이라는 단기적 봉사활동에서 더불어 살아가는 복지공동체 사회를 구축한다는 장기적 시각에서 봉사활동을 바라보아야 할 것이다.

청소년 자원봉사활동에 대한 개인 및 사회의 태도변화를 실제 청소년 자원봉사활동이 이루고 있는 현장에서 살펴보면 위의 두 가지 관점은 각각 개별적으로 이루어지는 것이 아니라 서로 상호 보완적이며 통합적인 관계에서 이루어지고 있다는 것이다. 이러한 세 가지 관점과 관련하여 청소년 자원봉사활동에 대한 개인 및 사회의 태도변화를 요약 정리하면 다음 <표 9-11>과 같다.

〈표 9-11〉 청소년 자원봉사활동에 대한 개인 및 사회의 태도변화

관점	청소년 자원봉사활동에 대한 개인 및 사회의 태도변화	
학습	점수따기식 봉사활동 부여된 과제완수 위주 아무것도 모르는 사람	⇒학업과 연계한 봉사활동(봉사학습) ⇒청소년의 인성적 발달과 교육적 측면 중시 ⇒무한한 잠재력을 지닌 사회구성원
활동	수동적·타율적 봉사활동 보조적인 단순 노력복주 청소년을 위해서(for)라는 자세	⇒주체적·자발적 봉사활동 ⇒창의력 개발과 기술양성 가능한 업무 ⇒청소년과 함께(with)한다는 자세
생활구조	이기적이며 자기중심적인 생활 활동 사회 및 단체의 부담 또는 짐 단기적 문제해결 중심의 봉사활동	⇒이타적이며 사회 정의적 생활 활동 ⇒상호 협력과 지원을 통한 동반자 관계 ⇒장기적 복지공동체 구축을 위한 봉사활동

(김영호, 2006)

3) 청소년 자원봉사활동의 필요성

청소년들이 미래사회의 책임자로서 복지사회 건설의 건전한 시민으로서 양성하기 위한 필요성을 살펴보면 다음과 같다.

(1) 개인적 측면

여가가 증가해 가는 현대사회일수록 자원봉사활동을 통해 '만족스러운 여가의 활용기회, 자기실현의 욕구' 등과 같은 인간의 기본적 욕구를 충족

시켜 정신적 안정과 성실감을 가질 수 있게 함과 동시에 여가를 건전하게 사용할 수 있게 함으로써 여러 가지 사회문제를 예방함은 물론 인생의 보람과 희망을 갖게 할 필요가 증가하고 있다.

청소년들은 비교적 소극적이고 비활동적인 여가생활을 하고 있는 것으로 나타났다. 여가생활의 만족도는 전체 생활의 질을 좌우하는바 제한된 여가를 행할 수밖에 없는 현실에서 보면 여가활동을 겸해서 자아실현도 성취할 수 있는 자원봉사활동의 프로그램 내용을 개발 및 홍보하여 청소년을 참여토록 하는 것이 무엇보다 필요할 것이다.

청소년들이 봉사활동을 통해서 얻을 수 있는 이점들을 제시하면 다음과 같다.

가. 봉사활동을 통해 학생들의 자기존재 의미와 가치 존중의 정신을 깨달을 수 있고, 인간의 존엄성과 가치를 인식하여 건전한 인격형성의 바탕을 마련할 수 있다.

나. 봉사활동은 학생들로 하여금 원만한 인간관계를 유지토록 하는 사회성을 함양하여 준다. 즉 다른 사람과의 접촉을 통하여 서로 이해하고 원만한 생활을 유지할 수 있는 능력을 길러 준다.

다. 봉사활동은 학생들에게 자신감을 갖게 하고 잠재적인 지도력을 개발하여 표현력을 길러 주고 잠재적인 지도력을 개발하게 된다.

라. 학생들은 봉사활동을 통해 어려운 사람들을 도와 함께 살아가는 공동체 의식을 기를 수 있다. 현대의 산업화된 개인적인 의식구조하에서 봉사활동은 이러한 이기적인 태도를 극복하고 서로 돕고 살아가는 공동체 의식을 길러 준다.

마. 학생들에게 바람직한 민주시민의 정신을 함양시켜 준다. 자발적으로 참여하며 서로 협동심과 책임감을 바탕으로 한 민주시민의 역량을 제고시킨다.

바. 의미 있는 여가 생활을 보낼 수 있다.

따라서 청소년들은 자원봉사활동을 체험함으로써 자신의 삶의 의미를 새롭게 인식하게 되며, 자발적인 참여로 인하여 지역사회에의 한 일원으로 책임감과 보람을 갖게 한다. 또한 탈선과 비행을 예방하고 자신의 적성을 발견하여 자원봉사활동을 통한 여가생활을 건전하게 전개함으로써 바람직한 진로를 선택할 수 있다.

(2) 학교 교육적 측면

오늘날 입시 위주의 획일화된 교육과 과중한 사교육비 부담에 대한 교육환경의 반성으로 인한 문제해결의 대안으로 청소년 자원봉사활동에 대한 사회적 관심이 높아지게 되었다. 시대적인 요청으로 인하여 중, 고등학생의 봉사활동을 종합생활기록부의 평가자료로 삼아 내신 성적에 반영하고 있으며 이와 관련된 각종 시책들이 시행, 추진하게 됨으로써 학교교육에는 새로운 전환점을 가져오는 계기가 마련되었다.

학교에서의 자원봉사활동의 의무화와 제도화로 인해 학교에서는 지식전달 위주의 교육현장을 탈피하여 다양한 분야와 내용에 걸친 봉사활동을 통해 경험과 실천의 교육현장을 마련할 수 있게 되었을 뿐만 아니라, 학교로 국한되어 있던 교육의 장을 학교뿐만 아니라 지역사회로까지 확대하는 효과를 얻을 수 있게 되었다.

따라서 학교 교육적 측면에서 청소년 자원봉사의 장점을 제시하면 다음과 같다.

가. 청소년들은 봉사활동을 통해서 지역사회에 대한 이해를 넓힐 수 있으며, 이 같은 봉사활동을 통해 교육의 장을 학교뿐만 아니라 지역사회에까지 확대하는 효과를 얻을 수 있다.

나. 봉사활동을 통해 제한적인 교육공간을 탈피하여 각종 체험을 통한 풍부한 교육의 기회를 접할 수 있다.

다. 봉사활동을 통해 학교와 지역사회와의 관계를 증진시킬 수 있다. 학교가 지역사회의 일원으로서 서로 협력하고 지역발전에 동참할 수 있는 관계를 형성토록 한다.

라. 학생과 교사가 협동하여 함께 자원봉사활동을 하는 과정 속에서 학생과 교사의 관계가 증진될 수 있다.

마. 개별교사들은 자원봉사활동프로그램을 통해 창의적 혁신에 대한 도전을 받아들이고 성취업적에 대해 인지함으로써 자신들의 긍지가 고양되었음을 발견하게 된다. 또한 활동의 결과는 전체적으로 가르치는 직업에 대한 긍지를 높인다.

(3) 지역 사회적 측면

1960년대 이후 급속한 경제발전에 따른 지역 간, 산업 간의 인구이동은 지역주민의 생활양식과 의식구조의 변혁을 일으켜 왔고, 이에 수반되는 물질문명의 발달과 선진화된 문화의 유입으로 인해 자연적 환경뿐만 아니라 유기적으로 결속되어 오던 기존의 사회적 환경에 많은 변화를 가져왔다.

류종훈(2007)은 변화하는 현대 사회 속에서 이러한 변화에 능동적으로 대처하여 창의적이고 주체적이며 인간성이 풍부한 미래의 주인공으로서 우리 청소년들을 교육하는 것은 지역사회의 균형발전 차원에서 무엇보다도 중요한 과제로 보았다. 이러한 과제를 수행함에 있어 청소년들로 하여금 자원봉사활동에 적극적으로 참여하도록 하는 것은 지역사회에 있어서 공동체지향적인 주민정신을 갖게 하고 주인의식을 높일 수 있는 계기를 마련해 줄 수 있다.

청소년들은 자원봉사인력으로서 지역사회가 발전하는 데 크게 기여한 점들이 많은데 구체적으로 내용을 제시하면 다음과 같다.

가. 지역사회의 문제를 지방정부나 공공기관에 의지하여 해결하려는 풍토를 극복하고, 자의적으로 해결하는 과정에서 소외된 계층을 돌보고 지역의 환경을 개선해 가는 등의 자발적인 의식구조로의 전환을 기대할 수 있을 것이다.

나. 학생들이 봉사활동의 지도를 받음으로써 장차 지역사회의 문제를 해결할 재원으로 성장하게 될 것이며, 이에 따른 중추적인 지위에서의 활발한 지역사회 활동을 기대할 수 있을 것이다.

다. 지역의 청소년들과 협력하여 일함으로써 성인들로 하여금 오늘날의 청소년들에 대한 이해를 높이고 그들을 수용할 수 있게 한다.

4) 청소년들이 활용할 수 있는 활동내용

청소년들이 할 수 있는 봉사활동의 구체적인 내용은 <표 9-12>과 같으며, 미국촛불재단이 제시하고 있는 청소년들이 할 수 있는 주요 봉사활동 내용과 기대효과를 살펴보면 <표 9-13>과 같다.

〈표 9-12〉 학생들을 위한 봉사활동 분류

봉사활동 목적에 따른 구분	주요 봉사활동 내용		비고
1) 일손 돕기 활동	*복지시설 일손 돕기 *병원 일손 돕기 *학교 내 일손 돕기	*공공기관 일손 돕기 *농어촌 일손 돕기	
2) 위문활동	*고아원 위문 *장애인 위문 *자매부대 위문	*양로원 위문 *병약자 위문	
3) 지도활동	*동급생 지도 *사회교육 지도	*하급생 지도 *교통안전 지도	
4) 자선·구호활동	*재해구호활동 *헌혈 및 골수기증	*불우이웃 돕기 *국제협력과 난민구호	
5) 환경·시설 보전활동	*깨끗한 환경 만들기 *나무심기 및 가꾸기	*자연보호 *문화재 보호	
6) 지역사회 개발활동	*지역실태 조사활동 *지역 홍보활동	*지역사회 가꾸기 *지역행사 지원활동	
7) 기타	※앞서 언급한 일곱 가지의 큰 영역으로 분류하기 어려운 봉사활동이 개발되면, 그 활동내용을 구체적으로 명시		

〈표 9-13〉 청소년들이 할 수 있는 봉사활동 내용과 기대효과

발달분야	중학교(6~8학년)	고등학교(9~12학년)
지성 발달	*구체적 사고 *현실과 현실에서의 경험, 가능성 중시 *급속한 신체변화 *짧은 집중력 주기 *서투름	*추상적 사고력 발달 *제도와 전통에 대한 비판적 사고 *구체적 경험과 추상적 사고의 연결 *신체변화 정지 *집중력 주기증가 *성인으로 대우받기 원함
경제성 발달	*집단소속을 동경함 *부모, 동료 및 성인으로부터의 긍정이 필요함	*자아 정체를 찾음 *자기 비판적 경향을 띰 *자신을 평가하기 시작하고 미래에 대해서 생각함
사회성 발달	*자아의식 발현 *일치하고 싶은 강한 욕구 *동료들의 압력에 매우 민감	*동료들의 압력에 덜 민감함 *친구 선택에 신중을 기함 *독립적 사고 경향을 띠어 감

발달분야	중학교(6~8학년)	고등학교(9~12학년)
도덕성 발달	*남을 돕는 일에 높은 관심을 가짐 *윤리문제를 흑백논리 또는 법적 태도로 보는 경향 견지 *자신의 가치관을 세우기 시작함	*자신이 세운 가치관에 매우 민감 *윤리적 원칙들에 대한 이해 발생
연령층에 맞는 프로젝트	*환경의식 고취를 위한 캠페인 기획과 실천 *기아 해방 또는 무료 급식소를 위한 식품수집 *아동학습 돕기 *동료를 돕고 격려하는 활동기획	*각종 차별(인종, 성, 연령, 학력, 출신지역 등)과 폭력 방지교육 *주택, 사무실 수리 및 신축 *수질검사 및 향상을 위한 활동 *장애인 돕기 및 장애인시설에서의 보조 활동

(김영호, 2006)

3. 교회학교 노년부의 자원봉사활동

1) 노인 자원봉사활동의 대두 배경

(1) 노인인구의 증가

노인인구는 지속적으로 증가하고 있으며 이러한 노인인구의 증가는 노인의 양적인 증가뿐만 아니라 질적인 측면에서도 노인의 사회참여와 사회봉사를 유도해야 한다는 것이다.

(2) 노인상의 변화

일반적으로 현대의 노인상은 경로대상에서 보는 시각에서 적극적, 활동적, 자립적인 노인관으로 변화하고 있다. 즉 유교 문화적 지배를 받았던 우리 사회에서는 경로대상이라는 노인관이 팽배해 있었다. 그러나 앞으로는 노인이 지역사회에서 자주적으로 생활하면서 노후를 풍요롭게 누릴 수 있도록 하기 위해서는 일본사회의 '제2현역 세대'라는 말처럼 적극적이고 활동적인 노인관으로 변화해야 한다는 것이다.

그러므로 노인을 보는 시각이 사회성원의 일부분으로 노인을 인식함과 동시에 사회성원으로서 역할을 부여하고 그 역할을 수행할 수 있는 사회제도적 장치가 이루어져야 할 것이다. 이러한 측면에서 노인에 대한 사회적 태도와 인식을 변화시키기 위하여 자원봉사활동이 일반화될 것이다.

(3) 성공적인 노화와 노인교육의 중요성

노인복지에 있어 성공적인 노화를 가능하게 하는 것은 중요한 과제이나 성공적인 노화는 그 결정요인이 다양하고 접근하기가 어려운 문제이다. 일반적으로 현재 확실히 언급할 수 있는 조건은 건강과 경제상태와 사회참여를 포함한 인간관계의 풍부함이다.

그런데 이 중에서 건강과 경제상태는 갈수록 안정되어 가고 있으므로 앞으로는 사회참여를 포함한 인간관계가 중요시될 것이다. 이상과 같은 변화속에서 노인들의 사회참여가 활성화되려면 평생교육으로 노인의 재교육이 필요하다. 그러므로 교회에서도 노인의 자원봉사교육을 통하여 보다 전문적인 지식으로 중요한 역할을 해야 할 것이다.

2) 노인 자원봉사활동의 목적과 의의

최근 자원봉사에 관한 사회적 관심이 높아지면서 노인 자원봉사활동에 관한 관심도 고조되고 있다. 그러나 노인 자원봉사활동은 아직까지 노인을 비롯한 대다수 사람들이 '노인을 위한 봉사활동'으로만 인식하고 있을 정도로 그 활동이 매우 미약한 실정이다.

하지만 요즘은 '노인에 의한 봉사활동', 즉 노인이 주체가 되는 자원봉사활동의 중요성이 점점 대두되고 있다. 김동배(2005)는 미국의 경우 성인 자원봉사자의 비율은 1970년대 이후 매년 200%씩 늘어나는 놀라운 증가세를 보여 왔는데, 그 증가의 대부분은 노인에 의해 이루어졌다. 노인 자원봉사자가 폭증하는 이유는 대체로 건강이나 재정적인 여건이 향상되었거나, 혹은 여유 시간이 늘어나면서 이 시간을 사회적으로 의미 있는 일에 사용하기를 원하는 사람이 많아졌기 때문이다. 좀 더 자세히 보면, 높은 교육수준을 가진 사람들이 노년층으로 유입되면서 사회문제에 많은 관심을 갖게 되었고, 그중에서도 특히 여성 노인들이 사회적 고립을 벗어나기 위한 방법으로 자원봉사를 선택하면서 노인자원봉사를 활성화시킨 것으로 풀이된다.

노인의 자원봉사활동은 노인들에게 사회적인 유용함을 느끼게 해 주고 소외감을 없애 주므로 긍정적인 자아상 형성에 도움을 주고, 노인들이 절실히 필요로 하는 의사소통의 기회를 제공해 주면서 퇴직으로 인해 상실했던 사회적 지위와 역할을 보충해 준다. 노인들은 생산적인 노년기를 보내고 싶어 하며, 자원봉사자로 활동하고 있는 노인들은 그들의 도움에 의존하고 있는 개인이나 자선 및 문화단체, 그리고 지역사회에 커다란 기여를 하고 있기에, 노인 자원봉사활동은 '기적'을 만든다고까지 말할 수 있다. 그리고 사회적 활동이 줄어들고 노인들의 역할이 제한되고 있는 현실에서 노인 자원봉사활동은 사회구성원으로 자부심을 느끼게 해 주고, 정신적·육체적 건강에 도움을 줄 뿐 아니라, 뜻하지 않게 재미있는 경험을 얻을 수도 있다. 사회적 측면에서도 노인은 자원봉사활동을 통해 지역사회와 관계를 맺고 사회에 봉사하여 사회복지에 공헌할 뿐만 아니라 노인 또는 노화에 대한 인상을 긍정적으로 변화시킬 수 있다는 의의가 있다.

교회에서의 노인 자원봉사활동은 노인들에게 사회통합의 계기를 만들어 준다. 자원봉사활동은 노인에게 있어서 집단적이고 조직적인 여가활동이 되며, 노인에게 의미 있는 사회적 역할을 제공함으로 역할 상실의 위기에 처한 노인들에게 사회통합의 기회를 제공한다.

이러한 의미에서 볼 때 교회에서 노인의 자원봉사활동은 자신뿐만 아니라 국가나 지역사회를 위해서도 매우 바람직한 시대적인 요청이며, 현대사회를 사는 노인이라면 필히 동참해야 할 한국교회의 사회적 책임 활동이라 볼 수 있다.

3) 노인 자원봉사활동 영역

노인층은 다른 세대보다 훨씬 삶의 보람을 찾기 위한 자원봉사활동에 관심을 갖는다. 옛 경험이나 기술을 살려 봉사할 수 있는 기회를 마련해 주고, 특히 동료 오인들의 문제해결에 참여할 수 있도록 해 주는 프로그램의 개발이 필요하다. 그러나 노인들은 자원봉사 참여에 따른 부대비용을 부담할 능력이 없는 경우가 많다. 그래서 교통비나 중식비 혹은 간식 등의 제공이 요구되며, 노인들의 신체적 특성상 안락한 활동 환경을 요구하기도 한다. 노인 자원봉사활동영역에 류종훈(2007)은 다음과 같이 제시하였다.

① 환자 노인 방문 및 말벗 상대
② 노인클럽 활동
③ 청소년 선도 및 상담
④ 학교 앞 교통정리 및 방과 후 생활지도
⑤ 지역사회 공공시설 업무 보조
⑥ 지역사회 전문영역의 자문 및 모니터링
⑦ 학교 주변 유해 환경에 대한 감시, 감독

4. 여전도회의 자원봉사

1) 여성 자원봉사의 의의

여성의 교회 자원봉사활동은 한국교회 자원봉사활동의 역사에서 볼 때 큰 중심의 역할을 해 왔을 뿐 아니라 현재도 마찬가지이다.

여성은 자원봉사활동의 중요한 참여자인 동시에 수혜자이기도 하다. 특히 여성의 자원봉사활동은 우리나라 자원봉사활동을 이끌어 온 주역들이다. 이들은 상대적으로 시간을 조절할 수 있는 능력이 있고 다양한 기술과 잠재능력을 가지고 있어 여성의 사회참여나 유휴인력의 활용 면에서 매우 중요한 대상이다.

그러나 문제는 여성 자원봉사자의 수가 전체 여성 인구수에 비하면 매우 낮은 비율이며 또한 중상류 계층의 여유 있는 여성을 중심으로 집중적으로 행해지고 있다는 것이다. 김영호(2006)는 활동을 행한 여성들이 오랫동안 활동하지 못하고 중간에 포기함으로써 자원봉사활동이 단명한다는 점을 지적했다. 이러한 자원봉사자의 중도탈락은 자원봉사 활용기관의 측면에서는 막대한 자원의 낭비를 초래하며 또 서비스 대상자의 입장에서 보면 서비스의 제공이 지속화되지 못한다는 어려움이 있지만 교회를 중심으로 한 자원봉사활동은 이러한 문제를 보완할 수 있다고 본다. 여성들의 자원봉사활동의 의의는 다음과 같다.

(1) 사회참여의 증진

전통사회에서 여성은 주로 가정이라는 제한된 테두리 내에서 생활해야 했으나 가사노동의 감소와 육아기간의 단축 등으로 여성 여가시간의 증대 및 교육수준의 향상, 여성의식의 변화는 여성으로 하여금 사회참여를 증진시키고 있다. 특히 자원봉사활동은 한 인간이 자신을 사회적 존재로 자각하며 스스로 다른 사람에게 또는 다른 사람과 더불어 봉사하는 경험을 통해 자신의 인격성장과 잠재능력을 실현하는 기회를 갖게 하는 것으로 복지사회의 토대가 된다. 따라서 여성들의 자원봉사활동은 현대사회를 살아가는 주체적인 인간으로 자아실현은 물론 잠재능력을 계발 활용함으로써 사회와 교회에 공헌할 수 있게 한다.

(2) 자원봉사활동의 생활화 실현

자원봉사활동은 전 국민의 공동참여와 연대의식을 바탕으로 함께 생활하며 참여하는 복지사회를 추구하기 위한 활동이다. 이것은 우리의 삶 속에서 자연스런 생활의 일부가 되는 것이 필요한데 그러기 위해서는 먼저 우리 사회에 쉽게 뿌리내릴 수 있는 토양이 갖추어져야만 한다. 자원봉사활동의 생활화를 위해서 청소년 자원봉사활동을 적극적으로 추진하고 있지만 가장 중요한 것은 기본적으로 가정생활에서 자원봉사활동의 정신이나 경험이 내재화될 수 있도록 하는 것이 중요하다. 그러한 의미에서 어린 시절부터 자원봉사활동을 생활화하는 분위기의 조성은 여성에게 크게 좌우된다고 할 수 있다. 따라서 여성이 자원봉사활동에 만족감을 느끼고 적극적으로 참여하며 자원봉사활동에 바른 이해와 철학을 가지는 것이 중요하다. 이러한 영향은 가장 기초 생활단위인 가정에서부터 자원봉사활동이 삶의 한 과정에서 자유스럽게 행해질 수 있도록 유도해야 할 것이다.

(3) 유휴인력 활용을 통한 대인적 서비스의 보완

경제가 발전되고 국민의 의식수준의 높아짐에 따라 정부에 대한 행정, 복지 서비스의 요구가 증대하고 있다. 그러나 이러한 수요를 충족시키기 위해서는 막대한 예산과 인력이 필요한데, 그중 여성 유휴인력의 활동은 예산의 절감 및 다양한 복지수요를 충족시킬 수 있다. 특히 우리나라의 경우 교육이라는 변수가 여성의 경제활동 참여를 이끄는 강력한 힘으로 작용하지 못하고 고학력의 고급인력들이 비경제적 활동인구로 머물러 있음을 고려해 볼 때 이들을 활용하는 것은 고급인력을 활용할 수 있다는 점에서 매우 고무적이라고 할 수 있다. 아울러 복지를 추구하기 위한 국가의 책임과 개입을 강조하고, 국민의 생활을 국가가 제도적으로 보장해야 한다고 주장하는 복지국가의 이념에 입각해 경제적·시설적 보장 등의 다양한 복지시책과 복지 종사자들의 배치 등의 다각적인 노력을 해 왔으나, 산업사회가 시작된 이후 야기된 인구의 고령화, 장애인의 증가, 긴급 내인 서비스의 증가 능의 문제는 일부 특정 계층만의 문제가 아닌 모든 국민의 문제이므로 서비스의 대상자가 전 국민으로 확대되었고 급기야 현대사회의 다양한 문제들을 해결하는 데는 정부의 노력만으로는 어려움이 많게 되었다.

특히 가족기능의 약화로 인해 가족 내의 노인, 아동, 장애인에 대한 보호의 필요성이 대두되면서 인간적인 만남, 정서적인 교류, 외출 서비스, 식사 서비스, 목욕 서비스 등 물질적이거나 금전적인 것으로는 해결되지 않고 사람에 의해서만 해결이 가능한 대인적 서비스에 대한 요구가 증대되었다. 따라서 공공 서비스를 보완하며 그 틈을 메워 줄 민간인들의 참여가 절실히 요구되었는데, 이런 역할은 상대적으로 시간적 활용이 자유로운 여성이 수행하기에 적합하다고 하겠다.

5. 교회 장애인부의 자원봉사

1) 장애인 자원봉사활동의 의의

자원봉사활동을 통해서 여러 가지 종류의 체험을 하는 것은 개인을 성장시켜 주며, 자기실현을 도모하는 중요한 요인이 된다. 현대사회에 있어서 자원봉사활동은 개인적인 발전을 위해서 필요불가결한 것이며, 또한 이 사회를 구성하고 있는 사회성원으로서의 의무이기도 하다.

기관에 따라서는 자원봉사자가 클라이언트로 되는 경우도 있고, 클라이언트가 자원봉사자로 되는 경우도 있다. 클라이언트 자신이 자원봉사자가 되어서 다른 사람을 원조할 수 있다고 느끼게 되었다면, 그것은 그 사람에게 있어서 상당히 유익한 경험일 것이다. 물질적 원조이든 대인적 원조이든 원조를 요구하는 것은 매우 어려운 일인 경우가 많다. 다른 사람의 입장과 문제를 수용한다고 하는 것과 수용당하는 측의 감정을 경험하는 것은 그 사람의 성장과 발달로 이어진다. 원조를 받는 측과 하는 측의 괴리를 메울 수 있는 것은 이러한 활동이 그 사람과 자신을 위해 도움이 될 뿐만 아니라 지역사회의 관용과 이해에도 깊게 영향을 미친다는 신념을 갖는 것이다.

그런데 이제까지는 자원봉사활동을 통한 사회참가와 관련해서 '할 수 있는 사람, 할 수 없는 사람' 혹은 '서비스의 담당자·수혜자'라는 분단의 문제가 있었다. 즉 노인이나 장애인은 '할 수 없는 사람'인 동시에 '서비스의 수혜자'로서 자리매김을 강요당해 왔던 것이다.

서비스 수혜자로서의 입장에 처해 있던 사람이 서비스의 담당자로서 자원봉사활동에 참여하게 될 때 스스로에 대한 유용감을 느끼거나 사회적 고립으로부터 탈피하여 소외감이 감소되며, 의사소통을 할 수 있는 기회를 부여받고 유용한 여가시간을 보낼 수 있게 됨과 동시에 사회적 지위와 역할을 보충하게 되는 바람직한 결과를 초래할 수 있을 것이다. 교환 이론의 관점에서는 이들이 가진 교환자원의 평가저하에 따라 교환관계에서의 불균형이 초래됨으로써 이들은 필연적으로 다른 개인, 집단, 사회에 의존하게 되지만, 자원봉사활동에의 참여는 이들과 교환자원의 가치나 힘을 증가시킴으로써 새로운 자격이나 지위를 획득할 수 있어 균형적이고 상호 의존적인 교환 관계를 설정할 수 있다는 것이다.

활동 이론의 관점에서는 사회활동의 참여 정도와 생활만족도는 상관관계가 있다고 본다. 따라서 이들은 신체적·정신적 기능 쇠퇴 및 상실로 인해 강요당했던 역할 부재를 대신할 만한 것으로 자원봉사활동을 택하고 이를 통하여 사회참여를 추구한다는 것이다. 그리고 계속 이론에서는 사고나 질병에 의한 장애이든 고령에 의한 장애이든 간에 전 생애를 택하고, 이를 통하여 계속적으로 이루어질 수 있는 활동으로서 자원봉사활동을 들고 있다.

사람은 자신이 어떤 역할도 하지 않고 일방적으로 보살핌을 받으며 성가신 인물이라고 여겨지는 입장이 되는 것을 참을 수 없을 것이며 특히 장애인들처럼 의존상태에 있거나 주류에서 탈락되어 있으며, 무능력자라고 하는 스티그마들로부터 도피하고자 하는 욕구를 가지고 있는 집단들은 '더불어 사는 사회' 속에서 일정역할을 담당함으로써 이러한 욕구들을 충족시키고 나아가서는 '삶의 보람'을 되찾게 될 것이기 때문이다.

이상과 같은 점에서 볼 때 김영호(2006)는 장애인의 자원봉사활동 참여의 의의는 개인저으로는 활동을 통해 ① 자아실현의 욕구들 충속시킬 수 있으며, ② 인간관계를 확장시킴으로써 삶의 보람을 얻을 수 있고, ③ 일정한 역할을 획득하게 됨으로써 자기가치감이 증대하며, ④ 장애인들이 빠지기 쉬운 사회적 소외와 역할로부터 탈피할 수 있다는 데서 찾아볼 수 있다고 보았다. 또한 사회적으로는 이제까지는 사회의 주류에서 배제되어 왔던 장애인들을 자원봉사활동에 참여시킴으로써 ① 모두가 더불어 살 수 있는 사회통합을 성취할 수 있으며, ② 현대사회의 심각한 문제인 자원봉사 인력의 부족을 완화시킬 수 있다는 점에서 그 의의를 찾을 수 있다.

교회의 사명은 소외되고 사회적 약자들을 돌보는 역할을 해야 하지만 이제 한국교회는 보다 적극적으로 장애인들이 서비스를 받는 대상에서 이제 서비스를 줄 수 있는 주체적인 위치에서 자원봉사를 할 수 있도록 배려해 주고 협력할 수 있다면 하나님의 사랑의 실천을 할 수 있는 좋은 기회가 될 것이라고 본다.

10장 자원봉사관리자의 자기관리와 파워리더십

1. 리더십과 자기관리

1) 리더십

리더십이란 무엇인가? 리더십을 어떻게 정의할 것인가? 그러나 리더십을 한마디로 정의하기는 불가능하다고 말할 수 있다. 왜냐하면 학자에 따라서 그 의미가 다양하게 사용되고 있으며, 오히려 그 개념 자체도 규정하기 어려운 용어이기 때문이다.

벤츠(Bentz)가 리더십의 개념을 정립하기 위하여 1945년 이후에 발행된 모든 문헌을 정리해 보았는데, 1945년 이전까지 연구된 것만 해도 무려 130여 종의 정의를 모집할 수 있었다고 하였다. 또한 번즈(Burns)는 지금까지 리더십에 대하여 이루어진 연구 논문 수는 약 5,000여 편이 상회하고 있지만 학문적인 유용성과 과학성의 입장에서 보면 아직도 리더십의 본질과 특성에 대해 일관성 있는 결론을 내리지 못하고 있으며, 리더십은 높은 관심과 많은 연구에도 불구하고 이해의 정도가 가장 낮은 수준에 머물러 있는 학문 분야라고 하였다. 베니스(Bennis)도 리더십에 대한 문헌을 조사한 후에 지적하기를 "리더십에 대한 개념상의 모호성과 복잡성이 리더십에 대한 이해를 어렵게 하고 있다. 지금까지 리더십에 대한 수많은 정의가 있었지만 아직도 일반성의 수준이 낮다."라고 하였다. 심지어 스토그딜(Stogdill)은 리더십에 대한 정의는 리더십을 연구하는 사람의 수만큼 된다고까지 하였다.

이와 같은 리더십에 대한 다양한 현상이 생기게 된 기본적인 원인은 리더십이란 용어가 권력(power), 권위(authority), 관리(management), 통제(control) 등과 구별되지 않고 혼용되어 사용되기 때문이다.

이러한 입장에서 유클(Yukl)은 리더십 연구는 전반적인 범위의 정의에 적합한 정보를 제공할 수 있도록 계획되어야 하며, 그래야 시간을 두고 상이한 개념의 유동성을 비교할 수 있고 문제의 주된 내용에 대한 일치성을 얻을 수 있을 것이라고 하였다. 그는 지금까지 연구되어 온 대표적인 리더십의 정의를 다음과 같이 정리하였다.

① 리더십이란 집단의 행동을 공동의 목표로 지향하도록 하는 개인의 행동이다(Hemphill & Coons, 1957).

② 리더십이란 특정한 상황 속에서 행사될 때, 의사소통을 통하여 설정된 목표를 달성하도록 하는 대인간의 영향력이다(Tannenbaum, Wescher & Massarik, 1961).

③ 리더십이란 기대와 상호작용 속에서 조직(structure)을 주도하고 형성 유지시키는 것이다(Stogdill, 1974).

④ 리더십이란 한 사람이 어떤 종류의 정보를 제공하고 다른 사람들이 그에 따라 행동하면 그 결과가 개선될 것이라는 확신을 갖게 하는 사람들 간의 상호작용이다(Jacobs, 1970).

⑤ 리더십이란 조직의 일상적인 지시에 따라 기계적으로 순종하는 것 이상의 영향력을 증대시키는 것이다(Katz & Kahn, 1978).

⑥ 리더십이란 주어진 상황 속에서 목표를 달성하기 위하여 개인 또는 집단의 활동에 영향을 미치는 과정이다(1981, 미국 육군사관학교 교재).

⑦ 리더십이란 집단의 한 구성원이 다른 집단 구성원으로서의 활동에 관한 행동양식을 규정할 권리를 갖는다고 지각하는 것으로 특정 지어지

는 특수한 유형의 권력관계이다(Janda, 1960).

⑧ 리더십이란 조직 구성원들이 지각이나 기대 그리고 상황의 구조나 재구조화를 포함하는 집단에서 둘 이상의 성원들 간의 상호작용이다(Bass, 1990).

⑨ 리더십이란 갑의 행위가 을의 행위를 변화시키고 을은 그러한 영향력 행사를 합법적인 것으로 그리고 그 변화를 자신의 목표와 일치하는 것으로 인정하는 한 영향력의 과정이다(Kochan, Schmidt & DeCotiis, 1975).

이처럼 다양한 리더십에 대한 입장을 고려해 볼 때 리더십에 대한 개념은 연구자이 경험적 고찰과 연구목적에 따라 조작적으로 정의되고 있다고 볼 수 있다.

그러나 지금까지 살펴본 다양한 리더십의 정의에도 불구하고 모든 학자들이 공통적으로 인정하고 있는 리더십에 대한 요소는 다음과 같다.

첫째, 리더십은 두 사람 이상의 성원들 간의 상호작용 관계를 내포하는 집단 현상이다. (상호관계)

둘째, 리더십은 사람이 아닌 영향력의 행사과정으로, 이때 의도적인 영향력의 행사 방향은 리더에서 추종자의 방향으로 작용하는 것이다. (영향력)

셋째, 리더십의 결과는 목적 달성의 용어로 정리된다는 것 등이다. (조직 목표)

이런 가정을 제외하고는 리더십 정의에서 거의 공통점을 발견할 수 없으며, 영향력의 행사 주체, 영향력의 행사 목적, 방법, 과정 등에 대하여는 서로 다른 차이를 보이고 있다.

베스(Bass)는 리더십의 개념 정의에 포함된 공통적인 요소들을 어떻게 다루느냐에 따라 리더십이 달라진다고 하면서 다음과 같이 리더십을 구별하였다. 즉 집단과정으로서의 리더십, 퍼스낼리티(personality)로서의 리더십,

복종수단으로서의 리더십, 영향력으로서의 리더십, 일정한 형태로서의 리더십, 설득으로서의 리더십, 권력관계로서의 리더십, 목표달성수단으로서의 리더십, 상호작용으로서의 리더십, 분화된 역할로서의 리더십, 구조주도로서의 리더십 등이다. 즉 리더십이란 "주어진 상황 속에서 목표 달성을 위하여 개인 또는 집단의 활동에 영향을 미치는 의식적인 행동과정"이다.

2) 서번트 리더십

서번트 리더십은 Greenleaf(1970)에 따르면 "타인을 위한 봉사에 초점을 두며, 종업원, 고객, 및 커뮤니티를 우선으로 여기고 그들의 욕구를 만족시키기 위해 헌신하는 리더십"이라 정의할 수 있다. 즉 서번트 리더십은 부하를 존중하고 그들에게 창의성을 발휘할 기회를 제공함으로써 성장을 돕고 부서 혹은 조직이 진정한 공동체를 이루도록 이끌어 가는 리더십이다.

서번트 리더십은 최근에 등장한 개념이 아니다. 이 개념은 1977년 경영관련교육과 연구를 담당했던 로버트 그린리프가 저술한 『Servant leadership』에서 처음으로 제시되었는데 그동안 경영학계의 별다른 주목을 받지 못하다가 1996년 4월 미국의 경영관련 서적 전문출판사인 Jossey-Bass사가 『On Becoming a Servant Leader』를 출간한 것을 계기로 많은 경영학자들이 새롭게 관심을 갖게 되었다. 그는 서번트 리더십의 기본 아이디어를 헤르만 헤세의 작품인 『동방으로의 여행』으로부터 얻었다고 하였다.

그 소설은 여러 사람이 여행을 하는데 그들의 허드렛일을 하는 레오라는 인물에 초점을 맞추고 있다. 레오는 특이한 존재였다. 여행 중에 모든 허드렛일을 맡아서 하던 레오가 사라지기 전까지 모든 일을 잘 되어 갔지만 그가 사라지자 일행은 혼돈에 빠지고 흩어져서 결국 여행은 중단되었다. 그들은 충직한 심부름꾼이었던 레오 없이는 여행을 계속할 수가 없었던 것이다. 사람들은 레오가 없어진 뒤에야 그가 없으면 아무것도 할 수 없다는 사실을 깨달은 것이다. 그 일행 중 한 사람은 몇 년을 찾아 헤맨 끝에 레오를 만나서 여행을 후원한 교단으로 함께 가게 되었다. 거기서 그는 그저 심부름꾼으로만 알았던 레오가 그 단체의 책임자인 동시에 정신적 지도자이며 훌륭한 리더라는 것을 알게 되었다. 레오는 서번트 리더의 전형이라고 볼 수 있다.

Geenleaf(1970)는 서번트 리더십을 "타인을 위한 봉사에 초점을 두며, 종업원, 고객 및 커뮤니티를 우선으로 여기고 그들의 욕구를 만족시키기 위해 헌신하는 리더십"이라 정의했다. Sims(1970)는 "부하의 인간으로서의 존엄성과 가치를 존중하고 그들의 창조적인 역량을 일깨워 주는 리더"로 정의했다.

Heifetz(1994)는 세계의 리더들에 대한 그의 분석과 관찰을 통해 윤리적 리더십에 대한 독특한 접근법을 공식화하였다. Heifetz의 관점은 구성원 및 조직과 사회의 가치적 측면에 주목하여 리더는 신뢰와 양육, 그리고 공감대가 존재하는 '지원적인 환경'을 제공해야 한다는 것이다. 부하들이 변화와 자기 성장을 위해 노력해 갈 수 있도록 하는 것이 리더의 의무라고 하였다.

Geenleaf(1977)는 리더십은 본성적으로 남을 섬기려는 사람에게 부여되는 것이라고 주장하였다. Geenleaf는 서번트 리더십을 종업원, 고객, 지역 사회를 포함한 타인들에게 최우선적으로 봉사할 수 있는 의식하에서 리더십을 전개하는 것이라고 전제하고 그렇기 위해서는 그것도 만사를 제쳐 놓고 섬기기 위해서 (to serve, to serve first)라는 자연스러운 감정접근을 통해 삶과 일에 대한 태도에서 그같이 되도록 하여야 한다고 강조한다.

Geenleaf는 섬기는 자로서의 리더가 되기 위해서 필요한 열 가지 특성과 요건으로 다음을 들고 있다.

① 경청하고, ② 공감대를 가지고, ③고쳐 나가고, ④ 깨달으려 노력하여야 하며, ⑤ 설득해 나가야 한다고 한다. 뿐만 아니라 ⑥ 자신의 능력 개발을 통해 위대한 꿈을 실현하다고 하는 개념에 최선을 다하고 ⑦ 선견지명으로서, ⑧ 스튜어십을 발휘하며, ⑨ 사람을 성장하도록 하는 데 몰입하고, ⑩ 공동체 의식을 구축하도록 한다. 결국 존중, 봉사, 정의, 정직, 그리고 공동체 윤리 등의 다섯 가지 원칙에 그 뿌리를 두고 있다고 제시하고 있다.

서번트 리더십 프로그램에 관한 한 미국 인디애나폴리스 시에 있는 그린리프 연구센터가 가장 앞서 있다. 그린리프 연구소장인 Spears는 다음과 같이 서번트 리더의 주요 특성을 제시하였다.

(1) 경청(Listening): 개인이나 집단의 의지를 명확히 알기 위해서 듣는 것은 매우 중요하다. 대부분의 경우 조지그이 문제점을 다수의 구성원들의 의견을 듣는 가운데 문제의 핵심이나 대안을 파악할 수 있다. Geenleaf(1970)는 경청이 서번트 리더의 가장 기본적인 자질이라고 했다. Boyer(1999) 또한 서번트 리더는 구성원에게 질문하고 대화함으로써 문제를 정확히 인식하고 필요에 따른 도움을 준다고 말했다.

경청은 부하에 대한 존중과 수용적인 태도로 이해하는 것이다. 리더는 적극적이고 능동적인 경청을 해야 부하가 바라는 욕구를 명확히 알 수 있다.

(2) 공감(Empathy): 공감이란 상대방의 입장에서 생각해 보는 것이라고 할 수 있는데 리더는 부하의 감정을 이해하고 이를 통해 부하가 필요한 것이 무엇인가를 알아내고 리드해야 한다.

Combs, Avila & parkey(1971)은 공감이 모든 조력관계에서 가장 결정적인 요인임을 보고하고 있다. Lipps(1907)은 공감을 공유된 정서라고 정의하고 있으며 Hoffman(1984)은 공감을 "자기 자신의 상황보다는 다른 사람이 처한 상황에 보다 부합하는 정서적 반응"이라고 하였다. 또한 Eisenbero & Miller(1987)는 다른 사람의 정서적 상태나 조건의 이해로부터 촉발된 그와 부합하는 정서적 상태라고 정의하고 있다.

(3) 치유(Healing): 치유는 리더가 부하들을 이끌어 가면서 보살펴 주어야 할 문제가 있는가를 살피는 것이다. Spears(1995)는 지나친 업무로 인한 건강의 악화, 관계들의 악화(가족을 포함한 직장동료, 구성원들과의 관계)와 같은 상처로부터 오는 구성원들의 감정적인 아픔과 좌절감이 치유될 수 있도록 돕는 것이라고 하였다.

(4) 인지(Awareness): Geenleaf(1970)는 똑같은 상황에서도 다른 사람들보

다 더 많이 깨닫는 것이라고 하였다. 그리고 더 나은 통찰력과 비전을 제시하는 데 도움이 된다고 말하였다. 결국 인지는 다른 사람들보다 주변 환경에 대해 더 잘 아는 것이고 어떤 상황에서나 영향을 주는 요소들과 전체적인 상황을 잘 파악하는 것이다.

(5) 설득(Persuasion): 설득을 발휘하는 리더는 리더라고 해서 권위나 지시가 아닌 대화나 설득, 상대에 대한 존중을 통해 구성원들에게 다가간다. 이렇게 되면 구성원들은 하나의 공동체로서 결속을 다지고, 구성원들 개개인이 주인의식을 갖고 자발적으로 업무에 참여할 수 있게 된다.

(6) 비전 제시(Conceptualization): 이깃은 분명한 목표와 비전을 세시하는 것이다. 리더는 비전을 제시하고 그 비전을 분명한 목표와 연결시켜 제시할 수 있어야 한다.

(7) 통찰력(Foresight): 과거의 경험과 직관을 가지고 과거의 경험 유형을 미래에 투사하여 현재의 결과를 예측할 수 있는 능력을 말하는 것이다. 과거의 경험만으로 미래를 알 수 없으며, 여기에서 통찰력이 필요한 것이다. 리더에게 이런 직관과 통찰력이 중요한 이유는 이것을 통해 미래에 대한 비전을 제시할 수 있기 때문이다.

(8) 청지기 의식(Stewardship): 청지기 의식은 표면적으로 드러나는 것이 아니므로 리더가 청지기 의식을 가지고 있는지 여부를 판단하기 어렵다. 서번트 리더는 '조직의 성과 창출'과 '구성원들의 성장 혹은 구성원들이 업무를 통해 보람을 찾도록 해 주는 것'을 고려해야 한다. 서번트 리더는 부하들을 위해 자원을 관리하고 봉사해야 한다. Geenleaf(1996)는 서번트 리더는 자신의 언행이 다른 사람들에게 미칠 영향을 고려해서 책임감 있게 의사결정을 해야 한다고 했다. 이런 면에서 Spears(1995)는 청지기 의식을 서번트 리더가 지닌 가장 기본적인 자세라고 하였다.

(9) 구성원의 성장(Commitment to growth): 서번트 리더십을 통해 조직력을 성공으로 이끌기 위해서는 구성원들에게 적절한 성장 기회를 제공하고 적극적으로 지원함으로써 구성원들이 스스로 역량을 개발할 수 있도록 환경을 조성해 주는 것이 필요하다. 그리고 부하들의 개인적 성장, 정신적 성숙 및 전문분야에서의 발전을 위한 기회와 자원을 제공해야 한다. Geenleaf(1977)는 새로운 일을 시도하고 그 일에서 성취감을 얻을 때 이루어지는 것이 성장이라고 하였다. 성장이라는 것은 구성원들에게 많은 재량권을 주고, 능동적으로 업무를 수행하도록 하는 것이 포함된다. 먼저는 구성원들에게 바라는 목표와 기대치가 무엇인지 명확히 해야 한다.

(10) 공동체 형성(Community building): Lave & Wenger(1991)는 구성원들이 자신이 하고 있는 일과 그 일이 갖는 의미를 알고 함께 공유하는 역동적인 시스템이라고 공동체를 정의하였다. Senge(1995)은 서로의 관점에서만 주장하는 것이 아닌 서로의 관점에서 대화를 통해 공동체가 형성된다고 말했다. 이와 같이 공동체는 구성원들 간의 진솔한 대화를 통해 서로에 대한 깊은 이해와 유대관계를 기초로 한다. 따라서 서번트 리더는 공동체 형성을 위해, 조직구성원들이 서로 존중하며 서로간의 활발한 의사소통과 협력을 장려하여 공동체 의식을 만들어 가도록 노력한다.

2. 파워리더십의 실천사항

1) 성품 (바위처럼 되어라): 리더십이란 사람들을 하나의 공통된 목표에 규합시키는 능력과 의지, 그리고 신뢰감을 심어 주는 성품(character)을 말한다.
2) 카리스마(첫인상이 일을 성사시킨다): 어떻게 하면 카리스마를 얻을 수 있는가? 타인으로 하여금 당신에 대해 좋게 느끼게 하는 것보다 그들 자신에 대해 좋게 느끼도록 힘써라.

3) 헌신(헌신, 그것은 꿈꾸는 사람으로부터 그것을 행하는 사람을 분리시켜 준다): 헌신치 않는 리더를 사람들은 따르지 않는다. 헌신은 책임을 완수하기 위해 스스로 선택한 노동시간과 자신의 능력을 개발하기 위한 노력, 그리고 동료를 위한 개인적인 희생을 포함하는 모든 부분에서 보이는 것이다.

4) 의사전달: "의사전달이 되지 않는다면, 당신은 혼자 다니게 될 것이다." 교육가들은 단순한 것을 복잡하게 만들지만, 의사 전달들은 복잡한 것을 단순하게 만든다.

5) 능력: "능력을 키워라. 그러면 사람들이 몰려올 것이다." 능력이란 말이 필요 없는 것이다. 그것은 그 능력을 말하고 계획하고 행하는 힘으로, 사람들로 히여금 딩신이 그 방법을 알고 있으며, 당신을 따르기 원한다는 것을 스스로 알게 하는 것이다.

6) 용기: "용기 있는 한 사람은 소수가 아닌 다수다." 용기는 기도하는 두려움이다.

7) 통찰력: "풀리지 않는 미스터리를 밝힌다." 영리한 리더들은 들은 것의 반만 믿는다.

8) 초점: "노력하면 노력할수록, 우리도 예리해진다." 한 번에 두 마리 토끼를 쫓는다면, 한 마리도 잡지 못할 것이다.

9) 관대함: "초가 다 타더라도 다른 것을 밝히고 있다면, 결코 그 초를 잃은 것이 아니다."

10) 솔선: "이것이 없이는 절대 현재의 안락함을 떠날 수 없다." 성공은 행동과 연결되어 있다. 성공한 사람들은 계속해서 움직인다. 그들은 실패하지만, 결코 포기하지 않는다.

11) 경청하는 자세: "듣는 것이란 귀를 이용하여 사람들의 마음과 연결하는 것이다." 리더의 귀에는 반드시 사람들의 목소리가 들려야 한다.

12) 열정: "삶에 열정을 품고 그것을 사랑하라." 리더가 열정을 갖고 손을 뻗칠 때, 언제나 응답하는 열정을 만나게 된다.

13) 긍정적인 태도: "할 수 있다고 믿는다면, 할 수 있다."

우리 세대의 가장 위대한 발견은 마음가짐을 바꿈으로써 그 인생을 바꿀 수 있다는 것이다.

14) 문제해결: "절대 문제를 문제로 만들지 말라"

성공의 척도는 '어려운 문제를 다루고 있나'가 아닌 '작년과 동일한 문제를 다루고 있나'로 정해진다.

15) 관계: "만일 홀로 모든 것을 취한다면, 모두 그대를 홀로 두고 떠날 것이다."

성공 공식에 있어서, 가장 중요한 요소는 사람들과 어울리는 방법을 아는 것이다.

16) 책임감: "임무를 수행하지 못한다면 팀을 이끌 수 없다."

리더는 무엇이든 포기할 수 있다. 단 마지막 책임은 제외하고.

17) 안정: "역량은 결코 불안정을 대처할 수 없다."

18) 자기단련: "가장 먼저 이끌어야 할 사람은 바로 자신이다."

가장 으뜸 되는 승리는 자신을 정복하는 것이다.

19) 섬김: "머리가 되려거든, 남을 우선으로 하라."

자신의 위치보다 자신의 사람들을 사랑해야만 한다.

20) 배우려는 자세: "계속 이끌기 위해서는 계속 배워야 한다."

배우려는 자세란 모든 중요한 것을 안 뒤에 배우는 것이다.

21) 비전: "오직 볼 수 있는 것만을 잡을 수 있다."

자신의 비전을 성취하는 위대한 리더의 용기란 위치가 아닌 열정에서 오는 것이다.

3. 자원봉사관리자의 리더십과 자기관리

리더의 자기관리(self-management)는 나눔과 섬김의 리더십이 필요하다고 본다.

나눔과 섬김의 리더십은 과연 무엇으로 이룰 수 있을까? 그 열쇠는 바로 진정한 나눔과 섬김의 사랑에 있다고 본다. 사랑이란 무엇인가? 사전적 의미로는 좋아하는 어떤 대상에 대해 소중히 아끼고 정성을 다하며 관심을 갖고 베푸는 일이라고 한다. 사랑은 우리 삶의 중요한 원동력이다. 그래서 그 귀한 사랑이 오염되지 않도록 우리는 끊임없이 노력해야 할 것이다. 그러기 위해서 사랑인 애정(affection)을 비추어 볼 때 다음의 일곱 가지로 사랑의 실천을 이루어야 할 것이다.

첫째는 사랑은 'care'(돌봄)이다.

둘째는 사랑은 'giving'(나눔과 섬김)이다.

셋째는 사랑은 'knowledge'(지식)이다.

넷째, 사랑은 'making'(만드는 것)이다.

다섯째, 사랑은 'respect'(존경)이다.

여섯째, 사랑은 ' responsibility'(책임감)이다.

일곱 번째, 사랑은 'understanding'(이해)이다.

클라이언트 위에 군림하는 것이 아닌 그 아래에서 섬기는 자세가 사랑이다. 가장 강한 힘은 섬기는 모습 속에 나온다. 루터는 서로 사랑하고 섬기는 사람만이 자기의 주체성을 확립한 사람이라고 하였다. 참으로 겸손한 자만이 진실한 사랑을 할 수 있다. 미래를 위하여 우리는 나 자신을 개혁해 나아가야 한다.

사람이 사람인 이유는 미래를 생각하는 점이 동물과 다른 점이다. 사람은 또한 비전을 가지고 나아가는 존재인 것이다. 이것이 인간으로서의 가치를 만들어 낸다고 본다. 이렇게 될 때 나눔과 섬김의 리더십(diakonia leadership)을 통하여 파워 리더십(power leadership)과 자기관리가 이루어질 것이다.

11장 NGO적 입장에서 본 교회의
사회참여에 관한 연구

Ⅰ. 여는 글

오늘날의 사회복지의 흐름은 때로는 이질적으로, 때로는 동질적으로 각 국가나 그 지역의 특성에 따라 전개되어 오고 있다. 세계의 무수한 국가나 그 지역에 살고 있는 사람의 정치·경제·사회·문화 등의 차이가 각기 다르기 때문에 사회의 사회문제나 복지문제를 해결하는 데는 다양한 접근방식이 요구된다.

우리나라는 제6공화국이 출범한 이래 민주화의 열기 속에서 다양한 계층과 집단들의 욕구가 일시에 분출되는 상황에 당면하여 정부는, 경제개발은 사회개발에 필요한 충분한 재화를 제공할 것이고, 경제발전은 사회복지 요구를 감소시킬 것이며, 사회복지 대상자들은 무기력하기 때문에 정치와 사회안정에 조직적인 압력을 가할 수 없을 것이며, 복지대상자의 욕구는 점증주의적 접근으로 해결될 수 있다는 식의 논리를 척결해야 할 것이다.

정부의 이러한 논리 전개는 IMF라는 국가 위기 상황 속에서 사회 개발에 필요한 충분한 재원의 분배가 고루 나뉘지 못하고 있으며, 오히려 저성장·고실업 구조가 만연화되었고 이에 따른 중산층의 붕괴는 더 많은 어려움과 욕구를 안고 있는 저소득층을 야기하였다.

이로 인하여 사회복지에 대한 국민들의 욕구는 다양화되었으며 정부에 대한 기대와 욕구를 안고 있으나 정부는 그 수요를 충분히 받아들이지 못하고 있으며 그 해결에 있어서도 민간과 종교계의 힘을 빌리고 있는 실정이라 하겠다. 이러한 우리나라의 상황과 사회복지의 세밀하고 다양한 변화는 민간과 종교계의 사회를 바라보는 시각조차 변화시키고 있다.

우선 민간 차원의 변화는 정부 위주의 공적 서비스 기능을 보다 효율적으로 수행하는 대안 모형이자 세계화 프로젝트를 위한 중심 세력으로 21세기의 다원적 시민사회에 중요한 자원부문(voluntary sector)으로 인정받고 있는 비정부조직을 야기했다.

비정부조직(Non Government Organization – NGO)의 경우 전통적으로 사명감만을 고집해 왔던 환경이 변하고, 사회의 요구에 반영하고 사회발전을 위해 적극적으로 봉사하는 사회에 대한 책임성이 강조되고 있다. 현대사회에서 비정부조직은 더 이상 추구하고자 하는 이상만으로 존재의 당위성을 인정받을 수 없게 된 것이다.

하지만 NGO가 사회에 대한 책임성의 강조를 하고 있음에 비해 종교계, 특히 기독교의 사회변화에 대한 대처 능력은 너무 미미한 실정이다.

교회는 그 지역사회를 구성하고 있고 그 지역사회의 정치, 사회, 경제적인 문제와 직접적인 관련을 가진 개인들로 이루어진 것이며, 이 사람들을 위하여 세워진 기관이다. 그러므로 교회는 그 지역사회의 문제와 직접적으로 연결되어 있는 것이다. 교회는 지역사회 안에 있으며 지역사회의 한 부분인 것이다. 교회의 실존의 근거는 지역사회이다. 교회와 지역사회를 분리해서 생각한다는 것은 불가능한 일이다. 또한 교회는 지역사회 안에서 일어나는 사회문제를 진지하게 다루고 그것을 해결하려는 적극적인 움직임과 프로그램을 가져야 할 것이고, 다른 사회기관들과 끊임없는 대화를 통하여 사회악의 근절에 앞장서야 한다. 이렇게 하여 교회는 지역사회 안에 있는 그리스도의 몸으로서, 이 몸을 통하여 하나님의 선교가 이루어지게 되는 것이다.

이러한 교회의 막중한 사명에도 불구하고 사회를 향한 미비한 대처와 책임회피는 피할 수 없는 교회의 문제이기도 하다.

이에 본 연구는 사회복지의 변화에서 특히 노인복지의 대안으로 교회의 사회적 책임에 초점을 맞추었고 교회의 사회변화의 의식과 NGO적인 조직구성 여부, 사회참여의 움직임의 실태를 분석해 봄으로써 그에 따른 문제점과 제언을 통해 교회의 사회적 책임 변화에 유익을 끼침이 본 연구의 목적이다.

본 연구는 사회복지 변화에 따른 교회의 사회적 요구에 대한 대응과 책임 정도를 분석해 봄으로써 그 문제점을 파악하여 보고 사회복지 변화에 따른 교회의 바람직한 사회책임 방향을 모색하고자 한다. 이에 관한 연구의 방법론을 다음과 같이 택하였다.

이는 사회복지 변화에 대한 흐름과 교회의 사회참여 방향의 흐름을 객관적, 포괄적으로 알기 위함이다. 이에, 국내외의 각종 자료 및 문헌 등을 활용하여 그 내용을 분석, 검토해 나가면서 서술하였다.

한국교회가 한국사회에 기여한 것은 여러 각도에서 평가할 수 있다. 과학정신을 통해 산업을 발전시켰고 절제생활을 통해 도덕적인 삶을 보급시켰다고 볼 수 있다.

어떤 독특한 문화를 형성하였는가? 다양한 나눔의 삶을 실험해 보고 모형을 개발하고 신앙적인 삶에 정착시켜 보고, 이러한 기독교인의 삶을 타지역, 타 교회에 보급시키는 것이다.

인간의 현실생활에 있어서 다른 사회제도에 비해 교회의 영향력이 점점 상실되는 것을 방지하기 위한 근본대책으로서 제도적인 교회를 벗어나 기능적인 교회로의 쇄신이 필요하다.

교회의 본질적 사명은 복음의 선포(Kerygma), 사랑의 친교(Koinonia), 이웃에 대한 책임(responsibility) 있는 봉사(Diakonia)로 볼 수 있다.

한국교회의 놀라운 발전과 부흥은 20세기 선교사상 놀라운 기적으로 평가되고 있다. 그러나 선교 2세기를 맞는 한국교회는 지금까지 사회참여 내지 사회개발에 대해 분명한 태도를 지니고 있지 못하다는 것이다.

본고의 관심은 NGO적 입장에서 교회의 Diakonia의 사명에 있다. 섬기는 공동체로서 교회상을 교회가 어떻게 회복하여 바른 교회상을 정립할 것인가와 교회의 자원을 어떻게 지역사회와 유기적으로 활용할 것인가를 연구하는 것이 본 연구의 과제이다. 'Diakonia'를 통한 교회상의 회복과 정립을 모색하고 방향성을 제시하여 사회복지의 자원 활용을 살펴보는 것을 목적으로 한다.

Ⅱ. 이론적 배경

1. NGO의 정의

NGO(Non Government Organization, 비정부조직)이란 용어는 국제연합이(UN)이 1949년에 선진국을 중심으로 이루어진 자원 부문의 활동을 일컫는 것이 계기가 되었다. 처음에는 단순히 UN 산하기관들과 결부되어 있는 비정부 기구나 단체들을 칭하였으나 이후 1950년과 1968년의 개정을 통하여 비정부조직은 국제연합의 경제사회 이사회에 의해 국제연합 헌장 제71조에 협의적 지위로 부상하게 되었다. 이는 국제연합 경제이사회가 그 권한 내에 있는 비정부 기구와 협의하기 위한 규정으로 국제기구에 자문할 수 있는 제도적 지위를 부여하고 있는 것이다.

비정부조직은 정부 운영기관이나 영리단체를 제외한 모든 기구나 단체 집단이나 조직 또는 결사체 운동세력을 포괄하여 지칭하는 개념으로서 어떤 특정한 목적이나 임무를 수행하는 데 뜻을 같이하는 사람들끼리 함께 일을 하기로 합의하고 자발성을 바탕으로 만든 비영리단체 혹은 그룹을 뜻한다.

다시 말해 비정부조직은 임시 기구가 아닌 공식적으로 이루어진 조직체이다.

비정부조직을 구성하는 개별성원들은 특정 목적을 공유하면서 그들 간의 관계를 유지 발전시키기 위한 내부 구조와 규칙을 가지고 있다.

또한 비정부조직은 자발적으로 구성된 시민사회의 조직이며, 비영리를 목적으로 하고 있다. 이러한 조직에는 국제조직, 국가조직, 풀뿌리조직, 이익단체, 네트워크, 서비스 제공단체, 기부단체, 개발수행단체, 권익옹호단체, 전문직단체, 지역단체, 협동조합, 빈민단체 등 다양한 부문들이 포함되고 있다.

비정부조직의 활동 영역은 다양한 조직체인 만큼 환경, 개발, 풀뿌리조직의 발전, 인권보호, 여성 문제, 공적보조, 난민구호, 공정무역 등 공적 영역의 여러 쟁점들을 주요 활동 대상 영역으로 하여, 지역주민들의 인식을 제고, 자발적인 참여, 국제적 연대를 통한 사회문제의 해결에 적극적으로 개입하고 있다.

즉 비정부조직은 자원 부분의 중요한 행위자로서 정부와 기업의 활동 영역과 비교해 볼 때 자원성과 연합주의의 기본가치와 이데올로기를 기반으로 하고 있음을 알 수 있다. 하지만 정부나 국가 기관과는 달리 비정부조직의 활동 영역은 보다 제한적이거나 국지적인 시각과 특성을 지닐 수 있다는 단점이 있다. 국가의 활동 영역은 사회적 그리고 공간적 차원에서 전체를 대상으로 하는 반면에 비정부조직의 활동은 보다 국지적이며 또한 제한된 사회적 공간을 대상으로 이루어지기 때문이다. 또한 국가가 전 지역을 대상으로 하여 일반적인 사회발전을 도모하는 반면 에비정부단체는 시민사회의 특정 부문이나 국지화된 이해관계에 따라 제한적인 발전을 지향한다. 따라서 국가 활동이 일반성을 추구하면서 목적 달성의 효율성이나 사회문제의 심도성을 잃어버리는 경향이 있는 반면에 비정부조직의 활동은 미시적 수준에 초점을 두고 그 효율성을 얻는 대신에 거시적 수준의 활동에서는 그 효용성이 낮다는 평가를 받기도 한다.

2. NGO의 역할

NGO의 역할에 관한 논의는 시민사회로부터의 역할강조와 국가로부터의 역할강조에 의해 발달되었다. NGO 역할에 대한 학자들의 견해는 다양하나 다음과 같이 몇 가지로 정의할 수 있다. '아래로부터의'의 압력인 시민사회의 NGO에 대한 요구는 시민의 삶과 직결되는 요인이다. 오늘날 환경문제는 먼 훗날의 문제가 아닌 당장 시민사회에 큰 해악을 가져오는 문제이며, 이에 대한 위기의식이 전 세계적으로 팽배해 있다. 오존층의 파괴나 지구온난화, 엘니뇨와 같은 많은 자연환경의 파괴의 극복은 전 세계적인 연대를 필요로 한다. 그러나 환경문제는 경제문제와 연관되는 부분으로 정부 정책의 전략적인 부분이다. 따라서 정부 간의 연대에는 한계가 있으며 이렇게 정부가 충족시켜 주지 못하는 시민사회의 급박한 요구가 NGO의 발전을 촉진시키고 있다. 따라서 시민들은 대의민주주의가 충족시키지 못하는 자신들의 요구를 스스로 만족시키고자 하는 하나의 촉진요인이라 할 수 있겠다. 따라서 정부의 역할을 대체할 대안이 필요하게 되었고, '작은 정부'를 보완할 세력으로 NGO가 부상하게 된 것이다. 미국과 영국에서는 공공서비스의 공급부문에서 민간파트너십의 확대 발전을 유도하였으며, 일본에서는 유상볼런티어제도와 같은 민간자원을 활용하는 것이 국가의 복지정책의 중요한 정책으로서 자리잡게 된다.

그러나 이러한 NGO의 파트너로서 역할에 관한 비판론이라고 할 수 있는 것이 계약실패이론과도 맥을 같이한다. 계약실패이론은 주로 영리단체와 비영리단체가 각각 제공하는 서비스 사이의 소비자 선택에 초점을 맞추고 있는바, NGO와 공공영역 역할과의 차이점을 부각시키는 데는 미흡한 측면이 많다. 따라서 NGO가 시장을 보완하는 기능이 있고 이러한 이유에서 발전하였다는 점을 보다 명확하게 설명하기 위해서는 이들 단체가 정부기관이나 영리기관과 비교하여 갖는 차별성과 구조적 측면에서 갖게 되는 비교우위를 검증하려는 이론의 전개가 요구되는 것이다.

3. NGO와 지역사회복지

1970년대 이후 사회복지학계에는 지역사회사업(Community Work)과 지역사회복지(Community Welfare)라는 개념이 널리 사용되었다.

우리나라 사회사업학계에서는 지금까지 미국의 영향을 받아 지역사회복지의 개념을 지역사회조직(Community Organization)이나 지역사회 개발과 동일시하는 경향이 있으나 지역사회복지의 개념은 매우 넓은 의미를 지녔다고 할 수 있다.

본래 지역사회복지란 '지역'과 '사회복지'와의 합성어로 지역 차원에서의 사회복지라는 의미가 있다. 다시 말하면 지역사회복지는 지역주민의 복지를 도모하고 지역주민의 생활향상을 목적으로 한다.

사회복지에 대한 지역적 접근의 총체로서 존재의의를 갖는 지역사회복지의 개념규정은 두 가지의 공통된 이해를 갖고 있다.

첫째, 지역사회 내의 복지행정기관, 단체, 시설의 협동조정과 주민의 자발적인 상호부조 체제로부터 성립하는 지역사회보호(Community Care)와 그것을 가능하게 하는 지역조직활동, 그리고 예방적 사회복지를 개념 규정의 요소로 입증.

둘째, 지역사회에 있어 주민의 생활상의 제 문제를 자본주의사회가 분출시킨 사회문제로서 인식하고 지역복지 시책의 수립은 공적 책임이라고 이해하여 지역사회보호 체계의 확립은 행정의 책임이며 그 책임에 기초한 활동의 확충, 강화를 추구하는 운동의 주민의 조직으로 전개하는 것이 필요하다는 입장이다.

결과적으로 지역사회복지란 지역주민의 생존(생명, 생활)을 위해 공적, 사적인 기관이 협동하고 조직화하여 생활환경과 복지환경을 개선하는 사회적 시책 및 방법의 체계라고 정의할 수 있다.

오늘의 사회복지는 오랜 역사를 거쳐 자선사업의 단계를 넘어서 발전되어 가고 있다. 일반적으로 사회사업을 이해하는 사람은 사회사업의 동기가 그 역사적 발달과정에서 초기의 자선활동에서부터 비롯하여 여러 가지 형태의 구빈사업을 거쳐서 발전해 왔음을 잘 기억하고 있다.

자선이란 용어는 원래 기독교의 Charitas, 불교의 자비라는 말에서 나왔고, 종교적인 동기에서 이웃의 어려움을 불쌍하게 여기고 원조함을 뜻하는 데서부터 사용되기 시작했다.

이인하 씨는 사회복지란 국가부조의 상용을 받는 자, 심신장애자, 아동, 기타 원호육성을 요하는 자가 자립하여 그 능력을 발휘할 수 있도록 필요한 생활지체 기타 원호 육성하는 것을 말한다고 주장하였다. 그에 따르면 사회복지의 성립조건은 빈곤이 사회문제로 인식되는 상황에서만 사회복지가 성립된다고 논하였다.

A. Dunham은 "사회사업과 사회복지는 구별되어야 한다고 말하면서 사회복지는 인적노력의 광범위한 분야(field)이고, 사회사업은 그러한 분야에서 하나의 전문직(Profession)이라고 하였다. 사회복지는 가족·아동생활·건강·사회적응, 여가·생활수준 및 사회적 관계성과 같은 영역에 있어서, 인간의 욕구를 해소하도록 도와줌으로써 사회적 행복(Wellbeing)의 추진을 위한 조건적 노력이다."라고 하였다. 그리고 사회복지사업은 개인·집단·지역사회에 관심을 두고 이것의 보호·치료 및 예방을 포함한다고 말하였다.

W·A·Friedlander는 사회복지를 "개인과 집단을 원조하여 건강상의 만족스러운 기준에 도달할 때까지 행하는 계량적인 사회적 서비스와 시설의 조직적인 제도"를 말하고, 사회사업은 "개인으로 하여금, 개인을 집단의 일원으로서, 사회적, 인간적인 만족과 독립을 성취하도록 원조하여 주고, 인간관계에 관한 과학적 지식과 숙련을 기초로 한 전문적 활동을 말한다."고 하였다. 이와 비슷한 견해로서는 Helen·H·Witner의 주장이 있다. 그는 사회복지는 생리적인 휴양과 간호, 질병, 무능력자의 보호, 후생, 주거에 있어서 지급능력이 없는 개인의 만족한 생활을 보장해 주는 방법이라고 한다면, 이에 대하여 사회사업은 서비스 과정에 나타나는 장애를 극복시켜 주는 개인의 원조이라고 주장하였다. 이러한 점에서 사회복지가 사회적 시책에 의한 제도적 체제인 데 반하여 사회사업은 전문적 사회사업가의 기능에 의한

기술적 체계라고 생각하여도 무방할 것이다.

영국에 있어서도 사회복지가 사회사업보다 광의로 해석되고 있다. W. Cohen은 광의의 사회복지의 형태를 1) 개인봉사, 2) 공공사업으로 구분하고, 협의의 사회사업을 1) 사적 사회사업과 2) 공적 사회사업으로 나누고 있다. 그러므로 사회복지의 목적이 방빈(防貧)에 있다고 한다면, 사회사업의 목적은 구빈에 있다고 할 수 있다. 방빈사업을 사람들의 구빈과 질병을 미리 막으려는 적극적인 예방과학이라고 말한다면, 구빈사업은 빈궁자와 질병자의 고통을 감소시켜 주려는 소극적인 치료과학이라고 말할 수 있다. 예방과학으로는 사회보험을 비롯한 사회보장, 실업자에 대한 대책, 범죄와 비행에 관한 사회입법·노동법·생활개선·건강위생시설의 개선·생활환경의 정화 등이 중심 부문이 되며, 치료과학으로는 구빈사업·개별사업·집난시노·지역사회조직·사회행동 등이 중심 부문이 되고 있다.

종교사회학자 잉거(M. Yinger)는 그의 저서 『종교사회학』 머리말에서 "사회를 연구하는 학도는 반드시 종교를 연구하는 학도여야 하고, 종교를 연구하는 학도는 반드시 사회를 연구하는 학도여야 한다."고 했다. 이는 종교가 그만큼 현대사회와 매우 관계를 가지고 있다는 것을 말해 주는 것이다.

이러한 논리는 교회와 지역사회를 연구하는 학도들에게도 똑같이 적용된다. 왜냐하면 교회는 그 지역사회의 주민이 집합된 하나의 집단이기 때문이며 교회가 지역사회의 한 일환으로서, 때로는 그 지역의 중심적 위치가 되기도 하기 때문이다.

사회학에서 사용되고 있는 지역사회의 대표적인 개념은 마키버(MacIver)와 갈핀(Galpin)의 개념이라 할 수 있다.

마키버는 지역사회를 공동생활권이라 규정하고 지역사회의 기초로서 지역성과 지역사회의식을 강조한다.

또한 공동성을 사회적 유사성, 공통된 사회적 관념, 공통된 전통, 공통된 관습, 공속감에서 찾고 지역사회의 구성요소로서 동료의식, 역할의식, 의존의식을 강조한다.

따라서 우리는 지역사회를 주민의 일상생활권 안에서 동류의식을 갖고 통합된 규범가치와 단일문화를 지행하고 자의적인 공동유대를 추구하는 사회체계로서의 일정한 인간집단이라고 정의할 수 있다.

지역사회문제 역시 지역사회에 따라 다양한 형태로 나타날 수 있는데 일반적으로 사회문제는 탈선행위와 사회 불평등 및 사회해체의 두 가지 형태가 있다. 탈선행위는 범죄, 비행, 자살, 알코올 및 마약중독과 같은 반사회적 행위를 말하고, 사회 불평등은 빈곤, 실업, 문화적 박탈과 같이 주로 사회구조적 모순으로 생성된 것이며, 사회해체는 가정결손, 빈민촌, 홍등가, 환락가와 같은 것을 말한다. 이러한 사회문제는 모든 지역사회에서 존재할 수 있고 특히 지역사회에서 문제가 될 수 있는 것은 범죄와 빈곤 실업 및 빈민촌, 홍등가, 환락가와 같은 지역사회해체라고 할 수 있다. 이러한 문제는 방치할 경우 더욱 큰 사회문제가 발생되기 때문에 지역사회복지사업을 통한 접근이 필요하다.

지역사회조직은 지역사회의 욕구나 목적을 발견하고, 이 욕구나 목적의 우선순위를 정하여 목표달성을 위한 확신과 의지를 발달시키며, 이의 성취를 위하여 내적·외적 자원을 발견하여 작용을 가하고, 지역사회에 있어서 협동적·공동적인 태도와 실천을 확대·증진시키는 과정을 의미한다.

즉 중간집단사업 과정을 말한다. 지역사회조직의 주요 목적은 가장 중요한 사회적 욕구와 그 욕구의 우선순위를 결정하고, 주민들의 욕구를 해결하기 위하여 세심한 계획을 수립하고, 이러한 목표를 달성하기 위하여 지역사회의 자원을 효과적으로 조정·동원하고, 사회복지 서비스의 수혜자와 지역사회 복지의 목적과 발달을 추구하고, 주민의 적극적인 참여를 권장하는 것이며 건전한 계획과 서비스를 발전, 수정, 종결시키며, 사회사업의 기준을 향상시키고 민간기관을 효과적으로 증가시키며, 조직, 집단 그리고 사회복지 프로그램과 서비스에 관련된 개인 간의 상호관계성을 향상·촉진시키는 것이며, 복지문제와 욕구에 대한 보다 나은 이해와 사회사업의 목적, 프로그램 및 방법을 개발시키는 것이다.

이의 추진을 위해서는 지역사회조직에 여러 계층의 개인과 집단의 참여가 필요하다. 즉 특별히 훈련된 지역사회 조직가와 개별사회사업가, 전문가,

공무원, 소비자 및 일반시민 등이다. 사회복지란 인간의 행복(복지)을 추구하는 모든 사회적 노력을 칭한다.

이 개념은 근대 산업사회에서 여러 가지로 부딪히는 생명에 대한 사회적 위험에 대하여 사회 전체가 공동으로 합심하여 대처하자는 이념과 철학을 지닌다.

한편 사회복지에 대한 기독교의 관점은 하나님의 형상대로 지음받은 인간은 누구나 동등하고 소중한 하나님의 자녀이며 어떠한 처지나 조건 속에서도 무시되거나 소외되어서는 안 되는 존중받아야 할 존재라고 보는 데 있다. 또한 인간 존엄성에 기초한 참다운 인간의 삶을 저해하는 모든 요소들을 제거하고 예방하며 모든 비인간화의 사회적 모순과 환경의 개선까지도 관심을 기울어 복된 사회, 즉 하나님의 나라를 이 땅에도 선설하사는 데 그 목적이 있다고 할 수 있다.

그런 의미에서 사회복지란 기독교의 복음에서 "네 이웃을 네 몸과 같이 사랑하라."는 예수 그리스도의 지상명령을 반영한 사상이라 할 수 있다.

또한 사회복지, 사회보장, 사회사업 등의 그 근본 사상이나 개념, 프로그램과 활동 등도 주로 서구사회의 기독교 논리에 그 뿌리를 두고 있다. 어떤 의미에서 볼 때 "네 이웃을 네 몸과 같이 사랑하라." 미국에서 NGO의 정의와 법위는 문헌이나 사람에 따라 다르다. 넓은 의미에서의 NGO는 비배당의 원칙, 즉 활동에서 발생한 이익을 설립자나 출연자 또는 이사나 회원에게 분배하지 않고 전부를 목적한 활동에 재투자할 것을 서약한 민간법인으로 정의된다.

그리고 크게 공익(公益)법인, 종교법인, 공익(共益)법인 등으로 분류된다. 공익법인이란 공공을 위해 자선활동을 하는 단체로 학교나 사단 복지 단체, 학술, 문화 예술 단체, 건강, 의료 단체 환경보호단체, 동물보호단체, 인권옹호단체, 소비자운동을 비롯한 시민운동 등이 해당된다.

NGO의 종류는 첫째는 대학, 미술관, 오케스트라 등의 문화단체, 복지시설, 병원, 환경보호단체, YMCA, 전국 보이스카웃연맹 등 다양한 서비스 공급 조직이다. 둘째는 이들 단체에 자금을 제공하는 자금조성 단체로 포드재단이나 록펠러재단 등 개인이나 기업의 기금운용 이익을 조성활동에 제공하는 단체와 적십자, United Way와 같이 개인, 기업으로부터 기부금을 모아 각종 서비스 공급 조직에 배분하는 단체들이 있다. 셋째로는 교회와 같은 종교 조직이다. 국가에 따라서는 공익단체와 구별하여 생각하기도 하지만 미국연방세법에는 서비스공급조직과 마찬가지로 세제상의 특전을 받게 되어 있다.

지역사회복지의 관점에서도 교회는 지역교회(community church)로서 교회의 사명과 함께 NGO의 나눔과 섬김의 기능과 함께 교회의 Diakonia의 기능으로 활동을 할 수 있어야 한다고 본다.

Ⅲ. NGO와 교회의 사회참여 기능

1. 교회의 Diakonia을 통한 사회적 책임

Diakonia는 보편적으로 '섬긴다'는 의미를 가지고 있으며, 그 해석은 '봉사', '준비하는 일', '구제', '부조' 등으로 이해된다. 따라서 교회가 그 지역사회를 위해서 해야 할 봉사는 선교를 위한 수단이 아니라 그 자체가 교회의 본질적인 기능인 것이다. 이런 맥락에서 이 용어는 이웃을 섬기고 구제하며 봉사하는 그리스도인의 자세로서 기독교 복지에 참여하는 모든 사람들의 태도를 의미한다고 볼 수 있다.

교회란 그리스도인들의 모임이며 그리스도인들은 교회를 통해 하나님의 사역에 참여하게 된다. 봉사나 섬김으로서 해석되는 Diakonia의 진정한 의미는 치유와 화목의 행위라는 뜻이다. 즉 상처를 싸매고, 갈라진 틈을 메우며, 공동체의 건강을 회복시키는 행위이며 선한 사마리아인의 행위는 Diakonia의 가장 좋은 예이다.

교회의 사회적 책임은 크게 사회봉사와 사회행동으로 대별된다.

사회봉사는 구제와 노력봉사를 의미하며, 사회행동이란 인간을 비인간화시키는 사회제도의 변화를 추구하는 활동을 의미한다. 만약 개인의 문제가 불합리한 사회 환경에서 일어난다면 이를 해결하기 위해서는 해결을 위해서는 그 환경에 직접 개입하여 사회의 구조적 변화를 가져올 수 있는 행동이 필요하다. 그리스도인은 자신의 개인적 생활만 경건하게 살면 되는 것이 아니라 하나님의 기준에 맞는 정의와 공평이 실현되는 사회가 될 수 있도록 비판적인 삶을 살아야 하며, 교회는 개인적인 사회 활동을 보다 많이 담당하여야 하는 것이다.

교회가 하나님의 뜻을 구체적으로 실현할 장은 사회라고 할 수 있다. 즉 섬김을 통한 사회적 선교는 교회에 맡겨진 중대한 사명의 하나이다.

특히 우리니리치럼 급속한 산입화로 인한 각종 사회문세가 쌩배한 사회에서 문제해결을 위한 촉매자로서 교회의 역할은 매우 크다고 하겠다.

현대사회문제를 해결하고 인간의 행복을 보장하기 위한 전문적인 분야로 인식되고 있는 사회복지(혹은 사회사업)는 교회의 사회봉사활동에서 그 기원을 찾아볼 수 있다. 기독교의 교리와 가치에 입각한 교회의 사회봉사활동이 현대 사회복지 제도의 기원이 되었던 것이다.

성경의 여러 장면에서 가난한 자와 약한 자의 권리를 옹호하는 사회정의를 강력하게 요구하고 있다.

2. 사회의식에 관한 현황

사회문제는 사회구성원인 개인의 문제(personal troubles)와 일치할 수도 있고 다를 수도 있지만 대체로 이들 구성원의 문제가 사회문제로서 정의되기 위해서는 다음의 네 가지 요소들을 갖추어야 한다.

첫째 개인이나 사회에 대해 물리적 정신적 피해를 끼친 것으로 인식되어 온 것, 둘째 어떤 영향력 있는 사회 집단의 가치나 기준을 위반한 것, 셋째 일정 기간 이러한 문제들이 지속된 것, 넷째 제안된 문제의 해결방안이 서로 경합될 것 등이다.

오늘날 우리가 인식하고 있는 사회문제는 매우 다양하지만 일반적으로 일컬어지는 사회문제로는 청소년비행 등과 같은 일탈행위, 빈부격차나 성차별과 같은 불평등의 문제, 노령이나 정신질환 같은 사적 복지의 문제, 민주화나 환경파괴와 같은 사회변화의 문제 등이 있다. 이러한 사회문제들에 대해서 기독교인들은 다양하게 서로 다른 인식을 갖고 있으며, 동시에 서로 다른 형태로 문제가 해결되기를 선호하고 있다.

표본추출 방법은 층화 표집방법을 시도했으나 과정상 무작위 표집과 층화표집의 요건들을 충족시키지 못한 점들로 인해 표본이 모집단을 대표하는 데 있어 부족한 측면이 있다.

성장 위주의 정부정책은 국가 경제력의 크기를 키우는 데는 크게 기여하였지만, 성장의 열매가 공평하게 사회계층 간에 분배되지 않아 계층 간 소득격차는 크게 개선되지 않고, 오히려 사회적 갈등요인이 되기도 하였다.

이러한 계층 간 소득격차에 대하여 표본 전체의 22%는 매우 심각하다고 인식하고 있으며, 58%는 심각하다고 인식하고 있는 반면, 1.4%만이 별문제가 없는 것으로 인식하고 있다.

전체적으로 표본의 대다수인 약 80%가 계층 간 소득격차가 우리 사회의 심각한 사회문제라고 인식하고 있다. 표본 가운데 경제형편이 어려운 사람일수록 빈부 간 소득격차가 보다 더 심각한 사회문제라고 인식하고 있다. 이러한 인식에 있어서 목회자와 평신도 간에 의미 있는 차이는 나타나지 않았다. 계층 간 소득격차의 해결책에 대해 교회가 어떻게 대처해야 할 것인가에 대하여 31.2%가 교회가 소득격차의 개선을 위해 직접적으로 개입해야 한다고 생각하는 반면, 63.2%는 영적인 개입만을 해야 한다고 생각하고, 5.6%는 교회가 이에 개입해선 안 된다고 주장하고 있다. 이들 가운데 연령이 적을수록 교회가 직접 개입하여 빈부 간 소득격차 문제를 해결하는 데 대해 찬성할 가능성이 큰 것으로 나타났다.

절대적 빈곤이란 의식주 기타 일상생활에 필요한 의료 및 문화생활에 필요한 기초적 자원이 결핍된 상태를 말한다. 60년대 이래 경제성장과 소득

증대사업으로 상대적 빈곤은 여전히 존재한다 하더라도 절대빈곤 문제가 많이 개선된 것은 사실이다. 그러나 우리 주위에는 아직도 절대빈곤하에서 고통받는 극빈층들에 대한 사회적 우려가 사라지지 않고 있다.

이러한 절대빈곤의 문제에 대해 전체 표본의 17.8%는 절대빈곤 문제가 아직도 매우 심각하다고 인식하고 있으며, 47%는 다소 심각한 편, 30.6%는 보통, 그리고 별문제가 되지 않는다고 인식한 사람은 전체의 4.7%에 불과하다.

절대빈곤의 문제를 해결하기 위해 교회가 어떻게 개입해야 하는지에 관해서 교회가 직접적으로 개입해 절대빈곤 문제를 해결해야 한다는 인식이 전체의 80.6%로 매우 높게 나타났으며, 영적으로 개입해야 한다는 인식이 18.7%이고, 개입해선 안 된다는 인식은 0.7%에 불과하였다. 따라서 다른 문제와는 달리 절대빈곤의 문제에 대해서 절대다수가 교회가 적극적으로 개입하여 해결해 주길 바라고 있다.

의학기술이 점차 발전되어 감에 따라 우리 사회는 고령화 사회로 변해 가고 있다.

그런데 점차 노인인구가 증가해 감에 따라 우리 사회에서는 '노령은 곧 문제'라는 인식이 점차 늘어 가고 있으며 노령은 개인의 문제가 아니라 사회 전체가 책임져야 할 사회문제로서 받아들여지고 있다.

노인문제의 심각성에 관해서 표본의 23.8%는 매우 심각하다고, 58.6%는 심각한 편이라고, 또한 15%는 보통이라고 인식한 반면 2.6%만이 별문제가 없는 것으로 인식하고 있어 절대다수인 82.4%가 노인문제가 심각한 것으로 인식하고 있다. 노인문제의 심각성은 목회자가 제직이나 평신도들보다 더 심각하게 인식하고 있으며, 남자보다 여자가 더 심각하게 인식하고 있다.

이러한 노인문제의 교회 개입에 대하여 86.2%는 교회가 직접적으로 개입하여 노인문제를 해결해 주길 바라고 있으며, 13.3%는 영적으로 문제를 해결해야 한다고 인식하는 반면, 0.5%만이 교회의 개입 자체를 반대하고 있다. 따라서 절대다수가 노인문제 해결을 위해 교회가 적극적으로 개입해 문제를 해결해 주길 바라고 있는 것으로 나타났다. 표본 가운데 학력이 높을

수록 교회가 적극적으로 개입해 노인문제를 해결해 주는 데 찬성할 가능성이 큰 것으로 나타났다.

9세 이상 24세 이하의 사람들을 청소년이라고 한다. 최근 언론에서 가장 많이 거론하는 사회문제의 하나는 청소년 비행 문제이다. 이러한 청소년문제에 대하여 표본의 46%가 매우 심각하다고 인식하고 있으며, 46%는 다소 심각한 편, 6.7%는 보통, 1.3%만이 별문제가 없거나 전혀 문제가 없다고 인식하고 있다. 청소년문제의 심각성에 대해서 목회자가 제직이나 평신도보다, 여자가 남자보다 더 심각하게 인식하고 있는 것으로 나타났다.

청소년문제에 대해 교회가 어떻게 개입해야 하는가에 대하여 표본의 82.3%가 청소년 비행과 같은 사회문제에 대해 직접 개입해 문제를 해결해야 한다고 인식하고 있으며, 16.8%는 직접 개입보다는 영적으로 개입해야 한다고 인식하고 있는 반면, 1%만이 개입 자체를 반대하고 있다. 연령이 적을수록 그리고 학력이 높을수록 청소년문제의 해결을 위해 교회가 직접 개입하는 데 찬성할 가능성이 크다.

아동이란 18세 미만의 자를 말한다. 요보호아동이란 아동이 보호자로부터 유실유기 또는 이탈된 경우, 그 보호자가 아동을 양육하기에 부적당하거나 양육할 능력이 없는 경우 또는 기타의 경우에 아동복지법에 의해 보호를 받아야 할 아동을 말한다. 때로는 소년소녀가장, 시설아동, 학대아동 등으로 불리기도 한다.

이 아동들의 문제에 대하여 표본의 13.9%가 요보호아동 문제가 매우 심각하다고 인식하였으며, 55.8%는 다소 심각한 편이라고 인식하고 있는 반면, 27.3%는 보통이라고 인식하고 있으며 3.1%는 별문제가 없다고 인식하고 있다. 아동문제의 심각성에 대해선 젊은 사람들이 고령자보다, 그리고 여자가 남자보다 더 심각하게 인식하고 있다.

요보호아동 문제를 해결하는 데 교회가 어떠한 역할을 해야 하는지에 대하여 표본의 대다수인 82%가 직접적으로 이 문제의 해결을 위해 개입해야 한다고 인식하고 있으며, 17.5%는 영적으로 개입해야 한다고 인식하고 있고, 0.5%는 개입해선 안 된다고 인식하고 있다. 연령이 적은 사람일수록 교회가 요보호아동 문제를 해결하는 데 직접 개입하는 것을 찬성할 가능성이 큰 것으로 나타났다.

산업화가 진행되어 감에 따라 환경은 오염되거나 훼손되어 가고 악화된 환경은 인간의 삶의 질을 저하시킨다. 이러한 환경문제의 심각성에 대하여 표본의 53.6%는 환경문제가 매우 심각하다고 인식하고 있고, 39%는 다소 심각한 편이라고 인식하고 있으며, 6.9%는 보통이라고 인식하는 반면, 0.5%는 별문제가 없다고 인식하고 있다.

환경문제의 해결에 대해 교회가 어떻게 개입해야 할 것인가에 대하여 85.5%는 교회가 직접 개입하여 환경문제를 해결해야 한다고 인식하고 있으며, 13.8%는 직접적으로 개입하기보다는 영적으로 개입해야 한다고 인식하고 있고, 0.7%만이 교회의 개입 사체를 반내하고 있다. 교회에 출석한 연수가 오래된 사람일수록 환경문제 해결에 교회가 직접 개입하는 데 찬성할 가능성이 크다.

3. 인적 자원 현황

교회 안에는 각 분야의 전문가(법률인, 의료인, 경제인, 기술자, 교사 등)와 일반비전문가(학생, 주부 등)로 구분된다. 이런 인력은 교회에서 노인복지 서비스를 제공하는 데 있어서 전문적인 영역(노인시설의 법인화 과정에 법적자문, 노인학교에서의 프로그램의 진행이나 계획의 수립 등)이나 비전문적인 영역(자원봉사자의 역할)에서 활용할 수 있는 자원이 된다.

반면 지역사회봉사를 위한 교회의 실천적 역할 연구에서 교회가 지역사회봉사에 관여할 필요성은 3%의 관심밖에 없음을 지적했다.

많은 인적 자원이 전혀 활용되지 못하고 있다. 그러므로 한국교회가 인적 자원을 잘 활용한다면 사회의 어느 단체보다도 노인복지사업에 기여할 수 있을 것이다.

하나님의 나라(Kingdom of God) 건설을 위해 헌신하겠다고 신앙으로 다짐하는 인력으로서 전문요원(의료, 교육, 법률, 청소년지도 등)과 일반 자원 봉사요원(비전문 근로봉사 혹은 단순봉사)으로 나눌 수 있다. 양적인 숫자가 교회의 인적 자원이 아니라 그 개인의 마음속에 이웃에 대하여 봉사하고자 하는 단호한 결단(Commitment)과 그 내부의 강력한 신앙에 근거한 동기를 갖고 있는 사람이어야 생명력 있는 선교 차원의 자원이 될 수 있는 것이다.

천만이 넘는 기독교인이 우리나라에 살고 있는데 이 수는 한국 전체 인구의 4분의 1이며 2000년대에 이르면 전체 인구의 약 43%가 기독교인이 되리라고 전망한다. 그런데 양적 성장과 전체 인구에 대한 기독교인의 비율이 높다고 해서 선교에 합당한 것은 아니다. 양적 성장을 기독교 신자들은 좋은 일로 보고 있으나 비기독교인들은 반대로 나쁘게 보고 있다.

'하나님의 선교'라는 개념은 사회의 모든 영역에서 구체적으로 참된 평화(Shalom)를 이룩하기 위해 활동하시는 하나님의 사역으로서 세계의 평화, 통합, 조화, 정의의 실현을 의미한다.

그러므로 이러한 개념을 어떻게 파악하고 있는가를 알아보면 '다음의 여러 내용 중 기독교의 선교형태는 어떠한 것이 되어야 한다고 생각하십니까?'라는 질문에 '평신도의 생활을 통한 선교'(35.4%)와 '영혼구원'(34.7%)에 집중되어 있다. '사회구원과 특수선교'가 16.1%로 아직 개인을 통해서 선교한다는 개념이 앞서고 있다. 위의 신앙형태는 타인을 위하고 사회에 대한 봉사를 주장하면서도 선교의 형태에 있어서는 '영혼구원'의 형태를 취하고 있다.

사회선교에 대한 관심이 교수(20.2%), 신학생(13.7%), 목회자(8.2%) 순으로 나타나고 있다. 여기에서 교회의 인적 자원 활용을 위한 방안은 동기의 개발과 능력의 훈련 및 프로그램 개발과 방법이 있다.

100만의 준비되어 있는 기독교인을 자원봉사자로서 사회봉사활동에 참여시킬 수 있는 가능성을 볼 때, 그 필요성은 아무리 강조해도 지나치지 않는 것이다. 뿐만 아니라, 건강한 혹은 신앙의 열정이 넘친다고 해서 사회문제 해결자로서 충분한 조건이 되는 것은 아니다. 무한한 열정에도 불구하고 지식이 없고, 훈련을 받지 못한 비전문가는 많은 문제를 일으킬 수 있으므로 전문적 차원에서의 교육훈련이 절실히 요청된다.

4. 재정자원의 현황

교회재정이라 하면 교회의 본래적인 기능을 수행하기 위하여 일정량의 재화를 조달하고 그것을 관리 운영하는 계속적이며 질서적인 행위 일체를 의미한다.

재정자원의 규모는 교회의 크기에 따라 정비례하여 커지는 것은 당연하다고 여겨지며 여기에 서비스에 대한 의지만 더해진다면 개교회의 특성인 탄력적 대응으로 노인복지서비스에 많은 역할을 할 수 있을 것이라고 생각한다.

지금까지 한국교회의 재정문제에 대한 연구는 단편적인 측면에서 교계에 대한 각성을 촉구하는 형식으로 많이 나타났지만 체계적인 과학적 연구의 형태로 나타난 것은 극소수에 불과하다.

교회의 물적 자원은 신앙 공동체가 용서함 받은 은혜에 감사하고 회중들 상호간에 또 회중과 하나님 사이에 화목을 누리고 여러 가지 환난 질고 속에서 하나님의 은총을 누릴 기원과 표정으로서 드려진 예물이다.

통계에 의하면 86.5%의 금액이 교회 자체를 위해 사용되고 있으며, 2.3% 라는 적은 금액이 사회봉사라는 항목으로 쓰이고 있다. 여기서 주목되는 일은 교역자 급여가 32.2%라는 사실이다. 이러한 통계는 크고 작은 교회를 합친 통계이지만, 적은 교회의 경우에는 교역자 급여가 차지하는 율이 더 높다는 것이 일반의 견해이다.

이러한 형태에 대해서 교회재정의 10%를 사회봉사에 사용해야 한다고 주장하고 있다.

재정적 자원개발의 방법을 모색하여야 하는데 그 개발 방법은 다음과 같다.

① 교회정규예산에 사회봉사비의 일정비율을 반영
② 교회 내 여러 기관(선교회)을 통한 봉사활동 예산에서 반영
③ 비공식 소집단(성경연구반, 친목회)을 통한 회비 확보
④ 바자회 등 수익사업을 통한 모금

⑤ 특별사업을 위한 특별헌금 일시모금

⑥ 생일헌금 등 특정한 헌금을 복지활동에 사용함

⑦ 특별헌금함 등을 활용한 모금 등의 방법을 사용하여 재정적인 자원을 확보할 수 있다.

시설자원에 대한 활용은 먼저 교회의 공(公) 개념이 도입되어야 한다.

비기독교인에 대한 개방에서 여러 가지 어려운 점이 많이 있어도 교회와의 장벽을 해소시키는 가장 좋은 방법이다. 교회건물과 시설의 활용방안을 세우고 기독교 기관을 활용할 수 있는 방법을 제시해 주는 것이다.

사회적 봉사활동을 실시할 때 클라이언트(Client)의 욕구(Needs)를 고려해야 한다는 이유로서 Alfred I. kahn은 첫째, 대부분의 욕구는 사회적 맥락에서 상이하고 그 욕구 충족의 형태나 수준도 문화에 따라 다르기 때문에 욕구 파악을 하여 그것을 토대로 해야 하며, 둘째, 욕구란 계속 변화하는 것이므로 시대에 따라 상이한 욕구를 파악하여 참고로 하여야 효과적인 사회봉사활동을 실시할 수 있다고 하였다.

5. NGO와 한국교회의 문제점 - 노인복지

사회문제가 복잡해지고 사람들의 욕구가 다양해짐에 따라 중앙집권적인 가톨릭은 조직적인 체계를 바탕으로 사회복지활동(= 노인복지포함)에 효과적으로 참여하는 데 반해 개신교는 개교회 중심적인 성향으로 인해 사회복지사업에 체계적으로 개입할 수 있는 제도적, 조직적 장치가 부족하였다.

이로 인해 개신교는 선성장, 후봉사의 입장에서 개교회의 자체 성장에 더 많은 관심을 기울였다.

한국의 주요 개신교는 공산주의에 대한 극단적인 체험적 거부함으로 인해 우리 사회에 반공 이데올로기를 중심으로 한 보수성향에 편승하여 일반적으로 보수적 사회관을 갖게 되었다.

이로 인해 빈곤의 문제를 사회구조적인 문제로 보기보다는 개인적인 문제로 간주해 교회의 주된 사역은 개인들의 영혼구원이며 그 외 일에 개입하는 것은 교회의 본분을 저버리는 것이라는 생각에서 교회의 사회복지활동의 미온적인 태도를 합리화해 왔다.

현재 많은 교회들이 사회복지(노인복지 포함)문제에 관심을 가지고 있지만 그 일에 개입하는 것을 주저하거나 힘들어하는 것은 단순히 필요한 경비에 관한 것만이 아니고 그 문제를 생각했다고 실제로 시작하려고 하면 어디서부터 어떻게 시작해야 할지를 모르기 때문에 복지사업에 적극성을 띠지 못한다.

1) 노인에 대한 무관심(인식부족)

조사에서도 나타났듯이 교회에서 노인복지 프로그램을 실시하지 못하는 이유 중 많은 교회들이 교인들의 인식부족이라고 하였다. 이와 같이 현대사회가 젊은이들을 선호하고 중심이 되어서 젊은이들의 프로그램이 많으며 노인들을 위한 프로그램은 연중행사에 그치는 경향이 높다.

교회는 노인들에게 깊은 관심을 가지고 그들의 입장을 배려하여 시설, 조직, 프로그램을 계획해야 한다. 교회가 노인들에게 관심을 두어야 할 근거로는 교회의 사회적 기능과 목회적 기능 그리고 선교적 차원에서도 찾을 수 있을 것이다.

교회 내 영아부에서부터 장년부에 이르기까지 전 연령집단이 조직화되어 있으나, 신체적으로나 정신적으로 특수한 욕구를 지닌 노년부가 조직되어 있지 않는 점을 보면 노인들에 대한 관심과 투자는 다른 연령 집단에 비해 뒤떨어졌다고 말할 수밖에 없다.

2) 노인의 역할 상실

교회에서 노인들은 움직이는 모습보다는 조용히 앉아 있어야만이 점잖고 존경스러운 분으로 생각하고 있다. 산업의 발달과 전문인력의 양성으로 조기 은퇴는 노인들의 역할을 상실시켰고, 또한 가정에서 역할 상실과 아울러 교회 안에서의 역할 상실로 노인들은 더욱 소심해지며 침체되어 신앙의 저조를 나타내기까지 한다.

3) 전문인력 부재

현 사회는 전문화 시대이다. 교회에서도 분야별로 전문성을 고려하여야 한다.

노인복지를 위해서는 전문 지식을 위한 교육을 받아야 하고 사명적인 서비스가 있어야 한다. 그러나 아직도 교회에서는 모든 일을 교역자가 중심이 되어 주관하고 있으므로 정부기관이나 사회기관과의 유대관계가 결여되어 보다 많은 사회적 지지를 얻을 수 없으며 교회 내의 행사로 끝나게 된다.

산업화와 도시화의 영향으로 교회가 주택과 멀어지면서 젊은이들은 교회를 올 수 있지만 노인들은 올 수 없는 상황이 되었다. 게다가 경로 효친 사상의 약화와 핵가족화의 영향으로 가족 중에서 누군가가 노인을 부양하거나 교회 출입을 돕는 경우가 흔치 않게 되었다. 이러한 모든 조건들이 노인의 교회활동 참여를 제한하고 있는 것이다.

교회의 노인에 대한 관심과 투자는 결국 전 교인들에게 돌아갈 과실이기에 노인세대만을 위한 투자라고만 볼 수 없다. 누구나 교회의 노인세대 프로그램을 보면서 자신의 미래를 설계할 것이며, 노인을 위한 프로그램이 충실한 교회는 미래의 노인들이 될 젊은 세대들에게 심리적 안정감을 제공할 수 있기에 그만큼 교인들을 붙들어 놓을 수도 있는 것이다.

4) 노년부(노인학교) 설치운영 미흡

교회에서의 기관운영은 교회부흥에 영향을 미치며 신자들의 성숙에 많은 영향을 주고 있다. 그러나 노년부가 있는 교회는 일곱(2.6%) 교회로 대부분의 교회들이 유치부, 유년부, 청소년부, 장년부는 설치 운영하고 있으나 노년부(노인학교)는 거의 설치되지 않아 고령의 노인까지 장년부에서 예배를 드릴 뿐이다.

5) 재정적 지원 미흡

교회에서 많은 예산이 유치부나 주일학교, 청장년부에는 활용되고 있으나 노인을 위한 예산은 1% 이하가 49%, 1-5% 이하가 40%, 전체 예산의 5% 이하가 89%로 나타나 극히 미흡한 실정이다.

6) 자원봉사대 미조직

교회 프로그램을 실시하기 위하여서는 자원봉사자 없이는 이루어지기가 어렵다. 그러나 설문조사에서 나타났듯이 70% 이상의 교회가 자원봉사대 조직이 없으며 91% 교회들이 자원봉사 교육을 실시하지 않고 있다. 교회에는 많은 인적 자원이 있음에도 자원봉사의 필요성과 가치에 대한 교육이 실시되지 않고 있어 프로그램 진행에 어려움을 겪으며, 일시적인 봉사로 감당하고 있다.

7) 주간보호(Day-care) 프로그램에 대한 인식부족

한국교회가 70년대, 80년대에 육아문제와 조기교육을 위하여 교회마다 선교원을 세워 어린이들을 교육하고, 부모님과 교제하며 교회성장을 가져왔다. 현대사회는 노인문제가 세계의 문제이며 나라마다 사회의 문제에 처해 있으며 우리나라도 2000년에는 생산연령 인구 10명이 1명의 노인을 부양해야 하는 고령화 사회에 와 있다. 그러나 교회들은 노인들의 문제를 각 가정의 문제로만 안이하게 생각하고 있다. 현대사회의 특성상 가족 부양이 약화되어 있다. 이렇듯 약화된 가족 부양을 강화시키는 방편으로는 교회의 주간보호 프로그램은 매우 중요하겠으나 설문조사에서 111교회 중 1교회만이 주간보호 프로그램을 실시하고 있다고 하였다. 이는 노인 문제가 곧 교회의 문제임을 깨닫지 못하고 있다.

Ⅳ. NGO와 노인복지 증진을 위한 교회의 참여 방안

1. 의식변화의 참여

정부의 힘만으로는 노인문제를 100% 책임질 수 없기에 교회가 노인문제를 바로 인식하고 복지 증진을 위해 관심을 가질 때가 왔다고 본다.

김기원 교수의 목회자, 제직, 평신도들의 '교회의 사회복지 실태에 대한 인식도는'의 설문조사 결과에 의하면 노인문제의 심각성에 관해서 23.8%는 매우 심각하다고 보며, 56.6%는 심각한 편이라고 보고, 또한 15%는 보통이라고 인식한 반면 2.6%만이 별문제가 없는 것으로 인식하고 있어 절대다수인 82.4%가 노인문제가 심각한 것으로 인식하고 있다. 노인문제의 심각성은 목회자가 제직이나 평신도들보다, 남자보다 여자가 더 심각하게 인식하고 있다.

또한 노인문제의 교회개입에 대하여 86.2%는 교회가 직접적으로 개입하여 노인 문제를 해결해 주길 바라고 있으며, 13.3%는 영적으로 문제를 해결해야 한다고 인식하는 반면, 0.5%만이 교회의 개입 자체를 반대하고 있다. 따라서 절대다수가 노인문제 해결을 위해 교회가 적극적으로 개입해 문제를 해결해 주길 바라고 있는 것으로 나타났다. 교회가 복지사업을 실시하게 되는 데 가장 큰 기여를 한 사람은 절반에 가까운 45.7%가 목회자라고 하였으며, 20.9%가 제직, 24.8%가 평신도라고 하였다. 고로 목회자의 의지가 교회의 사회복지사업과 노인복지사업 실시에 결정적인 역할을 하고 있음을 알 수 있다. 따라서 교회에서 노인복지사업이 실시되기 위한 첫 번째 관문은 목회자의 의식변화라고 믿는다.

2. 교회의 노인복지 실천

첫째, 노인복지와 관련하여서 전문집단의 도움을 받을 필요성이 제기된다. 그리고 이와 더불어 전문집단과 연결통로를 만들고 그 관계를 개선하여 이를 통해 전문지식을 습득할 것이 요구된다.

둘째, 노인복지 프로그램을 다양하게 실시하고 있지만 내실성을 가해야 함이 제기된다. 특히, 노인학교의 경우 노인과 관련된 많은 자원과 능력이 있음에도 불구하고 단순히 노인학교의 실시에 머물러 있는 것은 바람직하지 못하고 노인학교와 관련된 사업(무의탁노인의 지원강화, 단순한 식당봉사의 차원에서 전문화된 정서적 서비스의 영역으로 발전모색)을 개발할 필요성이 제기된다.

셋째, 자원봉사자와 실무자의 경우는 교육과 훈련의 기회를 가질 필요성이 제기된다. 그리고 그 방법을 노회나 총회 차원에서 적극적으로 받을 필요도 있지만 다양한 방법을 통하여 접근하는 것이 바람직하다고 생각된다.

넷째, 교회 자체의 자원이 많은 것을 활용하는 것은 바람직하지만 교회 자체 안에서 모든 것을 해결하려고 하는 폐쇄성은 개선되어야 한다. 항상 교회 차원에서 모든 것을 해결할 수 있다는 자가당착에서 벗어나 관련기관과 적극적으로 관계를 맺고 교회의 폐쇄성을 극복하고자 하는 노력이 더욱 더 필요하다고 하겠다.

다섯째, 노인학교와 관련하여서는 유급자원봉사자의 도입실시와 관련 학과와 협력하여 실습생을 받아들이는 방법을 고려해 볼 만하다고 생각된다.

3. 교회의 자원활용 참여

좋은 뜻과 또 전문적 기술이 있다고 하더라도 재정적인 문제가 해결되지 않는다면 그 뜻은 이루어지지 못할 것이다. 프로그램에 필요한 재정이 뒷받침되어야 효율적인 사회복지가 가능하기 때문이다.

재정을 확보함에 있어 대도시의 큰 교회(1,000명 이상)는 의지만 있다면 별문제가 없겠지만 그 외의 중·소 도시 교회들은 재정확보가 가장 어려운 문제라고 생각된다. 재정확보 방법은, 자원을 동원하는 방법, 교회예산에 반영하는 방법, 정부로부터 지원받는 방법이 있을 수 있다.

첫째, 노인복지와 관련하여서 교회와의 적극적인 동반자관계를 형성해야 한다. 교회는 많은 인적, 재정적, 시설과 공간적, 그리고 무엇보다도 자원봉사의 동기가 매우 강한 집단이라는 점을 꼭 명심해서 접근해야 할 것이다.

둘째, 노인복지서비스와 관련된 다양한 프로그램을 교회의 장(setting)과 어울릴 수 있도록 아이디어를 개발해야 한다. 즉 교회라는 종교적 성격과 교회의 지역성, 이용자의 특성을 고려하여서 새로운 프로그램들이 개발되어야 한다.

셋째, 교육과 훈련의 기회를 많이 마련하여야 한다. 좀더 다양한 방법으로 교육과 훈련을 받을 수 있는 여건을 조성해야 한다.

넷째, 개교회의 특성, 즉 예산의 규모, 시설과 공간, 그리고 사회봉사에 대한 인식의 정도에 따라서 노인복지서비스를 시작하는 것이 바람직하다. 예를 들어서 법인화를 시키는 작업은 비용과 시간이 매우 많이 들고, 행정관청의 허가조건도 매우 까다롭다. 1995년 노인복지사업지침에는 10인 미만의 노인을 대상으로 해서 운영할 수 있는 방안이 소개되어 있다. 법인화를 시킬 정도의 의지와 재정적 기반이 있다면 그룹홈 형태의 사업을 실행할 만하다고 생각된다.

다섯째, 노인복지서비스를 실시하기 전에 반드시 지역사회와 교인의 욕구조사를 할 필요성이 제기된다. 사회사업의 조사의 기본적인 요소이며, 사업의 성공과 실패를 좌우하는 매우 중요한 관건으로 작용할 것이다.

여섯째, 무엇보다도 목회자의 의식전환이 필수적이다. 즉 노인복지를 실시하고자 한다면 교회의 성장이나 전도를 전면에 내세우지 않고 장기적인 안목에서, 그리고 노인에 대한 순수한 존경심에서 노인복지에 대한 투자를 할 때만이 노인에 대한 서비스와 교회의 부흥성장이라는 두 마리의 토끼를 쫓을 수 있을 것이다.

목회자를 중심으로 노인복지 위원회가 설립되고 위원회에서 노인복지 프로그램의 연구개발과 계획을 수립하고 재정과 전문인력이 확보된 후에는 기구와 인력을 총괄해서 지도, 감독할 운영자가 선정되어야 한다.

목회자가 직접 운영할 수도 있겠으나 목회자의 능력이나 지식이 제한되어 있어 프로그램의 지속적인 추진과 발전에 한계를 가질 수도 있으며, 한편으로는 분주한 일정으로 인해 충분한 시간을 노인복지 프로그램에 할애하기도 어려울지 모른다. 게다가 사회봉사활동은 목회자보다는 장로나 제직이 주도할 경우 교회 부서 간의 협조가 잘 이루어지고 있다는 '성규탁 교수'의 조사보고도 있다.

따라서 목회자는 방향만을 설정해 주고 전문 지도자나 교인들이 참여하여 봉사할 수 있도록 그 주도적인 역할을 이양하는 것이 보다 바람직할 것이다.

V. NGO로서의 교회 자원활용의 제언

이제 한국교회는 교회의 사명을 Diakonia의 입장에서 NGO의 기능으로 보는 시각의 전환과 함께 시대적인 요청에 부응하는 교회의 모습으로 바뀌어야 할 것이다. 한국교회가 사회봉사책임(social responsibility)을 바로 수행하지 못할 때 어떤 결과를 초래할 것인가?

첫째, 우선 이기적이고 개인주의적 신앙인을 양성함으로써 신앙의 본질을 상실하게 될 것이다. 둘째, 사회적 공신력이 약화될 것이다. 사회적 영향력이 약화되면서 선교기반이 상실될 수 있다. 셋째, 사회의식이 강한 지성인과 젊은 층으로부터 교회가 외면을 당할 것이다. 넷째, 교회가 지역사회를 소홀히 할 때는 그 수혜자(client)가 되어야 할 노동자, 도시빈민, 농민계급으로부터 지탄을 받게 될 것이다. 다섯째는 여러 계층으로부터의 거부감과 비판은 교회본질에 대한 회의를 불러일으킬 수 있다.

한국교회는 개교회주의적 성격이 강하기 때문에 교회의 자원을 주로 교회 내부를 위해 동원하며 교회 외부에 대해서는 지나치게 소극적이라는 것을 한국교회의 재정구조가 잘 보여 주고 있다.

지역사회복지가 지역주민의 생존(생명과 생활)을 위해 공적, 사적인 기관이 협동하고 조직화하여 생활환경과 복지환경을 재건하는 사회적 시책 및 방법의 체계라 볼 때 교회는 지역사회의 민간복지 차원의 조직 중 하나로서 교회의 가장 가까운 이웃인 지역사회 주민의 전체적인 행복, 즉 영혼, 육체, 사회적인 행복에 관심을 가져야 하며 교회의 잠재된 자원(인적, 재정, 시설, 조직자원)을 지역사회 복지화 사업에 적극 활용하여야 할 책임과 의무가 있다.

교회의 사회복지 참여는 예수 그리스도의 계명으로부터 기인한다. 이 계명은 '하나님을 사랑하고 이웃을 사랑하라'는 기독교 계명의 핵심적 기초를 이룬다. 기독교 신앙은 하나님을 사랑하는 것으로부터 출발되며 인간을 내 몸같이 사랑하는 진실한 사랑 안에서 율법을 완성하게 된다(롬3:10). 그러므로 이러한 참된 사랑은 인간의 전인적 구원(영적, 육체적, 사회적)을 목표로 하며 이의 실현이 기독교 사회복지사업 참여의 가장 중요한 이념이라 할 수 있다.

한편 이를 실현하기 위한 방법과 자세는 Diakonia 정신에서 찾아볼 수 있다. Diakonia는 흔히 봉사로 표현되지만, 가장 중심적인 뜻은 성찬(Eucharist)의 정신 곧 그리스도의 몸을 서로 나누는(sharing) 일과 치유(Healing)하는 일에서 그 본질적 의미를 찾을 수 있다. 이것은 교회가 사회복지 참여에 임할 때 가져야 할 중요한 정신으로서 사랑의 실현을 위한 희생적 자세를 의미하며 나누는 일과 치유하는 일은 교회 사회사업의 성격을 의미한다. 그러므로 교회는 병든 사회의 희생자들을 돌보는 일과 병든 사회를 치유하는 일에 최선을 다하여야 하며 이러한 이웃들을 교회가 섬겨야 할 대상자로 여기고 겸손한 종의 자세로 지역사회봉사에 임하여야 한다.

끝으로 교회의 NGO의 기능으로서 사회적 참여와 사회복지사업의 발전을 위하여 필자가 생각하는 몇 가지 의견을 제시하는 것으로 본 연구를 마치겠다.

첫째, 교회는 시대적 현황에 따른 선교의식을 새롭게 하고 지역사회와 유리되지 않는 노인복지에 맞는 선교방법을 모색하여야 한다.

둘째, 교회는 교회 내 인적 자원(기능별·직능별 자원봉사)과 물적 자원(재정·시설)을 자세히 조사하여 노인복지를 위한 복지사업에 적극 참여할 수 있도록 교회조직과 구조를 재정비하여야 한다.

셋째, 교회는 지역사회를 하나님이 맡겨 주신 '지역공동체'라 생각하고 과학적 조사와 방법으로 지역노인의 필요와 지역상황을 파악한 후 교회의 여건에 적합한 사업을 우선적으로 실시하여야 한다.

넷째, 교회는 교회재정의 10%를 사회복지비로 사용하고 구역 또는 속회 조직 단위로 지원대상자를 결연시켜 이들의 필요를 도울 수 있는 책임 봉사제를 실시한다.

바람직한 교회 사회사업의 미래를 조명해 볼 때 교회는 하나님의 부르심을 받아 모이고 다섯째, 각 교단은 초교파적인 차원에서 동일한 지역 안에서 연합하며 지역노인복지에 관심을 기울여야 할 것이다.

여섯째, 교회는 교회가 속해 있는 지역에서 지역의 NGO단체들과 네트워크를 만들어 지역성 있는 목회를 해야 한다.(소외된 그룹에 일차적 관심을 둔다.)

일곱 번째, 교회의 주변을 체계적이고 과학적인 사회조사를 통하여 이웃들의 요구를 발견하고 이에 대응해 나아갈 때, 교회가 가진 인적, 물적, 조직자원들을 효율적으로 활용할 수 있을 것이며, 거시적인 문제에 대응할 수 있다.

그리고 급변하는 시대와 사회 속에서 선교 21세기를 향하고 있는 한국기독교의 시대적 사명과 역할을 지역사회에서 연대하여 진행되고 있는 NGO단체들과 함께 교회의 기능을 Diakonia라는 입장에서 나눔과 섬김을 통해 교회의 사회적 책임을 완수해 나아갈 때 한국교회의 자원을 지역사회를 위해 참여의 역할을 할 수 있다고 본다.

참고문헌

강기정 외. 2003. 「기독교사회복지의 이해」. 서울: 천안대학교출판부.

강순렬. 2003. "국가발전을 위한 기독교의 역할에 관한 연구". 교회의 사회복지 사업을 중심으로. 행정학박사학위논문, 명지대학교 대학원.

강혜영. 1989. "한국교회의 사회봉사사업 개발에 관한 기초연구". 서울: 서울여자 대학교 대학원 석사논문. 1989.

고춘섭, 「경신80년사」. 서울: 경신중고등학교. 교회 사회사업학회 편. 2004. 「교 회 사회사업 편람」. 서울: 인간과 복지.

김만두. 1995. "2000년대 사회복지관의 활동방향". 『한국 복지관 협회』.

김동배. 2005. 「시민사회와 자원봉사」. 학지사.

김범수 외. 2004. 「자원봉사의 이해」. 학지사.

_____. 2001. 「교회 사회봉사 어떻게 할 것인가?」. 사랑의교회복지재단.

김성철. 2000. 「교회 사회사업」. 평화사회복지연구소.

_____. 2003. 「교회사회복지실천론」. 한국강해설교학교.

_____. 2003. 「미래사회와 인간」. 평화사회복지연구소.

_____. 2004. 「NGO와 리더십」. 평화사회복지연구소.

_____. 2000. 「사회복지역사의 의미」. 평화사회복지연구소.

_____. 2000. 「Diakonia」. 평화사회복지연구소.

_____. 2007. 「교회사회복지론」. 평화사회복지연구소.

_____. 2000. 「미래사회와 인간」. 평화사회복지연구소.

_____. 1990. "특수선교로서의 교회 사회사업방법론연구". 서울신학대학교 신학 대학원.

_____. 2007. 「서번트리더십과 NGO」. 평화사회복지연구소.

_____. 2007. 「사회복지적 리더십」. 한국학술정보.

_____. 2007. 「나눔과 섬김의 복지」. 한국학술정보.

김성철 외. 2001. "교회사회봉사 어떻게 할 것인가". 한국교회사회봉사 연구소.

김성철 외. 2002. "교회사회복지 세미나 이론과 실제". 평화사회복지세미나.

김영호. 1997. "지역사회자원봉사". 자원봉사 프로그램 백과 제7권. 「한국사회복지협의회」.

김영호 외. 2006. 「자원봉사의 이론과 실제」. 창지사.

김익균 외. 2004. 「자원봉사론」. 교문사.

류기형 외. 2005. 「자원봉사론」. 양서원.

류종훈. 2007. 「사회 봉사와 선교 복지론」. 21세기사.

류태종. 1991. "한국기독교사회복지사업에 관한 연구". 서울: 동국대학교 행정대학원.

민경배. 1987. 「한국기독교사회운동사」. 서울: 대한기독교출판사.

박종삼. 2000. 「교회사회봉사 이해와 실천」. 서울: 인간과 복지.

_____. 2002. "교회 사회사업". 「사회복지학개론」, 서울: 학지사.

송준. "한국기독교 사회복지사업에 관한 연구". 서울: 단국대학교 행정대학원. 1991.

유의영. 1997. 「지역사회를 섬기는 교회」. 한국장로교출판사.

이성록. 2005. 「자원봉사 어드바이저 – 자원봉사 상담가(Advisor) 길잡이」. 미디어숲.

이성록. 1996. "자원봉사의역사와가치". 자원봉사자기초교육. 「한국자원봉사단체협의회」.

이원규. 「한국사회문제와 교회공동체」서울: 대한기독교서회. 2002.

이종복. 1995. 「지역복지시설과 지역사회」. 범론사.

조휘일. 2002. 「현대사회와 자원봉사」. 홍익재.

조휘일. 1997. "자원봉사에 대한 이해". 자원봉사 프로그램 백과 제2권: 자원봉사의 기초. 「한국사회복지협의회」.

종교사회복지포럼 편. 2003. 「시민사회와 종교사회복지」. 학지사.

최광수. 2006. "조선후기 기독교 사회복지 역사에 대한 소고". 총신대논총. 총신대학교.

최무열. 2004. 「한국교회와 사회복지」. 나눔의 집

최일섭. 1997. 「지역사회조직론」. 서울대학교 출판부.

최호윤. 2007. 「사회복지 프로그램개발과 평가」. 21세기사.

한국교회 사회사업학회. 2003. 「교회 사회사업편람」. 인간과복지.

한국기독교사회복지협의회. 2007. 「한국기독교사회복지총람」. 한국기독교사회복지협의회.

Martin. Kettner. 정무성 역. 2000. 「프로그램성과평가」. 나눔의집.

1. 성공회 사회복지의 전망을 세우기 위하여

Ⅰ. 생각하기

사회복지사업을 수행할 때 사회복지사업이 일로 다가오는 것은 대다수의 사람들에게 짐으로 느껴지기 때문이다. 짐이 아니라 기쁨으로 다가올 수는 없을까? 일이 밖의 활동이라면 정신은 안의 활동이라 할 수 있겠다. 일로 인하여 안의 활동으로 연결되기도 하지만 정신이 밖의 활동으로 연결되기도 한다. 안과 밖의 활동을 유지하고 안팎의 활동을 넘어서서 새로움을 세우는 힘을 영성이라 한다. 영성으로 체현된 사회복지사업의 수행이라면 사회복지사업이 끝없는 반가움으로 다가올 것이다.[31]

---

31) 유낙준 신부(대한성공회 대전교구 대전나눔의 집).

1. 불완전한 인간의 고백

사람은 완전함으로 향하는 불완전한 존재이기에 누군가의 지지가 요구된다. 특별히 떠돌이 생활을 하는 가난한 사람들과 생산수단을 소유하지 못한 머슴들과 노예들에게는 더더욱 젖과 꿀이 흐르는 땅이 절박하게 희망으로 새겨지는 것이다. 물론 상처받은 영혼과 방황하는 영혼의 사람에게도 역시 평화와 안식은 희망으로 새겨지는 것이다.

이렇게 불완전한 사람에게 예수 그리스도는 희망으로 새겨진 것이다. 희망인 예수는 삶의 지침을 의미하는 첫 강령에서 "가난한 이들에게 복음을 전하고, 묶인 사람들에게 해방을 알리고, 눈먼 사람들을 보게 하며, 억눌린 사람들에게 자유를 주고, 주님의 은총의 해를 선포하는 것(루가4, 18)"이라고 밝혔다. 사회복지사업은 이 강령을 주님의 이름으로 수행하는 봉사를 말한다. 여기서 영성은 우리 안에 내재하는 성령의 생활을 주목하는 것이다. 영성은 열린 마음과 열린 정신으로 주님 앞에 서는 것이고 사랑에 찬 하느님을 나와 사람들과 자연 안에서 관상하는 것이다.

우리는 흔히 영성과 사회복지, 기도와 봉사를 별개의 것으로 구분하고자 유혹을 받곤 한다. 악마는 이렇게 속삭인다. "우리는 기도하고 있기에는 너무도 일이 많아. 우리에게는 신경 써야 할 일들이 너무나 많고 응대해야 할 사람들이 너무도 많고, 치유해 주어야 할 상처들이 너무나 많은 거야. 그러니 기도는 사치품이고 한가할 때 피정 가서나 하는 거지." 물론 이런 식의 사고는 해로운 것이다. 영성과 사회복지, 기도와 봉사는 분리될 수 없는 동전의 양면과 같은 것이다. 기도가 곧 봉사요, 봉사가 곧 기도라는 의미에서 사회복지사업을 수행하는 사람은 예수 그리스도를 생각나게 하는 살아 있는 기억매체라고 본다.

2. 14세기 영국에서의 기억매체

행동함 없이 행동하는, 앎 없이 아는 것을 배워야 한다. 그리고 세속적인 욕망이 아니라 무욕망의 상태, 즉 열린 마음, 자기 버림의 의미에서의 습관적인 자유, 그리고 선이 요구하는 것은 당신의 주의를 그에게로 돌린 다음 그를 홀로 있게 하는 것임을 자각하는, 이런 종류의 욕망을 가지고 있어야 한다. 당신이 이처럼 되고자 한다면 기도하는 가운데 아주 조용히, 그리고 아주 겸손히 신에게 말씀드리기만 하면 된다. 그러면 신이 당신을 도울 것이다. (무지의 구름)신의 사랑에 의해 모든 것이 존재로서 드러나는 것이다. 이 작은 것 속에서 나는 세 가지 속성을 본다. 첫째는 신이 만드셨다는 것이요, 둘째는 신이 사랑하신다는 것이요, 셋째는 신께서 보호하신다는 것이다. 그리고 이러한 것에서 내가 보는 것은 진실로 창조자이시며 사랑하시는 분이며 보호자이시다.(노르위치의 줄리앙)

14세기 영국에서의 예수 그리스도의 기억매체는 가장 낮은 곳에서의 생활을 하였다. 이들은 한결같이 긍정적이며 낙천적이며 순수했다. 이들에게 밤은 환희에 가득 찬 나의 빛으로 기억을 했다. 이들에게 밤은 기쁨의 충만함과 구주의 함께하심으로 찬란하게 빛나는 어둠이다. 밤이 구주를 좀더 가까이하게 하여 구주와 우리를 어떠한 빛이 있을 때보다도 친밀하게 해서 기쁨은 더욱 충만하게 되는 것이다.

신에 대한 구체적인 체현이 사회복지사업을 수행할 때 기쁨으로 다가온다는 것이다. 다시 말해서 신에 의해서 구원받고 사랑받는 자율적인 인간으로의 기쁨을 맛본다는 것이다.

3. 1999년 기억매체

영국에서의 교회는 철저히 지역주민과의 강한 결속력에 기반하고 있다. 지역주민의 욕구가 공동선에 기초하고 여기에 교회가 함께한다는 영국 교회는 지역주민의 생활양식과 궤를 같이한다. 예수 그리스도를 기억하고자 원한 사람들의 공동체인 교회는 사랑으로 집중된 사회복지사업을 수행한다. 종교가 다르고 인종이 다르고 성이 달라도 사랑으로 만나는 지점이 된다.

대한성공회는 지역교회에 기반을 두는 것으로 출발했다. 먼저 큰 성당보다는 작은 성당으로 출발하여 병원의료사업과 유치원, 학교사업을 사회복지사업으로 수행하였다. 그런데 지금은 많이 달라졌다. 대다수의 교회가 그렇듯이 지역교회를 표방하지만 본래의 지역교회와는 거리가 멀게만 느껴진 상황이다. 실낱같은 싹틈이 보이는 곳이 어디선가 보인다. 달동네에서 움직이는 사람들에 의해 지역교회가 이제야 모습을 그린다. 지역교회공동체인 나눔의 집은 사회복지사업을 수행하고 있다. 제발 경직된 모습이 보이지 않는 나눔의 집이려면 기도하라, 노동하라.

"나눔의 집은 참된 인간의 신뢰를 향합니다. 자발적인 가난을 향합니다. 공동선을 향한 공동체를 향합니다. 가난한 이들의 평화를 향합니다. 상처받은 이들의 교회공동체입니다. 소외받은 이들의 구원을 향합니다."

과학기술의 발달로 산업화가 가속화되면서 우리들은 가장 중요한 것을 놓치고 있다. 인간성을 질적으로 높이는 것에 실패한 것이다. 오히려 세계화는 인간성 상실에로 더욱 부채질한다. 이제는 특정한 계층만이 사회복지 대상자가 아니라 전체가 사회복지 대상자가 된 셈이다. 사람의 인간성의 상실로 인한 치유는 기술과 이에 따른 제 방법으로 되지 않는다. 인간성의 상실로 드러난 우리시대의 사람들은 정성이 지극해야 회복될 것이다. 정성은 영성에 기초한다. 영성은 상처받은 사람들을 치유한다. 가장 효율적인 것에 집중하는 세계화는 인간성의 상실이란 결과로 귀결되지만 가장 비효율적이라고 하는 정성, 영성은 인간을 질적으로 바꾼다는 것이다.

Ⅱ. 대한성공회 사회복지사업 약사

　대한성공회는 성공회가 우리나라에 전파된 초기부터 사회복지선교사업에 깊은 관심을 갖고 있었다. 선교 초기부터 의료, 교육 등 여러 분야에서 사회복지선교사업을 전개하였으며, 특히 1960년대 태백 지역의 광산촌을 중심으로 한 광산촌 선교와 영등포 지역을 중심으로 한 산업선교활동은 한국 산업선교의 효시로 널리 인정받고 있다. 또한 1970년대 유신체제하에서는 이러한 선교활동이 탄압받기 시작하자, 민주주의와 인권회복이 선교의 제일 과제라는 인식을 하여 정의실천사제단을 조직하고 반독재운동에 앞장서기도 했다. 1980년대 들어서면서는 '나눔운동'이라는 새로운 사회복지선교활동을 전개하였다. 이는 경제성장 정책의 그늘에서 비인간적 삶을 살고 있는 민중과 함께한다는 신앙의 기치 아래 특히 도시빈민 지역에서 활발히 전개되었다. 1986년 9월 서울 상계동에서 전세방을 얻어 대한성공회의 나눔운동이 시작되었다. 이러한 나눔의 집 사업은 저소득층을 위한 자활지원센터의 이념과 모델을 제공한 것이라고 정부로부터 인정받는 등 빈민복지정책에 상당한 기여와 선도적 역할을 담당해 왔다. 최근에는 노숙자 쉼터와 실직자자활프로그램을 운영하는 등 국가적 경제위기에도 적극 대응하고 있는 것으로 보인다.

　그러나 대한성공회의 사회복지선교활동의 역사를 보면, 소수의 사제들과 평신도 지도자 중심으로 사회선교활동이 진행되어 왔으며 교인들의 참여가 적었던 것으로 보인다. 또한 교단 창립 100년의 역사가 있으나, 사회복지선교활동을 위한 교단적 차원에서 체제가 제대로 갖추어지지 않은 상태이다. 한국의 기독교 교단들의 사회복지선교사업의 실행 특징을 보면 교단의 특성에 따라, 구세군처럼 교단 중심의 교회 사회사업을 하는 곳들이 있다. 성공회 내에서는 몇몇 사제들에 의한 사회봉사 사업이 주를 이루어 온 것 같다. 그런데 교회의 사회봉사는 사제와 평신도 지도자에 의해서만 이루어질 수는 없는 것이다. 성직자 중심의 사회선교 프로그램은 자칫 잘못하면 실패의 확률이 높다는 지적도 있다. 성직자와 평신도 지도자는 오히려 일반교인들의 사회복지활동 참여를 위해 동기를 유발하고, 능력을 개발시키며, 사회선교 활동을 할 기회를 창출하는 데 노력을 기울여야 하기 때문이다.

따라서 교단 차원에서는 사회선교의 이념과 방향을 명확히 제시하고, 각 교회는 개교회가 위치하는 지역의 특수성과 지역주민의 욕구, 지역사회의 문제를 정확하게 파악하고 이를 바탕으로 지역사회에 합당한 프로그램을 개발하고 시행해야 할 것이다. 또한 조직체계 면에서 1관구, 3개 교구, 93개 교회(3명의 주교, 148명의 성직자, 5만여 명의 평신도)를 일원적이고 통합적인 조직으로 체계화시키고 각 체계의 특성에 따른 역할 분담이 되어야 할 것이다. 현재 대한성공회는 나눔의 집이 9개소(26개의 세부기관), 복지관 7개소, 특수선교는 4개소, 치료 / 교육기관은 1개소, 거주시설 3개소, 교회부설복지시설이 8개소, 기타 1개소를 포함하여, 나눔의 집의 세부기관을 별개의 기관으로 볼 때 총 40여 개의 독립된 기관 / 시설이 있다. 이 기관에서 일하고 있는 실무자의 수는 총 200명 정도이며, 시설당 평균 1998년도 평균예산이 1억 3천만 원 정도이다. 운영되고 있는 프로그램이 매우 다양하며, 참여주민도 다양하다.

이제 대한성공회의 사회복지기관의 특성은 무엇이며 무엇을 더욱 발전시켜 나갈 것인지, 무엇은 혁신해야 할 것인지에 대한 전반적인 검토와 조사가 이루어져야 할 것이다. 먼저 대한성공회의 사회복지선교의 약사를 보고자 한다.

1. 1890. 9. 26.~1945. 사회복지사업

1) 의료사회복지사업

한반도에 영국성공회에서 파견한 존코프 주교가 인천에 도착한 후 1890년 10월 10일에 입원실과 진찰실을 갖춘 인천 최초의 서양식 병원(랜디스

박사)을 개설했다. 인천낙선시병원(성누가병원, 1891), 인천 고아원(1892), 성베드로병원(1892, 장림성당), 산부인과와 소아과의 전문병원인 성마태병원 (1895), 병원(1897, 강화), 약국(1898, 온수리), 애인병원(1909, 진천), 성안나 병원(1924, 여주), 병원(백천).

2) 학교사회복지사업

영어학교(1892, 인천), 성모마리아여학교(1898, 강화), 전도자학교(1905, 장림), 진명학교(1908, 수원), 진명학교(1908, 진천), 진명학교(1908, 온수리), 아내학교(1908, 목천), 신명학교(1908, 천안 병천), 노동야학교(1908, 진천 송현리), 공세리 여학교(1909, 용인), 북일학교(1921, 천안 부대리), 경성니콜라관 (기숙사, 장림성당), 경성성모관(여성기숙사), 기숙사(강화, 진천, 연백, 인천), 서당(묵방리 외 18기관), 유치원(1922, 강화), 신명학원(광장리교회).

◉ 학교설립의 3원칙:
(1) 공립학교로부터 거리가 먼 지역에 있는 교회를 중심으로 초등교육을 실시한다.
(2) 주임사제가 거주하고 전도구의 중앙교회가 있는 도시에서는 공립보통 학교에 재학 중인 시골에서 다니는 남녀학생들을 위하여 기숙사를 마련한다.
(3) 서울에서는 고등보통학교나 법과전문대학이나 의학전문대학 입학자를 위한 기숙사를 주임사제의 지도 아래 운영한다.

3) 고아원

인천고아원(1892), 성베드로고아원(1895, 장림성당), 성피득보육원(1909, 수원).

4) 여성사회복지사업

양덕원(1914, 서울: 과부나 이혼한 여성들의 삶의 기반을 마련하는 공동체의 집, 이사벨 수녀)

2. 1960년대 사회복지사업

1) 기아해방운동(빈민, 난민, 가난한 농민)

안중과 수원고아원 출신자들의 정착사업으로 세계적으로 펼치고 있던 기아해방운동을 지역사회개발사업으로 추진하기 시작하였다. 서해안간척사업으로 농지의 확보로 자활의 터전을 마련하는 것이다. 50가구의 피난민 가구들도 합세하였다.(맥부인의 지원)

부산 반송동 달동네의 빈민가족지원사업으로 열여덟 가정이 마을회관을 지어 자립과 협동의 구조를 형성해 갔다.(맥부인의 지원) 계단식 농지 개간 등으로 난민정착사업으로 성공하였고, 성공회 빈민선교의 효시가 되었다.

광혜원지역의 가난한 농민들에게 교회가 제공하는 미개간지를 개간함으로써 생활의 터전도 확보하며, 동시에 공동작업을 통해 공동체의 유대와 도덕성을 살리자는 성베드로 농장사업이다. 이와 유사한 사업으로 성어거스틴 농장(이천 장령리 지방)사업과 열 가정의 정착사업으로 가나안 마을운동(서울) 등이 있었다.

이처럼 기아해방운동은 빈민의 정착과 지역사회개발이라는 뚜렷한 목표와 외국의 지원 아래 활발히 전개되었던 것이다. 60년대 초반의 이 사업은 교회의 사회참여의 영역을 확장시켰으며 단순한 구제사업에서 적극적인 참여로의 전환을 의미하였다.

2) 노동자 사회복지사업

태백의 광산노동자복지사업(1961)은 산업화에 따라 인구의 집중이 일어나고 그 결과 비인간화되거나, 비도덕화되어 가는 상황으로부터 사람들을 구하기 위하여 광부들과 청소년들에게 상호 연대관계를 강화하고 자신을 지켜 나가도록 돕자는 것이다. 이 사업은 네 개 지역에서 4-H구락부를 조직하여, 정착사업을 추진하였다. 어린이보건진료와 광부의 자녀들이 공부하게 고등학교까지 설립하였다.

3) 음성나환자의 정착촌건설사업

소록도에서 나온 30명의 음성나환자들에게 거처를 마련해 주고 생활을 지원하면서 시작되었다.(1954) 산과 12동의 주택을 건축한 성생원은 25세대 80명에게 자립의 기반을 갖춘 공동체를 이루기 시작했다. 교회는 농지를 구매하고 주택 등을 건축한 다음 이 재산을 주민위원회 공동으로 소유토록하면서 자립의 기반을 마련하도록 지지한 것이다. 그래서 농업과 축산업으로 자립마을이 되었다. 성생원은 나자로마을과는 달리 주민자치공동체를 이루는 기본정신 아래 독립적인 운영을 주민 스스로가 이어 온 것이 하나의 특징이다.

3. 1970년대부터 사회복지사업

1) 노동자, 청소년사업

◉ 성베다관(1960, 서울)은 진보적인 대학생들의 집회장소와 청소년을 위한 야학교가 활발히 운영되었다.

◉ 영등포산업복리센터(1967)는 근로자를 위한 잡지 『새싹』을 발간함과 동시에 근로자를 위한 다양한 프로그램을 수행하였다. 특히 1973년도

에는 근로여성을 위한 야간학교의 설립 등 노동자교육과정을 강화하
였다.

⊙ 상록재건학교(1972, 대구 평리동)는 불우한 청소년들을 위한 야간학교
였다.

⊙ 성노의집(1976, 마산)은 근로여성들의 합숙시설로 노동자 복지와 그리
스도적인 삶을 목적으로 설립하였다.

⊙ 선원선교원(1977, 부산)은 선원들의 복지사업과 그리스도인의 삶의 양
식을 수행한다.

⊙ 성모병원(1970)은 병천교회에서 지역주민복리사업의 일환으로 극빈자 무
료진료 사업을 한화그룹의 지원과 미국의 지원으로 8년간 운영하였다.

2) 장애인 사회복지사업

성베드로학교(1973, 서울, 정신지체아), 성 안나의 집(1976, 인천, 양로원),
강화 안나의 집(1981, 온수리), 성공회리코텍(1987, 서울, 정신지체 장난감도
서관), 보나의 집(1990, 청주, 정신지체아), 장애인공동체 우리마을(1999, 강화)

4. 사회복지관

정부의 지원하에 빈민층 집중지역에 세워진 사회복지관은 종합적인 사회
복지형이다. 현재 7개의 일반적인 5개의 사회복지관과 1개의 장애인 복지
관과 1개의 노인복지관을 운영하고 있다.

5. 교회 · 사회복지

⊙ 샬롬의 집(1993. 남양주)은 불법체류 외국인 노동자의 피난처로 필리
핀 사제가 직접 상주하여 외국인과 관계를 수행하고 있다.

⊙ 드보라의 집(1997, 광혜원)은 가정폭력 피해자 숙소로 단기보호와 상
담사업을 벌이고 있다.

⊙ 구미 선교요한센터(1994, 구미)는 호스피스사업을 수행하며 공동체인
정호의 집을 운영 중이다.

⊙ 온양 사랑의 선교회(온양)는 결식아동 및 소년·소녀가장의 결연사업
과 실직 노숙자 사업을 운영 중이다.

6. 나눔의 집

1986년 10월에 상계동 나눔의 집을 시작으로 삼양동 나눔의 집(1988, 서
울), 봉천동 나눔의 집과 인천의 송림동 나눔의 집과 수원 나눔의 집이 서
울교구에 있으며, 성남동 나눔의 집(1996, 대전), 천안 나눔의 집과 전주사
랑의 집, 원주 나눔의 집은 대전교구에 있으며, 반송동 나눔의 집이 부산에
있다. 나눔의 집은 달동네에 있는 가난한 이들의 집이다. 이 운동은 주로
해외원조에 의지하여 발전했던 개신교 도시빈민선교 운동과는 달리 처음부
터 마을의 공동체와 교회가 하나의 연대감을 가지고 일으킨 상호 나눔과
함께 사는, 삶의 실천이라는 접근방법을 적용시켰다. 하느님 나라운동과 주
민운동과 사회복지운동이 결합된 것이 나눔운동이다. 달동네공부방, 주민자
치위원회, 생산자협동조합, 좋은 마을 만들기 운동, 건강무료진료소, 야학,
자활지원센터, 가출청소년쉼터, 노숙자 쉼터(남성, 가족), 자활공동체, 장애
인재활직원센터, 실업자사업단, 고용안정센터, 청소년취업센터, 가족치료상
담실, 위기가정결연사업, 생산자협동조합협의회, 장기수의 집, 북한아동돕기
운동, 고령자협동조합, 주민금고 등 소공동체로 지역주민과의 결합력을 강
화하는 것이 특징이다.

Ⅲ. 대한성공회 사회복지선교네트워크의 조사보고

교단의 사회복지선교네트워크는 1997년에 조직되었고 여기서 조사한 (1999년 1월에서 4월까지 설문조사) 내용을 보고자 한다. 설문조사는 실무자용과 성직자용의 두 가지로 구분하여 조사하였다.

1. 기관(시설)용 설문의 분석

1) 기관(시설)의 일반적인 사항

조사에 응답한 기관들의 소재지는 서울지역이 전체의 60%로 가장 많았고, 운영주체는 법인이 40%, 교구가 31.4%로 나타났다. 그리고 정부의 인가를 받지 않고 있는 기관의 수도 45.7%에 이르고 있는 것으로 조사되었다.

그리고 기관의 설립연도는 1990년 이후가 전체의 77%로 나타났으며, 기관의 규모 면에서 50평 이하가 42.9%로 조사되었다. 서비스 제공 인원에서도 50명 이하인 경우가 전체의 45.7%로 나타났다.

2) 인력

조사에 응답한 기관들 가운데 직원의 총수가 5명 이하인 경우가 54.3%로 나타났다. 그리고 전체 기관의 77.2%는 사회복지사를 1명 이상 채용하고 있으며, 특수교사를 채용하고 있는 기관은 전체의 17.2%, 물리치료사, 청소년지도사, 상담심리사를 채용하고 있는 경우가 전체의 11.4%로 나타났다.

그리고 응답기관의 97.1%가 자원봉사자를 활용하고 있으며, 기관 자체적으로 자원봉사를 모집하고 있는 경우는 전체의 82.9%이며, 성당으로부터 자원봉사자 지원을 받고 있는 경우도 22.9%로 나타났다. 또한 자원봉사활동이 큰 도움이 되고 있다고 응답한 경우는 전체의 80%로 높게 나타났다.

3) 재정

응답기관들의 총예산 규모는 복지관 및 주거시설의 경우는 대부분 2억 원 이상으로 나타났으며, 나눔의 집의 경우 1천만 원 미만이 2개소, 1천만 원에서 5천만 원 사이가 7개소, 5,000만 원에서 1억 원 사이가 3개소로 나타났다. 35개 응답기관의 62.9%는 정부지원을 받고 있으며, 37.1%는 전혀 정부의 지원을 받고 있지 않은 것으로 나타났다. 기관의 재정상태에 대하여 '부족하다' 또는 '매우 부족하다'고 응답한 경우가 전체의 71.4%를 차지하고 있는 것으로 나타났다. 후원에 관한 질문에 대하여 전혀 없는 경우가 34.3%, 50명 이하인 경우가 28.6%로 나타났다.

4) 프로그램 운영

먼저 현재 실시 중인 가장 중요한 프로그램으로는 대체로 청소년 개입 프로그램, 실직자 관련 프로그램, 장애아동 관련 프로그램 등으로 나타났다. 그리고 이용자의 자격은 성공회 신자 여부와 관계없이 일반인을 대상으로 하고 있는 것으로 나타났다.

응답기관에서 현재 운영하고 있는 사업을 확대하거나 또는 운영하고 있지 않은 사업을 신설하고자 하는 영역은 장애인 관련 사업, 실직자 관련 사업, 협동조합 설립 관련 사업 등이 중요하게 고려되고 있는 것으로 나타났다. 그리고 응답기관들이 구상하고 있는 향후 계획은 현재 운영 중인 사업의 내실화, 실무자 교육, 자료 전산화, 지역욕구조사, 시스템정비 등으로 나타났다.

그리고 응답기관들이 현재 가장 어렵게 느끼고 있는 문제는 재정문제, 공간문제, 인력문제, 프로그램 기술에 관련된 문제 등을 공통적으로 지적하고 있는 것으로 나타났다.

5) 기관장에 관한 사항

응답기관의 기관장은 성별로는 남자인 경우가 여자인 경우보다 2배 정도 많았으며, 신분은 사제가 40%, 평신도가 25.7%, 수녀가 2.9%인 것으로 조사되었다. 학력은 대학졸업이 37.1%, 대학원 졸업이 31.4%이며 사회복지 전공 여부는 74.3%가 전공하지 않은 것으로 나타났다. 기관장의 연령 구성을 보면 40대가 37.2%, 30대가 31.4%로 나타났다.

2. 실무자용 설문의 분석

1) 실무자들의 인적 구성

응답 실무자들의 인적구성에 관련된 사항의 주요결과는 아래의 두 가지로 요약될 수 있다.

첫째, 설문 응답자 중 특별한 자격증을 보유하지 않은 사람의 비율이 54.3%에 이르고 있다는 사실은 전반적으로 기존 인력을 전문화할 수 있는 교육 프로그램의 개발이 시급함을 지적하는 것이라고 볼 수 있다. 그리고 다른 한편에서는 새로운 인력의 충원에 있어 전문적인 자격을 보유하고 있는 사람들을 중심으로 충원할 수 있는 방안도 동시에 모색되어야 할 것으로 보인다.

둘째, 현재 소속된 기관에서의 근무 경력을 보면 6개월 미만이 17%, 6개월에서 1년 미만이 22.4%, 1년에서 2년 미만이 24.4%로 조사되었다. 사회복지기관에서의 총 근무 기간은 1년 미만이 35.1%로 나타났으며, 4년 미만이 대부분이었다. 현재 소속 기관에서의 근무 연수와 전체 사회복지 관련 경력의 연수가 짧은 것으로 나타나고 있기 때문에 직무 개발을 위한 현장 활동 중심의 보수교육 훈련 프로그램도 시급히 개발되어야 할 것으로 보인다.

2) 기관의 조직 및 운영체계

기관의 조직 및 운영체계에 관한 조사의 주요 결과는 다음의 네 가지로 요약할 수 있다.

첫째, 법인과 이사회의 활동에 대한 질문에 대하여 모르겠다, 해당 없음 또는 무응답으로 응답한 비율은 전체 응답자의 47.9%로 나타나고 있다. 이러한 결과는 법인과 이사회의 활동에 대한 실무자의 인지도가 낮거나 또는 법인이 없는 경우에서 기인한다고 볼 수 있다. 이러한 결과를 바탕으로 앞으로 법인과 이사회의 역할을 실무자들에게 적극적으로 인식시키는 것이 필요할 것이며, 법인이 없이 운영되고 있는 기관의 경우의 대책도 마련되어야 할 것이다.

둘째, 운영계획의 수립 여부와 적절성에 대한 질문에서는 대체로 긍정적으로 응답한 실무자의 비율이 50% 정도에 이르고 있는 것으로 조사되었다. 이러한 결과는 응답자들의 소속 기관의 50% 정도는 연 단위의 운영계획을 수립하고 있지 않거나 또는 수립된 운영 계획이 매우 부적절함을 시사하는 것이라고 볼 수 있다.

셋째, 조직의 운영 및 관리는 전반적으로 외부 환경에의 기관 대응 방법에 가장 높은 점수를 주고 있었고, 기관의 재정안정을 위한 노력과 실적에는 상대적으로 낮은 수치로 조사되었다. 이러한 결과는 응답자들이 소속된 기관들의 환경대처 능력은 매우 긍정적인 것으로 평가할 수 있을 것이다. 반면에 환경변화에 부합하는 새로운 사업을 계획하고, 수행하는 과정에서 필요로 하는 재정적인 지원은 대체로 취약한 것으로 평가되어, 외부자원을 효과적으로 동원할 수 있는 방안이 마련되어야 할 것이다.

넷째, 기관장의 리더십과 일반 근무환경에 관한 응답결과는 매우 상반된 견해를 보여 주고 있다. 즉 기관장의 관리의 합리성 및 기관장의 비전의 보유 여부에 관해서는 대체로 긍정적으로 응답하고 있는 반면에 승진제도 및 직원 채용에 관한 문제에 있어서는 상대적으로 부정적인 견해를 갖고 있는 것으로 나타났다. 이러한 결과로 볼 때 기관장들의 개별적인 지도력은 매우 높은 수준에 있지만, 기관 전반의 운영체계는 아직 안정화되지 못한 것으로 짐작할 수 있다. 기관의 운영체계를 안정화하기 위해서는 기관의 인사체계를 공식화하는 것이 필요하다. 이를 위해서는 개별 기관들이 각기 인사 및 의사소통 체계를 개발하는 것보다는 성공회 산하 전체 조직을 통틀어서 조직의 규모에 맞는 적절한 인사체계 및 의사소통 체계를 공동으로 개발하는 것이 바람직할 것이다. 이 영역은 '나눔정신'을 강조하는 이념적 지향과 '조직의 안정성'을 지향하는 실무적 입장 사이에서 다양한 논의가 이루어지는 것이 필요하다.

3) 인력

인력에 대한 분석 결과는 기관장의 전문성이 매우 중시되고 있지만 실무자의 근무여건이 좋지 않아 전문성이 낮은 결과를 갖는다. 이에 실무자의 근무여건을 향상시키면 전문인력이 육성될 수 있을 것이다. 또한 자원봉사자의 관리에 적극적으로 개입함이 요청되는 결과를 보여 준다.

4) 재정

재정에 대한 분석결과는 사업량에 비해 재정의 규모가 매우 작다는 것으로 나타났다. 반면에 회계의 투명성은 매우 긍정적인 것으로 나타났다. 또한 후원금의 투명성도 높게 나타났고 후원금이 부족하다는 것도 나타났다.

5) 프로그램

프로그램에 대한 분석결과는 긍정적인 것으로 나타났다. 반면에 이용자들의 욕구측정 결과 등의 미반영으로 나타났다. 또한 이용자관리의 미체계적임이 나타났다. 따라서 제공되는 프로그램의 효과를 극대화하기 위하여 이용자 만족도와 욕구조사 및 프로그램 평가조사에 대한 방법들이 연구되고, 개발되어 시행되어야 할 필요가 있다. 실무자들은 기관의 프로그램이 환경의 변화에 잘 대응하고 있으며, 동시에 지역사회의 특성에 부합하기 위한 기관의 노력은 대체로 적절하다고 생각하고 있는 것으로 나타났다. 반면에 이러한 환경 대응 및 지역사회 특성 반영 노력들을 체계적으로 표현하는 보고서의 작성 등은 잘 이루어지지 않고 있는 것으로 나타났다.

6) 지역사회와의 관계

지역사회와의 관계에 대한 분석 결과는 전반적으로 지역사회 주민의 기관과 기관의 활동에 대한 인지도는 매우 높은 편이다. 이는 지역주민의 욕구에 부합하고 있다는 증거로 생각할 수 있다. 반면에 기관의 활동을 잘 알릴 수 있는 홍보전략은 개발될 필요가 있는 상태에 있다. 지역사회조직화 및 네트워킹보다는 직접 사업에 치중한 결과로 충분한 지역주민의 참여가 강하지 못한 모습으로 나타났다. 이는 기관의 하드웨어의 개방은 되어 있으나 주민의 주인의식으로의 참여라는 소프트웨어의 집중이 요구된다고 보인다. 이에 대한 중간관리자의 육성이 필요한 것으로 나타났다.

7) 근무연수에 따른 차이 분석

근무 기간이 길수록 예산편성 및 집행의 적절성과 프로그램 평가의 적절성과 시설과 장비의 관리 및 적절성에 대하여 보다 긍정적이었다.

8) 기관의 형태에 따른 응답 차이 분석

나눔의 집이 프로그램의 개발과 지역사회조직활동에 대해 긍정적이었고 반면에 시설 및 장비의 관리에서는 부정적으로 나타났다.

3. 사제용 설문의 분석

1) 일반적 사항

신자들 자신의 소득 수준은 저소득이 46.9%, 중간소득이 44.9%로 신자들의 대부분(91.8%)이 중간 이하 소득을 가지고 있음을 알 수 있다.

2) 교회의 사회복지 분과 현황(1998)

교회 내 사회복지분과가 결성되어 있는 교회가 약 3분의 1이었다. 사회복지분과가 결성된 교회의 활동이 활발하다고 응답한 비율이 71%가 되었다. 사회복지분과의 활동내용으로는 29.1%가 시설방문과 노력봉사가 많았고 사회복지전문가가 참여한 수 개의 교회가 있었다. 교회 내 사회복지분과의 지출률은 2.13%에서 20%까지 분포되어 있었다. 교회 내에서 사회복지활동을 수행하는 데 제약이 되는 요인으로서는 '예산부족'(46.9%), '신자들의 의식부족'(23.4%), '봉사활동의 정보부족'(17%)으로 나타났다.

3) 사회복지분과 이외의 사회복지활동

사회복지분과 이외에 교회 내의 다른 조직이 사회복지활동을 하는 교회는 3분의 2(65.3%)였다. 어머니회, 교회위원회, 청년회, 선교회 순으로 사회복지활동을 하고 있었다. 활동내용으로는 시설방문과 노력 봉사하는 교회가 49%로 절반가량이었고, 소년소녀가장지원과 무료식사제공이 28.6%, 의료비지원(10.2%) 순으로 나타났다. 향후 시행하기 원하는 활동으로는 소년소녀가장 지원활동(34.7%), 시설방문과 노력봉사(28.6%), 상담(26.5%), 병원방문(20.4%), 임종노인을 위한 봉사(20.4%), 무료식사제공(18.4%)의 순서였다. 가장 교육받고 싶은 영역으로는, 청소년 상담 및 문화활동지도, 자원봉사자교육, 상담프로그램, 소년소녀가장지원, 임종노인봉사 등이 제시되었다.

4) 사회복지활동 대상자

대상자의 4분의 3이 성공회 신자가 아니었다. 이는 성공회 교인으로만 제한하지 않고 있는 개방적인 체계임을 나타났다. 교회의 사회복지활동을 결정하는 주체는 교회위원회(61.2%)가 가장 영향력이 있었고, 평신도 활동단체(38.85%), 관할사제(36.7%), 교회위원회 내 각 부서(20.4%) 순이었다. 사제의 대다수가 그들의 사목방침에서 사회복지활동을 중요하게 생각한다고 응답하였다.

5) 제 특성의 차이에 따른 분석

신자 소득수준이 고소득인 교회에서는 사회복지분과가 결성되어 있지 않았다. 대다수의 교회들이 앞으로 사회복지교육에 참여할 의사를 가지고 있었다.

Ⅳ. 제언

1. 기관단위의 분석을 통한 제언

1) 정부인가의 검토와 관구 내 복지행정기구의 설립

정부의 인가를 받지 않고 운영하는 경우가 전체의 45.7%로 재정부문에서 매우 어려운 실정이다. 이에 안정적인 사회복지활동을 강화할 수 있는 대책으로 관구 차원의 복지행정 컨설팅기능을 수행하는 기구가 마련되어야 할 것이다.

2) 기관 운영 지원대책의 강구

기관의 77%가 설립연도 1990년 이후로 보아 역사가 짧은 것으로 볼 수 있다. 이에 다양한 기술적인 지원이 필요할 것이다. 기관들의 논의와 정보제공의 통로로 성공회 사회복지 선교 네트워크의 역할 강화로 가야 할 것이다.

3) 소규모 시설의 법인 설립을 통한 통합 검토

소규모인 경우, 예를 들어 최대 이용 인원의 경우 50명 이하인 경우가 45.7%로 나타나고 있다. 소규모의 운영에 있어 융통성 확보는 유리하지만 불안정한 운영에 처하는 비효율성도 함께 지니게 된다. 따로 일하면서 정신은 하나인 법인의 형태도 생각할 수 있겠다.

4) 성공회 주력 사업 분야의 선정

현재 주요한 사업으로는 청소년사업, 장애인사업, 실직노숙자 관련사업의 세 가지로 대별할 수 있다. 이 분야에 대해서는 성공회 주력 분야로 설정해서 체계적인 프로그램 개발을 시도하는 것이 요청된다. 그리고 나눔의 집은 지역사회의 저변에 접근해서 자활 서비스를 제공하는 독특한 모델에 입각해 있기 때문에 나눔의 집 운영에 대한 표준화된 운영방법론을 제시하는 것도 특성화의 한 방법이라고 볼 수 있을 것이기에 집중연구가 요구된다.

2. 실무자 응답의 분석을 통한 제언

1) 기관행정의 체계화

인사관리와 재정관리 분야인데 실무자의 승진과 신규채용에 관한 정리가 요구되고, 재정부문의 총체적인 대책이 마련되어야 할 것이다.

2) 기관들에 대한 표준운영 체계의 개발과 보급

각 기관에 맞게 표준운영체계를 개발하되, 각 내용에는 프로그램의 기획 절차, 인사관리의 절차, 프로그램 평가의 절차, 직원교육의 실시 방법 등이 포함되어야 할 것이다. 또한 중간관리자의 전문성이 기관장보다 떨어지는 것으로 보아 중간관리자의 전문화 교육이 시급하다. 또한 기관 근무여건의 개선이 시급하다.

3. 시제 응답의 분석을 동한 세언

1) 교회 차원에서의 사회복지 캠페인 추진

복지주일을 설정하여 신자들의 의식을 향상시키는 작업이 나와야 할 것이다. 또한 사제에 대한 사회선교교육의 강화가 필요하다. 사회복지교육을 받은 사제들의 95%가 사회복지활동을 중요하게 생각하는 데 반해, 사회복지교육을 받지 않은 사제들의 경우 11%만이 사회복지활동을 중요하게 생각하여서 대조를 이루고 있다. 사제에 대한 사회선교트랙을 만들어 강좌교육을 이수하는 사제 교육안이 나와야 할 것이다.

2) 교회의 사회복지

선교 사업을 지원하는 교육 프로그램의 개발 중 각 교회가 앞으로 가장 하기 원하는 활동과 가장 교육받고 싶은 분야 면에서 일치점이 있었는데 1) 청소년 상담 등을 포함한 청소년에 대한 서비스, 2) 임종노인을 위한 봉사, 이 두 가지로 대별되는 분야가 교회에서 가장 하기 원하며 교육받고 싶은 분야로 나타났다. 이런 욕구의 실현안으로 대학과 성공회 사회복지 선교네

트워크 등 관계기관이 이에 대한 프로그램 개발과 보급, 사제와 신자들에
대한 교육을 하는 것이 기대된다.

V. 다시 생각하기

인간에 대한 깊은 신뢰를 향하는 열정을 가지고, 자발적인 가난으로, 공
동선을 향한 공동체로, 가난한 이들의 평화를 향하여, 상처받은 이들의 교
회공동체로, 소외받은 이들의 구원(해방)을 향하는 사람으로 우리들을 부르
셨다.

신앙과 복지와 운동은 각각 다른 뿌리를 갖고 있지만 본질적으로 신앙에
서 일치한다. 신앙은 자기 자신에 대한 신뢰와 타인에 대한 신뢰에 기초한
다. 일반적으로 복지에서는 빈민의 물적인 삶의 조건을 개선시키는 데 초점
이 있는 반면, 운동은 삶의 조건을 바꾸기 위해 빈민의 주체적인 사상의지
의 변화에 초점을 둔다고 하겠다. 결국 신앙과 복지와 운동은 사람에게로
귀결된다. 사람에 대한 깊은 신뢰는 이웃을 만나게 하고 이 사람에게로 귀
결된다. 사람에 대한 깊은 신뢰는 이웃을 만나게 하고 이는 곧 과정과 결과
에서 공동체를 지니게 된다. 이런 속에서 주체 역량을 세우는 것이 일차적
과제이다.

• 한국 성공회 사회복지 전망을 세우기 위하여 논평[32]

'21세기를 위한 종교사회복지의 회고와 전망'이라는 주제의 오늘 세미나
는 한국의 사회복지를 종교의 Frame 속에서 함께 본다는 의의와 사회복지
의 역사 속에서 매우 의미 있는 현장이라고 생각한다.

성공회의 사회복지 전망은 최근 들어 종교계뿐만 아니라 사회복지계에도

---

32) 김성철 교수(평화사회복지연구소).

신선한 충격을 주었다. 발표 자료는 성공회의 최근 동향과 제안으로 사회복지의 귀한 자료로서 더욱 의미 있고 귀한 발표라고 본다. 또한 성공회의 사회복지 네트워크의 조사 분석 및 보고는 종교사회복지의 좋은 지표를 여는데 귀한 자료라고 본다.

본 발표 자료에 대한 특징을 보면 첫째, 사회복지의 선결 조건으로 영성의 회복으로 사회복지의 핵심은 기도와 봉사로서 동전의 양면과 같다고 본다.

둘째, 대한성공회는 성공회가 우리나라에 전파된 초기부터 사회복지 선교 사업에 깊은 관심을 갖고 있음을 강조하며 지금까지 의료, 교육 등 여러 분야에서 사회복지 선교사업, 광산촌선교, 산업선교활동, 정의실천사제단, 나눔운동, 노숙자 쉼터와 실직자 자활프로그램 등의 실천을 하고 있다. 또한 기아 해방운동, 노동자 사회복지사업, 음성나환사의 성작촌건설사업, 노동자, 청소년사업, 장애인 사회복지사업, 사회복지관, 나눔의 집 그 외에 소외되고 도움이 필요한 곳에 많은 사업을 하고 있음을 볼 수 있다.

셋째, 사회복지 선교네트워크를 통해 조사 분석 자료를 통해(1999년 1월에서 4월까지 설문조사) 기관(시설)의 일반적인 사항, 인력, 재정, 프로그램 운영 등을 통해 다양하게 진행됨을 밝히고 있다.

본 토론자는 발제자의 의견과 조사내용을 전적으로 동의하면서 논평자의 제안을 몇 가지 보충하고자 한다.

이제 한국교회는 교회의 사명을 Diakonia의 입장에서 NGO의 기능으로 보는 시각의 전환과 함께 시대적인 요청에 부응하는 교회의 모습으로 바뀌어야 할 것이다. 한국교회가 사회봉사책임(social responsibility)을 바로 수행하지 못할 때 어떤 결과를 초래할 것인가?

첫째, 우선 이기적이고 개인주의적 신앙인을 양성함으로써 신앙의 본질을 상실하게 될 것이다.

둘째, 사회적 공신력이 약화될 것이다. 사회적 영향력이 약화되면서 선교 기반이 상실될 수 있다.

셋째, 사회의식이 강한 지성인과 젊은 층으로부터 교회가 외면을 당할 것이다.

넷째, 교회가 지역사회를 소홀히 할 때는 그 수혜자(client)가 되어야 할 노동자, 도시빈민, 농민계급으로부터 지탄을 받게 될 것이다.

다섯째, 여러 계층으로부터 거부감과 비판은 교회본질에 대한 회의를 불러일으킬 수 있다.

지역사회복지가 지역주민의 생존(생명과 생활)을 위해 공적, 사적인 기관이 협동하고 조직화하여 생활환경과 복지환경을 재건하는 사회적 시책 및 방법의 체계라 볼 때 교회는 지역사회의 민간복지 차원 조직의 하나로서 교회의 가장 가까운 이웃인 지역사회 주민의 전체적인 행복, 즉 영혼, 육체, 사회적인 행복에 관심을 가져야 하며 교회의 잠재된 자원(인적, 재정, 시설, 조직자원)을 지역사회 복지화 사업에 적극 활용하여야 할 책임과 의무가 있다.

교회의 사회복지 참여는 예수 그리스도의 계명으로부터 기인한다. 이 계명은 '하나님을 사랑하고 이웃을 사랑하라'는 기독교 계명의 핵심적 기초를 이룬다.

기독교 신앙은 하나님을 사랑하는 것으로부터 출발되며 인간을 내 몸같이 사랑하는 진실한 사랑 안에서 율법을 완성하게 된다(롬3:10). 그러므로 이러한 참된 사랑은 인간의 전인적 구원(영적, 육체적, 사회적)을 목표로 하며, 이의 실현이 기독교 사회복지사업 참여의 가장 중요한 이념이라 할 수 있다.

한편 이를 실현하기 위한 방법과 자세는 Diakonia 정신에서 찾아볼 수 있다. Diakonia는 흔히 봉사로 표현되지만 가장 중심적인 뜻은 성찬(Eucharist)의 정신 곧 그리스도의 몸을 서로 나누는(sharing) 일과 치유(Healing)에서 그 본질적 의미를 찾을 수 있다. 이것은 교회가 사회복지 참여에 임할 때 가져야 할 중요한 정신으로서 사랑의 실현을 위한 희생적 자세를 의미하며 나누는 일과 치유하는 일은 교회 사회사업의 성격을 의미한다. 그러므로 교회는 병든 사회의 희생자들을 돌보는 일과 병든 사회를 치유하는 일에 최선을 다하여야 하며 이러한 이웃들을 교회가 섬겨야 할 대상자로 여기고 겸손한 종의 자세로 지역사회 봉사에 임하여야 한다.

지역사회 봉사를 위한 교회의 실천적 역할 연구에서 교회가 지역사회 봉사에 관여할 필요성은 3%의 관심밖에 없는 것으로 나타나고 있으며, 이로 인해 많은 인적 자원이 전혀 활용되지 못하고 있다. 그러므로 한국교회가 인적 지원을 잘 활용한다면 사회의 어느 단체보다도 사회복지사업에 기여할 수 있을 것이다.

끝으로 교회의 NGO의 기능으로서 사회적 참여와 사회복지사업의 발전을 위하여 토론자가 생각하는 몇 가지 의견을 제안하고자 한다.

첫째, 교회는 시대적 현황에 따른 선교 의식을 새롭게 하고 지역사회와 유리되지 않는 노인복지에 맞는 선교 방법을 모색하여야 한다.

둘째, 교회는 교회 내 인적 자원(기능별·직능별 자원봉사)과 물적 자원(재정·시설)을 자세히 조사하여 복지사업에 적극 참여할 수 있도록 교회 조직과 구조를 재정비하여야 한다.

셋째, 교회는 지역사회를 하나님이 맡겨 주신 지역공동체라 생각하고 과학적 조사와 방법으로 지역복지의 필요와 지역 상황을 파악한 후 교회의 여건에 적합한 사업을 우선적으로 실시하여야 한다.

넷째, 교회는 교회 재정의 10%를 사회복지비로 사용하고 구역 또는 속회조직 단위로 지원대상자를 결연시켜 이들의 필요를 도울 수 있는 책임 봉사제를 실시한다.

다섯째, 각 교단은 초교파적인 차원에서 동일한 지역 안에서 연합하며 사회복지에 관심을 기울여야 할 것이다.

여섯째, 교회는 교회가 속해 있는 지역에서 지역의 NGO단체들과 네트워크를 만들어 지역성 있는 목회를 해야 한다.(소외된 그룹에 일차적 관심을 둔다.)

일곱째, 교회의 주변을 체계적이고 과학적인 사회 조사를 통하여 이웃들의 요구를 발견하고 이에 대응해 나아갈 때, 교회가 가진 인적, 물적, 조직 자원들을 효율적으로 활용할 수 있을 것이며, 거시적인 문제에 대응할 수 있다.

교회 사회사업의 전문화를 위해서는 교회가 교회 사회사업 전문인을 고용하는 일 못지않게 목회 영역의 분업화와 자율성을 보장하는 교회의 조직적 토양을 조성하는 일이 중요하다.

교회 사회사업의 전문화를 위해서는 교회 사회사업에 대한 우선순위를 조정하는 일이 필요하다고 본다. 여러 가지 교회지도자들에 대한 경험적 조사들을 참고하면 대다수의 성직자들은 교회 사회사업의 중요성을 인식하고 있다. 그럼에도 불구하고 교회 사회사업은 별로 활발하지 못한 편이다. 그 가장 중요한 이유는 성직자들이 교회 사회사업에 대한 지식이 부족하다는 데에 있지만 동시에 복음 전도보다 사회사업을 우선순위에 있어서 하위에 두기 때문이다. 사실 교회가 전도에 대한 우선순위와 동등하게 사회복지활동에 대한 우선순위를 인정한다면 복음사역을 담당하는 인력과 동등하게 사회사업을 담당하는 인력을 고용해야 한다. 그러나 봉사에 대한 우선순위는 전도에 대한 우선순위보다 하위에 두기 때문에 언제나 봉사적 사명은 복음 전도 사역을 수행하고 난 후 남는 여력으로 하게 되는 현실을 맞이하게 되고 그 여력이란 많은 교회에서 거의 없다시피 한 것이 우리 한국교회의 형편이다.

2. 한국천주교 사회복지 현황

I. 개요33)

1) 그리스도인은 교회의 창설자이신 예수 그리스도께로부터 이웃 사랑을 실천하라는 계명을 받았다. 그리스도인의 공동체인 교회는 하느님과 전 인류의 깊은 일치를 표시하고 이루어 주는 표지와 도구로서(교회헌장, 1항)

---

33) 주교회의 사회복지위원회 사무국장 최재선.

가난한 사람과 고통에 신음하는 모든 사람들의 기쁨과 희망, 슬픔과 번뇌를 함께하며(사목헌장, 1항), 그들 속에서 가난하고 고통받는 교회창립자의 모습을 발견하고, 그들의 결핍을 덜어주기로 노력하며, 그들 안에서 그리스도께 봉사하고자 마음을 쓴다(교회헌장, 8항).

이와 같은 노력을 구체적이고도 체계적으로, 또한 효율적으로 실천하기 위한 방법의 하나로 교회는 다양한 사회복지활동을 전개하고 있다.

2) 한국 천주교회는 박해시대부터 이와 같은 노력을 해 오면서 1854년에 영해회(嬰孩會)를 설립하여 근대적 의미에서 한국 최초로 사회복지활동을 시작하였다. 선교의 자유가 허용된 이후 다양한 사회복지활동이 선교회와 수도회 중심으로 지속되어 왔고, 특히 한국전쟁 이후에는 외국 교회의 원조로 구호사업과 사회복지사업을 활발히 전개하여 왔다. 이와 더불어 1960년대와 1970년대 중반까지는 사회복지사업뿐 아니라 다양한 사회경제개발사업을 벌여 왔으나 이와 같은 사업들은 대부분 외국 교회의 원조로 이루어졌다. 1970년대 후반부터는 산업화 과정에서 소외된 가난한 계층을 중심으로 사회운동적인 노력이 병행되기도 하였다. 1980년대에 들어와서는 외국 원조가 삭감되거나 중단되고 한국교회 자체의 성장에 따라 많은 사회복지활동에 국내 및 교회자원이 투입되는 자립단계에 들어서게 되어 한국교회의 사회복지활동이 양적으로 급성장하는 시기를 맞이하게 되었다.

한국 천주교회는 이와 같은 다양한 사회복지사업의 전국적 협의와 조정을 위하여 1975년 6월 주교회의 산하에 위원회를 설치하였다. 주교회의 인성회(仁成會)로 명명된 이 위원회는 교회의 다양한 사회적 활동을 교구와 전국협의단체를 통하여 협의 조정하였으며, 1991년 10월 주교회의에서는 이를 주교회의 사회복지위원회로 개칭하고 교회의 사회복지활동을 협의 조정토록 하였다. 1992년 10월 주교회의는 국내의 사회복지활동뿐 아니라 가난한 나라를 원조할 수 있는 기능을 사회복지위원회에 공식적으로 부여함으로써 국외의 사회복지활동을 지원하는 체제를 마련하였다.

3) 한국 천주교회의 사회복지활동 이념은 주교회의 사회복지위원회의 규약에 명시된 대로 종교, 이념, 사상에 관계없이 가난하고 소외된 사람들을 비롯하여 모든 인간들이 인간 공동체 안에서 하느님께로부터 부여받은 인간다운 생활을 영위할 수 있도록 그리스도교적 사랑과 정의에 입각한 사회를 건설하는 데 적극 기여하는 데 있다(규약 제2조).

Ⅱ. 한국 천주교회의 사회복지체계 및 활동개요

1. 교회의 사회복지활동 체계

1) 한국 천주교회 사회복지활동의 전국적 협의 조정은 주교회의 사회복지위원회(Caritas Coreana)가 담당하고 있다.

사회복지위원회는 교회의 제반 구호, 복지, 개발 활동을 격려하고 조화시키며, 정책을 수립하고 정보교환을 도와주는 협의 조정 기능과 복지활동이 원활히 수행될 수 있도록 인적, 물적, 기술적 자원을 개발하고 배분하는 자원개발 기능과 국내외에 한국교회 사회복지활동을 대표하는 대표기능을 가지고 있다.

2) 각 교구는 본당 및 교구 관할 지역 내의 다양한 사회복지활동을 협의 조정하고 자원을 개발하고 배분하는 기능을 수행하기 위하여 교구 사회복지회(국 또는 위원회)를 설치하고 또한 실무적 업무를 관장할 사무국을 설치하고 있다.

교구 사회복지활동을 담당하는 신부는 전국협의회에 대표로 참석한다.

3) 분야별 복지활동은 전문성의 제고를 위하여 전국적인 협의단체를 구성하고 있는데 주교회의 또는 사회복지위원회의 인준을 받아 사회복지위원회의 전국협의회 위원으로 지도신부가 참여하고 있다. 또한 필요시에는 사무국을 두고 있다.

4) 각 본당은 교구 지침에 따라 본당 사목회(협의회) 산하에 사회복지분과를 설치하여 본당 내의 다양한 사회복지활동을 협의 조정토록 하고 있다.

5) 사회복지시설 및 기관은 사회복지의 전문적 서비스를 하고 있으며, 그 대부분이 입소시설이며 그중 일부는 이용시설이다. 이들 시설 기관은 영·유아, 아동, 청소년, 여성, 장애인, 노인, 행려인, 만성질환의 결핵환우와 나환우 등의 분야에 종사하고 있다.

2. 교회 사회복지활동의 조직 및 사업 현황

1) 사회복지위원회

(1) 구성

위원장, 총무, 15개 교구 대표, 6개 분야 전국협의회 대표 및 사무국

(2) 사업

가. 신자들의 이웃사랑 의식 고양과 헌금을 위하여 자선주일(대림 제3주일)과 사순절운동(사순시기)은 국내 사회복지를 위하여 행사를 하고 사회복지주일(1월 마지막 주일)은 해외원조를 위한 행사로 하고 있다.

나. 국내 사회복지활성화를 위하여 교구 사회복지회(국)와 협의 조정을 하고 분야별 사회복지전국협의단체의 활성화를 지원한다.

다. 국내외의 긴급 재해활동을 조정하고 지원한다.

라. 사회복지종사자의 전문성을 높이기 위하여 종사자 피정(연 3회), 종사자 연수교육(연 1회)을 하며 사회복지교육과정(연 1회)을 개설한다.

마. 사회복지관련 연구 조사와 자료를 발간한다.

바. 국내사회복지발전과 해외원조를 위한 홍보를 한다.

사. 정부관련 부처, 민간 사회복지계 및 학계, 타 종교 사회복지단체와 협력 및 연대를 한다.

아. 교황청 국제 까리따스 본부를 통하여 전 세계 각국 까리따스, 아시아 차원에서는 아시아 주교회의연합회 인간발전위원회, 아시아 인간발전 협력체를 통한 협력과 연대를 한다.

자. 주교회의 결의와 위임에 따라 가난한 나라의 긴급구호, 개발사업에 대한 한국교회 차원의 해외원조를 한다.

2) 각 교구 사회복지활동 조정 협의 기구

(1) 구성
14개 교구에 사회복지회(국)와 사무국

(2) 사업
가. 전국사업 참여: 사회복지주일, 사순절운동, 자선주일 행사 참여, 전국 세미나 교육 훈련 및 피정 참여, 정보 및 소식 교류, 전국 연구조사 사업, 참여 및 전국 회의 참여 등

나. 전문성 제고 교육 및 훈련: 본당 복지분과장 교육, 복지시설기관 종사자 교육, 본당순회 교육

다. 영성교육: 본당 복지분과장 및 복지시설기관 종사자 피정, 현장체험 주선

라. 자원봉사자 교육 및 훈련: 교구 차원의 자원봉사자 교육과 훈련

마. 세미나, 연수회, 심포지엄 개최

바. 연구조사사업

사. 재정 지원: 교구 내 복지시설기관 재정 지원

아. 홍보 및 자료 발간: 소식지, 간행물, 후원회보, 사회복지시설기관 주소록, 교육 자료 등

자. 주요행사: 바자회, 체육 대회, 자선음악회, 야유회 등

차. 직영사업운영: 제반 사회복지시설 기관 직접 운영

카. 재정확보: 후원회, 바자회, 수익사업, 개인기탁헌금, 특별모금, 정부지원 등

타. 대외협력: 지방 정부, 민간사회복지단체, 교회 내 타 단체, 외국 교회 등

3) 분야별 사회복지전국협의단체

(1) 구성

가톨릭나사업연합회

가톨릭아동복지협의회

가톨릭결핵사업연합회

가톨릭장애인복지협의회

가톨릭맹인선교회

가톨릭농아선교회

(2) 사업

가. 사업계획 협의 및 조정

나. 정보교류

다. 종사자 훈련 및 교육

라. 공동행사

마. 홍보 및 자료 발간

바. 재정 확보 및 배분

사. 기타

4) 본당사회복지 협의조정 기구

(1) 구성

전국 1,100여 본당 중 약 80% 본당에 사회복지분과가 설치되어 활동하고 있다.

(2) 사업

본당사회복지분과의 사업은 다양하나 대략 다음과 같은 사업을 하고 있다.

가. 직영 사회복지시설 운영

나. 관할 지역 내 사회복지시설 기관 지원

다. 극빈 가정에 대한 생계지원

라. 의료지원

마. 청소년 장학금 지원

바. 무료급식

사. 기타 행사

5) 사회복지시설 및 기관

(1) 교회 내 사회복지기관 및 시설은 총 585개소로 파악되었다.(1999년 6월)

(2) 1999년도 현황 조사가능한 기관 및 시설은 524개소로 교구 및 분야
별 분포 현황은 다음과 같다.(상세한 내용은 1999년 사회복지위원회
발간 편람에 수록되었음)

<표 2> 사회복지사업(시설·기관·단체) 교구별 및 분야별 분포 현황
(부록 참고)

Ⅲ. 교회 사회복지 관련 사회 및 교회 동향과 이에 대한 응답

1994년 이후 교회사회복지에 영향을 준 두드러진 변화는 국제적으로는
아프리카의 르완다 난민사태와 북한의 기아상황이다. 국내적으로는 1997년
의 외환위기로 시작된 한국 경제의 위기로 수많은 실업자와 노숙자의 문제
와 사회복지사업의 근간을 이루는 사회복지사업법 및 공동모금회법 등 제
반 법적 변화이다.

교회 내의 변화는 실직노숙자 문제해결을 위한 종교계 사회복지가 공동
대응을 시작하였으며, 이를 계기로 종교계 사회복지 협력의 틀이 마련되었

다. 또한 대희년을 의미 있게 지내기 위하여 교회 내의 사회복지 분야 준비 계획의 필요성이 제기되었다.

1. 아프리카 르완다 난민사태

1994년 르완다의 종족 학살로 야기된 르완다 사태는 200만 명의 난민이 인근 국가로 피신하는 결과를 낳았고, 국제사회에서 이들 난민에 대한 긴급 구호사업이 활발히 진행되었다. 국제 까리따스의 호소에 따라 전 교회적으로 르완다 난민을 위한 특별모금이 실시되었고 국제 까리따스를 통한 긴급 구호 지원이 이루어졌다. 한국은 단자니아 접경지역 챠발리시 난민수용소에 수용된 약 80,000명의 난민을 네덜란드 까리따스와 공동으로 집중 지원하였으며 두 차례의 현지 방문이 이루어졌다.

2. 북한의 기아상황

1995년 8월 북한의 대홍수로 외부세계에 알려진 북한의 기아상황에 대하여 로마의 국제 까리따스는 교황청의 승인하에 긴급구호를 시작하기로 하고 한국의 사회복지위원회와 이미 북한과 접촉하고 있던 홍콩 까리따스와의 긴박한 협의를 거쳐 홍콩 까리따스를 가톨릭교회 북한지원 실무기구로 임명하였다. 홍콩 까리따스는 전 세계 교회 차원의 지원으로 계속적인 북한 긴급구호사업을 해 왔고, 사회복지위원회는 두 차례 특별헌금과 해외원조기금으로 이 사업을 지원하고 있다.

3. 실직노숙자 문제

경제위기로 발생한 실직노숙자 문제는 예견할 수 없었던 새로운 사회복지요구로 나타나 서울대교구를 비롯하여 여러 도시지역 교구에서 순발력 있고 자발적인 지원사업이 이루어졌다. 노숙자를 위한 급식, 쉼터, 상담 및 자활사업 등 여러 형태의 지원사업은 순탄치만은 않은 정부기관과의 힘든 논의와 협상과정을 거쳐 정부지원을 이끌어 내었고, 전국적으로 40여 개소의 실직노숙자 사업이 운영되고 있다. 사회복지위원회는 전국 실직노숙자 대책 종교·시민 단체 협의회에 참여하고 있다.

4. 사회복지 관련 법률과 제도

사회복지와 관련하여 사회복지서비스 부분을 법적으로 뒷받침할 수 있는 기본법인 사회복지사업법이 1997년 개정되어 1998년 7월부터 시행되고 있다. 이 법은 투명성, 민주성, 개방성, 공정성을 확보하기 위한 시도로 개정이 되어 시설신고제, 운영위원회, 시설장의 상근, 후원금 관리에 관하여는 진일보한 감이 있으나, 소규모 시설, 그룹 홈에 치중하고 있는 교회 사회복지시설 기관에는 아직도 미진하다. 이를 위하여 교회 차원에서 공청회 및 심포지엄을 통한 문제제기를 하여 왔다.

사회복지시설 기관 운영과 직결된 자원동원에 관한 규제법인 '기부금품 모금에 관한 법'이 현실성이 없음에도 불구하고 상존하고 있는 가운데 입법 시도된 '공동모금법'은 교회 사회복지사업에 많은 부정적인 요소가 포함되어 있어 교회 차원에서 문제제기를 해 온 법이다. 다행히 이 법은 '공동모금회법'으로 보완이 되긴 하였으나 아직도 많은 문제를 안고 있는 것이 사실이다.

사회복지사업의 전문성을 제고하기 위한 사회복지사 자격증제도는 교회 사회복지사업에 오랫동안 자격증 없이 헌신하여 온 교회 사회복지종사자들에게는 새로운 어려움을 안겨 주고 있다. 이 문제를 해결하기 위한 장기적 안목의 노력이 절실히 요구된다.

5. 종교 및 민간 사회복지계와의 공동협력

경제위기로 인한 실직노숙자 문제를 해결하기 위한 종교 및 민간 사회복지계와의 연대와 협력의 필요성이 공감대를 이루어 대정부 단일창구로 각 종단과 시민단체가 연합하여 '전국실직노숙자대책 종교 시민 단체 협의회'가 결성되었으며, 한 걸음 더 나아가 '종교계사회복지대표자협의회'가 결성되었다. 이 협의체는 그동안 대정부 정책 제안과 현안문제 해결을 위한 중요한 역할을 맡고 있다.

6. 2000년 대희년 순비 교회 사회복지 계획

사회복지위원회는 1995년부터 '21세기 가톨릭사회복지' 준비위원회를 설치하여 매년 연수회와 심포지엄을 통하여 한국교회 사회복지의 현황과 방향제시를 위한 백서 준비를 해 왔다.

2000년 말에 공식 발표될 이 백서는 새로운 세기의 교회 사회복지활동의 방향을 가늠한 중요한 지침서가 될 것이다.

이와 함께 주교회의 2000년 대희년 주교특별위원회가 제시한 대희년 준비의 일환으로 교회 사회복지시설 기관이 참여하는 대희년 교회 사회복지 계획이 사회복지위원회 주관으로 준비되고 있다.

IV. 교회 사회복지활동 추진 방향에 따른 추진 현황

주교회의 사회복지위원회는 교회 사회복지활동 추진 방향을 1. 사목과의 통합적 사회복지, 2. 사회와의 통합적 사회복지, 3. 체계적인 사회복지, 4. 전문적인 사회복지, 5. 국제화된 사회복지로 정하고 있다. 1994년 이후 이러한 추진방향에 따른 전국적 차원의 추진 현황은 다음과 같다.

1. 사목과의 통합적 사회복지

1) 사회복지활동이 교회 사회사목의 일부분이라는 신자의식 고양은 사목과의 통합적 사회복지로 나아가는 첫걸음이다. 이에 따라 교회는 공식적으로 신자의식 고양을 위한 세 가지 계기를 마련하였는데 자선주일, 사순시기 운동, 사회복지주일의 제정이다.

사순시기 운동(사순절 운동)은 사순시기에 전 세계 교회가 가난하고, 고통받고, 소외된 이들을 위한 교회헌신을 위하여 모든 나라 교회에서 지내고 있으며 교황님은 특별 담화를 매년 발표하신다. 한국에서는 1997년부터 이 운동을 시작해 왔으며, 매년 '가진 바를 사랑으로 나누자'라는 주제로 신자의식 교육 자료를 발간하며, 모든 본당에서 신자의식 교육을 하고, 금식재를 권고하며, 공동헌금을 한다. 헌금은 교구 차원에서 국내의 사회복지사업을 지원하는 데 쓰고 있다.

자선주일은 대림시기 세 번째 주일로 성탄과 연말을 맞이하여 불우한 이웃을 생각하며 헌금을 한다. 1988년부터 매년 이 주일 행사를 통하여 신자의식 교육과 헌금을 하며 교구 차원에서 국내의 사회복지사업을 지원한다. 이 주일 행사를 위하여 포스터와 사회복지위원회 위원장 주교의 담화가 발표되었다.

사회복지주일은 매년 1월 마지막 주일로 그동안 구라주일, 구환주일로 명칭이 바뀌어 오다가 1992년 주교회의 결정에 따라 1993년부터 가난한 나라의 고통받는 이들을 위한 해외원조의 주일로 변경되었다. 가난한 나라를 지원키 위하여 주일 헌금은 사회복지위원회로 보내져 해외원조기금으로 사용된다. 포스터를 비롯한 교육 자료와 함께 위원장 주교의 담화가 발표되었다.

2) 신자의식 고양과 함께 국내의 긴급구호 필요가 있을 때는 사회복지위원회의 재해기금과 함께 각 교구 형편에 맞게 특별헌금을 실시하여 재해지

역 교구의 긴급구호사업을 지원한다. 1996년 강원도 고성지역 대화재와 1998년 경인 및 중부지역 수재민 지원을 하였다.

3) 사회복지활동이 교회사목에서 가장 가시적으로 드러날 수 있는 곳은 바로 본당이다. 그동안 모든 본당에 사회복지를 위한 사목기구로 사회복지분과 설치를 권고하여 왔는데, 약 80%의 본당에 이 분과가 설치되어 활동을 해 오고 있다. 모든 교구의 사회복지회(국)는 사회복지활동이 본당사목과 접목되도록 매년 본당사회복지분과장 모임, 연수, 피정을 실시하였고, 몇몇 교구에서는 본당신자 대상의 교육을 본당을 순회하면서 실시하였다.

전국 차원에서는 1997년 '21세기 가톨릭사회복지'를 준비하면서 교회 사회복지 전달체계를 종합적으로 연구 조사하는 가운데 본당사회복지활동에 관한 개괄적 연구 조사가 이루어졌다.

1998년 본당에서의 사회복지활동이 본당사목과 어떻게 통합되어야 하는 문제를 심도 있게 연구하고 교육하는 전국연수회를 개최하여 전국 110개 본당사회복지분과장이 참여하였다.

4) 2000년 대희년을 준비하는 전 세계 교회의 조류에 따라 사회복지 분야의 대희년 준비계획이 1995년부터 추진되어 한국교회 대희년 달력에 맞게 각종 구체적인 프로그램이 진행되어 왔다. 그 첫째는 기존 신자의식 고양을 위한 사순시기, 자선주일, 사회복지주일 행사에 대희년 뜻을 널리 알리는 것이며 둘째는 1995년부터 준비하여 온 '21세기 가톨릭사회복지'에 관한 백서를 발표하는 것이고 셋째는 각 분야별로 사회복지시설 기관에서 대희년 프로그램을 성안하여 시행하는 것이다.

2. 사회와의 통합적 사회복지

1) 본당은 지역사회와의 통합적 사회복지를 수행하는 데 있어서 가장 유리한 위치에 있기에 본당사회복지의 활성화와 체계화 및 자원동원을 위한

방안을 모색하는 전국적 차원의 시도가 계속되어 왔다. 1994년 전국연수회
에서는 '본당사회복지활동 어떻게 할 것인가?'를 주제로 논의한 결과 본당
사회복지분과의 위상, 목표, 기능, 구조, 업무 및 사업에 대한 지침과 강령
을 채택하였으며 이후 본당사회복지 활성화는 각 교구 사회복지회(국)의 중
점사업이 되어 왔다. 1998년에는 '21세기 가톨릭사회복지'의 준비 일환으로
'지역사회복지'를 주제로 본당사회복지활동을 심층적으로 연구 토론하는 전
국연수회를 가졌다. 또한 사회복지위원회는 그동안 본당사회복지가 지역사
회와의 연계 속에서 지역사회의 욕구에 응답하기 위한 방안을 제시하는 여
러 가지 간행물을 발간하였다.

2) 본당이 지역사회와의 통합적 사회복지를 수행함에 있어서 본당 관할
구역 내의 교회 사회복지시설 기관과의 협조 관계는 지역사회 속에서 교회
가 공동으로 기여할 수 있는 틀을 만들어 가는 데 있어서 중요한 요소이다.
즉 교회 사회복지시설은 본당 공동체로부터 인적, 물적, 행정적 자원을 제
공받을 수 있으며, 본당공동체는 사회복지시설 기관을 신자사회복지 의식과
실천을 증진시키는 교육과 활동의 장으로 사용할 수 있다. 그러나 현실적으
로 이와 같은 원활한 관계정립이 되어 있지 않은 경우가 많다. 1998년 전
국연수회에서는 이러한 문제점을 심도 있게 토의하였다. 가톨릭사회복지활
동이 지역사회와의 통합 속에서 이루어지려면 지역사회 속에서 기능하는
이 양대 축이 원활한 관계를 정립할 수 있도록 하는 큰 과제가 앞으로 남
아 있다.

3) 교회의 전문적 사회복지서비스를 제공하는 사회복지시설 기관은 현실
적으로 본당공동체와 사목적 관계 정립이 미흡할뿐더러 지역사회와도 유리
되어 있는 것이 현 실정이다. 입소시설 중심의 사회복지기관과 시설은 그
형태 자체가 지역사회와의 관계 단절을 전제로 한 것이다. 그러나 오늘날
사회복지의 동향은 탈시설화, 지역사회 중심의 시설 운영이 가장 인간복지
에 맞는 형태라고 생각하는 조류이다. 1997년에 실시한 '한국 가톨릭사회복
지와 전망' 연구 조사도 앞으로의 교회 사회복지시설 기관이 지역사회와의
통합 속에서 이루어져야 한다는 점을 명확히 제시하고 있다. 1997년 전국연

수회는 이와 같은 관점에서 교회 사회복지시설 기관이 지역사회와의 통합적 지역복지로 방향을 선회하여야 한다는 결론을 내린 바 있다. 그러나 이와 같은 방향설정이 구체적으로 현실화되는 데에는 많은 시간이 필요하며, 이는 앞으로의 큰 과제이다. 근년에 새로운 사회복지시설이 소규모적이며 공동체적인 접근 방식을 택하는 새로운 형태로 나아가고 있는 점은 다행이다.

3. 체계적인 사회복지

1) 교회의 사회복지는 그 특성상 교회의 제도적 조직과 불가분의 관계를 가질 수밖에 없으나 사회복지를 효율적으로 시행하기 위해서는 사회복지의 자체적 체계를 각기 다른 여러 조직 차원에서 어떻게 원활히 기능하도록 조직 환경을 설정하는가에 달려 있다.

1975년 제정되고 1991년 보완된 주교회의 사회복지위원회 규약은 이와 같은 사회복지체계를 규정하고 있는 기본 문서이다. 이와 함께 비록 명시적으로 규정되지는 않았지만 현실적으로 적용되어 온 관행적 교회 사회복지체계도 대단히 중요하다. 1997년 사회복지위원회는 처음으로 교회 사회복지의 전반적 체계를 조사 연구하고 발전 방향을 제시하는 '한국 가톨릭사회복지의 실태와 전망'이라는 조사 연구 작업을 전문가에게 의뢰, 보고서를 발간하였으며, 전국연수회를 통하여 토의의 기회를 가졌다.

2) 교회 사회복지 전반을 검토하고 21세기를 지향하는 미래 방향을 정립하기 위한 '21세기 가톨릭사회복지' 작업이 1995년부터 시작되어 매년 다른 주제로 전국연수회를 개최하고 있으며, 이는 2000년 대희년에 백서로 발표된다. 이 백서는 교회 사회복지 전반을 다루고 있지만, 조직 체계인 전국의 사회복지위원회, 교구 사회복지회(국), 본당사회복지분과의 수직적 체계와 함께 분야별 사회복지전국협의회, 개별 시설 기관의 수평적 체계의 기능과 역할, 업무와 사업에 관한 내용도 담게 될 것이다.

3) 교회 사회복지 전반을 일목요연하게 알아볼 수 있는 정보를 담은 '천

주교사회복지편람'이 1996년에 이어 1999년에 발간되었다. 이 자료는 특별히 교회 사회복지시설 기관을 교구별, 분야별로 수록하여 체계적인 사회복지의 틀을 만들어 가는 기본 자료로 사용되고 있다.

4) 교회 사회복지의 분야별 전국협의체의 결성을 위하여 1994년 가톨릭 사회복지기관 협의회 모임이 있었으며, 1994년 기능이 정지된 가톨릭 장애인복지협의회 재결성 모임이 진행되어 1995년 11월 사회복지위원회의 인준을 받았다.

4. 전문적인 사회복지

1) 교회 사회복지의 전문성 제고는 그간 꾸준히 논의되고 모색되어 온 문제로 전국적 차원에서뿐 아니라 교구 및 사회복지시설 및 기관에서 지속적인 노력을 경주하여 왔다. 전문성 제고는 우선은 종사자들의 전문성 제고에 초점이 맞추어져 있는데 이와 함께 질 높은 사회복지서비스를 제공할 수 있는 프로그램 개발도 중요하다.

교회 사회복지종사자는 세 가지 전문성을 갖추어야 하는데 그 첫째는 신앙에 토대를 둔 영성적 전문성, 둘째는 실무현장에서 쌓이는 경험적 전문성, 셋째는 사회복지에 관한 이론적인 지식적 전문성이다. 이 중에서 일반 신자들에게 요구되는 것은 경험적이고도 지식적인 전문성인데, 이를 위해 각 교구 사회복지회(국)에서는 지속적인 '자원봉사자' 교육과 사회복지시설과 기관에서는 영성적 및 지식적 전문성 교육을 실시하고 있다.

2) 종사자들의 영성적 전문성 제고를 위해 각 교구 형편에 따라 종사자 피정을 해 왔고, 전국 차원에서는 사회복지위원회 주관으로 2박 3일의 전국 피정이 매년 3회 시행되고 있다. 지식적 전문성 제고를 위해서는 사회복지사 자격증이 없는 시설 기관 종사자들을 대상으로 '사회복지교육과정'을 1999년부터 시행하여 1주일간 집중 교육을 하고 교회 내에서 인정받을 수 있는 수료증을 발부하고 있다.

3) 교회 사회복지 전문성 제고를 위해서 사회복지위원회는 매년 2차례 '가톨릭사회복지'라는 잡지를 발간하여 특집별 주제에 관한 논문, 사회복지계 관련 전문가 및 개정 및 시행령에 한국교회 입장이 반영될 수 있도록 하였으며 '공동모금법'에 대한 비판적 제안으로 '공동모금회법'으로 바꾸는 데 관여하였고, 경제위기로 인하여 고통받는 한계계층을 위한 '국민기초생활보장법' 제정을 종교계 사회복지 및 시민 단체들과 함께 입법 청원을 하였다.

5. 국제화된 사회복지

1) 한국교회 사회복지를 대표하여 사회복지위원회는 성청 국제 까리따스(Caritas Internationalis), 아시아 주교회의 인간발전위원회(OHDFABC), 아시아 인간발전협력체(Asia Partnership for Human Development), 아시아 까리따스 협의회(Asian Caritas Confederation), 가톨릭 난민위원회(ICMC)의 정회원으로 각종 회의 및 연수회에 참여하였다. 특히 1995년부터 1999년까지는 성청 국제 까리따스의 집행위원국(이사국)으로 참여하였다.

2) 1999년 4월 25일부터 5월 2일까지 아시아 인간발전협력체(APHD) 집행위원회 회의를 한국에서 개최하여 사회복지위원회가 이를 주관하였다.

3) 르완다 사태 시 탄자니아 국경에 설치된 약 80,000명 규모의 챠발리사 난민촌 운영을 네덜란드 까리따스와 공동 부담하였으며, 1995년과 1996년 현지 평가 방문을 하였다.

4) 북한지원을 위하여 성청 국제 까리따스와 협의하여 홍콩 까리따스가 실무를 맡도록 하였으며, 성청 국제 까리따스를 통해 전 세계 교회 까리따스에 북한지원을 호소하여 왔고, 가톨릭교회 북한지원 단일 창구를 설치하여 북한지원을 하고 있다.

5) 1992년 주교회의 결정으로 1993년부터 해외원조를 시작하여 국제 까리따스를 통해서는 전 세계 까리따스의 긴급구호사업을 지원하여 왔고, 아

시아 인간발전협력체를 통해서는 아시아 각국 빈민 개발사업을 지원하였으며, 국내 교구 및 선교수도회의 해외 사회사업을 지원하였다.

김성철 ───

■ 약 력

　서울신학대학교 사회복지학과 졸업(B.A)
　서울신학대학교 대학원 신학석사(Master of Divinity)
　중앙대학교 대학원 사회복지학과 석사(M.A)
　숭실대학교 대학원 사회복지학과 박사(Ph.D)
　인천대학교 대학원 경영학과 박사과정 수료(Ph.D.cand)
　- 그리스도대학교, 서울신학대학교, 성결대학교, 수원여자대학, 숭실대학교, 한영신학대학교,
　　장로회신학대학원, 수원대 대학원, 인천대 대학원 등에서 강의
　- 부천종합사회복지관·연수구노인복지관 관장, 인천광역시 노인종합사회복지관협회장,
　　성산효대학원 사회복지학과 주임교수, 성산종합사회복지관장 역임
　현재) 평화사회복지연구소 대표, 인천광역시 사회복지정책 부위원장, 경영혁신원 책임연구원,
　　　사랑의열매 농어촌지원사업 전문위원회 전문위원, 인천납세자연합회 공동대표, 재능대학교
　　　교육복지하부 사회복지과 교수

■ 주요논문 및 저서

　『A study about church social work through special mission』
　『NGO & Diakonia of Church』
　『A study altruism of R. M. Titmuss, Diakonia』
　『지역사회조직을 통한 교회사회봉사에 관한 연구』
　『복지자원체계의 통합 Network의 이론과 고찰』
　『고령사회 Network의 NPO와 NGO의 자원체계』
　『이타주의가 사회복지 사상에 끼치는 영향에 관한 연구』
　『교회와 사회교육에 대한 새로운 이해』
　『IMF 경제위기와 교회의 역할과 책임』
　『희년과 토지에 관한 소고』
　『NGO 입장에서 본 교회의 사회참여에 관한 연구』
　『교회사회복지실천론에 관한 연구』
　『나눔과 섬김의 복지』
　『교회사회사업』
　『미래사회복지적 인간』
　『사회복지적 리더십』
　『사회복지의 역사』
　『사회복지 역사의 의미』
　『나눔과 섬김의 교회』
　『만남의 의미』
　『미래사회와 인간』
　『시민사회와 종교사회복지』
　『교회사회복지실천론』
　『NGO와 리더십』
　『교회자원봉사』 외 다수

교 회 사 회 사 업 의

전망과 과제

초판인쇄 | 2009년 7월 31일
초판발행 | 2009년 7월 31일

지은이 | 김성철
펴낸이 | 채종준
펴낸곳 | 한국학술정보㈜
주 소 | 경기도 파주시 교하읍 문발리 파주출판문화정보산업단지 513-5
전 화 | 031) 908-3181(대표)
팩 스 | 031) 908-3189
홈페이지 | http://www.kstudy.com
E-mail | 출판사업부 publish@kstudy.com

등 록 | 제일산-115호(2000. 6. 19)
가 격 | 40,000원

ISBN 9   aper Book)
      978-89-268-0217-5 98230(e-Book)